CONTACTS

CONTACTS

LANGUE ET CULTURE FRANÇAISES

Jean-Paul Valette Rebecca Valette, BOSTON COLLEGE

HOUGHTON MIFFLIN COMPANY BOSTON
Atlanta Dallas Geneva, Illinois Hopewell, New Jersey Palo Alto London

ACKNOWLEDGMENTS

The publisher would like to thank Jacqueline Enos of Bridgewater (Mass.) State College, and Valerie Phillian and Ellen Munley of Boston College for their participation in the pilot testing of *Contacts*. Their comments and those of their students were incorporated into the final version of the program.

The authors would like to thank François Vergne, Jean-Michel Valette and Patricia Rusconi for providing some of the realia for the student text and the workbook.

Printed in the U.S.A.
Library of Congress Catalog Card: 75–32873
ISBN: 0–395–20690–1

CONTENTS

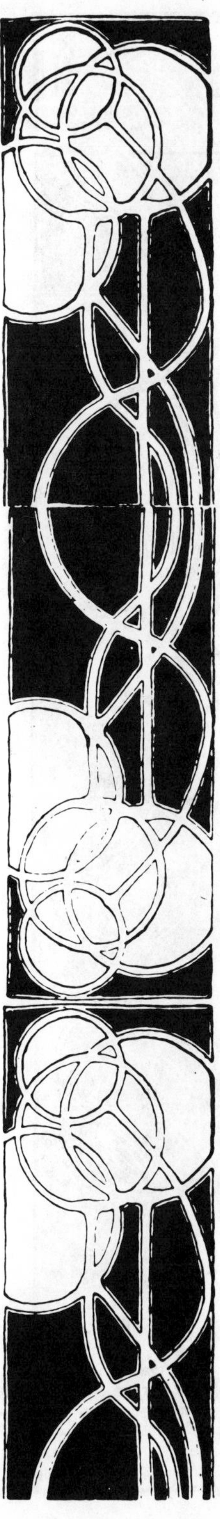

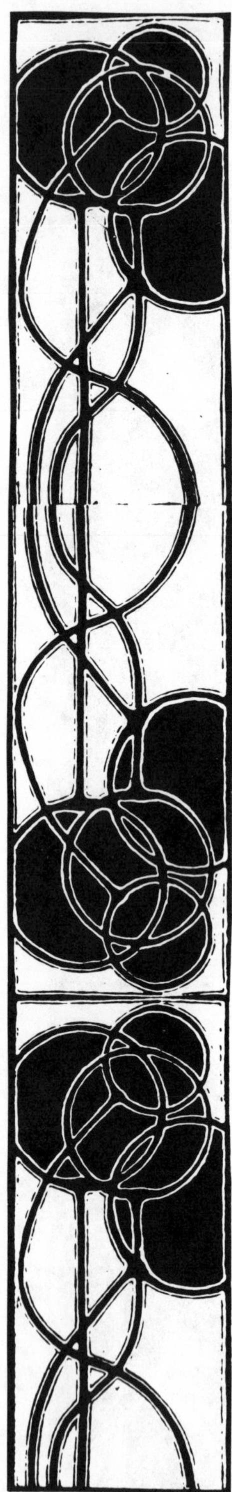

Scope and Sequence

STRUCTURES	PHONÉTIQUE	DOCUMENTS ET INSTANTANÉS
	Introduction à la phonétique française	
	Les lettres muettes *L'intonation*	
		Le français dans le monde 26 Cinq voix françaises
Le présent des verbes en ***-er*** *et les pronoms-sujets* *Elision et liaison* *L'infinitif*	*La voyelle /a/* *La voyelle /i/*	
Le verbe ***être*** *La négation* *Questions avec* ***est-ce que***	*La voyelle /u/* *La voyelle /y/*	
Questions à réponse affirmative ou négative *Questions d'information*	*Le son /r/*	
		La Deux Chevaux 54 Pour ou contre l'auto?
Le verbe ***avoir*** *Le genre: l'article indéfini* ***un/une*** *Le nombre: l'article indéfini* ***des*** *L'article indéfini dans les phrases négatives*	*La voyelle /e/* *La voyelle /ɛ/*	
Les nombres de 0 à 10 *Les nombres de 11 à 69* *L'heure*	*Les voyelles nasales: la voyelle /ɑ̃/*	
Forme des adjectifs réguliers *La place des adjectifs* ***Il est*** *ou* ***c'est?***	*La voyelle nasale /ɔ̃/*	

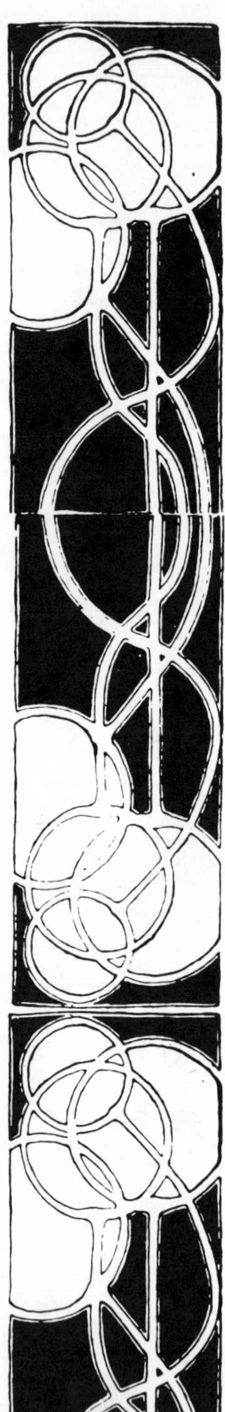

STRUCTURES	PHONÉTIQUE	DOCUMENTS ET INSTANTANÉS
Le verbe ***boire*** *L'usage de l'article partitif, de l'article défini et de l'article indéfini* *Emploi idiomatique de* ***faire***	*Les consonnes* /p/, /t/, /k/	
Expressions de quantité *L'expression impersonnelle* ***il faut***	*Le son* /w/	
		Eté en France 165 Impressions de France
La date *Le verbe* ***partir*** *Les verbes* ***avoir*** *et* ***être*** *(révision); l'usage idiomatique d'****avoir*** *La négation (révision)* *Questions avec inversion du sujet (révision)*	*Consonnes finales*	
Le passé composé avec ***avoir*** *Le passé composé dans les phrases négatives* *Les questions au passé composé*	*Syllabification*	
Le passé composé avec ***être*** *La place de l'adverbe au passé composé* *Le verbe* ***venir*** *Le passé récent avec* ***venir de***	*La voyelle* /ə/	
		La contestation 193 Mai 1968
Le pronom ***on*** *Les verbes réguliers en* ***-ir*** *Les verbes réguliers en* ***-re***	*La terminaison* ***consonne + -re***, ***consonne + -le***	
Les pronoms ***le***, ***la***, ***les*** *Les pronoms* ***le***, ***la***, ***les*** *avec l'infinitif* *Passé composé: l'accord du participe passé*	*Le groupe* ***voyelle + -n*** *(ou* ***-m****)*	
Les pronoms ***lui***, ***leur*** *Les pronoms* ***me***, ***te***, ***nous***, ***vous*** *La place des pronoms à l'impératif*	*Les terminaisons* ***-ion*** *et* ***-tion***	

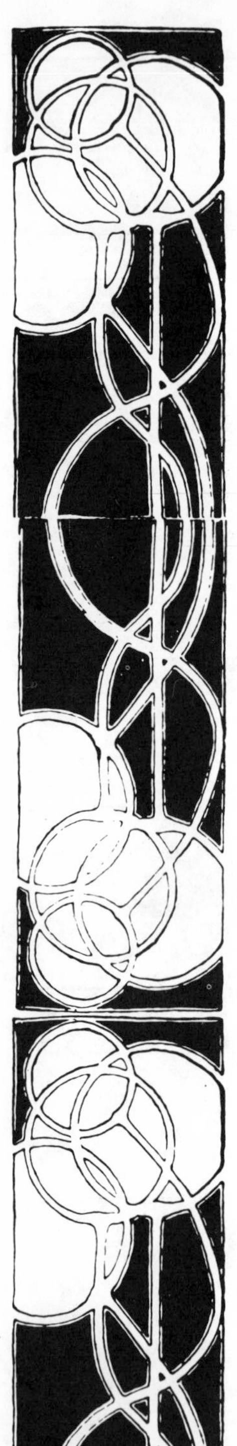

STRUCTURES	PHONÉTIQUE	DOCUMENTS ET INSTANTANÉS
		Soyez à la mode . . . 222 Elégance d'étudiant
Le pronom ***y*** *Les pronoms réfléchis et les verbes pronominaux* *L'usage de l'article défini avec les parties du corps*	*Les lettres* ***s***, ***c*** *et* ***ç***	
Les verbes pronominaux: sens réfléchi *Les verbes pronominaux: sens réciproque* *Les verbes pronominaux: sens idiomatique* *Les verbes pronominaux: sens passif*	*La voyelle* /ə/	
Le verbe ***mettre*** *L'impératif des verbes pronominaux* *Le passé composé des verbes pronominaux* *L'infinitif des verbes pronominaux*	*Le son* /r/	
		Astrologie 249 Votre horoscope
Les verbes ***vouloir*** *et* ***pouvoir*** *Le verbe* ***devoir***	*Les lettres* ***qu***	
Le futur: formation régulière *Le futur d'****être*** *et d'****avoir*** *L'usage du futur après* ***quand***	*La voyelle* /ə/	
Futurs irréguliers *Les verbes* ***voir*** *et* ***croire*** *La conjonction* ***que***	*Les lettres* ***on*** (*ou* ***om***)	
		La parole aux femmes 276 Les femmes vues par les hommes
Les adjectifs réguliers (révision) *Les adjectifs en* ***-eux*** *Adjectifs féminins irréguliers* *Le pluriel des mots en* ***-al*** *Les verbes* ***dire***, ***lire*** *et* ***écrire***	*Les lettres* ***an*** (*ou* ***am***)	

STRUCTURES	PHONÉTIQUE	DOCUMENTS ET INSTANTANÉS
Les comparaisons avec les adjectifs et les adverbes *Les comparaisons avec les noms* *Le superlatif des adjectifs et des adverbes* *Le superlatif avec les noms*	*Les lettres* ***in*** *(ou* ***im****),* ***ain*** *(ou* ***aim****)*	
Le pronom relatif ***qui*** *Le pronom relatif* ***que***	*Les lettres* ***eu*** *(ou* ***œu****)*	
L'imparfait: formation *Le préfixe* ***re-***	*Les lettres* ***ai***	Une affiche pacifiste 302 Barbara
L'imparfait et le passé composé: événements habituels, événements spécifiques *Les verbes* ***connaître*** *et* ***savoir*** *Les verbes* ***connaître*** *et* ***savoir****: usages*	*Les lettres* ***en*** *(ou* ***em****) et* ***ien*** *(ou* ***iem****)*	
L'imparfait et le passé composé: actions progressives, actions précises *Le passé composé et l'imparfait: événement principal et circonstances de l'événement* *Le plus-que-parfait*	*Le son /ɥ/*	
Le verbe ***vivre*** *Le verbe* ***recevoir*** *L'emploi des temps: le passé composé et le présent*	*Le son /ɲ/*	Sport en fête 330 Les Français et le sport
L'expression négative ***ne . . . que*** *Le pronom* ***en*** *remplaçant* ***du, de la, des*** *+ nom* *Le pronom* ***en*** *remplaçant un nom introduit par une expression de quantité* *Le pronom* ***en*** *remplaçant un nom ou une expression introduit par* ***de***	*Les consonnes /ʒ/ et /g/ (révision)*	

STRUCTURES	PHONÉTIQUE	DOCUMENTS ET INSTANTANÉS
La construction: ***si*** *+ imparfait* *Le conditionnel: formation* *L'emploi du conditionnel* *L'emploi des temps après* ***si*** *(révision)*	*Le son /j/*	
		Elections présidentielles de 1974 356 Un candidat parle
L'infinitif (révision) *La construction: verbe + infinitif* *La construction: adjectif +* **de** *+ infinitif*	*Les consonnes initiales /p/, /t/, /k/ (révision)*	
La construction: préposition + infinitif *La construction:* ***faire*** *+ infinitif*	*Les consonnes finales (révision)*	
L'adjectif verbal en ***-ant*** *La formation du participe présent* *L'usage du participe présent*	*Les voyelles nasales /ɑ̃/ et /ɔ̃/ (révision)*	
		L'Afrique noire 384 Interview avec L. Senghor
La formation du subjonctif *L'usage du subjonctif après les verbes de volonté* *L'usage du subjonctif après certaines expressions d'opinion*	*Le son /l/*	
*Le subjonctif d'****être*** *et d'****avoir*** *Le subjonctif après les expressions de doute* *Le subjonctif après les expressions d'émotion* *Le verbe* ***conduire***	*Les lettres* ***oi, oy***	
Subjonctifs irréguliers *Le subjonctif après certaines conjonctions*	*La lettre* ***o*** *(révision)*	

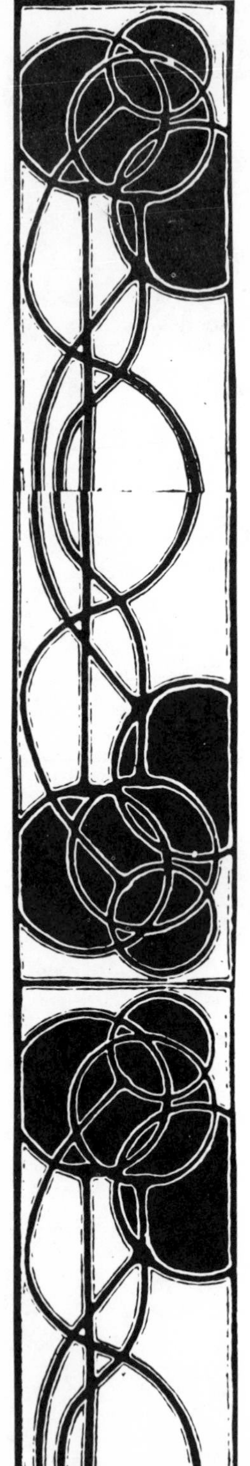

STRUCTURES	PHONÉTIQUE	DOCUMENTS ET INSTANTANÉS
		Musique pour les jeunes 410 Les jeunes d'aujourd'hui
Adjectifs et pronoms interrogatifs *Les pronoms* ***auquel*** *et* ***duquel*** *L'inversion (révision)*	*La liaison sujet-verbe (révision)*	
Les pronoms interrogatifs après une préposition *Les pronoms accentués +* ***même*** *Le verbe* ***sentir***	*La liaison* ***déterminatif*** *+* ***nom*** *(révision)* *La liaison* ***sujet*** *+* ***objet*** *+* ***verbe***	
Les pronoms interrogatifs sujets *Les pronoms interrogatifs objets directs* *Les pronoms interrogatifs: récapitulation* *Les pronoms* ***ce qui***, ***ce que***	*Autres liaisons*	
		La France et l'Américanisation 433 L'américanoscopie
Le verbe ***offrir*** *Les pronoms relatifs* ***qui*** *et* ***que*** *(révision)* *Le pronom* ***celui-ci*** *Le pronom* ***celui de*** *Le pronom* ***celui*** *+* ***qui*** *ou* ***que***	*Les lettres* ***ti*** *+ voyelle*	
Le pronom relatif ***lequel*** *Le déterminatif* ***tout***	*La terminaison* ***consonne*** *+* ***-le***, ***consonne*** *+* ***-re*** *(révision)*	
Le pronom ***dont*** *L'ordre des mots avec* ***dont***	*Les lettres* ***ill***	

Leçon préliminaire A

A l'Institut de Touraine

The "Institut de Touraine" is well known to many Americans who have studied in France. Located in Tours, a city in central France, it is one of several schools that offer civilization and language courses to foreign students. Madame Lavallée greets her students on the first day of class.

MADAME LAVALLÉE:	Bonjour, tout le monde!	*Hello, everyone!*
LA CLASSE:	Bonjour, Madame.	*Good morning (Ma'am).*
MADAME LAVALLÉE:	Comment vous appelez-vous, Mademoiselle?	*What is your name (Miss)?*
ANNE:	Je m'appelle Anne Perry.	*My name is Anne Perry.*
MADAME LAVALLÉE:	Vous êtes américaine?	*You are American?*
ANNE:	Oui, Madame, je suis américaine.	*Yes (Ma'am), I am American.*

MADAME LAVALLÉE:	Et vous, Monsieur, comment vous appelez-vous?	*And you (Sir), what is your name?*
PHILIPPE:	Je m'appelle Philippe Fournier.	*My name is Philippe Fournier.*
MADAME LAVALLÉE:	Vous êtes américain?	*You are American?*
PHILIPPE:	Non, Madame, je suis canadien.	*No (Ma'am), I am Canadian.*

When the class is over, students and teacher say good-bye.

MADAME LAVALLÉE:	Au revoir, Mademoiselle.	*Good-by (Miss).*
	Au revoir, Monsieur.	*Good-by (Sir).*
ANNE ET PHILIPPE:	Au revoir, Madame.	*Good-by (Ma'am).*
ANNE:	Au revoir, Philippe.	*Good-by, Philippe.*
PHILIPPE:	Au revoir, Anne. A demain.	*Good-by, Anne. See you tomorrow.*

Renseignements culturels (*Cultural information*)
Formules de politesse

Different societies have different patterns of social exchanges. For example, a French person arriving in the United States for the first time may be surprised or even shocked by the informality whereby two people are quickly on a first-name basis. He or she may be frustrated by the strain of trying to remember both the first and last names of people met at a party. In fact, he or she may be convinced that the French system is the only rational and polite way of handling interchanges between people.

In France, new acquaintances are simply addressed as **Monsieur**, **Madame**, or **Mademoiselle.** The last name is normally not used. Women under thirty or of youthful allure are addressed as **Mademoiselle**, whereas older women are addressed as **Madame.** Of course students, who tend toward informality, address each other with first names, but adults prefer the less personal **Monsieur**, **Madame**, and **Mademoiselle** except with relatives and very close friends. Greetings such as **Bonjour** and **Au revoir** are almost always followed by a name (**Bonjour, Paul**), a title (**Bonjour, Docteur**), or a form of address (**Bonjour, Monsieur**).

A. *Comment comprendre une langue* (*How to understand a language*)

The languages of French and English are not parallel "codes" in which words are interchangeable at will. For example, to introduce themselves, the French say **Je m'appelle . . .** which corresponds to the English phrase *My name is . . .* , but which literally means *I call myself. . . .*

To take another example, the closest French equivalent to the English word *university* is **université.** Although these two words are roughly equivalent, the linguistic fit between them is not absolutely perfect. When French students talk about their **université**, they have essentially the academic buildings in mind. To American students, the word *university* encompasses the non-academic buildings as well, since a *university* is not only the place where one studies, but also the place where one eats and perhaps sleeps.

Languages reflect the ways in which different people express the "reality" they perceive. Thus, when reading and listening to French, you should try to understand the idea which is expressed and avoid making word-for-word correspondences which are often awkward and sometimes meaningless.

Starting with Lesson 1, only the new words that you probably could not guess will be glossed (either in the MOTS UTILES — useful words — section or at the side of the page). For your reference, complete English equivalents for the first 20 lessons will be given in Appendix V.

B. *Introduction à la phonétique française*

While French and English show many similarities in their written forms, they are very different in their spoken forms. The **Phonétique** sections of this book (and the paragraphs introduced by the symbol ●) will help you understand how the French phonetic system works.

The best way to acquire a good French pronunciation, however, is to imitate speakers of French as accurately as possible. This requires two steps: listening carefully to what people say and then repeating it. You may do this in class under your instructor's guidance, and at home by listening to French recordings. However, the most efficient way of improving your pronunciation is to go to the language laboratory or media center and practice speaking with the tape program that has been specifically designed to accompany the textbook.

As you listen to French, you will notice the following differences between French and English.

rhythm	English rhythm is *sing-songy*. Some syllables are short and others are long. *I-am-A-**mer**-i-can.* *Good-**morn**-ing.*	French rhythm is *very even*. Only the *last* syllable of a group of words is longer than the others. **Je-sui-sa-mé-ri-*cain*.** **Bon-jour-ma-*dame*.**

tenseness

English is a very *relaxed* language. Vowels are glided (especially in the South). Some consonants may also be prolonged.

Madam. Michele. Isabel.

French is a very *tense* language. Vowels are short and clipped: they do *not* glide. Consonants are short and distinctly pronounced.

Madame. Michèle. Isabelle.

words and phrases

In spoken English, you separate your words. Your vocal cords may even stop vibrating an instant between words.

nitrate, night rate.

Spoken French does *not* separate words. In fact, you may find that French sounds as if all the words *run into each other*.

les arts, lézard.

vowel and consonant sounds

Groups or *clusters* of consonant sounds (**c**) are frequent in English. Note the consonant clusters in the following word:

splashed (**cccvccvc**)

Many syllables and words in English *end in a consonant sound.*

And you Sir,
vcc v cvc
what's your name?
cvcc v c cvc

Spoken French sounds like an even chain of *alternating* consonant (**c**) and vowel (**v**) sounds. Two consonant sounds may come together, but not three. Wherever possible, a French syllable *ends in a vowel sound.*

Et vous, Monsieur,
v cv cv cv
comment vous appelez-vous?
cv cv cv vc cv cv

Exercices de prononciation

1. *Rythme*

Bonjour	1	2				
Bonjour Paul.	1	2	3			
Bonjour Yves.	1	2	3			
Bonjour Anne.	1	2	3			
Bonjour Sylvie.	1	2	3	4		
Bonjour Philippe.	1	2	3	4		
Bonjour Madame.	1	2	3	4		
Bonjour Isabelle.	1	2	3	4	5	
Bonjour Mademoiselle.	1	2	3	4	5	
Bonjour Anne-Marie.	1	2	3	4	5	
Bonjour Elisabeth.	1	2	3	4	5	6
Je m'appelle Anne.	1	2	3	4		
Je m'appelle Yves.	1	2	3	4		
Je m'appelle Sylvie.	1	2	3	4	5	
Je m'appelle Philippe.	1	2	3	4	5	
Je m'appelle Emilie.	1	2	3	4	5	6
Je m'appelle Isabelle.	1	2	3	4	5	6

2. *Tension*

Marie Monique Renée Sylvie Nicole
Eric Denise Emilie Isabelle Nicolas

3. *Enchaînement*

Comment vous appelez-vous?
Je m'appelle Paul Lambert.
Je m'appelle Monsieur Salat.
Je m'appelle Madame Lavallée.

4. *Syllabation ouverte*

Marie: ma - rie
Nicole: ni - cole
Monsieur: mon - sieur
Madame: ma - dame
Madame Laval: ma - dame - la - val
Madame Lavallée: ma - dame - la - va - llée
Je m'appelle Philippe: je - ma - ppelle - phi - lippe

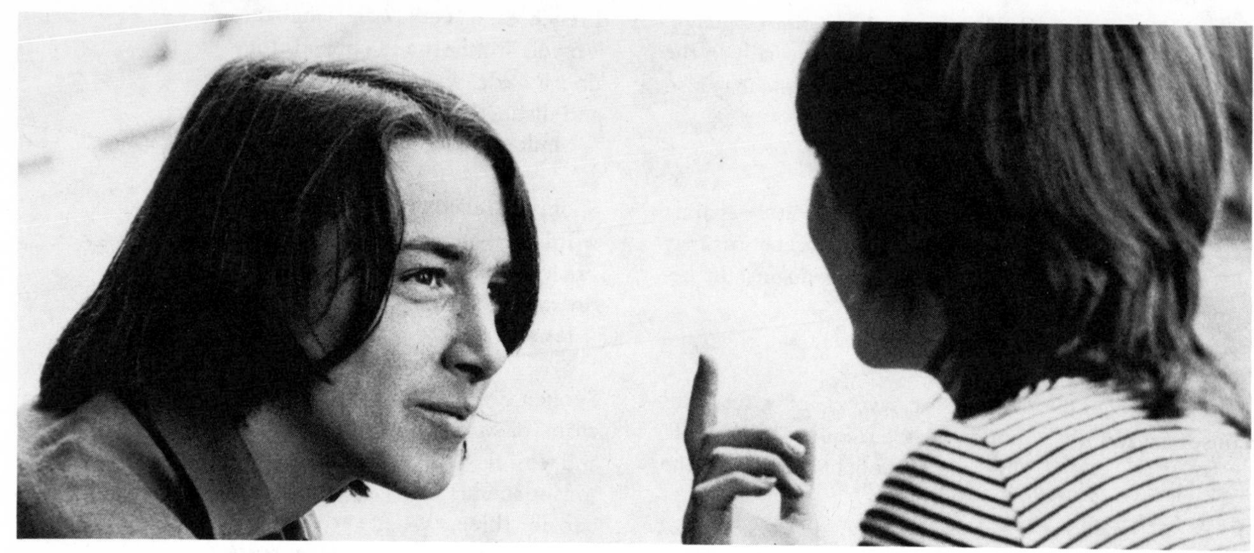

Leçon préliminaire B

Deux rencontres

Two meetings

Philippe meets a classmate.

PHILIPPE:	Salut, Hélène.	*Hi, Hélène.*
HÉLÈNE:	Salut, Philippe. Ça va?	*Hi, Philippe. How are you doing?*
PHILIPPE:	Ça va! Et toi?	*Fine. And you?*
HÉLÈNE:	Oh, ça va!	*Oh, OK.*
PHILIPPE:	Tiens, voilà Madame Lavallée.	*Look, there is Madame Lavallée.*
HÉLÈNE:	Qui est-ce?	*Who is she?*
PHILIPPE:	C'est mon prof de français.	*She's my French teacher.*

Philippe meets his French teacher.

PHILIPPE:	Bonjour, Madame. Comment allez-vous?	*Good morning (Ma'am). How are you?*
MADAME LAVALLÉE:	Très bien, merci. Et vous?	*Fine, thank you. And you?*
PHILIPPE:	Pas mal, merci.	*Not bad, thanks.*
MADAME LAVALLÉE:	Ah, voici Monsieur Colbert.	*Ah, there is Monsieur Colbert.*
PHILIPPE:	Qui est-ce?	*Who is he?*
MADAME LAVALLÉE:	C'est le directeur de l'Institut.	*He's the director of the Institute.*

Renseignements culturels
Niveaux de langue (*Levels of language*)

In both English and French there are different levels of language ranging from the very casual to the highly formal. An American student on his way to lunch might greet a friend with something that sounds like: "Hi! Jeet jet?" Under similar circumstances, an American meeting an acquaintance with whom he is on more formal terms might say: "Hello, Mr. Brown. Did you eat yet?"

In the first conversation above, Philippe and Hélène are using the casual speech of students or good friends. Expressions such as **Salut** and **Ça va?** correspond to the more formal **Bonjour** and **Comment allez-vous?** The short form **prof** replaces the more correct **professeur.** Since the French tend to be more formal than the Americans, it is a good idea for American students abroad to adopt a rather formal level of language with all acquaintances except very close friends.

A. *L'alphabet phonétique*

When people write English, they use the Roman alphabet. Most of the sounds of the English language can be written in several ways: ***see, sea, receive***. Conversely, a given letter or group of letters may represent one or more sounds: ***though, bough, through***. As the English language has evolved, some letters in words have become "silent": *foreign, psychology*.

French is also written with the Roman alphabet, but the French use letters and groups of letters to represent French sounds. As in English, a single sound of the French language can be written in more than one way: **ça, salut, professeur**. Similarly, a given letter may represent more than one sound: **voici, Colbert**. Some letters in French are silent, especially when they occur at the end of a word: **salut, très, Colbert, allez**.

Since each language using the Roman alphabet has its own set of sound-symbol correspondences and since even in one language the same letter may represent more than one sound, the International Phonetic Association (I.P.A.) developed a special alphabet to represent sounds. In this alphabet, each letter, usually written between slash lines (/a/, /i/, /ɛ/), represents a specific sound. The I.P.A. symbols are given in Appendix I.

B. *Les accents* (*accent marks*)

In French, accent marks are part of spelling and cannot be left out. Four accent marks occur with vowels. One accent mark occurs with a consonant.

exemples

L'accent aigu (*acute accent*): [´] — écoutez répétez
This accent appears only on the vowel **e**.
é represents the sound /e/.

L'accent grave (*grave accent*): [`] — Michèle voilà où
This accent may appear on **a**, **e**, and on the word **où**.
è almost always represents the sound /ɛ/.

L'accent circonflexe (*circumflex accent*): [^] — forêt château dîner rôle dû
This accent may appear on all vowels except **y**.
ê usually represents the sound /ɛ/.
ô represents the sound /o/.
The circumflex accent usually does not indicate a change in pronunciation of **a**, **i**, or **u**.

Le tréma (*diaresis*): [¨] — Noël naïve
This accent may appear on the second of two vowels and indicates that these vowels are pronounced separately.

La cédille (*cedilla*): [¸] — français ça
This accent only appears under the consonant **c**.
ç always represents the sound /s/.

Exercice de prononciation

é Hélène Eric Amérique
è Thérèse Michèle Marie-Hélène très bien
ê forêt tempête fête bête
ô hôtesse hôte côte
¨ Joël Noëlle naïve
ç ça va français

C. Les lettres muettes (*silent letters*)

The following letters are usually silent:

final –e:

Philipp~~e~~, Sylvi~~e~~, Anni~~e~~

final consonants (except –**c**–, –**f**–, –**l**– and sometimes **r**):
Salu~~t~~, Rober~~t~~, Roge~~r~~,
but Mar**c**, bonjou**r**, Pau**l**, naï**f**

–**h**– in all positions: ~~H~~élène, Nat~~h~~alie, T~~h~~érèse

Exercice de prononciation

Imagine that a group of French students is visiting your campus. Introduce each one to the class.

▻ T~~h~~oma~~s~~ *Voilà Thomas.*

1. Eric
2. Yv~~es~~
3. Nat~~h~~ali~~e~~
4. Nicola~~s~~
5. Loui~~s~~
6. Louis~~e~~
7. ~~H~~uber~~t~~
8. Mat~~h~~ild~~e~~
9. Edit~~h~~
10. Ann~~e~~-Mari~~e~~
11. Mart~~he~~
12. Alber~~t~~

D. L'intonation

As you speak, your voice rises and falls. In French, the voice rises at the end of each group of words within an ordinary statement, and falls at the end of the sentence. (In English the voice does not rise at the end of each group of words; it either falls or stays on the same pitch.)

Exercice de prononciation

Bonjour.
Au revoir Anne.
Voilà Madame Lavallée.
Philippe est canadien.
C'est mon professeur de français.
C'est le directeur de l'Institut.

I PARLEZ-VOUS FRANÇAIS?

Leçon 1 : Au Canada
Leçon 2 : Au Sénégal
Leçon 3 : A l'Alliance Française
Document : Le français dans le monde
Instantané : Cinq voix françaises

Objectives

Culture Today, French is a widely-used language. Do you know in which major countries French is spoken? In this unit, you will meet several speakers of French from different cities in the world and you will discover the widespread geographical parameters of the language you are about to learn.

Structure When you want to express what you are doing, you use verbs such as *study*, *play*, *rest*, and *travel.* The verb can be considered as the central element of a sentence since it identifies the action or the state which you want to describe. In this unit you will learn the present tense of the verb **être** (*to be*) and of the regular **-er** verbs. You will also learn how to form questions and give answers in both the affirmative and the negative.

Vocabulary In this unit, you will primarily learn verbs which help you describe some of your daily activities. You will also learn words and expressions which occur with high frequency in spoken French.

Communication If you have decided to learn French, it is undoubtedly with the hope that you will one day be able to exchange ideas with other speakers of that language. This is why communication activities are heavily emphasized in this text. In the first unit you will learn how to introduce yourself to a French person, how to give your address, how to describe some of your daily activities on and off campus, and how to express what you like or dislike. You will also learn how to ask questions and give simple answers.

Leçon un: Au Canada

Langue et culture

Paul Dumas, a French-Canadian student, introduces himself, then his two friends.

Bonjour!
Je m'appelle Paul Dumas.
J'habite à Québec.
Et vous, où° habitez-vous? — *where*

Voici Monique et voilà Michèle.
Elles habitent à Montréal.
Monique parle uniquement° français, — *only*
mais° Michèle est° bilingue.° — *but / is / bilingual*
Elle parle français.
Elle parle anglais aussi°. — *too*
Et vous, parlez-vous français ou parlez-vous anglais?

Avez-vous compris? *(Did you understand?)*

Read each of the following statements carefully. If the statement is true, say: **C'est vrai!** and repeat it. If the statement is not true, say: **C'est faux!** and correct it.

▻ Paul habite à Québec.	*C'est vrai! Paul habite à Québec.*
▻ Monique habite à Québec.	*C'est faux! Monique habite à Montréal.*

1. Paul parle français.	4. Michèle parle anglais.
2. Monique habite à Montréal.	5. Michèle parle uniquement anglais.
3. Monique parle anglais.	6. Monique et Michèle parlent français.

Renseignements culturels: Le français en Amérique

In today's world, French is the daily language of about 100 million people. These French speakers are located on every continent. In the Americas, French is spoken principally in Haiti, Canada, and, to a lesser extent, in the United States.

In 1804, Haiti, a former French colony, became the first independent Black country in the world. It has kept French as its official language. Among themselves, most Haitians speak Creole, which combines French and African expressions.

In Canada, French is spoken by the descendants of the French settlers who came to the New World in the seventeenth and eighteenth centuries. Today the French Canadians number nine million, and Montreal is the second-largest French-speaking city in the world, after Paris. The French Canadians have been able to maintain their individuality by keeping their traditions and their language. At present they are making a special effort to preserve the purity of their language by finding French equivalents for English words that have crept into Canadian French.

French-Canadians have immigrated in large numbers to the United States. In the eighteenth century they moved south to Louisiana. In the nineteenth and twentieth centuries they settled mainly in New England. There are now about two million Franco-Americans in the United States. Since 1970, there has been a noticeable revival of French in certain Franco-American communities, especially in southern Louisiana, where this movement is sponsored at the state level by CODOFIL (Council for the Development of French in Louisiana). A similar group, CODOFINE, has grown up in New England.

Structure et vocabulaire

A. Le présent des verbes en -er *et les pronoms-sujets*

Note the forms of the verbs **visiter** (*to visit*) and **parler** (*to speak*). Each verb form consists of two parts:
— the stem (**visit-**, **parl-**), which remains the same;
— the ending, which changes with the subject.

		visiter	
singular	*first person*	Je visite	Je **visite** Paris. Je **parle** français.
	second person	Tu visit**es**	Tu **visites** Montréal. Tu **parles** français.
	third person	Marc visite	Il **visite** New York. Il **parle** anglais.
		Hélène visite	Elle **visite** Boston. Elle **parle** anglais.
plural	*first person*	Nous visit**ons**	Nous **visitons** Mexico. Nous **parlons** espagnol.
	second person	Vous visit**ez**	Vous **visitez** Moscou. Vous **parlez** russe.
	third person	Paul et Jacques visit**ent**	Ils **visitent** Dakar. Ils **parlent** français.
		Anne et Sylvie visit**ent**	Elles **visitent** Toronto. Elles **parlent** anglais.

NOTE LINGUISTIQUE: **Verbes réguliers**

The basic form of the verb is the infinitive. In French, verbs are classified by their infinitive endings. Many French verbs end in **-er** in the infinitive. Most of these **-er** verbs are conjugated like **visiter** and **parler**. They are called *regular* verbs because their forms are predictable.

▶ In the present tense, each regular **-er** verb has one stem (the infinitive minus **-er**) and one set of written endings:

je	**-e**	nous	**-ons**
tu	**-es**	vous	**-ez**
il / elle	**-e**	ils / elles	**-ent**

● The endings **-e**, **-es**, and **-ent** are silent.

▶ The French present tense corresponds to three English forms:

Je parle français. { ***I speak*** *French.* / ***I am speaking*** *French.* / ***I do speak*** *French.* }

▶ In French, there are eight personal subject pronouns:

je (I), **tu** (you), **il** (he), **elle** (she);
nous (we), **vous** (you), **ils** (they), and **elles** (they).

Tu vs. **vous**
When talking to one person, speakers of French use:

tu to address a close friend or a member of the family;
vous to address someone older or someone who is not a close friend.

When talking to two or more people, speakers of French use **vous. Vous** is always followed by a plural verb, even when it refers to one person.

Tu parles anglais, Paul?
Vous parlez anglais, Madame?
Vous parlez anglais, Anne et Philippe?

Ils vs. **elles**
When talking about two or more people, speakers of French use:

ils when at least one member of the group is male;
elles when the entire group is female.

Voici Paul et Philippe.	**Ils** parlent français.
Et Monique et Suzanne?	**Elles** parlent français aussi.
Et Marc et Christine?	**Ils** parlent français et anglais.

MOTS UTILES: **Quelques verbes en *-er***

détester	*to hate, to dislike*	Paul **déteste** Marc.
jouer (au tennis)	*to play (tennis)*	Nous **jouons** au tennis.
parler (à, de)	*to talk (to, about)*	Jacques **parle** à Henri. Ils **parlent** de Michèle.
regarder	*to look at, to watch*	Nous **regardons** Suzanne.
rentrer (à, de)	*to return, to come back (to, from)*	Pierre **rentre** à Québec. Il **rentre** de Paris.
téléphoner (à)	*to phone, to call*	Vous **téléphonez** à Sylvie.
travailler	*to work*	Paul **travaille** à Montréal.
visiter	*to visit (a place)*	Nous **visitons** Québec.

NOTES DE VOCABULAIRE

In English, certain verbs are followed by prepositions (*to look for, to call up*). This is also the case in French (**parler à, téléphoner à**). However, French and English do not always follow the same patterns.

Contrast:	Je **regarde** Suzanne.	*I **am looking at** Suzanne.*
	Je **téléphone à** Paul.	*I **am phoning** Paul.*

1. Situation: Tourisme

A group of young French tourists have come to the United States. Tell which cities they are visiting. Use subject pronouns and the verb **visiter.**

▻ Philippe (New York) *Il visite New York.*

1. Sylvie (Boston)
2. Anne et Louise (Chicago)
3. Marc (la Nouvelle Orléans)
4. Henri (San Francisco)
5. Paul (Memphis)
6. Jacques et André (Saint Louis)
7. Hélène, Pierre et Suzanne (Louisville)
8. Monique et Sylvie (Miami)
9. François, Max et Albert (Los Angeles)
10. Pierre, Jacqueline et Annie (Phoenix)

2. Situation: Au téléphone

The participants at an international convention are calling home. Tell which city they are calling and which language they are speaking. Use the verbs **téléphoner à** and **parler.**

▻ Henri (Paris/français) *Henri téléphone à Paris. Il parle français.*

1. Nous (New York/anglais)
2. Vous (Mexico/espagnol)
3. Marc (Québec/français)
4. Christine (Montréal/anglais)
5. Je (San Francisco/anglais)
6. Tu (San Juan/espagnol)
7. Vous (Moscou/russe)
8. Nous (Toronto/anglais)

3. Situation: Les vacances sont finies! (*Vacation is over*)

Say that the following French-Canadian people are going back to the cities where they work. Use the verbs **rentrer à** and **travailler.**

▻ Christine (Québec) *Christine rentre à Québec où elle travaille.*

1. Nous (Montréal)
2. Louis (Jonquière)
3. Je (Sainte-Marie)
4. Tu (Joliette)
5. Robert et François (La Malbaie)
6. Marc et Marie (Baie Comeau)
7. Elisabeth (Port-Cartier)
8. Vous (Trois-Rivières)

B. Elision et liaison

Elision In written French, the final **-e** of a few short words, like **je** and **de,** is dropped when the next word begins with a vowel sound. This is called *elision.* In written French, elision is marked by an apostrophe.

Je rentre à Paris.	**J'**habite à Paris.
Nous parlons **de** Jacques.	Nous parlons **d'**Albert.

Liaison When a French word ends in a consonant, this consonant is almost always silent. In certain words, however, the final consonant is pronounced when the next word begins with a vowel sound. This is called *liaison* and occurs between words that are closely linked in meaning, such as a subject pronoun and its verb. Note the liaison after **nous, vous, ils** and **elles**:

Ils arrivent à Paris.	Nous arrivons de Québec.
Vous habitez à New York.	Elles habitent à Montréal.

- The liaison consonant (in the above examples, the **-s**, which represents the sound /z/) is always pronounced as if it were the first sound of the following word: /il **za** riv/ /vu **za** bi te/. In this text, liaison will be marked by the sign ‿ when a new word or expression requiring liaison is introduced.

MOTS UTILES: **Quelques verbes en *-er***

aimer	*to like, to love*	Paul **aime** Paris.
arriver (à, de)	*to arrive (in, from)*	Nous **arrivons** à Montréal.
		Nous **arrivons** de Québec.
écouter	*to listen to*	Vous **écoutez** Philippe.
étudier	*to study*	Ils **étudient** le français.*
habiter (à)	*to live (in)*	Barbara **habite** à Boston.
inviter	*to invite*	Elle **invite** Robert.

* After **parler**, French uses only the name of the language: **Il parle français**; after other verbs, the name of the language is preceded by **le** or **l'**: **Il étudie le français. Il aime l'anglais.**

4. *Situation: A Roissy*

The following students are arriving at Roissy, the newest Paris airport. Tell from where each person is coming.

▻ Louis (Toronto) *Louis arrive de Toronto.*

1. Lucie (Ottawa)	4. Elisabeth (Boston)	7. Suzanne (Austin)
2. Robert (Atlanta)	5. Albert (Athènes)	8. Irène (Genève)
3. Marc (New York)	6. Nathalie (Alger)	9. Roger (Alexandrie)

5. *Situation: Québécois*

State that the following people all live in Quebec and like their city. Use subject pronouns and the verbs **habiter** and **aimer.**

▻ Jacqueline *Elle habite à Québec. Elle aime Québec.*

1. Hubert	4. Gisèle, Suzanne et Pierre	7. Nous
2. Monique	5. Monsieur et Madame Imbert	8. Vous
3. Irène et Sylvie	6. Mademoiselle Lamy	9. Je

6. *Substitutions*

Replace the italicized words with the words in parentheses, making all necessary changes.

▻ Tu *parles à* Philippe. (inviter) *Tu invites Philippe.*

1. *Nous* regardons le professeur. (tu; Marie; Sophie et Roger; je; vous)
2. Je *téléphone à* Sophie. (inviter; parler à; aimer; parler de; regarder; écouter)
3. Tu *aimes* Paris. (arriver à; rentrer de; travailler à; détester)
4. *Philippe* étudie l'anglais. (Michèle; nous; tu; Paul et Roger; vous; je)
5. *Vous* jouez au tennis. (Julien; je; Marc et Sylvie; tu; nous; Madame Gros)
6. Nous *habitons à* New York. (détester; rentrer de; arriver à; visiter; travailler à)

C. *L'infinitif*

The infinitive is frequently used after the following verbs:

aimer	*to like, to love*	**J'aime étudier.**	*I like to study.* / *I like studying.*
détester	*to dislike, to hate*	**Je déteste travailler.**	*I hate to work.* / *I hate working.*

▶ **a.** In French, the infinitive consists of one word, whereas in English the verb is often preceded by the word *to*.

b. French often uses an infinitive where the equivalent English sentence contains a verb in *-ing*.

7. *Expression personnelle*

Say whether you like or dislike doing what Michèle does.

▻ Michèle parle français. *J'aime parler français.*
ou: *Je déteste parler français.*

1. Michèle parle anglais.
2. Michèle étudie.
3. Michèle téléphone.
4. Michèle travaille.
5. Michèle joue au tennis.
6. Michèle regarde la télé.
7. Michèle écoute la radio.
8. Michèle joue au golf.
9. Michèle voyage.

8. *Situation: Une bonne raison* (*A good reason*)

State that the following people like to do what they are doing. Use the construction **aimer** + infinitive.

▻ Philippe téléphone à Michèle. *Philippe aime téléphoner à Michèle.*

1. Nous étudions.
2. Vous travaillez.
3. Tu invites Pierre.
4. Marc parle anglais.
5. Linda joue au ping-pong.
6. Nous visitons Montréal.
7. J'habite à Paris.
8. Je regarde la télé.
9. Paul et Marc écoutent la radio.

VOUS AVEZ LA PAROLE: ***Présentation***

Imagine that you are introducing yourself to a French friend. Complete the following sentences accordingly.

Je m'appelle . . . J'habite . . .
Mes (*my*) parents habitent . . .
J'aime . . . Je déteste . . .

Phonétique

La voyelle /a/

Look in the mirror as you pronounce the English words *say, sigh, so, see.* You will see that your lips, jaws, and tongue move. This movement lets the vowels "glide." They do not each represent one sound, but a diphthong, that is, a continuum of two or more sounds.

In contrast, French vowels are "pure" vowels, that is, they represent only one sound. When pronouncing French vowels, such as /a/, keep your lips, jaws, and tongue in the same tense position. Then the vowels will not glide.

Mot-clé: C**a**n**a**d**a**
Répétez: **A**nne, M**a**x, M**a**d**a**me, b**a**n**a**ne, **A**l**a**b**a**m**a**

Ça va, Anne?
Voilà Madame Laval.

La voyelle /i/

When pronouncing /i/, smile and keep your lips in a tense position. Do not let the vowel glide.

Mot-clé: M**i**m**i**
Répétez: **i**l, Sylv**i**e, Ph**i**l**i**ppe, v**i**s**i**te, M**i**ss**i**ss**i**pp**i**

Sylvie habite ici.
Philippe visite le Mississippi.

Leçon deux: Au Sénégal

Langue et culture

Two young people from Senegal introduce themselves.

Hamadi:

Salut!
Je parle français, mais je ne suis pas français.
Je suis sénégalais.
J'habite à Dakar où je suis étudiant°.
Nous travaillons beaucoup en fac°!
Et vous, est-ce que vous travaillez beaucoup?

college student

en faculté: à l'université

Akissi:

Je ne suis pas étudiante.
Je suis interprète.
Je travaille à Air-Afrique.
Je suis assez active.

J'aime les sports et j'aime danser.
Je ne danse pas très souvent avec Hamadi.
Il ne danse pas bien.
En fait°, il danse très mal. *as a matter of fact*
Pauvre° Hamadi! Il n'aime pas danser. *poor*
Et vous, est-ce que vous aimez danser?

Avez-vous compris?

Answer the questions with **oui** or **non**, as in the model.

▻ Hamadi parle français? *Oui, il parle français.*
▻ Il est français? *Non, il est sénégalais.*

1. Hamadi habite à Paris?
2. Il est étudiant?
3. Il travaille beaucoup?
4. Il danse très bien?
5. Akissi travaille à Air France?
6. Elle aime les sports?
7. Elle est étudiante?
8. Elle aime danser?

Renseignements culturels: Le français en Afrique

Today, French is expanding rapidly in Africa. The use of French as a common language is a factor of national integration and cohesion in countries where different tribes have traditionally spoken different languages. Eighteen countries of Black Africa have adopted French as their official language. Among the most important French-speaking countries in Africa are the Malagasy Republic (Madagascar), Zaïre, Senegal (whose capital, Dakar, is one of the most modern cities in Africa), Mali, and the Ivory Coast. Formerly French or Belgian colonies, these countries became independent nations in the early 1960's. French is also spoken by large segments of the population in the Northern African countries of Morocco, Algeria, and Tunisia.

Structure et vocabulaire

MOTS UTILES: **Termes courants**

prépositions:

à	*to, at, in*	J'habite **à** Dakar.
de	*of, from*	J'arrive **de** New York.
avec	*with*	Je parle **avec** Hamadi.
pour	*for*	Je travaille **pour** une agence de voyages.

adverbes:

ici	*here*	Nous habitons **ici**.
là	*there, here*	Hamadi habite **là**.
là-bas	*over there*	Akissi habite **là-bas**.
aussi	*also, too*	Et vous **aussi**, Jacqueline?
rarement	*rarely, seldom*	Nous jouons **rarement** au volleyball.
parfois	*sometimes*	Akissi joue **parfois** au tennis avec Hamadi.
souvent	*often*	Michèle téléphone **souvent**.
toujours	*always*	Nous parlons **toujours** français en classe.
beaucoup	*much, a lot*	Akissi aime **beaucoup** danser.
ensemble	*together*	Alain et Jacques habitent **ensemble**.
bien	*well*	Je parle **bien** français.
mal	*badly*	Je parle **mal** anglais.
assez	*rather*	Vous parlez **assez** bien français.
très	*very*	Je n'étudie pas **très** souvent.

conjonctions:

et	*and*	Voici Hamadi **et** Akissi.
ou	*or*	Qui habite ici? Akissi **ou** Hamadi?
mais	*but*	Je travaille, **mais** je n'aime pas travailler.

autres expressions:

où	*where*	Voici l'agence **où** je travaille.
quand	*when*	**Quand** nous travaillons ensemble, nous parlons français.

In French, adverbs usually follow immediately after the verb.

Je joue **souvent** au tennis.	*I **often** play tennis.*
Je joue **mal** au ping-pong.	*I play ping-pong **badly**.*

1. Dialogue: Souvent ou rarement?

Ask a friend if he or she often engages in the activities shown at the top of next page.

▻ jouer au tennis — VOUS: *Joues-tu souvent au tennis?*
VOTRE CAMARADE: *Oui, je joue souvent au tennis.*
OU: *Non, je joue rarement au tennis.*

1. travailler
2. étudier
3. parler français
4. jouer au volleyball
5. regarder la télé
6. écouter la radio

2. *Expression personnelle: Et vous?*

In the sentences below, a French student is describing herself. Tell about yourself by replacing the italicized adverbs with one of the adverbs in parentheses.

▻ Je parle *toujours* français. (parfois) *Je parle parfois français.*

1. Je parle *rarement* anglais. (souvent, toujours, parfois)
2. Je regarde *parfois* la télé. (souvent, toujours, très rarement)
3. Je téléphone *beaucoup*. (souvent, très souvent, rarement)
4. Je joue *mal* au volleyball. (bien, assez bien, assez mal, très mal)
5. Je joue *bien* au tennis. (mal, très mal, très bien, assez bien)
6. Je suis *souvent* à l'université. (rarement, toujours, parfois, très souvent)
7. Je suis *très* optimiste. (assez, souvent, toujours, rarement)
8. Je suis *assez* calme. (très, toujours, souvent, rarement)
9. En fac, je travaille *assez bien*. (mal, beaucoup, bien, rarement)
10. Nous dînons *souvent* au restaurant. (parfois, ensemble, toujours, assez souvent)

A. Le verbe **être**

Note the forms of the present tense of the irregular verb **être** (*to be*).

être	*to be*	
je suis	*I am*	Je **suis** à Dakar.
tu es	*you are*	Tu **es** avec Hamadi.
il / elle est	*he/she is*	Il **est** là.
nous sommes	*we are*	Nous **sommes** étudiants.*
vous‿êtes	*you are*	Vous **êtes** à l'université.
ils / elles sont	*they are*	Elles **sont** interprètes.*

- There is often liaison after **est** and **sont**: **Il est‿à Dakar.**

* The name of a profession usually follows the verb **être** directly.
Contrast: Monique est **photographe**. *Monique is* ***a*** *photographer.*

NOTE LINGUISTIQUE: **Verbes irréguliers**

The present tense of **être** does not follow a predictable pattern. It has several stems and its own set of endings. **Etre** is an *irregular* verb. The irregular verbs in a language are usually among the most common ones.

3. Dramatisation: Vacances en Afrique

Paul asks where his classmates are spending the vacation. Monique replies that they are in Africa. Play the two roles according to the model.

▻ Pierre (Casablanca) PAUL: *Où est Pierre?*
MONIQUE: *Il est à Casablanca.*

1. Marie (Dakar)
2. Jacques (Kinshasa)
3. Sylvie (Alger)
4. Paul et Luc (Tunis)
5. Chantal et Nicole (Abidjan)
6. Marc et Suzanne (Tananarive)

4. Situation: Occupations professionnelles

Paul and his friends are talking about what they do. Describe their occupations, using the appropriate forms of **être.**

▻ Monique (photographe) *Monique est photographe.*

1. Marc (étudiant)
2. Je (artiste)
3. Tu (pianiste)
4. Paul et Jacques (acteurs)
5. Nathalie et Sylvie (actrices)
6. Louise (décoratrice)
7. Sophie (hôtesse)
8. Vous (journaliste)
9. Nous (secrétaires)

5. Substitutions

In each sentence, replace the **-er** verb with the appropriate form of **être.**

▻ Je travaille avec Suzanne. *Je suis avec Suzanne.*

1. Nous habitons à Paris.
2. Vous arrivez à Dakar.
3. Tu rentres à New York.
4. Paul danse avec Louise.
5. Annie et Monique dînent au restaurant.
6. Robert et Sylvie dansent ensemble.

B. La négation

Compare the affirmative sentences on the left with the negative sentences on the right.

Akissi parle anglais.	Hamadi **ne** parle **pas** anglais.	*Hamadi does* ***not*** *speak English.*
Elle joue au tennis.	Il **ne** joue **pas** au tennis.	*He is* ***not*** *playing tennis.*
Elle danse souvent.	Il **ne** danse **jamais.**	*He* ***never*** *dances.*
Elle aime danser.	Il **n'**aime **pas** danser.	*He* ***doesn't*** *like to dance.*

Negative sentences follow the pattern:

---

subject + **ne** + main verb + **pas** / **jamais** + rest of sentence

---

▶ Note: **ne** → **n'** before a vowel sound.

6. Dramatisation: Contradictions

Whenever Philippe makes a statement, Marc likes to state the opposite. Play the two roles according to the model.

▷ J'aime Paris. PHILIPPE: *J'aime Paris.*
MARC: *Moi, je n'aime pas Paris.*

1. Je suis journaliste.
2. J'habite à Paris.
3. Je parle anglais.
4. Je parle espagnol.
5. Je joue au tennis.
6. J'aime la musique.
7. J'étudie beaucoup.
8. J'aime danser.
9. J'aime parler anglais.
10. J'aime téléphoner.
11. J'aime jouer au volleyball.
12. J'aime étudier.

7. Situation: Répugnances

State that the following people never do the things they dislike.

▷ Marc déteste étudier. *Il n'étudie jamais.*

1. Nous détestons étudier.
2. Vous détestez travailler.
3. Tu détestes téléphoner.
4. Charles et Louis détestent parler espagnol.
5. Nathalie déteste danser.
6. Je déteste parler anglais.
7. Philippe déteste inviter Marie.
8. Isabelle et Marie détestent étudier.

8. Substitutions

Replace the italicized words with the words in parentheses, making any necessary changes.

▷ Je ne *travaille* pas à Montréal. (être) *Je ne suis pas à Montréal.*

1. *Philippe* n'est pas journaliste. (je; vous; Hamadi et Akissi; tu; nous; Sylvie)
2. Je ne *rentre* pas avec Philippe. (jouer; travailler; étudier; être)
3. Nous ne *travaillons* jamais ensemble. (étudier; parler; être; jouer)
4. Vous ne *regardez* pas Henri. (écouter; inviter; aimer; téléphoner à; danser avec)
5. *Hamadi* n'aime pas travailler. (je; vous; Paul et Marc; nous; tu; Marie)

C. *Questions avec* **est-ce que**

Compare the questions and statements below.

Est-ce que Marc joue au tennis?	Oui, Marc joue au tennis.
Est-ce qu'il danse bien?	Oui, il danse bien.

An affirmative statement can be transformed into a question by prefacing it with **est-ce que.**

- Your voice rises at the end of a question that begins with **est-ce que**.

▶ **Est-ce que** → **est-ce qu'** before a vowel sound.

9. Situation: La Maison des Jeunes (*Youth Center*)

French Youth Centers offer a wide variety of activities. Ask whether the following students often engage in the activities mentioned.

▻ Nathalie danse avec Michel. *Est-ce qu'elle danse souvent avec Michel?*

1. Pierre joue au ping-pong.
2. Sylvie parle russe.
3. Hélène joue au tennis.
4. Marc parle anglais.
5. Jacques et Antoine jouent au basketball.
6. Paul et Philippe parlent espagnol.
7. Claire et Suzanne jouent au volleyball.
8. Henri et Annie dansent.

10. Dramatisation: Interview

Imagine you are interviewing people for a job as traveling salesperson in Europe. The successful candidate must fit the description outlined below. Other students will play the parts of the candidates as shown below.

▻ Il habite à Paris.
L'INTERVIEWER: *Est-ce que vous habitez à Paris?*
CANDIDAT A: *Oui, j'habite à Paris.*
CANDIDAT B: *Non, je n'habite pas à Paris.*

1. Il est étudiant.
2. Il parle italien.
3. Il parle anglais aussi.
4. Il est dynamique.
5. Il est calme.
6. Il est optimiste.
7. Il aime travailler.
8. Il aime voyager.
9. Il aime parler en public.

11. Dialogue: Le week-end

Ask your classmates whether they engage in the following activities.

▻ regarder la télé
VOUS: *Est-ce que tu regardes la télé?*
VOTRE CAMARADE: *Oui, je regarde souvent la télé.*
OU: *Je ne regarde jamais la télé.*

1. travailler
2. étudier
3. danser
4. voyager
5. parler français
6. téléphoner
7. jouer au volleyball
8. écouter la radio

VOUS AVEZ LA PAROLE: ***Autoportrait***

Compose a brief portrait of yourself. Use **Je suis** (or **Je ne suis pas**) in sentences 1 to 10. Use **J'aime** (or **Je n'aime pas**) in sentences 11 to 18. You may also use adverbs from the MOTS UTILES section of this lesson.

1. logique
2. illogique
3. idéaliste
4. réaliste
5. optimiste
6. pessimiste
7. dynamique
8. timide
9. calme
10. snob
11. travailler
12. étudier
13. voyager
14. danser
15. téléphoner
16. parler français
17. regarder la télé
18. jouer au tennis

Phonétique

La voyelle /**u**/

To pronounce /u/, round your lips and hold them tense in that position.

Mot-clé: **où**
Répétez: **vou**s, n**ou**s, j**ou**er, T**ou**l**ou**se, t**ou**j**ou**rs

Loulou joue avec nous.
Etes-vous toujours à Toulouse?
Et vous, où jouez-vous aux boules?

La voyelle /**y**/

The sound /y/ does not exist in English. To produce the vowel /y/, say the vowel /i/ through rounded lips. Keep your tongue against your lower front teeth and your lips tensely rounded.

Mot-clé: sal**u**t
Répétez: t**u**, L**u**c, L**u**cie, S**u**zanne, ét**u**die, aven**ue**

Salut, Suzanne!
Etudies-tu avec Lucie?
Tu habites avenue du Luxembourg?

Leçon trois: A l'Alliance Française

Langue et culture

At the Alliance Française in Paris, Tao Van Lee, a young Vietnamese student, meets a new friend.

TAO:	Bonjour. Je m'appelle Tao Van Lee. Je suis vietnamien.	
ISABELLE:	Bonjour. Moi°, je m'appelle Isabelle Dufour.	je
TAO:	Tu parles français avec un accent! Tu es belge?	
ISABELLE:	Mais non, je suis suisse!	
TAO:	Où habites-tu?	
ISABELLE:	A Genève.	
TAO:	Tu es étudiante à l'Alliance Française?	
ISABELLE:	Oui, bien sûr°!	*of course*
TAO:	Tu penses rester en France?	
ISABELLE:	Non, je compte rentrer à Genève.	
TAO:	Quand?	
ISABELLE:	En octobre . . . Je voudrais travailler aux Nations-Unies comme° interprète. Je voudrais aussi voyager.	*as*
TAO:	Moi aussi!	

Avez-vous compris?

1. Est-ce qu'Isabelle est belge?
2. Est-ce qu'elle parle français?
3. Est-ce qu'elle parle avec un accent?
4. Est-ce qu'elle habite à Lausanne?
5. Est-ce qu'elle est étudiante?
6. Est-ce qu'elle pense travailler à Paris?
7. Est-ce qu'elle pense être journaliste?
8. Est-ce qu'elle aime voyager?

Renseignements culturels

Le français en Europe et ailleurs

In Europe, the domain of the French language extends beyond the boundaries of France. French is an official language in Luxemburg, Belgium, and Switzerland, which all have sizeable French-speaking populations. Brussels, the capital of Belgium, is a bilingual city. Geneva and Lausanne, the seats of many international organizations, are also large French-speaking cities.

In Asia, French is used by significant groups of people. In particular, it is the principal secondary language in Vietnam, Cambodia, and Laos.

The use of French is not limited to the French-speaking nations. In many countries, especially in Europe and the Americas, French language, literature and culture are widely studied. (In the United States, for instance, two million high school and university students enroll each year in French courses.) For many millions of non-native speakers, French is the main language of communication. Moreover, it is one of the five official languages of the United Nations and is, along with English, its working language.

L'Alliance Française

L'Alliance Française is the largest school devoted to the teaching of French language and civilization. It has about 200,000 students throughout the world. Headquartered in Paris (at 101, boulevard Raspail), it has many branches outside of France, especially in Africa, the Middle East, the Far East, and South America, regions of the world which have maintained strong cultural ties to France.

Structure et vocabulaire

MOTS UTILES: **Verbes**

verbes réguliers

rester	*to stay, to remain*	Je **reste** à Paris.
voyager*	*to travel*	Nous aimons **voyager**.

verbes et expressions suivis de l'infinitif

compter	*to count; to expect, to hope, to count on*	Je ne **compte** pas travailler en Amérique.
penser	*to think; to intend, to plan*	Je **pense** travailler en France.
je veux	*I want, I wish*	Je ne **veux** pas rester en Amérique.
je voudrais	*I would like*	Je **voudrais** visiter la France.
tu veux	*you want, you wish*	Tu **veux** voyager?
vous voulez	*you want, you wish*	Vous **voulez** habiter à Paris?

* To maintain the sound /ʒ/, an **e** is inserted in the **nous**-form of the present tense: **nous voyageons.**

Questions personnelles

1. Est-ce que vous pensez voyager? travailler? être interprète? être professeur? être journaliste?
2. Est-ce que vous comptez visiter Paris? Montréal? Québec? Genève? Dakar? Bruxelles?
3. Est-ce que vous voulez rester en Amérique? travailler en France? habiter à Paris?

A. *Questions à réponse affirmative ou négative*

Read the questions on the left and the answer on the right.

Tu habites à Paris? Est-ce que tu habites à Paris? Habites-tu à Paris?	Oui, j'habite à Paris.

The three questions, which elicit the same answer, carry the same basic meaning. All three are called *yes/no questions* because they ask for a response of *yes* or *no*.

A declarative statement can be transformed into a yes/no question in four different ways:

— By letting the voice go up at the end of the sentence (*rising intonation*):

Jacques habite à Paris.   Jacques habite à Paris?

— By beginning the sentence with **est-ce que** (*est-ce que form*):

Jacques parle français.   **Est-ce que** Jacques parle français?

— By adding the expression **n'est-ce pas** at the end of the sentence when the expected answer is *yes* (*tag question*):

Jacques parle bien français.	Jacques parle bien français, **n'est-ce pas**? *Jacques speaks French well, **doesn't he?***
Vous êtes vietnamien.	Vous êtes vietnamien, **n'est-ce pas**? *You are Vietnamese, **aren't you?***

— By reversing the order of the subject and verb when the subject is a pronoun other than **je** (*inversion*):

	Vous parlez anglais.	Parlez-vous anglais?
	Il est canadien.	Est-il canadien?
	Ils restent à Paris.	Restent-ils à Paris?
but:	Je voyage souvent.	Est-ce que je voyage souvent?

▶ **a.** In inverted questions, a hyphen is written between the verb and the subject pronoun.

b. In inverted questions, the sound /t/ is heard between the verb and the subject pronouns **il, elle, ils**, and **elles.** Since all third person plural verbs end in **t**, that letter is pronounced in liaison. If a third person singular verb ends in a vowel, **-t-** is inserted between the verb and the pronoun.

Voici Michèle.	Est-elle française?	Parle-**t**-elle anglais?
Voici Philippe.	Est-il français?	Aime-**t**-il Paris?

1. Questions personnelles

1. Parlez-vous français en classe?
2. Travaillez-vous beaucoup en classe?
3. Etudiez-vous souvent? parfois? rarement?
4. Jouez-vous au tennis? au volleyball? au basketball? au golf?

2. Dialogue: Faites connaissance (*Get acquainted*)

To get better acquainted with your classmates, ask them questions based on the verbs and expressions below.

▻ jouer au volleyball

VOUS: *Est-ce que tu joues au volleyball?*
VOTRE CAMARADE: *Oui, je joue au volleyball.*
ou: *Non, je ne joue jamais au volleyball.*

1. travailler beaucoup	5. être réaliste	9. danser
2. jouer au basketball	6. aimer la musique	10. regarder la télé
3. voyager beaucoup	7. aimer les sports	11. écouter la radio
4. être optimiste	8. jouer au ping-pong	12. aimer étudier

3. Situation: L'étudiante française

Imagine that a French exchange student is living in your friend's dorm. Ask your friend questions about this student.

▻ Elle habite à Paris. *Habite-t-elle à Paris?*

1. Elle est française.
2. Elle est étudiante.
3. Elle parle anglais.
4. Elle parle espagnol.
5. Elle joue au tennis.
6. Elle joue au volleyball.
7. Elle danse bien.
8. Elle aime la musique pop.
9. Elle voyage beaucoup.

NOTE LINGUISTIQUE: **La conversation**

Whereas written French is more formal and is built around longer sentences which conform strictly to grammatical norms, conversational French uses shorter sentences and tolerates various degrees of informality. These differences are reflected in the different ways of asking yes/no questions. Intonation questions are the most informal and are typical of casual conversation. **Est-ce que** and tag questions are also used in relaxed, familiar conversation. Generally speaking, inversion is the most formal way of formulating questions. It is, however, commonly used in conversation with short verbs, such as **être**, or in short questions: e.g., **Où habites-tu?**

Conversation is also characterized by the use of "fillers" which reinforce the general meaning of the sentence. Some frequently used conversational fillers are presented in sections entitled EXPRESSIONS POUR LA CONVERSATION.

EXPRESSIONS POUR LA CONVERSATION: **Oui ou non**

Oui

Mais oui!	*Why yes! Yes! Of course!*	— Tu es étudiant? — **Mais oui!**
Bien sûr!	*Of course!*	— Tu parles français? — **Bien sûr!**
Certainement!	*Sure!*	— Tu aimes Paris? — **Certainement!**
C'est ça!	*That's it! You're right!*	— Tu es suisse? — **C'est ça!**
D'accord!	*OK. All right. Agreed.*	— Tu veux jouer au tennis? — **D'accord!**
Oui, je pense.	*Yes, I think so.*	— Isabelle habite à Paris? — **Oui, je pense.**

Non

Pas question!	*Nothing doing!*	— Tu veux jouer avec Tao? — **Pas question!**
Pas du tout!	*Not at all! You're wrong!*	— Tu aimes danser? — **Pas du tout!**
Bien sûr que non!	*Of course not!*	— Tu veux être interprète? — **Bien sûr que non!**
Peut-être . . .	*Maybe. Perhaps.*	— Tu veux visiter la Suisse? — **Peut-être.**

4. Dialogue: Projets

Ask your classmates whether they intend to do the following things. They will begin their responses with one of the preceding EXPRESSIONS.

▻ voyager — VOUS: *Est-ce que tu comptes voyager?*
VOTRE CAMARADE: *Bien sûr, je compte voyager!*
ou: *Pas du tout! Je déteste voyager.*

1. rester à l'université
2. rester en Amérique
3. travailler
4. travailler à New York
5. voyager en Europe
6. voyager en Afrique
7. être interprète
8. être professeur
9. être docteur
10. habiter en France
11. étudier en France
12. travailler aux Nations-Unies

B. Questions d'information

Read the following questions and answers.

Quand est-ce que tu rentres en France?	Je rentre en septembre.
Avec qui est-ce que tu rentres?	Je rentre avec Isabelle.
Pourquoi est-ce que tu rentres?	Je veux travailler à Paris.
Où habites-tu?	Boulevard Saint-Michel.

The questions above cannot be answered by *yes* or *no*. They request specific information and are therefore called *information questions*. Note that the questions begin with interrogative expressions which define the information which is sought: **quand?** (*when?*), **avec qui?** (*with whom?*), **pourquoi?** (*why?*), **où?** (*where?*).

Information questions can be formed in several ways:

— By inserting **est-ce que** after the interrogative expression:

Où **est-ce que** vous habitez?	J'habite à Lausanne.

— By inverting the subject pronoun and verb (except in the case of **je**):

Où habitez-**vous?**	J'habite à Paris.
Et Marie, avec qui travaille-t-**elle?**	Elle travaille avec Marc.
but: Avec qui est-ce que je peux travailler?	

— In some short questions, by inverting the noun subject and the verb:

Où habite **Philippe?**	Il habite à Paris.
Avec qui travaille **Monsieur Durant?**	Il travaille avec Monsieur Charron.

— By using the interrogative expression **qui.** In this case, **qui** is the subject of the sentence, and regular word order is used.

Qui est journaliste?	Madame Launay est journaliste.

MOTS UTILES: **Les questions**

à qui . . .?	*to whom?*	**A qui** est-ce que vous parlez?
avec qui . . .?	*with whom?*	**Avec qui** étudies-tu?
où . . .?	*where?*	**Où** travaillez-vous?
pourquoi . . .?	*why?*	**Pourquoi** étudiez-vous à l'Alliance Française?
quand . . .?	*when?*	**Quand** est-ce qu'Isabelle rentre à Genève?
qui . . .?	*who?*	**Qui** travaille avec Patrick?
parce que . . .	*because*	J'étudie le français **parce que** je voudrais travailler en France.

NOTE DE VOCABULAIRE

Elision is required when **parce que** is followed by a vowel sound:

Il voyage **parce qu'**il aime voyager.

où? quand? comment?
qui? pourquoi?
il a réponse à tout

• 71 000 articles, 5150 illustrations en couleurs, 245 cartes, un atlas.
• Comme tous les ans, il est complété et mis à jour.
• Il est illustré entièrement en couleurs, à chaque page.
• Il réunit les noms propres et les noms communs, c'est pourquoi il répond à toutes vos questions sur la langue française, sur l'histoire, la géographie, l'économie, la politique, la littérature, les sciences et les techniques, les arts, la faune, la flore, etc.

le petit Larousse en couleurs 1975

En édition courante : le petit Larousse illustré 1975 - chez tous les libraires.

5. Dramatisation: Pourquoi?

Whenever Tao says what he does, Isabelle asks him why. Play both roles as shown in the model.

▻ J'aime Paris. TAO: *J'aime Paris.*
ISABELLE: *Oui . . . mais pourquoi est-ce que tu aimes Paris?*

1. Je travaille beaucoup.
2. Je voyage souvent.
3. J'étudie l'anglais.
4. Je parle toujours français.
5. Je joue souvent au tennis.
6. Je téléphone à Philippe.
7. J'aime la France.
8. Je compte visiter l'Italie.
9. Je veux travailler à Montréal.

6. Dramatisation: Avec qui?

Isabelle tells Patrick what her friends do. Patrick wants to know with whom they do these things. Play both roles as shown in the model.

▻ Jacques voyage. ISABELLE: *Il voyage.*
PATRICK: *Avec qui voyage-t-il?*

1. Alain étudie.
2. Isabelle travaille.
3. Monique habite à Montréal.
4. Paul joue au tennis.
5. Philippe visite l'Italie.
6. Anne visite Genève.
7. Suzanne rentre au Canada.
8. Marc parle souvent anglais.
9. Robert parle français.

7. Questions personnelles

1. Où habitez-vous?
2. Où êtes-vous étudiant (étudiante)?
3. Où voulez-vous habiter plus tard (*later*)?
4. Avec qui habitez-vous?
5. Avec qui étudiez-vous?
6. A qui téléphonez-vous?

8. Dialogue

Ask a classmate the questions in exercise 7. Use the form **tu.**

9. Situation: Curiosité

Marc is curious. Formulate his questions about each of the following statements by using the interrogative expressions in parentheses. Use inversion.

▻ Philippe étudie. (où?) *Où étudie-t-il?*

1. Paul travaille. (où? avec qui? quand?)
2. Isabelle compte rester ici. (pourquoi? avec qui?)
3. Suzanne et Pierre discutent. (avec qui? pourquoi?)
4. Marc et Anne téléphonent. (à qui? pourquoi?)
5. Sylvie joue au tennis. (où? avec qui? quand? pourquoi?)
6. Paul écoute des disques. (pourquoi? où? avec qui?)

VOUS AVEZ LA PAROLE: ***Journalisme***

Imagine you are interviewing an exchange student from Switzerland for the campus paper. Prepare questions in French to obtain the following information.

1. Where he / she lives.
2. With whom he / she lives.
3. Whether he / she is working.
4. Why he / she is in America (**en Amérique**).
5. When he / she is going back to Switzerland (**en Suisse**).
6. Why he / she is going back to Switzerland.

Phonétique

Le son /r/

The French **-r-** never represents the sound of the English **-r-**. The French /r/ is pronounced at the back of the throat. Say "ah" and clear your throat at the same time. This sound is the French /r/.

Mot-clé: Paris
Répétez: **R**enée, **R**obe**r**t, a**rr**ive, pa**r**le, **r**este, **r**ega**r**de

Rita parle russe.
Robert arrive à Paris.
René reste à Rotterdam.

DOCUMENT

Le français dans le monde

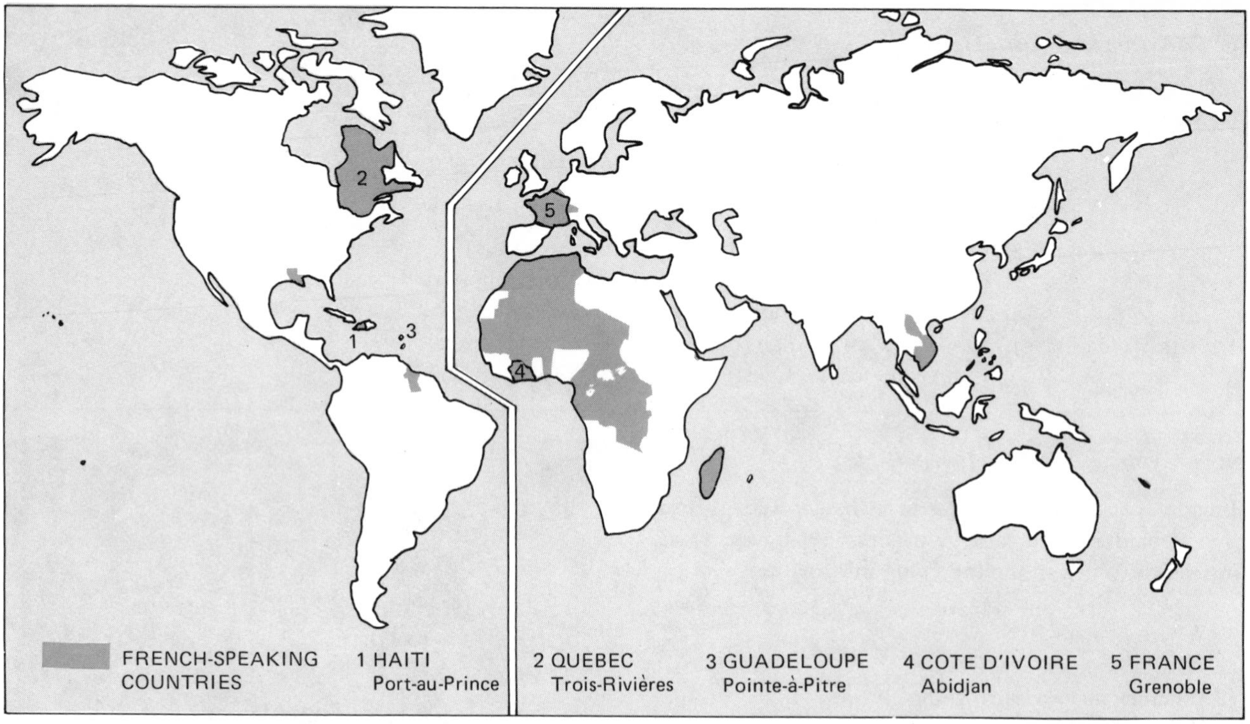

FRENCH-SPEAKING COUNTRIES

1 HAITI
Port-au-Prince

2 QUEBEC
Trois-Rivières

3 GUADELOUPE
Pointe-à-Pitre

4 COTE D'IVOIRE
Abidjan

5 FRANCE
Grenoble

INSTANTANE

Cinq voix françaises

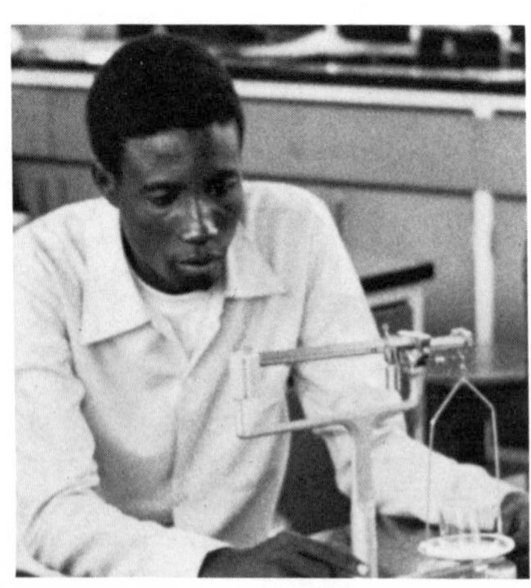

Jacques

Je m'appelle Jacques Dupré. J'habite à New York. Je suis haïtien. Ma famille° est originaire de° Port-au-Prince. Nous sommes immigrés et nous ne pensons pas rentrer en Haïti. Mes parents ne parlent pas très bien anglais. Par conséquent°, en famille° nous continuons à parler français.

my family / de

consequently / *among ourselves*

Je suis étudiant en biologie à l'université de Columbia. Je compte être médecin°. Je voudrais être radiologue. Je voudrais travailler dans° une grande ville°. A Boston ou à San Francisco, par exemple.

docteur

in / *large city*

Monique

Je m'appelle Monique Dutour. J'habite à Trois-Rivières dans la province de Québec, mais je suis rarement là-bas. C'est parce que je voyage beaucoup. Je suis en effet° hôtesse de l'air° pour Air Canada. En ce moment°, je travaille sur la ligne° Montréal-Vancouver. Un jour° à Montréal, un jour à Vancouver... C'est un peu° monotone.

L'année prochaine°, je compte travailler sur la ligne Montréal-Paris. Je voudrais beaucoup visiter l'Europe, surtout° le Sud°: la France, l'Italie, l'Espagne, le Portugal....

in fact
stewardess / at present
on the line / one day
a little
next year
especially / south

Amélan

Je m'appelle Amélan Kouadio. C'est un nom° africain, plus° exactement baoulé. (Les Baoulés sont une tribu de la Côte d'Ivoire.) Je suis étudiante en lettres° à l'Université d'Abidjan. A l'université, nous parlons toujours français. Avec mes amis° et mes parents, je parle surtout le baoulé qui° est la langue de ma° tribu. Ma famille habite à Alépé. C'est un petit° village de 6.000 (six mille) habitants. Moi°, bien sûr, j'habite à Abidjan qui est une ville moderne.

Plus tard°, je voudrais être journaliste. Avant°, je compte passer° une ou deux° années en France.

name
more
littérature
my friends
which / my
small
je
later / before that
spend / 2

Jean-Pierre

Je m'appelle Jean-Pierre Martin. Je suis français mais je n'habite pas en France métropolitaine°. J'habite à la Guadeloupe, une île° des Iles Caraïbes°. La Guadeloupe est un département français, c'est-à-dire° une division administrative de la France. Les Guadeloupéens° sont des français d'origine africaine.

J'habite à Pointe-à-Pitre. Je travaille à la réception d'un hôtel. Avec les clients, je parle français. Mais en famille et avec mes amis, je parle créole. Le créole est un dialecte formé d'°expressions françaises et d'expressions africaines.

continentale
island / Caribbean
that is to say
habitants de la Guadeloupe
consisting of

Françoise

Je m'appelle Françoise Belcour. Je suis étudiante en sciences économiques°. J'habite à Grenoble, en Savoie. Mes parents habitent aussi à Grenoble, mais je n'habite pas avec eux°. Pourquoi? C'est simple: j'aime bien° mes parents, mais j'aime aussi mon indépendance! C'est une bonne raison°, n'est-ce pas?

economics — mes parents / beaucoup — *good reason*

Plus tard, je compte travailler dans une banque internationale. Avant, je voudrais faire un stage° aux Etats-Unis. J'étudie deux langues: l'anglais et l'espagnol.

to work as a trainee

Bien sûr, je n'étudie pas tout le temps°. Quand je n'étudie pas, je fais du° sport. Je joue au tennis . . . assez mal. Et je fais du ski° . . . assez bien.

all the time — *am active in* — *I ski*

ENRICHISSEZ VOTRE VOCABULAIRE: **Les mots apparentés** (*Cognates*)

In reading the portraits, you may have noticed many new cognates, that is, words that look alike and have similar meanings in both French and English:

la biologie	*biology*
l'université	*university*

French contains many French-English cognates. In fact, since about 60% of all English words are of French origin, Americans find French relatively easy to read.

However, cognates do present some problems:

They are *never* pronounced the same in French and English.
They are often spelled differently in the two languages.
Their meanings are often somewhat different in the two languages.

EXERCICE DE LECTURE

1. List the cognates in the reading that are spelled the same in French and English.
2. List the cognates in the reading that are spelled differently in the two languages.

II VOITURE OU VELOMOTEUR?

Leçon 4: Le vélomoteur
Leçon 5: Un chic type
Leçon 6: Un test
Document: La Deux Chevaux
Instantané: Pour ou contre l'auto?

Objectives

Culture Transportation is not a problem unique to Americans. While many French students could afford a used car, few have adopted the automobile as a means of transportation. In this unit you will discover why, and you will also learn about the attitudes that the French have developed toward their cars.

Structure When you want to designate a person or object, you use a noun. You use an adjective to describe the person or object. In this unit, you will explore the relationships between nouns and adjectives and determiners (words like definite and indefinite articles, which introduce nouns). You will also learn the present tense of the verb **avoir** (*to have*), the second most frequently used French verb.

Vocabulary The vocabulary you will learn reflects the main focus of this unit: day-to-day life. It includes nouns referring to common objects, such as automobiles, radios, and books, and the adjectives used to describe them, such as adjectives of color and national origin. You will also learn other adjectives used to describe people.

Communication Imagine that you are on a plane bound for France. In a few hours you will find yourself in a new environment. You may need to make a phone call, to ask for the time, to say what you want to do. This unit will help you perform these vital tasks in French. You will also learn how to ask questions such as *who is it? what is it?* and how to give your impressions of people and things.

Leçon quatre: Le vélomoteur

Langue et culture

Philippe parle avec Linda, une étudiante américaine qui habite à la Cité Universitaire.

LINDA:	As-tu une voiture?	
PHILIPPE:	Non, je n'ai pas de voiture. J'ai un vélomoteur.	
LINDA:	Un vélomoteur? Qu'est-ce que c'est?°	*what's that?*
PHILIPPE:	C'est un vélo avec un moteur. C'est un véhicule très économique et très pratique quand il y a° beaucoup de circulation°.	*there is / a lot of traffic*
LINDA:	Et quand tu veux passer° un week-end à la campagne°?	*to spend / country*
PHILIPPE:	Pas de problème! J'ai des amis qui ont une voiture.	

Avez-vous compris?

1. Est-ce que Linda est une étudiante française?
2. Est-ce que Philippe a une voiture?
3. Est-ce que Philippe a un vélomoteur?
4. Pourquoi est-ce que Philippe a un vélomoteur?
5. Qui a une voiture?

Renseignements culturels

La Cité Universitaire

For centuries, French universities catered only to the educational needs of the students, and their buildings were exclusively academic ones. As the number of university students increased — fourfold between 1950 and 1970 — student residences (**cités universitaires**) and cafeterias (**restaurants universitaires** or **Resto U** in student slang) were added. A few universities have adopted the campus style in which both academic and non-academic buildings are grouped in the same area. This architectural pattern characterizes the newer universities, such as those in Grenoble and Montpellier. Buildings of the more traditional universities are often scattered through several sections of the city. The older academic buildings are usually located in the center of the city, while the newer student residences are built in the suburbs, where land is less expensive. (In Paris, for example, the **Cité Universitaire** is located several miles from the academic **Quartier Latin.**) This situation creates a serious transportation problem for the students, who must often travel several miles a day.

Les "Deux Roues" (two-wheel vehicles)

Not many French students can afford the luxury of a new car. Instead, many ride bicycles, motorbikes, motor scooters, and motorcycles. In France, one must be fourteen to ride a motorbike. To ride a motorcycle or scooter the minimum age is sixteen, and a special driver's license is needed.

Structure et vocabulaire

MOTS UTILES: **Transports**

une moto	*motorcycle*
une voiture (*ou* une auto)	*car*
un vélo (*ou* une bicyclette)	*bicycle*
un vélomoteur	*motorbike*

A. Le verbe avoir

Note the forms of the present tense of the irregular verb **avoir** (*to have*).

avoir	*to have*	Je voudrais **avoir** une moto.
j' ai	*I have*	J'**ai** un vélo.
tu as	*you have*	Tu **as** un vélomoteur.
il / elle a	*he / she has*	**A**-t-il une bicyclette?
nous avons	*we have*	Nous **avons** une auto.
vous avez	*you have*	**Avez**-vous une moto?
ils / elles ont	*they have*	Elles **ont** une voiture.

- Liaison is required between the pronouns **nous, vous, ils, elles**, and the verb.

1. Situation: Amateurs de vélo (*Bike lovers*)

Say that all the following people have bicycles.

▻ Paul *Paul a un vélo.*

1. Alain
2. Chantal
3. Nous
4. Vous
5. Marc et André
6. Florence et Marie
7. Je
8. Tu

2. Dramatisation: Week-end

Philippe wants to borrow a car for the weekend. He asks if the following people have a car. Play Philippe's role, using subject pronouns.

▻ Paul *A-t-il une voiture?*

1. Jacques
2. Christine
3. Vous
4. Tu
5. Sylvie et Françoise
6. Pierre et Charles

B. Le genre: l'article indéfini un / une

Determiners are words that introduce nouns. In the sentences below, the determiners in heavy print are called indefinite articles. Pay attention to the forms of these articles. Also pay attention to the forms of the pronouns that replace the articles and their accompanying nouns.

J'ai **un** ami.	**Il** est là-bas.	*I have a friend (male).*	*He is over there.*
J'ai **une** amie.	**Elle** est ici.	*I have a friend (female).*	*She is here.*

J'ai **un** vélo.	**Il** est là-bas.	*I have a bike.*	*It is over there.*
J'ai **une** moto.	**Elle** est ici.	*I have a motorcycle.*	*It is here.*

In French, ALL nouns, whether they designate people, animals, objects, or abstract concepts, have gender: they are either masculine or feminine. In the above examples, **ami** and **vélo** are masculine. The nouns **amie** and **moto** are feminine.

▶ **a.** In the singular, **un** (*a, an*) introduces a masculine noun; **une** (*a, an*) introduces a feminine noun.

b. Masculine noun subjects, both persons and things, can be replaced by the pronoun **il** (or **ils** in the plural).
Feminine noun subjects, both persons and things, can be replaced by the pronoun **elle** (or **elles** in the plural).

● There is always liaison after the determiner **un** when the next word begins with a vowel sound.

NOTE LINGUISTIQUE: **Le genre des noms français**

In French, the gender of a noun often determines the forms of the words associated with it (such as determiners, adjectives, and pronouns). Therefore, in order to use a noun properly in a sentence, one must know its gender.

Nouns designating people:
The gender of a noun designating a person usually corresponds to that person's sex.

masculine nouns: **un garçon** (*boy*), **un homme** (*man*)
feminine nouns: **une fille** (*girl*), **une femme** (*woman*)

There are some exceptions, however. For example:
un professeur is a masculine noun, whether it refers to a male or a female teacher;
une personne is a feminine noun, whether it refers to a man or a woman.

Nouns designating objects and abstract concepts:
There is no systematic way of predicting the gender of nouns designating objects and concepts.

masculine nouns: **un vélomoteur** (*motorbike*), **un projet** (*plan, project*)
feminine nouns: **une voiture** (*car*), **une idée** (*idea*)

As you learn nouns in French, learn them with their determiners, which reflect gender: think of **un vélomoteur** (rather than simply **vélomoteur**), **une voiture** (rather than **voiture**).

In the MOTS UTILES sections, all nouns are preceded by determiners. Masculine nouns are usually listed in the left-hand column and feminine nouns in the right-hand column.

MOTS UTILES: **Des gens** (*People*)			
un ami	*friend* (*male*)	une amie	*friend* (*female*)
un étudiant	*student* (*male*)	une étudiante	*student* (*female*)
un garçon	*boy*	une fille	*girl*
un homme	*man*	une femme	*woman*
un professeur	*teacher, professor* (*male or female*)	une personne	*person* (*male or female*)

3. *Situation: Fille ou garçon? Ami ou amie?*

Indicate whether the following people are boys or girls. Then say that each one is a friend of yours.

▻ Jacques — *Jacques est un garçon. Jacques est un ami.*
▻ Jacqueline — *Jacqueline est une fille. Jacqueline est une amie.*

1. Irène
2. Robert
3. Roger
4. Pierre
5. Elisabeth
6. Marie
7. Suzanne
8. André

4. *Dramatisation: Personnes célèbres* (*Famous people*)

A Frenchman asks an American who the following people are. Play the two roles according to the models.

▻ Paul Newman / acteur
LE FRANÇAIS: *Qui est Paul Newman?*
L'AMÉRICAIN: *C'est un acteur.*

1. Marlon Brando / acteur
2. Marilyn Monroe / actrice
3. Bob Hope / comédien
4. Phyllis Diller / comédienne
5. Marianne Moore / poétesse
6. Walter Cronkite / journaliste
7. Joe Namath / athlète
8. Chris Evert / championne

MOTS UTILES: **Expressions courantes**		
Qui est-ce?	*Who is it? Who is that?*	**Qui est-ce?** C'est Philippe.
Qu'est-ce que . . .?	*What . . .?*	**Qu'est-ce que** tu as, une auto ou une moto?
Qu'est-ce que c'est?	*What is it? What is that?*	**Qu'est-ce que c'est?** C'est une Renault.
voici	*here is / are*	**Voici** Paul. **Voici** Marie et Anne.
voilà	*there is / are*	**Voilà** Max. **Voilà** Eric et Sylvie.
il y a	*there is / are*	**Il y a** une moto ici. **Il y a** six motos là-bas.
Y a-t-il . . .?	*Is / Are there . . .?*	**Y a-t-il** une université à Lyon?

NOTES DE VOCABULAIRE

a. **Voici** and **voilà** are used to point out people and things.
Voici Marie. **Voilà** une moto et un vélomoteur.

b. **Il y a** is used to state the existence of something or someone.
Il y a un garçon avec Linda. **Il y a** un vélo ici.

5. Dramatisation: A l'université

A foreign student at a large American university asks whether the following facilities exist on campus. The American answers affirmatively. Play the two roles.

▻ un hôpital — L'ÉTUDIANT FRANÇAIS: *Est-ce qu'il y a un hôpital?*
L'ÉTUDIANT AMÉRICAIN: *Oui, il y a un hôpital.*

1. un théâtre
2. un musée
3. une chapelle
4. une cafétéria
5. un observatoire
6. une piscine (*swimming pool*)
7. une station de radio
8. un stade (*stadium*)
9. un cinéma

C. Le nombre: l'article indéfini des

Nouns are either singular or plural. In the middle column below, the nouns are plural. Note the forms of these nouns and the forms of the determiners that introduce them.

Voici un professeur.	Voici **des professeurs.**	*Here are (some) teachers.*
Voici une étudiante.	Voici **des‿étudiantes.**	*Here are (some) students.*
J'ai un ami à Paris.	J'ai **des‿amis** à New York.	*I have (some) friends in New York.*
Y a-t-il un homme ici?	Y a-t-il **des‿hommes** ici?	*Are there (any) men here?*

a. In written French, the plural of a noun is generally formed by adding **-s** to the singular form, unless the singular form ends in **-s**, **-x**, or **-z**.

▶ A few nouns have irregular plurals, that is, plurals that do not follow the above pattern. (In the MOTS UTILES sections, irregular plurals will be given in parentheses.)

● The final **-s** of a plural noun is silent in spoken French.

b. The plural of **un** and **une** is **des.**

▶ The indefinite determiner **des** may correspond to the English *some* or *any*. However, while *some* may often be omitted in English, the article **des** cannot be omitted in French.

● There is liaison after **des** when the next word begins with a vowel sound.

NOTE LINGUISTIQUE: **Le pluriel**

Because the final **-s** of the plural is silent, the singular and plural forms of regular nouns sound the same. However, since plural nouns are introduced by plural determiners, you can usually tell whether a noun is singular or plural by listening to the form of its determiner.

MOTS UTILES: **Objets courants** (*Everyday objects*)

un appareil-photo	*camera*	une caméra	*movie camera*
un disque	*record*	une cassette	*cassette*
un électrophone	*recordplayer*	une mini-cassette	*cassette recorder*
un livre	*book*	une montre	*watch*
un téléphone	*telephone*	une radio	*radio*
un transistor	*transistor radio*	une télévision (télé)	*television*

6. *Dramatisation: Au grand magasin* (*At the department store*)

Philippe is asking the saleswoman in a department store whether she has the following items. She answers yes. Play the two roles, using plural nouns.

▻ un livre — PHILIPPE: *Avez-vous des livres?*
LA VENDEUSE: *Bien sûr, nous avons des livres.*

1. un électrophone
2. une guitare
3. une bicyclette
4. un vélomoteur
5. une lampe
6. une table
7. un disque
8. une caméra
9. une radio
10. une moto
11. une montre
12. un transistor

7. *Substitution*

Replace the italicized words with the words in parentheses, making changes in the form of the determiner where necessary.

▻ Il a une *caméra*. (disques) — *Il a des disques.*

1. Voici un *vélo*. (auto; moto; vélomoteur; voiture; transistor)
2. Voilà des *étudiants*. (garçon; filles; professeur; étudiantes; femme; hommes)
3. Je voudrais une *montre*. (mini-cassette; disques; livres; télévision; radio)
4. Y a-t-il des *cassettes* là-bas? (disques; montre; appareil-photo; livres)
5. François compte avoir un *vélo*. (voiture; vélomoteur; disques; livres; moto)
6. As-tu une voiture? (électrophone; disques; cassettes; radio; caméra)

D. *L'article indéfini dans les phrases négatives*

Contrast the following sentences:

Philippe a **un** vélomoteur.	Jacques n'a **pas de** vélomoteur.
Philippe a **un** appareil-photo.	Jacques n'a **pas d'**appareil-photo.
Philippe a **des** disques.	Jacques n'a **pas de** disques.
Il y a **un** électrophone ici.	Il n'y a **pas d'**électrophone là-bas.

In a negative sentence, the direct object is introduced by **de** (and not by **un**, **une**, or **des**). Thus, one can think of **pas de** as being used instead of **pas un**, **pas une**, and **pas des** before a direct object.

► **a.** **pas de** → **pas d'** before a vowel sound.

b. The expression **pas de** has several English equivalents.

Nous n'avons **pas de** télévision. { *We have **no** television.* / *We do **not** have a television set.* }

Nous n'avons **pas de** cassettes. { *We have **no** cassettes.* / *We do **not** have **any** cassettes.* }

c. **Pas de** is not used after **être**.

Pierre est **un** ami. Paul n'est **pas un** ami.

d. The negative form of **il y a** is **il n'y a pas**.

Il y a un cinéma, mais **il n'y a pas de** théâtre.

8. Dramatisation: Prudence

Jacques wants to borrow the following things from Philippe. Since Jacques has a reputation for not returning things, Philippe simply says that he does not have what his friend wants. Play the two roles according to the model.

▻ un électrophone JACQUES: *As-tu un électrophone?*
PHILIPPE: *Mais non, je n'ai pas d'électrophone.*

1. un vélomoteur	4. une guitare	7. des livres	10. une bicyclette
2. des disques	5. un banjo	8. des posters	11. une montre
3. des enveloppes	6. une auto	9. une radio	12. une caméra

9. Questions personnelles

1. Avez-vous un vélo? un vélomoteur? une moto? une voiture?
2. Avez-vous un appareil-photo? une caméra? une radio? une télé? un transistor?
3. Avez-vous un électrophone? des disques? une mini-cassette? des cassettes?
4. Avez-vous des amis à New York? à Boston? à Paris? à Grenoble?
5. A votre université, y a-t-il un théâtre? un observatoire? une cafétéria?

VOUS AVEZ LA PAROLE: ***Portrait d'un(e) camarade***

Imagine that you frequently borrow things from your roommate. What possessions should the "ideal" roommate have?

Exemple: Le camarade de chambre idéal (La camarade de chambre idéale) a une voiture . . .

Phonétique

La voyelle /e/

To pronounce /e/, keep your lips slightly apart in the smiling position. Be very careful not to let the vowel glide as it does in the English word *say*.

Mot-clé: **télé**
Répétez: **e**t, v**é**lo, cin**é**ma, **é**cout**ez**, aid**er**

Où est la télé?
Téléphonez à Eric.
Ecoutez.
Aimez-vous Renée?

La voyelle /ɛ/

In comparison with /e/, the vowel /ɛ/ is pronounced further back in the mouth with the lips wider apart.

Mot-clé: Mich**è**le
Répétez: **e**lle, **E**ve, **ai**me, r**e**ste, av**e**c, bicycl**e**tte

Eve reste avec Michèle.
J'aime la bicyclette d'Hélène.

Leçon cinq: Un chic type

Langue et culture

Philippe and Alain are sitting in a café.

PHILIPPE:	Dis, Alain. Tu as l'heure°?	*the time*
ALAIN:	Oui, il est deux heures dix°.	2:10
PHILIPPE:	Deux heures dix? Déjà°?	*already*
ALAIN:	Oui, pourquoi?	
PHILIPPE:	J'ai rendez-vous° avec Michèle à deux heures et demie . . .	*a date*
ALAIN:	Et alors°?	*so?*
PHILIPPE:	Nous avons rendez-vous au Quartier Latin! Impossible d'aller° là-bas en vingt minutes!	*to go*
ALAIN:	Et si° tu n'es pas à l'heure°, Michèle sera° furieuse!	*if / on time / will be*
PHILIPPE:	Exactement!	
ALAIN:	Ecoute, ma° voiture est ici. Si tu veux . . .	*my*
PHILIPPE:	Oh, merci, Alain. Tu es un chic type°!	*a nice guy*

Avez-vous compris?

1. Quelle heure est-il?
2. Avec qui est-ce que Philippe a rendez-vous?
3. Où a-t-il rendez-vous?
4. A quelle heure a-t-il rendez-vous?
5. Qui a une voiture?

Renseignements culturels

Le Quartier Latin

Located on the Left Bank of the Seine, the Quartier Latin is the center of Paris student life. It owes its name to the fact that in the Middle Ages the students at the Sorbonne used to converse in Latin. Today it is one of the liveliest parts of the city, with many bookstores, shops, cafés, movie theaters, and discothèques. It is also a favorite night spot for students and non-students, Parisians and tourists.

Les rendez-vous (*Dates*)

When French students have a date, they often meet at a pre-arranged place, such as a café, a street corner, or in front of a movie theater.

French young people, especially teenagers, like to go out **en bande**, that is, in groups of four to six (or as many as the car can hold, if they have a car). Mixed groups may have an uneven number of boys and girls, for the group is a unit of its own, and not just several couples who are going out together.

Structure et vocabulaire

EXPRESSIONS POUR LA CONVERSATION

In conversation, the following expressions are often used . . .

. . . to attract attention

Eh!	*Hey!*	**Eh**, Pierre! Qu'est-ce que tu regardes?
Dis! (Dites!*)	*Say!*	**Dis**, Philippe! Où est Sylvie?
Tiens! (Tenez!*)	*Look!*	**Tiens!** Voilà Suzanne.
Ecoute! (Ecoutez!*)	*Listen!*	**Ecoutez!** Est-ce que vous voulez jouer au tennis?

. . . to express surprise

Ah bon! Vraiment?	*Oh, really?*	— Jean n'aime pas Paris. — **Ah bon! Vraiment?**
Et alors?	*So what?*	— J'ai rendez-vous avec Philippe. — **Et alors?**

. . . to ask or express agreement

D'accord?	*All right?*	— J'invite Philippe. **D'accord?**
D'accord!	*OK. All right.*	— **D'accord!**

. . . to express apology or to preface a request

Pardon.	*Pardon. Excuse me.*	— **Pardon**, Madame. Quelle heure est-il?
Excuse-moi (Excusez-moi.*)	*Excuse me.*	— **Excusez-moi.** Je n'ai pas l'heure.

. . . to say please or thank you

S'il te plaît. (S'il vous plaît.*)	*Please.*
Merci. Merci beaucoup.	*Thank you. Thank you very much.*

* These expressions are used when talking to several people, or to one person addressed as **vous**.

A. Les nombres de 0 à 10

Numbers may be used alone, as in counting. They may also be used as determiners to introduce nouns. Note the pronunciation of the numbers from 1 to 10 in the chart below.

	alone	*before a consonant sound*	*before a vowel sound*
		J'ai rendez-vous . . .	J'ai rendez-vous . . .
1	un/	dans‿un moment	dans‿un‿instant
	une	dans‿une minute	dans‿une heure
2	deu~~x~~	dans deu~~x~~ minutes	dans deux^{z}‿heures (*hours*)
3	troi~~s~~	dans troi~~s~~ minutes	dans trois^{z}‿heures
4	quatre	dans quatre minutes	dans quatre heures
5	cinq	dans cin~~q~~ minutes	dans cinq^{k}‿heures
6	six	dans si~~x~~ minutes	dans six^{z}‿heures
7	se~~p~~t	dans se~~p~~t minutes	dans se~~p~~t‿heures
8	huit	dans hui~~t~~ minutes	dans huit‿heures
9	neuf	dans neuf minutes	dans neuf^{v}‿heures
10	dix	dans di~~x~~ minutes	dans dix^{z}‿heures

▶ **a.** The form **un** is used before a masculine noun, while the form **une** is used before a feminine noun.

b. The digit 0 is **zéro**.

● In liaison, the letter ***-x*** is pronounced /z/: **six^{z}‿heures.** The letter **-f** is usually pronounced /f/: **neuf^{f}‿Américains.** As shown above, **neuf^{v}‿heures** is an exception.

1. Situation: Au café

You are working as a waiter or waitress in a French café. Relay the following orders to the bar.

▻ 2 cafés (*coffee*) *Deux cafés . . . deux!*

1. 5 cafés
2. 6 thés (*tea*)
3. 8 coca-colas
4. 9 cafés
5. 10 thés
6. 2 orangeades (*orange soda*)
7. 10 orangeades
8. 7 thés
9. 9 orangeades

B. *Les nombres de 11 à 69*

11 onze
12 douze
13 treize
14 quatorze
15 quinze
16 seize
17 dix-se~~p~~t
18 dix^{z}‿huit
19 dix-neuf
20 vin~~gt~~
21 vin~~g~~t‿et un (vingt et une)
22 vingt-deux
23 vingt-trois
24 vingt-quatre

30 trente
31 trente et un (trente et une)
32 trente-deux
33 trente-trois
. . .
40 quarante
41 quarant~~e~~ et un (quarante et une)
42 quarante-deux
. . .
50 cinquante
. . .
60 soixante
. . .
69 soixante-neuf

▶ The word **et** is used only in the numbers 21, 31, 41, 51, 61.

● There is never liaison after **et**.
The digits **un** through **neuf** are pronounced in the same way whether they are used alone or in compound numbers. The liaison patterns are also the same.

2. Situation: Numéros de téléphone français

Ask for the following French phone numbers. Begin your sentences with **Je voudrais le . . .**

▻ 56.11.23 à Tours *Je voudrais le cinquante-six, onze, vingt-trois à Tours.*

1. 43.34.18 à Passy
2. 21.37.12 à Albi
3. 58.49.31 à Nîmes
4. 19.13.47 à Bordeaux
5. 32.49.53 à Tulle
6. 20.32.51 à Nice
7. 51.32.20 à Lyon
8. 60.61.38 à Colmar
9. 51.42.16 à Lille
10. 30.18.16 à Mulhouse
11. 18.12.11 à Annecy
12. 40.62.19 à Marseille

3. Dramatisation: Au bureau de change

American tourists are exchanging dollars for francs at a French bank. Play the roles of the tourists and the bank clerk, according to the model. (Use the ratio of four francs to one dollar.)

▻ 5 dollars LE TOURISTE: *Voilà cinq dollars.*
L'EMPLOYÉ: *Voilà vingt francs.*

1. 8 dollars
2. 10 dollars
3. 12 dollars
4. 4 dollars
5. 7 dollars
6. 1 dollar
7. 6 dollars
8. 9 dollars

C. *L'heure*

MOTS UTILES: **L'heure**

Quelle heure est-il?		*What time is it?*
Il est une heure.		*It is one (o'clock).*
Il est deux heures.		*It is two (o'clock).*
Il est onze heures.		*It is eleven (o'clock).*
Il est midi.	 	*It is noon.*
Il est minuit.		*It is midnight.*

Il est une heure **cinq.**		Il est deux heures **moins cinq.**	
Il est une heure **et quart.**		Il est deux heures **moins le quart.**	
Il est une heure **vingt-cinq.**		Il est deux heures **moins vingt-cinq.**	
Il est une heure **et demie.**		Il est deux heures **et demie.**	

à quelle heure . . .?	*at what time . . .? when . . .?*	— **A quelle heure** arrives-tu?
à deux heures	*at 2 o'clock*	— J'arrive **à deux heures.**
à l'heure / en retard	*on time / late*	Michèle est **à l'heure.** Philippe est **en retard.**
maintenant / plus tard	*now / later*	As-tu rendez-vous **maintenant** ou **plus tard**?
déjà	*already*	Il est **déjà** midi!

- There is never liaison before the digits 1 (**un**), 8 (**huit**), 11 (**onze**).

▶ **a.** In English, the expression *o'clock* may be left out. In French, on the contrary, the word **heure** (or **heures**) is never omitted when giving the time in hours and minutes.

b. Note the difference between the words **heure** (clock time) and **temps** (time which is elapsing).

Tu as l'**heure**?	*Do you have the time?*	Oui, il est deux **heures.**
Tu as le **temps** de visiter Paris?	*Do you have the time to visit Paris?*	Non, je n'ai pas le **temps.**

c. When there is a need to differentiate between A.M. and P.M., the French use the following expressions:

du matin	A.M. (*in the morning*)	Il est dix heures et demie **du matin.**
de l'après-midi	P.M. (*in the afternoon*)	Il est deux heures **de l'après-midi.**
du soir	P.M. (*in the evening*)	Il arrive à neuf heures **du soir.**

d. Official time, which uses a 24-hour clock, is used to give arrival and departure times of planes, buses, and trains, to show times of plays and films, and to make other public announcements. On the official clock, the hours from 0 to 12 correspond to A.M., and the hours from 12 to 24 correspond to P.M. Any fraction of the hour is recorded in terms of minutes past the hour.

	Official time	*Conversational French*
11 h 00	onze heures	onze heures (du matin)
11 h 50	onze heures cinquante	midi moins dix
20 h 15	vingt heures quinze	huit heures et quart (du soir)

4. Dramatisation: La visite de Paris

A tourist in Paris is asking the guide when his tour will visit certain spots. Play the two roles.

▷ Le Quartier Latin (10 h) LE TOURISTE: *A quelle heure visitons-nous le Quartier Latin?*
LE GUIDE: *A dix heures.*

1. Notre-Dame (11 h)
2. le Louvre (12 h 15)
3. le Musée d'Art Moderne (2 h 30)
4. les Invalides (4 h 20)
5. la Tour Eiffel (5 h 45)
6. le Lido (9 h 50)

5. Situation: A l'agence de voyages

The travel agent is telling his customers when they are to arrive at their destinations. Play his role according to the model. Use official time.

▻ Québec (10 h) L'AGENT: *Vous arrivez à Québec à dix heures.*

1. New York (7 h 00)	5. Alger (10 h 36)	9. Berlin (14 h 15)	13. Bruxelles (17 h 20)
2. Paris (8 h 50)	6. Ottawa (11 h 54)	10. Zurich (15 h 30)	14. Munich (18 h 43)
3. Genève (9 h 10)	7. Boston (12 h 12)	11. Lyon (15 h 45)	15. Rome (19 h 45)
4. Dakar (10 h 45)	8. Moscou (13 h 00)	12. Londres (16 h 21)	16. Milan (22 h 35)

VOUS AVEZ LA PAROLE: ***Le guide***

Imagine that your town has been asked to show a group of French visitors around the local sights. Plan an itinerary, with times.

Exemple: A neuf heures nous visitons . . .

Phonétique

Les voyelles nasales: la voyelle /ɑ̃/

To begin producing the nasal vowel /ɑ̃/, say the English word *on*, but do not add the final /n/. Keep your mouth open a bit wider for the French /ɑ̃/.

a. The phonetic mark ~ indicates a nasal vowel.
b. Although nasal vowels correspond to the spelling pattern vowel + **n** (or **m**), this **n** or **m** is not pronounced. For instance, /ɑ̃/ corresponds to **an**, **en**, **am**, or **em**.

Mot-clé: J**ean**
Répétez: **an**, qu**and**, **en**, **ensem**ble, r**en**tre, Fr**an**ce

Jean rentre en France.
Jean et Antoine sont ensemble.

Leçon six: Un test

Langue et culture

Jacques:	OUI	NON	*Michèle:*	OUI	NON
Etes-vous un bon automobiliste?			Etes-vous une bonne automobiliste?		
1. Etes-vous prudent?	☐	☐	1. Etes-vous prudente?	☐	☐
2. Etes-vous patient?	☐	☐	2. Etes-vous patiente?	☐	☐
3. Etes-vous calme?	☐	☐	3. Etes-vous calme?	☐	☐
4. Etes-vous sûr de vos[1] réflexes?	☐	☐	4. Etes-vous sûre de vos[1] réflexes?	☐	☐
5. Avez-vous des réflexes rapides?	☐	☐	5. Avez-vous des réflexes rapides?	☐	☐
6. Avez-vous une bonne vue[2]?	☐	☐	6. Avez-vous une bonne vue[2]?	☐	☐

Maintenant, passez[3] le test, vous aussi.
Répondez aux[4] six questions. Marquez un point par réponse positive.

Comptez vos points.
Si[5] vous avez six points, vous êtes un(e) excellent(e) automobiliste.
Si vous avez quatre ou cinq points, attention aux accidents!
Si vous avez trois points ou moins[6], prenez l'autobus[7]!

1 *your* 2 *good vision* 3 *take* 4 *answer the* 5 *if* 6 *less* 7 *take the bus*

Renseignements culturels: Le Français et sa voiture

For the French, the car symbolizes freedom. Although it may be used to drive to work, its key function is to allow its owner to get away for weekends, holidays, and extended vacations. In the average French family, the car is an important investment and is expected to last for many years.

When the French (especially the men) are at the wheel, they tend to regard their cars as extensions of their psychological selves. Driving becomes an art and also a way of asserting one's superiority. Thus, many French men pride themselves on being skillful and fast drivers. Fast driving may mean going over the speed limit, which has been set at 140 kilometers (90 miles) per hour on the larger highways.

Structure et vocabulaire

A. Forme des adjectifs réguliers

Adjectives are used to describe nouns or pronouns. Read the sentences below, paying attention to the forms of the adjectives.

Jacques est **patient** et **calme.**	Michèle est **patiente** et **calme.**
J'ai des amis **patients** et **calmes.**	J'ai des amies **patientes** et **calmes.**

Adjectives agree in gender and number with the nouns or pronouns they modify.*

Regular adjectives have the following pattern of written endings:

	masculine	*feminine*
singular	—	-e
plural	-s	-es

* When the pronoun **vous** is modified by an adjective, the form of that adjective depends on the number and gender of the people being referred to.

Monsieur Dupont, êtes-vous **patient**?	Madame Duroc, êtes-vous **patiente**?
Paul et Louis, êtes-vous **patients**?	Sylvie et Francine, êtes-vous **patientes**?

a. In written French, the feminine form of a regular adjective is formed by adding **-e** to the masculine.

Louis est **patient.** Anne est **patiente.**

If the masculine form already ends in **-e**, the masculine and feminine forms are identical.

Jacques est **calme.** Michèle est **calme.**

b. In written French, the plural form of a regular adjective is formed by adding an **-s** to the corresponding singular form.

Il est **prudent.** Ils sont **prudents.**

If the masculine singular form ends in **-s** or **-x**, the masculine singular and plural forms are identical.

Philippe est **français.** Pierre et Louis sont **français.**

c. Adjectives that do not follow the above pattern are irregular. (Irregular forms of adjectives will be given in parentheses in the MOTS UTILES sections.)

● **a.** In spoken French, if a regular adjective ends in a silent consonant in the masculine, this consonant is pronounced in the feminine.

masculine	*feminine*
Vous êtes patient. /pasjɑ̃/	Vous êtes patiente. /pasjɑ̃t/
Vous n'êtes pas intelligents. /ɛ̃tɛliʒɑ̃/	Vous n'êtes pas intelligentes. /ɛ̃tɛliʒɑ̃t/

b. In spoken French, regular adjectives that do not end in a silent consonant in the masculine sound the same in the masculine and feminine.

Vous êtes calme. /kalm/	Vous êtes calme. /kalm/
Vous êtes espagnols. /ɛspaɲɔl/	Vous êtes espagnoles. /ɛspaɲɔl/

MOTS UTILES: **Adjectifs de nationalité**

allemand	*German*	français	*French*
américain	*American*	italien (italienne)	*Italian*
anglais	*English*	japonais	*Japanese*
canadien (canadienne)	*Canadian*	russe	*Russian*
espagnol	*Spanish*	suisse	*Swiss*

NOTES DE VOCABULAIRE

a. When capitalized, adjectives of nationality become nouns designating the people of the corresponding country.

Voici un **Canadien**, une **Espagnole** et deux **Japonais**.

b. The corresponding masculine singular nouns, when not capitalized, refer to languages.

Ivan parle **russe**. Il étudie **l'allemand**.

1. Situation: Camarades de chambre

Suzanne, who is French, and Linda, who is American, are roommates at the Cité Universitaire. They have similar possessions, but Suzanne's things are made in France and Linda's in America. Say what each one owns.

▻ une bicyclette — *Suzanne a une bicyclette française. Linda a une bicyclette américaine.*

1. une mini-cassette
2. une montre
3. un transistor
4. des disques
5. des livres
6. une raquette
7. un poster
8. des cassettes
9. une guitare
10. un magazine
11. des sandales (*f.*)
12. des blue-jeans (*m.*)

2. Situation: Nationalités

The following people are all citizens of the countries in which they reside. Give each one's nationality.

▻ Philippe habite à Paris. — *Il est français.*

▻ Marie et Sylvie habitent à Montréal. — *Elles sont canadiennes.*

1. Roger habite à New York.
2. Ivan habite à Moscou.
3. Maria habite à Madrid.
4. Eva habite à Hambourg.
5. Tatsuo habite à Osaka.
6. Roger habite à Genève.
7. Peter habite à Oxford.
8. Irène habite à Ottawa.
9. Paul et David habitent à Boston.
10. Monique et Claire habitent à Bordeaux.
11. Charles et Louis habitent à Lausanne.
12. Maria et Sophia habitent à Rome.

MOTS UTILES: **La description**

un véhicule

économique	*economical*
pratique	*practical*
rapide	*fast*

une personne

blond, brun ou roux (rousse)	*blond, dark-haired, or red-head*
calme ou agité	*calm (quiet) or restless*
heureux (heureuse) ou triste	*happy or sad*
intelligent ou idiot	*intelligent or stupid*
intéressant ou ennuyeux (ennuyeuse)	*interesting or boring*
prudent ou imprudent	*careful or careless*
remarquable ou ordinaire	*remarkable or ordinary*
sympathique ou désagréable	*nice (pleasant) or unpleasant*

3. Dialogue: Description

For each of the following pairs of adjectives, ask a classmate which one characterizes him or her best. Be sure to use the feminine forms when addressing a woman.

▻ blond, brun

VOUS (À UN AMI): *Es-tu blond ou brun?*
VOTRE AMI: *Je suis blond.*
VOUS (À UNE AMIE): *Es-tu blonde ou brune?*
VOTRE AMIE: *Je suis blonde.*

1. américain, français
2. optimiste, pessimiste
3. calme, agité
4. patient, impatient
5. dynamique, timide
6. énergique, réservé
7. idéaliste, réaliste
8. prudent, imprudent
9. discipliné, indiscipliné
10. heureux, triste

B. La place des adjectifs

Read the sentences below, noting the position of the adjectives.

Voici une étudiante **canadienne.**
J'ai des amis **italiens.**
Voici une voiture **française.**
J'ai une moto **rapide.**

In French, the adjective usually comes *after* the noun it describes. A few adjectives, however, usually come *before* the noun. In front of such adjectives, the determiner **des** frequently becomes **de (d').**

Voici une **jolie** voiture. *Here is a nice car.*
Voilà de **bons** disques. *Here are some good records.*

MOTS UTILES: **Adjectifs qui précèdent le nom**

bon (bonne)	*good*	Avez-vous un **bon** électrophone?
mauvais	*bad*	C'est un **mauvais** livre.
grand	*big, large, tall*	La Sorbonne est une **grande** université.
petit	*small, little, short*	J'ai une **petite** voiture.
jeune	*young*	Philippe est un **jeune** étudiant.
vieux (vieille)	*old*	Il a un **vieux** vélomoteur.
nouveau (nouvelle; *pl.* nouveaux, nouvelles)	*new*	J'ai une **nouvelle** voiture.
beau (belle; *pl.* beaux, belles)	*handsome, beautiful*	Roger est un **beau** garçon.
joli	*pretty, nice*	Suzanne et Anne sont de **jolies** filles.
vrai	*true, real*	Ce sont de **vraies** amies.

NOTES DE VOCABULAIRE

The adjectives **vieux, nouveau**, and **beau** have special masculine singular forms that are used before a vowel sound:

un **vieil** [j] homme   un **nouvel** ami   un **bel** homme

- When an adjective precedes a noun, liaison is required before a vowel sound.

  un **grand**[t]électrophone

4. Dramatisation: Contradictions

Paul and Pierre have opposite opinions about Sylvie. Play the two roles, using the feminine forms of the adjectives suggested.

▻ intelligent / idiot   PAUL: *Sylvie est une fille intelligente.*
PIERRE: *Pas du tout! C'est une fille idiote.*

1. optimiste / pessimiste
2. remarquable / ordinaire
3. sympathique / désagréable
4. calme / agité
5. heureux / triste
6. prudent / imprudent
7. intéressant / ennuyeux
8. sociable / insociable
9. patient / impatient
10. idéaliste / réaliste

5. Situation: Au magasin de motos (*At the motorcycle shop*)

Imagine you are a student in Paris and have a part-time job in a motorcycle shop. Show the following cycles to your customers.

▻ italien   *Voici une moto italienne.*
▻ petit   *Voici une petite moto.*

1. français
2. japonais
3. allemand
4. pratique
5. économique
6. rapide
7. joli
8. nouveau
9. beau

MOTS UTILES: **Couleurs**

blanc (blanche)	*white*	noir	*black*
		orange	*orange*
bleu	*blue*	rouge	*red*
brun	(*dark*) *brown*	vert	*green*
jaune	*yellow*	violet (violette)	*purple*
marron	*brown, chestnut*		

NOTES DE VOCABULAIRE

The adjectives **orange** and **marron** have only one form, which is used with masculine and feminine, singular and plural nouns. Since they do not take regular endings, these adjectives are called invariable.

une bicyclette **marron**   des voitures **orange**

6. Substitution

Replace the italicized words with the words in parentheses, making all necessary changes.

▻ Voici une bicyclette *rouge*. (beau) *Voici une belle bicyclette.*

1. Je voudrais une bicyclette *verte*. (bleu; jaune; noir; rouge; violet; blanc)
2. Jeanne a des sandales *bleues*. (rouge; vert; marron; brun; noir; blanc)
3. Anne-Marie est *petite*. (beau; ennuyeux; roux; italien; heureux; idiot)
4. J'ai une *jolie* moto. (rapide; beau; japonais; bon; pratique; nouveau)
5. Louis et Marc sont de *beaux* garçons. (intelligent; jeune; désagréable; mauvais; triste)
6. Louise et Line sont des filles *patientes*. (heureux; petit; joli; intelligent; sympathique)
7. *Madame Dupont* est vieille. (Monsieur Charron; Richard et Jean; Chantal et Christine)
8. C'est un *bon* disque. (mauvais; remarquable; vieux; ordinaire; beau; nouveau; français)

C. Il est *ou* c'est?

In each of the following sentences, the verb is **être**. Pay special attention to the subject pronouns.

Qui est-ce? C'est Philippe.	Qu'est-ce que c'est? C'est un vélomoteur.
Il est grand. (*He is . . .*) **Il est** étudiant. **Il est** avec Michèle.	**Il est** pratique. (*It is . . .*) **Il est** au garage.
C'est un étudiant en pharmacie. **C'est un** garçon intelligent. **C'est un** bon étudiant.	**C'est** un vélomoteur. **C'est** un vélomoteur français. **C'est** un bon vélomoteur.

The subject pronouns **il**, **elle**, **ils**, and **elles** may refer to either people or things. As the subject of the verb **être**, **ce** (**c'**) may also refer to people or things. Note the following constructions:

il / **elle est** + { adjective / noun designating a profession, religion / expression describing a place }

c'est + determiner + { noun / noun and adjective }

▶ **a.** The negative form of **c'est** is **ce n'est pas.**

Ce n'est pas un journaliste. **Ce n'est pas** une moto.

b. The plural form of **c'est** is **ce sont.**

Voici Jacques et Louis. **Ce sont** de bons étudiants.
Ce ne sont pas de mauvais étudiants.

7. *Dramatisation: Personnalités*

Max asks Anne about her classmates. Play the two roles.

▻ Sophie (intelligente) MAX: *Est-ce que Sophie est intelligente?*
ANNE: *Oui, c'est une fille intelligente.*

1. André (agité)
2. Isabelle (belle)
3. Henri (ennuyeux)
4. Marc (heureux)
5. Paul (timide)
6. Christine (jolie)
7. Nathalie (optimiste)
8. Alain et Denis (prudents)
9. Line et Louise (patientes)

8. *Situation: Voitures*

Philippe makes two comments about each of the cars that Roger sees. Play the two roles according to the model.

▻ une Mercédès (allemande, rapide) *C'est une voiture allemande. Elle est rapide.*

1. une Cadillac (américaine, confortable)
2. une Renault 5 (française, petite)
3. une Alfa-Roméo (italienne, rapide)
4. une Jaguar (anglaise, rapide)
5. une Corvette (américaine, jolie)
6. une Citroën (française, pratique)

VOUS AVEZ LA PAROLE: ***L'ami idéal***

Write a description in six to eight lines of the ideal friend (**l'ami idéal** ou **l'amie idéale**). You might mention physical characteristics, personality traits, possessions.

Exemple: L'ami idéal est sympathique, intéressant . . .
Il a . . .

Phonétique

La voyelle nasale /ɔ̃/

Keep your lips rounded and tense to pronounce the nasal vowel /ɔ̃/. Be sure not to pronounce an /n/ or /m/ afterwards.

Mot-clé: **sont**
Répétez: **bon, bon**jour, ann**once**, Jap**on**

Où sont Léon et Yvon?
Allons au Japon avec Edmond.

DOCUMENT

La Deux Chevaux

Voici la publicité:

Voici la réalité:

INSTANTANÉ

Pour ou contre l'auto*

Marc

J'ai une Deux Chevaux. Bien sûr, ce n'est pas une voiture spectaculaire. Elle est minuscule. Elle n'est pas très confortable et elle n'est pas très très rapide sur l'autoroute[1]. Mais pour Paris, c'est le véhicule idéal: pratique, maniable[2], économique.... Et puis[3], c'est une voiture! Avoir une voiture présente des avantages considérables. Le week-end[4], par exemple, je peux quitter[5] Paris. Je peux rendre visite à[6] des amis. Je peux respirer[7] l'air pur de la campagne[8]....

Oui, la voiture, c'est la liberté!

1 *expressway* 2 *easy to handle* 3 *moreover* 4 *weekends* 5 *I can leave* 6 *visit* 7 *breathe* 8 *countryside*

Philippe

Moi, je n'ai pas de voiture. D'abord[1], je ne suis pas riche. Mais la raison[2] principale, c'est que je suis réaliste. A Paris il y a un excellent système de transports publics. Alors, pourquoi avoir une voiture? Pourquoi payer une assurance[3], un parking, des contraventions[4]? Tu parles aussi de l'air pur de la campagne... Mais si[5] l'air est pollué[6] à Paris, c'est à cause de ta[7] voiture. Tu parles des avantages de la voiture le week-end... Mais le reste de la semaine[8]? Souvent la circulation[9] est si[10] intense qu'il est impossible d'avancer. Tu es là, isolé[11], immobile. N'as-tu pas l'impression d'être prisonnier dans[12] ta voiture?

Non, mon cher[13] Marc, la voiture, ce n'est pas la liberté... C'est l'esclavage[14]!

1 *first* 2 *reason* 3 *insurance* 4 *tickets* 5 *if* 6 *polluted* 7 *because of your* 8 *week* 9 *traffic* 10 *so* 11 *isolated* 12 *in* 13 *my dear* 14 ≠ liberté

* *against*

Vrai ou faux?

Correct the false statements.

▻ Marc n'a pas de voiture. *C'est faux. Il a une Deux Chevaux.*

1. La Deux Chevaux est une grande voiture.
2. C'est une voiture très confortable.
3. C'est une voiture rapide.
4. Elle est économique.
5. Elle est pratique.
6. Pour Marc, c'est le véhicule idéal.
7. Philippe a une voiture aussi.
8. Philippe est riche.
9. Philippe est réaliste.
10. A Paris, la circulation est intense.

ENRICHISSEZ VOTRE VOCABULAIRE

Mots partiellement apparentés (*Partial cognates*)

There are many French words that resemble English words and whose meanings are not always parallel. For instance:

regarder	more often mean	*to look at*	than	*to regard*
quitter		*to leave*		*to quit*
campagne		*countryside*		*campaign*

It is important to realize that the meaning of a partial cognate does not always correspond to that of its English counterpart.

Adjectifs apparentés: *-ar*, *-ary* ↔ **-aire**

Many English adjectives ending in *-ar* or *-ary* correspond to French adjectives ending in **-aire**.

*spectacul**ar*** spectacul**aire**
*ordin**ary*** ordin**aire**

EXERCICE DE VOCABULAIRE

Give the French adjectives that correspond to the English adjectives in parentheses. Then use each adjective in an original sentence.

1. une coïncidence ______ (*extraordinary*)
2. une décision ______ (*arbitrary*)
3. une mesure ______ (*temporary*)
4. une réaction ______ (*secondary*)
5. une élection ______ (*primary*)
6. une remarque ______ (*vulgar*)
7. une expédition ______ (*polar*)
8. des manœuvres ______ (*military*)
9. une attitude ______ (*exemplary*)
10. un héros ______ (*popular*)

III LOISIRS

Leçon 7: Cinéma
Leçon 8: Théâtre
Leçon 9: Projets en l'air
Document: Week-end
Instantané: Le samedi soir

Objectives

Culture In the United States, French movies are always popular in the repertory of university film clubs. And in France? Is going to the movies considered an enriching experience or simply another form of entertainment? What about the theater? This unit, which focuses on leisure activities, will answer these and related questions.

Structure In this unit, you will learn a new verb: **aller** (*to go*). **Aller** is an especially useful verb because it not only indicates motion toward a location, but it can also be used to describe future events. A new verbal form, the imperative, will be introduced. You will also learn several new determiners, their forms, and their use.

Vocabulary Since leisure time activities constitute the general theme of this unit, the new vocabulary includes items related to movies, theater, television, and travel. You will, for instance, learn the names of several countries and nouns designating places where you can go on weekends or on weekdays.

Communication Imagine that you have decided to go out with your friends next weekend, but you are not exactly sure what to do. In this unit, you will learn how to make suggestions and how to give orders. You will also learn how to talk about your leisure activities, your favorite forms of entertainment, your vacations, your travels, and your short-range plans.

Leçon sept: Cinéma

Langue et culture

Regardez les cinq films au-dessus°. *above*
Il y a un drame psychologique, une comédie, un film policier, une comédie musicale et un western.

Le drame psychologique s'appelle "Le dernier tango à Paris".
La comédie s'appelle "Frankenstein Junior".
Comment s'appelle le film policier?
Comment s'appelle la comédie musicale?
Comment s'appelle le western? Comment s'appellent les acteurs?

Avez-vous compris?

1. Préférez-vous le théâtre ou le cinéma? (Je préfère . . .)
2. Aimez-vous les westerns? les films policiers? les films d'horreur? les comédies musicales?
3. Regardez-vous les vieux films à la télévision?
4. Quand vous achetez (*buy*) un journal, est-ce que vous regardez le programme des films? Est-ce que vous regardez la critique des films?
5. Considérez-vous le cinéma comme (*as*) un art? (Je considère . . ., Je ne considère pas . . ..)

Renseignements culturels: Le cinéma en France

Qu'est-ce que le cinéma? Est-ce une distraction? Pour le grand[1] public, certainement! Mais pour les amateurs[2], le cinéma est aussi une forme d'expression artistique. (Les Français parlent d' "art cinématographique" et considèrent le cinéma comme le "septième art".)

En France, les amateurs de cinéma sont très nombreux[3]. Ces[4] amateurs ont une prédilection marquée[5] pour les films classiques, en particulier les drames psychologiques, mais aussi les westerns et les films policiers. En général, ils n'apprécient pas beaucoup les comédies musicales. Ce sont des critiques sévères qui jugent un film sur[6] le jeu des acteurs[7], mais aussi sur la valeur[8] du scénario et surtout[9] sur la qualité de la mise en scène[10].

Avec les frères[11] Lumière (Louis 1864–1948 et Auguste 1862–1954) et Méliès (1861–1938), la France a joué[12] un rôle important dans[13] l'histoire du cinéma. Aujourd'hui[14], cette[15] tradition cinématographique continue avec une génération abondante de metteurs en scène[16], comme[17] Lelouch, Truffaut et Resnais.

1 *general* 2 connaisseurs 3 ≠ rares 4 *these* 5 *marked preference* 6 *on* 7 *acting* 8 *value* 9 *especially* 10 *directing* 11 *brothers* 12 *played* 13 *in* 14 maintenant 15 *this* 16 *directors* 17 *like*

MOTS UTILES: **Loisirs et distractions** (*Leisure time and entertainment*)

le cinéma (*movies*)

un acteur	*actor*	une actrice	*actress*
un film	*movie*	la mise en scène	*direction, directing*
un film policier	*detective movie*		
un film d'amour	*love movie*		
un metteur en scène	*director, producer*		

la télévision, la radio et le théâtre

un chanteur	*singer, vocalist*	une chanteuse	*singer, vocalist (female)*
un reportage	*documentary, analysis*	une émission	*show (radio or TV)*
un spectacle	*show*	une émission de sports	*sports broadcast*
		des nouvelles	*news*
		une pièce	*play*
		des variétés	*variety show*

la lecture (*reading*)

un journal (*pl.* journaux)*	*newspaper*	une bande dessinée	*comic strip*
un roman	*novel*	une image	*picture*
un roman policier	*mystery*	une (petite) annonce	*(classified) ad*
		une photo	*photo*
		une revue	*magazine*

* Most French nouns that end in **-al** in the singular form their plurals in **-aux**: un journ**al**, des journ**aux**.

Structure et vocabulaire

A. L'article défini: le/la/les

In the sentences below, the determiners in heavy print are definite articles. Note the forms of these determiners.

Voici un magazine . . .	Paul regarde **le** magazine.
et un album.	Michèle regarde **l'**album.
Voici une revue . . .	Jacques regarde **la** revue.
et une image.	Pierre regarde **l'**image.
Voici des photos.	Je regarde **les** photos.

In French, the definite article has the following written forms:

	singular	*plural*
masculine	le	les
feminine	la	

exemples	
le magazine	**les** magazines
la revue	**les** revues

▶ **Le** and **la** become **l'** before a vowel sound.

Qui est **l'**acteur principal dans ce film?
Qui est **l'**actrice principale dans ce film?

● There is liaison after **les** when the next word begins with a vowel sound.

Qui sont les‿acteurs et les‿actrices?
Regarde les‿images.

1. Situation: A la librairie (*At the bookstore*)

At the bookstore, Béatrice tells a friend to look at various things. Play the role of Béatrice.

▷ un livre *Regarde le livre!*

1. un roman
2. un roman policier
3. une revue
4. une photo
5. une image
6. un article
7. des journaux
8. des catalogues
9. des dictionnaires
10. des illustrations
11. des livres
12. des bandes dessinées
13. un album
14. des disques

B. *L'article défini: l'usage*

Note the use of the definite articles in the following sentences.

Le film commence à 8 heures.	***The** movie begins at 8 o'clock.*
Qui est **l'**acteur principal?	*Who is **the** leading actor?*
J'aime **la** musique de **la** pièce.	*I like **the** music in **the** play.*

In French, the definite article is used to introduce nouns used in a *specific* sense. (In sentences of the above type, **le, la, les** correspond to the English article *the*.)

J'aime **la** télévision.	*I like television.*
Je préfère **le** théâtre.	*I prefer theater.*
J'aime **la** musique.	*I like music.*
Les Français aiment **le** cinéma.	*(Generally speaking,) French people like movies.*
Les comédies ne sont pas toujours amusantes.	*Comedies are not always amusing.*

In French, the definite article is also used to introduce nouns used in an *abstract*, *general*, or *collective* sense. (In sentences of the above type, English does not use a determiner.)

▶ Although English and French both have definite and indefinite articles, the uses of the articles do not always correspond in the two languages. In French, contrary to English, nouns are almost always introduced by determiners.

2. *Questions personnelles*

1. Etudiez-vous le français? l'anglais? l'histoire? la psychologie? les maths? les sciences?
2. Aimez-vous les sports? le tennis? le baseball? le golf? le football (*soccer*)? le basketball?
3. Aimez-vous la musique? la musique classique? le jazz? les blues? la musique pop?
4. Aimez-vous l'art? l'art moderne? l'art abstrait? l'art oriental?
5. Ecoutez-vous souvent la radio? les nouvelles? les reportages politiques?
6. Regardez-vous souvent la télévision? les matchs de football? les variétés? les reportages?
7. Admirez-vous les acteurs? les poètes? les inventeurs? les athlètes? les hommes politiques?
8. Respectez-vous l'autorité? la justice? le gouvernement? les opinions adverses?

3. *Opinions personnelles: Pour ou contre*

State whether you are for (**pour**) or against (**contre**) the following.

▻ les examens — *Je suis pour les examens.*
ou: *Je suis contre les examens.*

1. la justice
2. le progrès social
3. le progrès économique
4. le communisme
5. le capitalisme
6. l'égalité des sexes
7. la révolution
8. la religion
9. la violence

4. Opinions personnelles

Elaborate on the opinions you expressed in exercise 3 by using one of the following adjectives: **absurde, nécessaire, dangereux** (**dangereuse**), **inutile** (*useless*), **essentiel** (**essentielle**).

▻ les examens *Les examens sont nécessaires* (*inutiles, absurdes*).

5. Dialogue: Préférences

Ask your classmates what they prefer.

▻ le théâtre / le cinéma VOUS: *Préfères-tu le théâtre ou le cinéma?*
VOTRE AMI(E): *Je préfère le cinéma* (*le théâtre*).

1. la radio / la télévision
2. les films policiers / les westerns
3. les comédies / les tragédies
4. la musique classique / le jazz
5. les maths / la littérature
6. les romans / les essais philosophiques
7. les journaux de sport / les revues politiques
8. le football / le baseball
9. le tennis / le ping-pong
10. les restaurants italiens / les restaurants chinois

C. Les verbes acheter *et* préférer

Verbs that end in **-e-** + consonant + **-er,** like **acheter** (*to buy*), and verbs that end in **-é-** + consonant + **-er,** like **préférer** (*to prefer*), have two stems in the present tense.

acheter*	*Tu veux* ***acheter*** *une cassette?*
j' achète	**J'achète** des livres.
tu achètes	**Achètes**-tu le journal?
il / elle achète	Marie **achète** des revues.
nous achetons	Nous **achetons** des disques.
vous achetez	**Achetez**-vous un roman d'amour?
ils / elles achètent	Ils n'**achètent** pas de magazines.

préférer	*Pourquoi* ***préférer*** *les films américains?*
je préfère	Je **préfère** les romans policiers.
tu préfères	**Préfères**-tu les comédies ou les tragédies?
il / elle préfère	**Préfère**-t-elle le jazz ou la musique classique?
nous préférons	Nous **préférons** la musique pop.
vous préférez	**Préférez**-vous le jazz?
ils / elles préfèrent	Ils **préfèrent** la musique classique.

* In the case of a few verbs in **-e-** + consonant + **-er,** the final consonant of the stem is doubled before a silent ending: appeler (*to call*): j'appelle, tu appelles, il appelle, ils appellent; *but,* nous appelons, vous appelez.

6. Questions personnelles

1. Achetez-vous le journal? Quel (*which*) journal? Pourquoi?
2. Achetez-vous des magazines? Quels magazines? Pourquoi?
3. Achetez-vous des livres? Quels livres?
4. Achetez-vous des disques? Quels disques?
5. Quel journal achètent vos (*your*) parents?

MOTS UTILES: ***Verbes comme* acheter *et* préférer**

verbe conjugué comme **acheter**:

amener	*to bring, to bring along*	J'**amène** Monique au concert.

verbes conjugués comme **préférer**:

considérer	*to consider*	Veux-tu **considérer** le problème?
espérer	*to hope*	J'**espère** visiter la France.
exagérer	*to exaggerate*	Tu **exagères**!
répéter	*to repeat*	Il **répète** la question.

7. Situation: Une surprise-partie (*An informal party*)

Say that each of the following guests is bringing a friend to Philippe's party. Use the verb **amener.**

▷ Anne *Anne amène un ami.*

1. Caroline
2. Henri
3. Vous
4. Tu
5. Suzanne et Hélène
6. Nous
7. Je
8. Pierre et Denise
9. Jean-Paul et Cécile

8. Situation: Espérances

Philippe and his friends are expressing their wishes. Say what each person hopes to do, using the verb **espérer.**

▷ Philippe (visiter la France) *Philippe espère visiter la France.*

1. Henri (voyager)
2. Suzanne (travailler en Europe)
3. Je (être journaliste)
4. Tu (être pilote)
5. Nous (visiter l'Afrique)
6. Vous (acheter un vélomoteur)
7. Anne et Suzanne (avoir une voiture)
8. Pierre et Louis (acheter une moto)

9. Substitutions

Replace the italicized words with the words in parentheses.

▻ La *pièce* est intéressante. (variétés) *Les variétés sont intéressantes.*

1. Voici un nouvel *acteur.* (actrice; chanteur; roman; chanteuse; mise en scène)
2. Voilà des *nouvelles* idiotes. (reportage; variétés; spectacle; images)
3. Philippe achète le *journal.* (revue; bandes dessinées; roman; programme)
4. *Nous* espérons visiter l'Opéra. (Michèle; je; Papa et Maman; tu; vous)
5. Est-ce que *vous* amenez Marie? (je; nous; Philippe; Sophie et Sylvie; tu)
6. *Aimez*-vous les émissions de sports? (préférer; écouter; regarder)
7. Je préfère un bon *roman.* (film; variétés; pièce; reportage; roman policier)

VOUS AVEZ LA PAROLE: ***Opinions***

Write a short paragraph stating what you think about one of the following topics: **le cinéma, la télévision, le journal de l'université.**

Exemple: Je déteste la télévision. Je ne regarde jamais les comédies: elles sont idiotes. Parfois je regarde les nouvelles, mais . . .

Phonétique

Le son /j/

The sound /j/ is similar to the initial sound of the English word *yes*. It is shorter and more tense.

Mot-clé: Pierre
Répétez: piano, italien, canadien

Nous étudions l'italien.
Tiens! Voici un Canadien.

La combinaison voyelle + /j/

The combination *vowel* + /j/ occurs at the end of a word. In this position the /j/ is pronounced very distinctly.

Mot-clé: trav**aille**
Répétez: f**ille**, Mars**eille**

Cette fille travaille à Marseille.

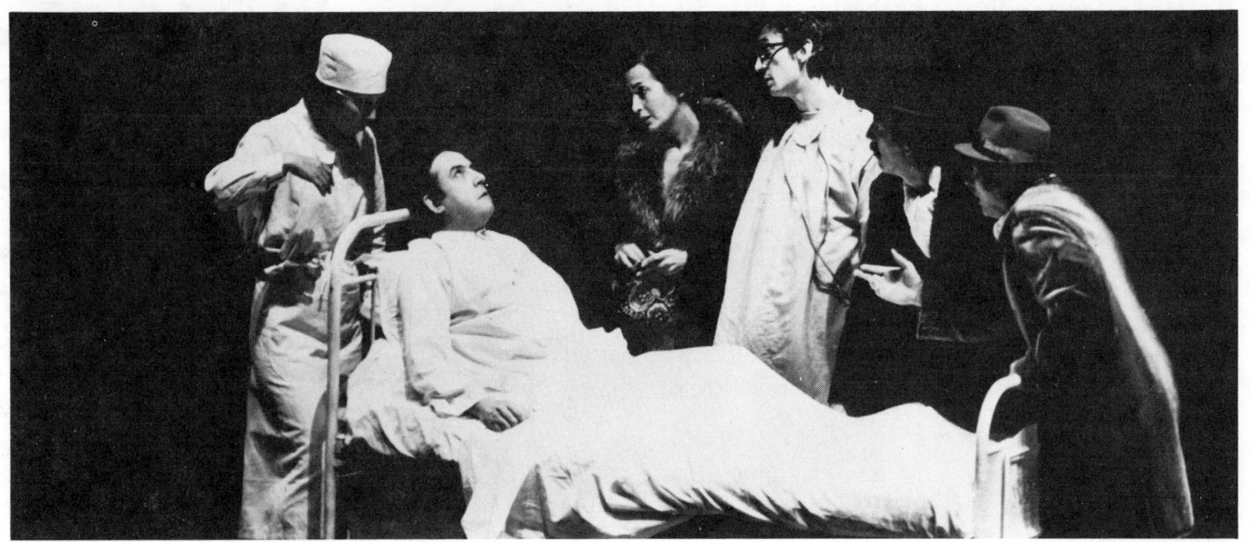

Leçon huit: Théâtre

Langue et culture

Préférez-vous le cinéma ou le théâtre? Philippe et Hélène discutent° de cette° question. — parlent; *this*

PHILIPPE:	Tu vas souvent au cinéma?	
HÉLÈNE:	Ça dépend! Quand il y a un bon film, oui! Autrement°, je préfère aller au théâtre.	*otherwise*
PHILIPPE:	Qu'est-ce que tu penses du théâtre moderne?	
HÉLÈNE:	J'aime beaucoup.	
PHILIPPE:	Eh bien, justement, il y a une pièce d'Ionesco au Quartier Latin . . .	
HÉLÈNE:	Au Théâtre de la Huchette?	
PHILIPPE:	Oui, bien sûr!	
HÉLÈNE:	Allons-y°, si tu veux.	*let's go there*
PHILIPPE:	D'accord°! Allons-y.	*OK*

Avez-vous compris?

1. Quand est-ce qu'Hélène va au cinéma?
2. Est-ce qu'elle aime le théâtre moderne?
3. Quelle pièce y a-t-il au Quartier Latin?

Renseignements culturels: Le théâtre en France

Le théâtre occupe une place privilégiée dans la littérature française. Aujourd'hui[1], c'est un spectacle relativement bon marché[2]. Il est en effet subventionné[3] par l'Etat[4] qui finance en partie[5] les productions classiques, mais aussi les pièces d'avant-garde.

Le théâtre moderne français est souvent philosophique et intellectuel. Il exprime[6] les problèmes et les angoisses[7] du monde[8] contemporain[9]. Eugène Ionesco, père[10] du théâtre de l'absurde, est l'un des représentants de ce[11] théâtre d'avant-garde. A Paris, ses[12] pièces sont jouées[13] au Théâtre de la Huchette, un minuscule théâtre du Quartier Latin.

1 *today* 2 *inexpensive* 3 *subsidized* 4 *State* 5 *in part* 6 *expresses* 7 *agonies* 8 *world* 9 présent 10 *father* 11 *this* 12 *his* 13 *performed*

Structure et vocabulaire

MOTS UTILES: **Les opinions**

chercher	*to look for*	Je **cherche** le symbolisme de la pièce.
trouver	*to find*	Je **trouve** le film idiot.
Comment trouves-tu . . .?	*How do you find . . .?*	**Comment trouves-tu** la pièce?
penser	*to think, to believe*	Je **pense** que le scénario est mauvais.
penser de	*think of (about)*	**Que penses-tu de** la littérature française?
penser que	*think that*	**Je pense qu'**elle est intéressante.
penser à	*think about (of)*	**Je pense à** Ionesco et **à** Sartre.

NOTES DE VOCABULAIRE

Penser de means to have an opinion about:
Que **penses**-tu **de** la pièce?
Penser à means to have on one's mind:
Je **pense à** l'acteur principal.

EXPRESSIONS POUR LA CONVERSATION: **Pour commencer une explication**

en réalité	*in fact*	**En réalité**, je n'aime pas le théâtre.
en effet	*indeed; as a matter of fact*	Je préfère, **en effet**, le cinéma.
en fait	*in fact*	**En fait**, j'aime beaucoup les westerns.
justement	*it just so happens*	**Justement**, il y a un western ce soir!

A. Le verbe aller

The verb **aller** (*to go, to be going*) is an irregular **-er** verb. Note the present tense forms.

aller	*J'aime **aller** au cinéma.*
je vais	Je **vais** en France.
tu vas	**Vas**-tu à Paris?
il / elle va	Marc **va** visiter Québec.
nous‿allons	Nous‿**allons** au théâtre.
vous‿allez	Vous **n'allez** pas au cinéma.
ils / elles vont	Où **vont**‿-ils?

- Liaison is required between **nous** and **vous** and the verb.

▶ The verb **aller** (unlike the verb *to go*) is never used alone.

a. Aller may be used with an expression indicating location.

Vas-tu **au théâtre**?	*Are you going to the theater?*

b. Aller may be followed by an infinitive.

Je **vais acheter** un journal.	*I am going to buy a paper.*
Allez-vous **visiter** Paris?	*Are you going to visit Paris?*
Nous n'**allons** pas **regarder** la télé.	*We are not going to watch TV.*
Nous **allons aller** au cinéma.	*We are going to go to the movies.*

The construction **aller** + *infinitive* is used to express the near future.

1. Situation: Départs de week-end

Say where the following people are going for the weekend, using the appropriate forms of **aller.**

▻ Philippe (Lyon) *Philippe va à Lyon.*

1. Suzanne (Melun)	3. Vous (Lille)	5. Henri et Sylvie (Deauville)	7. Je (Annecy)
2. Nous (Paris)	4. Tu (Nîmes)	6. Paul et Marc (Bordeaux)	8. Anne (Tours)

2. Situation: Détente (*Relaxation*)

Say that this weekend Philippe and his friends are going to do what they like to do (sentences 1 to 6). Then state that they will not do what they do not like to do (sentences 7 to 12).

▻ Philippe aime inviter Suzanne. *Il va inviter Suzanne.*
▻ Philippe déteste travailler. *Il ne va pas travailler.*

1. J'aime regarder la télévision.
2. Sophie aime écouter la radio.
3. Tu aimes regarder un bon film.
4. Nous aimons visiter le Louvre.
5. Anne et Marc aiment travailler.
6. Vous aimez dîner au restaurant.
7. Je déteste étudier le français.
8. Sophie déteste étudier l'anglais.
9. Tu détestes travailler.
10. Nous détestons écouter un concert ennuyeux.
11. Anne et Marc détestent regarder un mauvais film.
12. Vous détestez regarder la télévision.

3. Dialogue: Projets de week-end

Ask your classmates whether they are going to do the following things this weekend.

▻ étudier VOUS: *Vas-tu étudier?*
VOTRE AMI(E): *Oui, je vais étudier.*
OU: *Non, je ne vais pas étudier.*

1. voyager
2. regarder la télé
3. visiter un musée
4. regarder un film policier
5. aller au cinéma
6. dîner au restaurant
7. inviter des amis
8. écouter des disques

B. Les prépositions à *et* de *plus l'article défini*

Note the forms of the definite article after the prepositions **à** and **de.**

Voici **le** directeur.	Philippe parle **au** directeur	Hélène parle **du** directeur.
Voici **la** pianiste.	Philippe parle **à la** pianiste.	Hélène parle **de la** pianiste.
Voici **l'**acteur.	Philippe parle **à l'**acteur.	Hélène parle **de l'**acteur.
Voici **les** actrices.	Philippe parle **aux**[z]‿actrices.	Hélène parle **des**‿actrices.

The forms of the definite article **le** and **les** contract with **à** and **de** to form single words. The forms **la** and **l'** do not contract.

à + le	**au**	de + le	**du**
à + les	**aux**	de + les	**des**

- There is liaison after **aux** and **des** when the next word begins with a vowel sound.

4. Situation: Opinions

Philippe takes his girlfriend to a musical comedy. During the intermission, he asks her what she thinks of the performance. Formulate his questions, beginning each one with **Que penses-tu (de)**.

▻ l'acteur principal *Que penses-tu de l'acteur principal?*

1. l'actrice principale
2. les acteurs secondaires
3. les actrices secondaires
4. le pianiste
5. la musique
6. le ténor
7. les violons
8. le saxophone

5. Dialogue: Sujets de réflexion

Ask your classmates whether they think about the following subjects. Begin your questions with **Penses-tu (à)**.

▻ la politique
VOUS: *Penses-tu parfois à la politique?*
VOTRE CAMARADE: *Oui, je pense parfois à la politique.*
OU: *Non, je ne pense pas souvent à la politique.*

1. la classe de français
2. les vacances
3. le progrès
4. l'injustice
5. la religion
6. le racisme
7. les grands problèmes
8. les problèmes sociaux
9. les voyages interplanétaires

6. Situation: Sujets de conversation

Philippe is at the café with his friends talking about things he has read in the paper. Make a complete sentence for each topic.

▻ la politique *Philippe parle de la politique.*

1. les sports
2. l'horoscope
3. les élections
4. les bandes dessinées
5. la critique littéraire
6. les petites annonces
7. les spectacles
8. la situation internationale
9. le problème de l'énergie

7. *Situation: Journalisme*

You are interviewing a group of exchange students from France for your campus paper. Ask their opinions on the following subjects.

▻ les Américains *Qu'est-ce que vous pensez des Américains?*

1. le cinéma américain	4. les Américaines	7. les élections américaines
2. la télévision américaine	5. le football américain	8. l'humour américain
3. l'hospitalité américaine	6. la cuisine américaine	9. la musique américaine

8. *Dialogue: Passe-temps sportifs et musicaux*

Ask your classmates whether they play the following games or instruments. Use **jouer à** + name of a sport and **jouer de** + musical instrument.

▻ le golf
VOUS: *Joues-tu au golf?*
VOTRE CAMARADE: *Oui, je joue au golf.* (*Non, je ne joue pas au golf.*)

▻ la flûte
VOUS: *Joues-tu de la flûte?*
VOTRE CAMARADE: *Oui, je joue de la flûte.* (*Non, je ne joue pas de la flûte.*)

1. le tennis	5. le badminton	9. le violon
2. le baseball	6. le basketball	10. le piano
3. le golf	7. le saxophone	11. la flûte
4. le hockey	8. la trompette	12. le banjo

MOTS UTILES: **La ville** (*Town, city*)

noms

un aéroport	*airport*	une banque	*bank*
un appartement		une école	*school*
un bureau (*pl.* bureaux)	*office*	une église	*church*
		une gare	*station, train station*
un cinéma		une mairie	*city hall*
un hôpital	*hospital*	une maison	*house*
un hôtel		une maison des jeunes	*youth center*
un immeuble	*building, apartment house*		
		une plage	*beach*
un magasin	*store*	une piscine	*swimming pool*
un musée	*museum*	une poste	*post office*
un stade	*stadium*	une université	
un supermarché	*supermarket*	un théâtre	

locutions prépositives

près de	*near*	L'église est **près de** la mairie.
loin de	*far from*	L'école est **loin du** musée.
à côté de	*next to*	Le restaurant est **à côté du** supermarché.
derrière	*behind, in back of*	Le théâtre est **derrière** la poste.
devant	*in front of*	La maison des jeunes est **devant** la gare.

9. Situation: Lieux de travail (*Places of work*)

Tell where each of the following people goes to work. Use places from the MOTS UTILES section.

▻ le professeur *Le professeur va à l'école (à l'université).*

1. l'athlète	4. le maire (*mayor*)	7. le docteur
2. le pilote	5. le facteur (*mailman*)	8. l'étudiante
3. l'actrice	6. le prêtre (*priest*)	9. le banquier (*banker*)

10. Situation: Coups de téléphone

Philippe has lost his briefcase. He phones all the places to which he went during the day. For each person or place, make a complete sentence using **téléphoner à.**

▻ le restaurant *Il téléphone au restaurant.*

1. le café Dupont	4. la banque	7. les amies de Suzanne
2. le cinéma	5. la poste	8. le professeur d'anglais
3. le supermarché	6. la piscine	9. les cousins de Pierre

11. Dialogue: Où allez-vous?

Ask your classmates whether they often go to the following places.

▻ le restaurant
VOUS: *Vas-tu souvent au restaurant?*
VOTRE CAMARADE: *Oui, je vais souvent au restaurant.*
ou: *Non, je ne vais pas souvent au restaurant.*

1. le gymnase	4. la plage	7. l'université	10. la poste
2. le cinéma	5. la piscine	8. le musée	11. la mairie
3. le théâtre	6. la banque	9. le supermarché	12. l'hôpital

12. Substitution

Replace the italicized words with the words in parentheses.

▻ Vas-tu à *l'hôtel*? (le restaurant) *Vas-tu au restaurant?*

1. L'hôtel est *derrière* le musée. (près de; devant; loin de; à côté de)
2. Allez-vous à *la plage*? (l'hôpital; la gare; le cinéma; l'église; l'aéroport)
3. Nous rentrons de *la banque*. (l'école; le stade; le restaurant; l'université; le théâtre)
4. *Nous* allons souvent au cinéma. (je; Philippe; vous; Marie et Michèle; tu)
5. Habitez-vous loin de *la ville*? (le bureau; la piscine; la plage; la mairie; la poste)
6. Pierre cherche la *poste*. (supermarché; maison des jeunes; banque; hôtel)
7. L'*immeuble* où nous sommes est grand. (appartement; maison; bureau; école; banque)
8. Il y a un stade *devant* les maisons. (derrière; loin de; à côté de; près de)

VOUS AVEZ LA PAROLE: ***Projets de vacances***

In a short paragraph, tell what you and your friends plan to do (or not do) during the next vacation. Use the expression **aller** + infinitive. You may wish to use some of the following verbs: **dîner, travailler, étudier, inviter, visiter, acheter, regarder, écouter.**

Exemple: Nous allons aller à New York. Nous allons visiter Rockefeller Center . . .

Phonétique

La voyelle /o/

The vowel /o/ is pronounced with the lips tightly rounded. Be sure not to let the vowel glide as it does in the English word *so*.

Mot-clé: **au**
Répétez: b**eau**, b**eau**coup, pian**o**, Lé**o**, h**ô**tel, vél**o**

Léo va au bureau.
Margot a un beau piano.

La voyelle /ɔ/

The sound /ɔ/ is somewhat similar to the *u* in the English word *up*; however, the lips are more rounded in French.

Mot-clé: P**au**l
Répétez: b**o**nne, p**o**ste, éc**o**le, p**o**rt, M**o**nique, Yv**o**nne, m**o**derne

Paul téléphone à Monique.
Yvonne va à l'école moderne.

Leçon neuf: Projets en l'air*

Langue et culture

Hélène et Marie-Noëlle sont à la Cité Universitaire. Elles regardent les annonces.

MARIE-NOËLLE:	Dis, Hélène. Regarde cette annonce.	
HÉLÈNE:	Quelle annonce?	
MARIE-NOËLLE:	Cette annonce-là sur° les voyages à l'étranger.	*about*
HÉLÈNE:	Ah oui . . . Vacances en Espagne, vacances au Portugal, vacances aux Baléares . . . Très intéressant, en effet!	
MARIE-NOËLLE:	L'Espagne, le Portugal, les Baléares, la mer, le soleil . . . Tu ne trouves pas ça° tentant°?	*that / tempting*
HÉLÈNE:	Si°, bien sûr!	oui
MARIE-NOËLLE:	Alors, allons là-bas cet été!	
HÉLÈNE:	Il y a un problème majeur.	
MARIE-NOËLLE:	Quel problème?	
HÉLÈNE:	N'oublie pas° que tu es fauchée° . . . et moi aussi.	*don't forget / broke*

* *idle talk*

Avez-vous compris?

1. Où sont Hélène et Marie-Noëlle?
2. Qu'est-ce qu'elles regardent?
3. Qu'est-ce que l'annonce propose?
4. Est-ce qu'Hélène et Marie-Noëlle voudraient (*would like*) aller en vacances?
5. Quel est le problème?

Renseignements culturels: Loisirs et vacances

En France, il y a une politique[1] officielle des loisirs. Cette politique consiste pour le gouvernement à encourager les manifestations culturelles et artistiques (théâtre, cinéma, expositions[2], etc.) et les sports. Parmi[3] les organismes[4] officiels, il y a un Ministère[5] des Affaires Culturelles, un Commissariat[6] à la Jeunesse[7] et aux Sports, etc.

Pour la majorité des Français, cependant[8], le terme "loisirs" ne signifie[9] pas nécessairement "distractions culturelles." Il est synonyme de[10] "vacances" et "vacances" est synonyme d'évasion[11]. En été, 55% (cinquante-cinq pour cent) des Français quittent[12] leur domicile[13]. Les "grands départs" ont lieu[14] au premier juillet[15] et au premier août[16]. Ces jours-là[17], des millions de Français partent[18] en vacances. Où vont-ils? Vers[19] le soleil, vers la montagne, et surtout vers les plages de l'Atlantique et de la Méditerranée. Beaucoup[20] vont à l'étranger, principalement en Espagne, en Italie, mais aussi au Portugal, en Grèce, en Yougoslavie. . . .

La période des vacances dure[21] deux mois[22]. Pendant cette[23] période, la France vit au ralenti[24], car[25] un grand nombre d'entreprises sont fermées.[26]

Pour beaucoup de[27] Français, les vacances constituent l'élément capital[28] de l'existence. Cette obsession des vacances est encouragée par[29] la radio, la télévision, la presse, la publicité qui rappellent[30] continuellement l'importance de cette époque[31] de l'année[32]. Quelqu'un[33] a remarqué[34] avec humour que le calendrier français était divisé[35] en trois parties inégales[36]: un mois, août, pendant lequel[37] les Français sont en vacances; deux mois, septembre et octobre, pendant lesquels ils parlent des vacances passées[38]; et neuf mois pendant lesquels ils préparent les vacances suivantes[39].

1 *policy* 2 *exhibits* 3 *among* 4 *organizations* 5 *ministry* 6 *commission* 7 *youth* 8 *however* 9 *mean* 10 *synonymous with* 11 *escape, getting away* 12 *leave* 13 *their homes* 14 *take place* 15 *July* 1 16 *August* 17 *those days* 18 *leave* 19 *toward* 20 *many* 21 *lasts* 22 *months* 23 *this* 24 *lives at a slow pace* 25 parce que 26 *closed* 27 *many* 28 principal 29 *encouraged by* 30 *recall* 31 période 32 *year* 33 *someone* 34 *remarked* 35 *was divided* 36 *unequal* 37 *which* 38 *past* 39 *next*

Structure et vocabulaire

MOTS UTILES: **L'été** (*Summer*)

noms

le soleil	*sun*	la campagne	*country, countryside*
le voyage	*trip*	la mer	*sea, ocean*
		la montagne	*mountain(s)*
		les vacances	*vacation*

verbes

oublier	*to forget*	J'**oublie** la date exacte des vacances.
passer	*to spend (time)*	Où vas-tu **passer** les vacances?
préparer	*to prepare*	Je **prépare** les bagages (*luggage*) pour les vacances.

expressions

à l'étranger	*abroad*	Les voyages **à l'étranger** sont intéressants.
dans	*in*	Nous sommes **dans** les montagnes.
pendant	*during*	**Pendant** les vacances, nous voyageons.
sur	*on*	Regarde les gens **sur** la plage!
surtout	*especially, above all*	J'aime **surtout** préparer les vacances.

EXPRESSION POUR LA CONVERSATION: **Si**

Si replaces **oui** after a negative question or statement.

— Tu vas en vacances?
— **Oui**, bien sûr.

— Tu ne vas pas en vacances?
— **Si**, je vais en vacances.

A. L'impératif

Note the imperative forms for **-er** verbs:

indicative	*affirmative imperative*		*negative imperative*	
Tu travailles.	**Travaille!**	*Work!*	**Ne travaille pas!**	*Don't work!*
Vous travaillez.	**Travaillez!**	*Work!*	**Ne travaillez pas!**	*Don't work!*
Nous travaillons.	**Travaillons!**	*Let's work!*	**Ne travaillons pas!**	*Let's not work!*

The imperative is used to give orders, advice, and hints.

▶ **a.** No subject pronoun is used in the imperative.

b. For all **-er** verbs, including **aller**, the forms of the imperative are the same as those of the indicative, *except* that the **-s** is dropped in the **tu**-form.

c. The verb **être** has an irregular imperative:

sois	**Sois** ici à quatre heures!	*Be here at four!*
soyez	Ne **soyez** pas en retard!	*Don't be late!*
soyons	**Soyons** à l'heure!	*Let's be on time!*

1. Dramatisation: Conseils (*Advice*)

Monique asks Philippe to do the opposite of what he is doing. Play the part of Monique.

▷ Philippe ne va pas au cinéma. *Va au cinéma!*
▷ Philippe regarde la télévision. *Ne regarde pas la télévision!*

1. Philippe ne travaille pas.
2. Il n'étudie pas.
3. Il téléphone à Nathalie.
4. Il invite Caroline.
5. Il danse avec Sylvie.
6. Il va au café avec Catherine.
7. Il est pessimiste.
8. Il n'est pas à l'heure.
9. Il n'écoute pas les nouvelles.
10. Il n'achète pas le journal.

2. Expression personnelle: Projets de week-end

Imagine that you and several classmates have decided to get together next weekend. Which of the following activities would tempt you?

▷ organiser une surprise-partie *Organisons une surprise-partie!*
ou: *N'organisons pas de surprise-partie!*

1. préparer un pique-nique
2. écouter des disques
3. aller dans une discothèque
4. jouer au volley-ball
5. aller au cinéma
6. étudier ensemble
7. danser
8. travailler
9. dîner au restaurant
10. aller à la campagne
11. regarder la télé
12. inviter des amis

B. *L'adjectif interrogatif* quel

In the following exchange, the determiners in heavy print are interrogative adjectives. Note the forms of this determiner.

HÉLÈNE:	MARIE-NOËLLE:
Regarde le journal.	**Quel** journal?
Regarde la revue.	**Quelle** revue?
Regarde les magazines et les albums.	**Quels** magazines? **Quels** albums?
Regarde les photos et les annonces.	**Quelles** photos? **Quelles** annonces?

The determiner **quel** (*which*, *what*) has four written forms:

	singular	*plural*
masculine	quel	quels
feminine	quelle	quelles

exemples

quel garçon? **quels** amis?
quelle fille? **quelles** amies?

- There is liaison after **quels** and **quelles** when the next word begins with a vowel sound.

▶ **Quel** may be separated from the noun it modifies by the verb **être**.

Quelle est ta revue préférée? *What is your favorite magazine?*

3. Dramatisation: Au café

Philippe and Michèle are at a sidewalk café. When Philippe points out someone or something, Michèle is never sure what he is talking about. Play both roles according to the model.

▻ une Renault PHILIPPE: *Tiens! Regarde la Renault!*
MICHÈLE: *Quelle Renault?*

1. un garçon
2. une fille
3. une moto
4. une voiture
5. un restaurant
6. des bicyclettes
7. un étudiant américain
8. une étudiante italienne
9. des Canadiennes
10. des vélomoteurs
11. des Anglais
12. des Italiens

4. Questions personnelles

1. Quels journaux achetez-vous?
2. Quelles revues achetez-vous?
3. Quel est votre (*your*) journal préféré?
4. Quel est votre magazine préféré?
5. Quelles émissions écoutez-vous?
6. Quelle est votre émission préférée?
7. Quel est votre acteur préféré?
8. Quelle est votre actrice préférée?
9. Quel est votre chanteur préféré?
10. Quel est votre orchestre préféré?

C. L'adjectif démonstratif: ce

In the following exchange, the determiners in heavy print are demonstrative adjectives. Note the forms of these determiners.

HÉLÈNE:	MARIE-NOËLLE:
Regarde **ce** livre!	Quel livre?
Veux-tu **cet** album?	Quel album?
Veux-tu **cette** revue?	Quelle revue
As-tu **ces** disques?	Quels disques?
Regarde **ces** photos et **ces** images!	Quelles photos et quelles images?

The determiner **ce** (*this*, *that*) has four written forms.

	singular	*plural*
masculine	ce cet (+ vowel sound)	ces
feminine	cette	

exemples

ce garçon	**ces** garçons
cet homme	**ces** hommes
cette fille	**ces** filles

- There is liaison after **cet** and **ces** when the next word begins with a vowel sound.

▶ **a.** The demonstrative adjective **ce** corresponds to both *this* and *that*.

Tu achètes **ce** disque? { *Are you buying* ***this*** *record?* / *Are you buying* ***that*** *record?* }

b. The meaning of the demonstrative adjective may be reinforced by adding **-ci** or **-là** to the noun.

Ce restaurant-**ci** n'est pas très bon. — ***This*** *restaurant* (***over here***) *is not very good.*
Alors, allons à **ce** restaurant-**là**. — *Well then, let's go to* ***that*** *restaurant* (***over there***).

5. *Dramatisation: L'entracte* (*Intermission*)

Philippe and Sylvie are at the theater. During the intermission, Sylvie notices various people and asks Philippe who they are. Play the two roles according to the models.

▻ un garçon (Paul)
SYLVIE: *Dis! Qui est ce garçon?*
PHILIPPE: *C'est Paul.*

▻ deux professeurs (Monsieur Chadourne et Madame Boileau)
SYLVIE: *Dis! Qui sont ces deux professeurs?*
PHILIPPE: *Ce sont Monsieur Chadourne et Madame Boileau.*

1. une fille (Annie)
2. un étudiant (Marc)
3. une étudiante (Florence)
4. un Américain (Bill)
5. une Américaine (Linda)
6. un professeur (Madame Bel)
7. des garçons (Pierre et François)
8. un Anglais (Bob)
9. des étudiantes (Nathalie et Béatrice)
10. une femme (Madame Laurent)
11. un Canadien (Louis)
12. des étudiants (Jacques et André)

6. *Dramatisation: Désaccord* (*Disagreement*)

Philippe and Sylvie are at a department store. Whenever Philippe points out something he likes, Sylvie prefers something else. Play the two roles.

▻ une caméra PHILIPPE: *J'aime cette caméra-ci.*
SYLVIE: *Moi, je préfère cette caméra-là.*

1. un électrophone	6. une moto	11. des skis
2. des disques	7. des livres	12. un appareil-photo
3. un transistor	8. une raquette	13. une guitare
4. une radio	9. une télévision	14. un banjo
5. une bicyclette	10. une table	15. des cassettes

D. *L'usage de l'article défini avec les noms géographiques*

Note the use of the definite article with geographical names:

Paris est la capitale de **la** France.
L'Allemagne est une nation européenne.
Le Massachusetts est un état.
Cet été, je vais visiter **le** Portugal.

The definite article is used to introduce all geographical names, with the exception of names of cities.

MOTS UTILES: **Pays et continents**

un pays (*country*)

le Canada		l'Allemagne	*Germany*
les Etats-Unis	*U.S.A.*	l'Angleterre	*England*
		la Belgique	*Belgium*
		la Côte d'Ivoire	*Ivory Coast*
		l'Espagne	*Spain*
		la France	
		la Suisse	*Switzerland*

un continent

l'Afrique	
l'Amérique du Nord	*North America*
l'Amérique du Sud	*South America*
l'Asie	
l'Europe	

NOTES DE VOCABULAIRE

Most countries that end in **-e** are feminine.
Exceptions: **le Mexique, le Zaïre.**

7. Dialogue: Voyages

Ask various classmates whether they would like to visit the following countries.

▻ France — VOUS: *Voudrais-tu visiter la France?*
VOTRE CAMARADE: *Bien sûr, je voudrais visiter la France.*
OU: *Non, je ne voudrais pas visiter la France.*

1. Italie
2. Chine
3. Russie
4. Portugal
5. Egypte
6. Chili
7. Grèce
8. Sénégal
9. Allemagne

E. *L'usage des prépositions* **à, de, en,** *avec les noms de pays*

Note the use of the prepositions in the following sentences.

	feminine country	*masculine country*	*plural country*
	J'aime **la** France.	J'aime **le** Canada.	J'aime **les** Etats-Unis.
to	Je vais **en** France.	Je vais **au** Canada.	Je vais **aux** Etats-Unis.
in	Je suis **en** France.	Je suis **au** Canada.	Je suis **aux** Etats-Unis.
from	J'arrive **de** France.	J'arrive **du** Canada.	J'arrive **des** Etats-Unis.

When French expresses movement toward, within, or from a country, or indicates location in a country, the choice of prepositions depends on the gender and number of the name of the country.

▶ After the prepositions **de** (meaning *from*) and **en**, the definite article is omitted. However, when **de** means *of*, the article is used.

J'arrive **d'**Italie.
Rome est la capitale **de l'**Italie.

8. Situation: Tourisme

This vacation, the following people will visit the countries in parentheses. Say where each one is going.

▻ Michèle (le Canada) — *Michèle va au Canada.*

1. Philippe (le Portugal)
2. Louis (le Mexique)
3. Irène (l'Allemagne)
4. Claude (les Etats-Unis)
5. Monique (la Belgique)
6. André (le Zaïre)
7. Alain (les Bermudes)
8. Albert (la Suisse)
9. Jacques (le Japon)
10. Robert (l'Italie)
11. Je (la Côte d'Ivoire)
12. Vous (le Sénégal)
13. Nous (la Russie)
14. Tu (l'Angleterre)
15. Anne et Marc (le Vietnam)

9. Situation: Les vacances sont finies

Now everyone is returning to France. Say where each person is arriving from, using the cues of the preceding exercise.

▻ Michèle (le Canada) *Michèle arrive du Canada.*

VOUS AVEZ LA PAROLE: ***Un voyage en Europe***

Imagine that you will be spending two months in Europe this summer. Plan your trip, explaining why you are going to the places you choose.

Exemple: Je vais aller en Europe cet été. Je compte visiter la France, l'Allemagne et l'Italie. En France, je voudrais visiter Paris parce que j'ai des amis là-bas . . .

Phonétique

La voyelle nasale /ɛ̃/

The nasal vowel /ɛ̃/ resembles the vowel sound of the American word *panic*, although the French vowel is shorter and the lips are spread.

Mot-clé: c**in**q
Répétez: **in**vite, cous**in**, améric**ain**, canad**ien**, ital**ien**

Alain a cinq cousins américains.
Martin invite un cousin canadien.

La voyelle nasale /œ̃/

The nasal vowel /œ̃/ is similar to the vowel /ɛ̃/, except that the lips are rounded. (Many speakers of French do not distinguish between /œ̃/ and /ɛ̃/, and use only the form /ɛ̃/.)

Mot-clé: **un**
Répétez: br**un**, h**um**ble

Monsieur Lebrun est un homme très‿humble.

Où aller ce week-end? Vous avez le choix°!

°*choice*

VENDREDI
SAMEDI
DIMANCHE
de 21 h
à 4 h du matin
et
DIMANCHE
de 15 h à 19 h

Toute la jeunesse
se retrouve chez **MAUD**
CATS CHAMBRAY-LES-TOURS - PARKING **MAMMOUTH**

1er étage du CATS BOWLING
ouvert tous les jours jusqu'à **2 h**

Comédie Française

Actuellement
l'Idiot
de **Gabriel AROUT**
d'après **DOSTOIEVSKI**
Mis à la scène par
Michel VITOLD
Demain à 14 h 30
MATINEE EXCEPTIONNELLE
Location : Salle Richelieu, place du Théâtre-Français — 742-27-31
MARIGNY

HERBAULT - 41 **SAMEDI 5 AVRIL - 21 h 30**
GRAND BAL avec
DENIS FRANK ET SES VARIETES

INSTANTANÉ

Le samedi soir?

"Que faites-vous le samedi soir?"° Voici comment° quatre jeunes Français (deux filles et deux garçons) ont répondu° à cette question.

What do you do Saturday nights? / how answered

Chantal (19 *ans*[1], *étudiante d'anglais*)

Le samedi soir, je n'ai jamais de programme bien défini. Ça dépend des occasions. Quand je suis invitée[2], je vais en surprise-partie. Parfois, je passe la soirée[3] dans une discothèque avec des amis, mais c'est rare. Les discothèques sont chères[4] et en général je suis fauchée[5]. (Aujourd'hui[6] les garçons invitent rarement les filles!) S'[7]il y a un bon film, un bon western par exemple ou un film de Charlie Chaplin, je vais au cinéma. S'il y a un concert, je vais au concert, surtout si c'est du jazz: j'adore le jazz! S'il n'y a rien[8], je reste à la maison[9] avec un bon livre!

1 *years old* 2 *invited* 3 *evening* 4 *expensive* 5 *broke* 6 *today* 7 *if* 8 *nothing* 9 *home*

Jean-Claude (19 *ans, électricien*)

J'habite une petite ville où il y a une Maison des Jeunes. C'est là que je passe la soirée du samedi. En général, il y a un programme organisé: concert de jazz, récital de piano, représentation dramatique[1], conférence[2], etc. Personnellement, j'aime beaucoup le théâtre et je participe aux représentations théâtrales. La semaine prochaine[3], par exemple, nous allons donner[4] une pièce de Beckett: "Fin de partie". Je vais jouer un des rôles principaux. En juin, nous allons jouer "La leçon" d'Ionesco et j'espère être le metteur en scène. Certains samedis, il y a des débats où les personnes intéressées discutent de politique ou des problèmes locaux[5]. Comme[6] la politique ne me passionne[7] pas, ces samedis-là, je préfère jouer aux cartes[8] avec des copains[9].

1 pièce 2 *lecture* 3 *next week* 4 présenter 5 *sing.*: local 6 *since* 7 *excite me* 8 *cards* 9 amis

Henri (20 *ans, étudiant en médecine*)

Je suis parisien. Comme[1] beaucoup de[2] Parisiens, je quitte[3] la ville le week-end. Souvent je vais en Normandie avec des cousins qui ont une villa près de la mer. En général, nous consacrons[4] l'après-midi du samedi aux sports. Nous jouons au tennis, et parfois nous faisons du bateau[5]. Evidemment[6], le soir nous sommes épuisés[7]. Aussi[8], la distraction de la soirée[9], c'est de regarder la télé, même si[10] les émissions sont idiotes!

1 *like* 2 *many* 3 *leave* 4 *devote* 5 *go sailing* 6 *obviously* 7 *exhausted* 8 *and so* 9 *in the evening* 10 *even if*

Martine (17 *ans, secrétaire*)

J'habite à la campagne, dans un petit village où les distractions sont assez rares. Il n'y a pas de cinéma et, bien sûr, il n'y a pas de théâtre. L'unique distraction, c'est le bal[1] du samedi soir. Je vais régulièrement au bal. Ce n'est pas que j'aime particulièrement danser, mais le bal, c'est la grande occasion de rencontrer[2] des garçons. Nous discutons, nous dansons, nous flirtons... C'est agréable[3]! C'est certainement plus[4] agréable que[5] de passer la soirée à regarder la télé ou à jouer aux cartes.

1 *dance* 2 *to meet* 3 *pleasant* 4 *more* 5 *than*

Vrai ou faux?

Correct the statements that are false.

▻ Généralement, Henri reste à Paris pour le week-end. *C'est faux! Il va en Normandie.*

Chantal

1. C'est une étudiante.
2. Elle aime les films de Charlie Chaplin.
3. Elle aime le jazz.

Henri

1. Il habite à Paris.
2. Il aime les sports.
3. Le samedi soir, il regarde souvent la télé.

Jean-Claude

1. C'est un étudiant.
2. Il aime le théâtre.
3. Il aime la politique.

Martine

1. Elle habite dans une grande ville.
2. Le samedi, elle va au cinéma.
3. Elle aime beaucoup danser.

ENRICHISSEZ VOTRE VOCABULAIRE: **Faux amis** (*False cognates*)

A few words that look alike in French and English have different meanings. Watch out for these false cognates (**faux amis**). The INSTANTANÉ contains several examples:

Quitter does not mean *to quit*, but *to leave*.
Une pièce is not *a piece* but *a play*.

EXERCICE DE LECTURE

Determine whether the italicized words are true or false cognates.

1. Je travaille dans un *bureau*.
2. Le *téléphone* est sur la table.
3. J'achète mes livres dans une *librairie*.
4. J'achète le "Herald Tribune" dans un *magasin* du Quartier Latin.
5. J'habite un *appartement* très confortable.
6. Avez-vous une *automobile* rapide?
7. Philippe *fume* des cigarettes mexicaines.
8. Le tennis est un excellent *sport*.
9. Marc a une voiture, mais ce n'est pas un bon *conducteur*.
10. Est-ce que vous *restez* aux Etats-Unis pendant les vacances?

Here are a few common French words that are false cognates:

un bureau	*office, desk*	Mon père travaille dans un **bureau**.
une librairie	*bookstore*	La **librairie** Dupont a d'excellents livres.
un magasin	*store, shop*	J'achète mes skis dans un **magasin** de sport.
un conducteur	*driver*	Etes-vous bon **conducteur**?
une lecture	*reading*	Je suis absorbé dans la **lecture** de "France-Soir".
un journal	*newspaper*	"Le Monde" est un **journal** français.
rester	*to stay*	Allez-vous au cinéma ou **restez**-vous chez vous?
demander	*to ask*	Qu'est-ce que vous **demandez** au professeur?

IV PROBLEMES D'ARGENT

Objectives

Culture How much does your tuition cost? How do you pay for it? On the matter of tuition, French students are at a considerable advantage since most universities are practically free. But French students do have to face other material problems: where to find decent lodgings; how to find a job; how to save money. In this unit, you will learn how French students balance their budgets and how they solve their money problems.

Structure This unit stresses the various ways of indicating possession in French. You will learn the possessive determiners and related constructions. One of these constructions makes use of a new category of pronouns, the stress pronouns, which are also used in many other situations. Finally, a very useful verb, **faire** (*to make*, *to do*), will be presented.

Vocabulary The vocabulary developed in this unit covers three main themes: items in a student budget, family, and the home. Since financial questions are much discussed in this unit, you will also learn to handle numbers.

Communication Suppose that one day you decide to register in a French university. You will have to cope with the reality of living in France and face the various material problems such a situation implies. In this chapter, you will learn how to discuss your budget and other money matters in French. You will also learn to read French housing ads.

Leçon dix: Question de convention

Langue et culture

Louise, une étudiante américaine, discute avec Philippe.

LOUISE:	D'habitude, où vas-tu après° les cours?	*after*
PHILIPPE:	Ça dépend! Je rentre chez moi° . . . ou je vais au cinéma . . . ou dans un café.	à la maison
LOUISE:	Seul?	
PHILIPPE:	Généralement avec des copains.	
LOUISE:	Dis, Philippe. Quand tu vas au café avec une fille, est-ce que c'est toi qui paies pour elle?	
PHILIPPE:	Ah non! Moi, je paie pour moi et ça suffit!	
LOUISE:	Chacun° paie sa consommation°, alors?	*each one / his or her order*
PHILIPPE:	Bien sûr! C'est la convention° chez les étudiants français. Et chez vous?	tradition
LOUISE:	Chez nous aussi, souvent.	

Avez-vous compris?

1. Est-ce que Philippe est étudiant?
2. Avec qui va-t-il au café?
3. Quand il va au café avec une fille, est-ce que Philippe paie pour elle?
4. Quelle est la convention chez les étudiants français?

Renseignements culturels: Le café

Le café joue un rôle important dans l'existence des Français. Pour les étudiants, c'est une véritable institution. C'est au café qu'ils donnent rendez-vous à[1] leurs[2] amis et à leurs amies. C'est là qu'ils vont, avant et après[3] les cours, pour discuter, pour étudier, pour téléphoner, pour lire[4] le journal, pour écouter des disques . . . et éventuellement[5] pour consommer[6].

Typiquement, le café français est divisé[7] en deux parties: la salle[8] (à l'intérieur) et la terrasse (à l'extérieur). Dans les quartiers[9] où il y a beaucoup de jeunes et d'étudiants, la salle est souvent équipée de[10] billards électriques[11] et de juke-box. La terrasse, elle, est l'endroit[12] idéal pour observer les passants[13] et le spectacle de la rue.

1 *arrange to meet* 2 *their* 3 *before and after* 4 *read* 5 peut-être 6 *to eat or drink* 7 *divided* 8 *large room* 9 *districts* 10 *equipped with* 11 *pinball machines* 12 *place* 13 *passers-by*

Structure et vocabulaire

MOTS UTILES: **Au café**

noms

un copain	*pal, friend*	une copine	*pal, friend*
un cours	*class, course*	une partie	*part*
les jeunes	*young people*	une rue	*street*

adjectif

seul	*alone; only; by oneself*	Vas-tu au café **seul** ou avec des amis?

verbes réguliers

coûter	*to cost*	Les sandwiches **coûtent** deux francs dans le café.
discuter	*to discuss*	**Discutez**-vous souvent de politique?

expressions

à l'extérieur (de)	*outside*	La Cité Universitaire est **à l'extérieur** de la ville.
à l'intérieur (de)	*inside*	Allons **à l'intérieur** du café!
combien	*how much*	**Combien** coûte ce sandwich?

EXPRESSIONS POUR LA CONVERSATION		
alors	*then; well then*	Tu paies la consommation d'Hélène? Tu es riche **alors!**
ça	*that; it*	**Ça** suffit! *That's enough!*
		Ça dépend! *That (all) depends!*
d'habitude	*usually*	**D'habitude**, je vais au café.

A. Le verbe payer

Verbs like **payer**, which end in **-yer**, have two stems in the present tense. Note the pattern of the verb **payer** (*to pay, to pay for*).

payer	*Qui va **payer**?*
je paie	Je **paie** le restaurant.
tu paies	Tu **paies** l'hôtel.
il / elle paie	Qui **paie**?
nous **pay**ons	Comment **payons**-nous?
vous **pay**ez	Vous **payez** en francs.
ils / elles paient	Ils **paient** en dollars.

▶ In written French, the **y** of the stem becomes **i** before a silent ending.

MOTS UTILES: **Verbes conjugués comme payer**		
employer	*to employ, hire; to use*	Ce magasin **emploie** des étudiants.
envoyer	*to send*	**J'envoie** un télégramme à Philippe.
essayer	*to try, try out*	**Essayez** cette voiture!

1. Situation: L'hôtel international

Say that the following hotel guests are paying their bills in different currencies. Use the expressions given in parentheses and the verb **payer**.

▷ Philippe (en francs) *Philippe paie en francs.*

1. Louis (en dollars canadiens)
2. Nous (en dollars)
3. Vous (en francs suisses)
4. Fritz et Max (en marks)
5. Je (en escudos)
6. Tu (en pesos)
7. Jacqueline (en francs)
8. Hélène et Françoise (en francs belges)
9. Pierre et Annie (en lires)
10. Luis (en pesetas)

2. *Situation: Le Salon de l'Auto*

Philippe and his friends are trying out cars at the Automobile Show. Say which car each one is driving, using the appropriate forms of **essayer.**

▻ Philippe (une Renault) *Philippe essaie une Renault.*

1. Nous (une Citroën)
2. Vous (une Peugeot)
3. Toi (une Ford)
4. Moi (une Dodge)
5. Monique (une Mercédès)
6. Robert (une Fiat)
7. Albert et François (une Austin)
8. Suzanne et Nicole (une Toyota)
9. Isabelle (une Simca)
10. Paul et Catherine (une Opel)

B. *Les pronoms accentués*

In the sentences below, the pronouns in heavy print are stress pronouns. Compare these pronouns with the corresponding subject pronouns.

Moi, je paie pour **moi.**	**Nous**, nous payons pour **nous.**
Toi, tu paies pour **toi.**	**Vous**, vous payez pour **vous.**
Lui, il paie pour **lui.**	**Eux**, ils paient pour **eux.**
Elle, elle paie pour **elle.**	**Elles**, elles paient pour **elles.**

▶ There are eight stress pronouns:

— four have the same form as the subject pronouns:

elle, nous, vous, elles.

— four have a different form:

moi, toi, lui, eux.

Stress pronouns are used in many ways:

a. alone, or in short sentences with no verb.

Qui paie? **Toi**, pas **moi.** (*You, not me.*)

b. to emphasize a noun or another pronoun.

Philippe, **lui**, va au café avec des amis.
Eux aussi, ils aiment aller là-bas.

c. after and before the conjunctions **et** and **ou.**

Lui et **moi**, nous allons au cinéma.
Qui paie? **Toi** ou **moi**?

d. after prepositions, such as **avec** (*with*), **sans** (*without*), **pour** (*for*).

Voici Michèle et Philippe.
Elle va au cinéma avec **lui.**
Il ne paie pas pour **elle.**
Nous allons au théâtre sans **eux.**

e. after **c'est** and **ce sont**

Qui habite ici? C'est **nous.** (*We do.*)
Qui arrive? Ce sont **eux.** (*They are.*)

▶ The French say **C'est nous!** and **C'est vous!** even though **nous** and **vous** are plural forms.

EXPRESSIONS POUR LA CONVERSATION

To indicate agreement with a positive statement

[moi] aussi	*Me too, I do too*	— J'aime le cinéma. **— Moi aussi.**

To indicate agreement with a negative statement

[moi] non plus	*Me neither, I don't either*	— Je n'aime pas le théâtre. **— Moi non plus.**

3. Dramatisation: Au café

Philippe and Louise are sitting at a sidewalk café. As Philippe identifies people he notices, Louise confirms what he says. Play the roles according to the models.

▻ Jacques — PHILIPPE: *C'est Jacques, n'est-ce pas?*
LOUISE: *Oui, c'est lui.*

▻ Henri et Pierre — PHILIPPE: *C'est Henri et Pierre, n'est-ce pas?*
LOUISE: *Oui, ce sont eux.*

1. Suzanne
2. Marc
3. Robert
4. Monsieur Blanchard
5. Madame Blanchard
6. Max et Roger
7. Monique et Françoise
8. Albert et Nicolas
9. Hélène
10. André et Jacqueline
11. le professeur
12. la pharmacienne
13. les amis de Michèle
14. les amies de Paul
15. les cousines de Robert

4. Dramatisation: Fanas de cinéma (*Movie fans*)

Philippe is asking whether the following people often go to the movies. Answer affirmatively, using a stress pronoun + **aussi.**

▻ Je vais souvent au cinéma. Et Marc? *Lui aussi.*

1. Et Henri?
2. Et Isabelle?
3. Et vous?
4. Et Hélène?
5. Et toi?
6. Et Jacques et Marc?
7. Et Sophie et Suzanne?
8. Et Robert?
9. Et Bernard et Véronique?
10. Et le professeur?

5. Situation: Philippe n'est pas content!

Philippe is in a bad mood. He answers all his girlfriend's questions in the negative. Play his role, using stress pronouns.

▻ Tu dînes avec nous? *Non, je ne dîne pas avec vous.*

1. Tu étudies avec Sophie?
2. Tu rentres avec Paul?
3. Tu travailles pour Monsieur Duroc?
4. Tu regardes la télévision avec nous?
5. Tu rentres sans (*without*) Marc et Marie?
6. Tu discutes avec Jacqueline et Nathalie?

6. Situation: Commérages (*Gossip*)

People often gossip about people who are gossiping about them. To express this state of affairs, turn around the sentences according to the model.

▻ Il parle de toi. *Tu parles de lui.*

1. Nous parlons d'elle.
2. Elle parle de vous.
3. Vous parlez de lui.
4. Ils parlent de toi.
5. Je parle d'eux.
6. Elles parlent d'eux.
7. Il parle d'elle.
8. Elle parle de toi.
9. Ils parlent de vous.

7. Dialogue: Préférences

Say whether you like or dislike the following things and then ask a friend's reaction.

▻ le cinéma
VOUS: *J'aime le cinéma. Et toi?*
VOTRE CAMARADE: *Moi aussi.* (*Moi, je n'aime pas le cinéma.*)

▻ les examens
VOUS: *Je n'aime pas les examens.*
VOTRE CAMARADE: *Moi non plus.* (*Moi, j'aime les examens.*)

1. le sport
2. la musique
3. les vacances
4. les cours
5. les tests
6. le français
7. aller au théâtre
8. préparer les cours
9. discuter
10. étudier
11. travailler
12. danser

C. La préposition chez

Note the use of **chez** in the following sentences, and compare the English equivalents.

Je suis **chez moi.**	*I am* ***(at) home.***
Philippe n'est pas **chez lui.**	*Philippe is not* ***home (at his house, at his place).***
Sylvie rentre **chez elle** à midi.	*Sylvie gets* ***home*** *at noon.*
Je vais **chez Louise.**	*I am going to* ***Louise's (house, room, apartment).***
Michèle est **chez le docteur.**	*Michèle is* ***at the doctor's (office).***
C'est une tradition **chez les étudiants.**	*It is a tradition* ***among students.***

▶ The preposition **chez** is followed by a noun or by a stress pronoun.

8. Situation: Après le café

On leaving the café, Philippe and his friends are going home to dinner. First say that the following people are going home. Then say that they are eating at home.

▻ Philippe *Philippe rentre chez lui. Il dîne chez lui ce soir.*

1. Hélène
2. Suzanne et Monique
3. Antoine
4. Moi
5. Toi
6. Vous
7. Nous
8. Pierre, Paul et Marie

9. Questions personnelles

Answer the following questions using stress pronouns.

1. Habitez-vous chez vos (*your*) parents?
2. Dînez-vous avec vos amis?
3. Etudiez-vous chez vous?
4. Allez-vous au cinéma avec vos amies?
5. Etudiez-vous avec vos amis?
6. Passez-vous les vacances chez vos cousins?

D. Les nombres de 70 à 99

70 soixante-dix
71 soixante et onze
72 soixante-douze
73 soixante-treize
...
79 soixante-dix-neuf
80 quatre-vingts
81 quatre-vingt-un
82 quatre-vingt-deux
83 quatre-vingt-trois
89 quatre-vingt-neuf
90 quatre-vingt-dix
91 quatre-vingt-onze
92 quatre-vingt-douze
93 quatre-vingt-treize
...
98 quatre-vingt-dix-huit
99 quatre-vingt-dix-neuf

10. Dramatisation: Les petites annonces

The following objects are advertised at the prices in parentheses. As Louise asks how much each object costs, Marc answers. Play the two parts.

▻ une table (85 francs) LOUISE: *Combien coûte la table?*
MARC: *Elle coûte quatre-vingt-cinq francs.*

1. une radio (80 francs)
2. une guitare (90 francs)
3. un électrophone (95 francs)
4. une raquette (75 francs)
5. une mini-cassette (85 francs)
6. un appareil-photo (79 francs)

11. Substitutions

Replace the italicized words with the words in parentheses and make all necessary changes.

1. Paul téléphone à *Marie.* Il a rendez-vous avec elle. (Jacques; Isabelle et Thérèse; André et Albert)
2. *Jacques* n'est pas là. Nous allons aller au théâtre sans lui. (Béatrice; Monsieur Durant; le professeur; Pierre et Henri; Monique et Michèle)
3. Je vais téléphoner à *Jacqueline.* J'espère qu'elle est chez elle. (Marc; Nathalie et Michèle; Jean-Pierre; Louis et Albert)
4. Restes-*tu* chez toi après le dîner? (vous; nous; il; elle; ils; elles)
5. Après le cinéma, *je* rentre chez moi. (nous; vous; Paul; Isabelle; Marie et Suzanne; Louis et Pierre)

VOUS AVEZ LA PAROLE: ***Chez moi***

Compose a short paragraph in which you describe your activities at one of the places below.

Chez moi
Chez mes (*my*) parents
Chez mes amis

Phonétique

Le son /ʃ/

The French sound /ʃ/ is pronounced like the *sh* of the English word *shop.* In French there is no **t** before /ʃ/, unless there is a **t** in the written form, as in **match.**

Mot-clé: Mi**ch**èle
Répétez: **ch**ez, **Ch**arles, ri**ch**e, ma**ch**ine, a**ch**ète, **Ch**icago

Charles va chez Michèle.
Richard achète une machine.

Leçon onze: Le rêve* et la réalité

Langue et culture

La chambre de Michèle est confortable, spacieuse°, moderne, avec une grande salle de bains. Est-ce le logement idéal pour une étudiante? *roomy*

"Oui!" pensent les parents de Michèle.

"Non!" pense Michèle, "car° finalement cette chambre n'est pas à moi!" parce que

Michèle en effet habite avec ses° parents, et chez ses parents elle n'est pas exactement chez elle. Michèle voudrait° être totalement indépendante. Voilà pourquoi elle rêve° de louer un petit appartement qui soit vraiment à elle°. *her* / *would like* / *dreams* / *would really be hers*

Michèle achète le journal et regarde les petites annonces. Voici justement une annonce intéressante:

Quartier Latin. Studio avec cuisine et salle de bains.

Oui, mais le prix°? 450 francs par mois°! *price* / *month*

C'est trop° pour le modeste budget de Michèle. Et puis°, en ce moment, Michèle fait des économies° pour les vacances! Alors? Alors, Michèle ferme° le journal. Après tout°, la chambre qu'elle occupe n'est pas si mal°! *too much* / *moreover* / *is saving money* / *closes* / *after all* / *that bad*

* *dream*

Avez-vous Compris?

1. Comment est la chambre de Michèle?
2. Où habite Michèle?
3. Qu'est-ce qu'elle voudrait faire?
4. Pourquoi achète-t-elle le journal?
5. Pourquoi fait-elle des économies?
6. Est-ce qu'elle va louer le studio? Pourquoi pas?

Renseignements culturels
Le logement—problème majeur des étudiants

Pour les étudiants français, le logement représente un problème majeur. Les universités sont en effet situées[1] dans des grandes villes où les appartements sont très chers. Comment[2] les étudiants résolvent-ils le problème du logement?

Certains[3] habitent chez leurs[4] parents. Ce n'est pas la solution idéale pour les étudiants qui aiment être indépendants. En plus[5], cette solution est impossible pour les milliers[6] d'étudiants qui n'habitent pas dans une ville universitaire. Beaucoup[7] louent une "chambre d'étudiant". Ces chambres sont relativement peu coûteuses[8], mais elles ne sont pas très confortables. Elles n'ont pratiquement jamais le téléphone et certaines n'ont pas l'eau courante. Souvent, la meilleure[9] solution est d'avoir une chambre à la Cité Universitaire.... Malheureusement[10], cette solution n'est pas toujours possible. Les demandes[11] sont en effet nombreuses[12] et excèdent les disponibilités[13].

1 *located* 2 *how* 3 *some* 4 *their* 5 *moreover* 6 *thousands* 7 *many* 8 pas très chères 9 *best* 10 *unfortunately* 11 *requests* 12 ≠ rares 13 *possibilities*

Structure et vocabulaire

MOTS UTILES: **Le logement** (*Housing*)

adjectifs

bon marché	*cheap, inexpensive*
cher (chère)	*expensive*
gratuit	*free*
meublé	*furnished*

verbes et expressions

louer	*to rent*
être logé	*to live, to have a room*

MOTS UTILES: **Le logement** (*suite*)

noms

un studio	*studio apartment*	une résidence	*dormitory*
un ascenseur	*elevator*	une chambre	*(bed)room*
un cabinet de toilette	*bathroom*	une cuisine	*kitchen*
		une pièce	*room (of a house)*
un escalier	*staircase, stairs*		
un étage	*floor (of a building)*	une salle à manger	*dining room*
un salon	*(formal) living room*	une salle de bains	*bathroom*
		une salle de séjour	*living room*
les WC	*toilet*	l'eau (courante)	*(running) water*
le gaz		l'électricité	
le téléphone			

NOTES DE VOCABULAIRE

a. The French system of numbering floors of a building differs from the American system.

French:	le rez-de-chaussée	*American:*	*first floor*
	le premier étage		*second floor*
	le deuxième étage		*third floor*

b. The expression **bon marché** is invariable: J'ai une chambre **bon marché.**

1. *Questions personnelles*

1. Avez-vous un problème de logement?
2. Etes-vous logé(e) à l'université?
3. Habitez-vous avec vos (*your*) parents?
4. Louez-vous une chambre indépendante? un studio? un appartement? une maison?
5. Est-ce que votre (*your*) logement est moderne? confortable? spacieux?
6. Avez-vous le téléphone chez vous?
7. Pour les étudiants américains, est-ce que le problème du logement est sérieux? Pourquoi ou pourquoi pas?

2. *Expression personnelle*

Describe the various parts of your parents' residence, using the following adjectives: **moderne, confortable, spacieux (spacieuse).** (Note: **ma, mes** mean *my*)

1. La cuisine est . . .
2. Le salon est . . .
3. La salle à manger est . . .
4. Ma chambre est . . .
5. La chambre dé mes parents est . . .
6. Le garage est . . .

A. *Les nombres de 100 à l'infini*

100	cent	1.000	mille
101	cent un	1.001	mille un
102	cent deux		...
103	cent trois	1100	onze cents
110	cent dix	1200	douze cents
150	cent cinquante	1300	treize cents
	...		...
200	deux cents	2.000	deux mille
201	deux cent un	2.100	deux mille cent
202	deux cent deux	2.200	deux mille deux cents
	...		...
300	trois cents	10.000	dix mille
301	trois cent un		...
	...	100.000	cent mille
400	quatre cents		...
	...	1.000.000	un million
		2.000.000	deux millions

▶ In writing numbers, French uses periods where English uses commas, and vice versa.

French: 2.531,25 English: 2,531.25

3. Situation: Loyers (*Rents*)

Michèle's friends pay different rents for their rooms. Say how much each one pays.

▻ Marie (200 francs) *Marie paie 200 francs.*

1. Hélène (300 francs)
2. Jacques (150 francs)
3. Monique (250 francs)
4. François (275 francs)
5. Louis (325 francs)
6. Sophie (410 francs)
7. Henri (360 francs)
8. Robert (320 francs)

4. Situation: Le coût de la vie

Here is approximately what it will cost you to buy the following items in France. Make two sentences for each item, giving the price first in francs, then in dollars. (To obtain the approximate dollar equivalent, divide the amount in francs by four.)

▻ une bicyclette (300 francs) *Une bicyclette coûte trois cents francs.*
Une bicyclette coûte soixante-quinze dollars.

1. le voyage Paris-Nice (150 francs)
2. une guitare (300 francs)
3. une radio (200 francs)
4. une caméra (440 francs)
5. une télévision (1.000 francs)
6. le voyage Paris-New York (1.600 francs)
7. une Peugeot 504 (16.000 francs)
8. une D.S. Citroën (20.000 francs)

B. *L'expression* être à

Note the expressions in heavy print in the sentences below.

Est-ce que ce vélomoteur **est à** Philippe?	*Does this motorbike* ***belong to*** *Philippe?*
Oui, il **est à** lui.	*Yes, it does* (***belong to*** *him*).
A qui **est** cette voiture?	***To*** *whom does this car* ***belong?***
Elle **est au** professeur.	*It* ***belongs to*** *the teacher.*

The French expression **être à** indicates possession, and corresponds to the English expression *to belong to.*

▶ The preposition **à** is repeated before each identified possessor.

Cette voiture est **à** mon frère et **à** moi.

The stress pronouns are used after the preposition **à: à lui, à eux.**

5. *Situation: Possession*

Say to whom the following objects belong. (Remember **à** + **le** → **au**; **à** + **les** → **aux.**)

▻ le vélomoteur (Henri) *Le vélomoteur est à Henri.*

1. la bicyclette (Suzanne)
2. la maison (ses parents)
3. la radio (Jacqueline)
4. la montre (Philippe)
5. la voiture (le professeur)
6. la moto (Bernard)
7. les livres (Paul)
8. la guitare (Nathalie)
9. les disques (le musicien)
10. les notes (la secrétaire)
11. la caméra (le photographe)
12. les revues (les cousins de Paul)

6. *Dramatisation: Rendez à César . . .*

Antoine asks who owns the following objects. Cléo says they belong to her friends, but César claims them as his. Play the three roles according to the model.

▻ les disques (Pierre)
ANTOINE: *A qui sont les disques?*
CLÉO: *Ils sont à Pierre.*
CÉSAR: *Non, ils ne sont pas à lui. Ils sont à moi.*

1. l'électrophone (Paul)
2. le transistor (Marc et Philippe)
3. la montre (Hélène)
4. la lampe (Pauline)
5. la table (André)
6. les livres (Suzanne et Monique)
7. la voiture (Henri et François)
8. la guitare (Robert)
9. le vélo (Henri)

C. La possession avec de

Read the following sentences carefully, paying attention to the word order.

Voici l'appartement **de Michèle.** — *This is **Michèle's** apartment.*
Voici la chambre **de Jacques.** — *This is **Jacques'** room.*
Voici les livres **du professeur.** — *These are **the professor's** books.*

One way French indicates possession is to use the construction:

noun + **de** + (determiner +) noun

The first noun designates what is owned and the second noun designates the owner.

▶ **a.** The above construction is also used to indicate family relationships.

La cousine de Jacques s'appelle Marie-Ange. — *Jacques' cousin . . .*
La nièce de Christine arrive demain. — *Christine's niece . . .*
L'oncle Louis est **le cousin de mon père.** — *. . . my father's cousin.*

b. If the noun that follows **de** is not a proper name, it is usually preceded by a determiner.

Voilà **la maison de mes parents.** — *. . . my parents' house.*
C'est **la voiture d'un ami.** — *. . . a friend's car.*
C'est **la moto de l'ami de Paul.** — *. . . Paul's friend's motorcycle.*

7. Situation: Emprunts (*Borrowed things*)

Imagine that you are renting an unfurnished apartment in Paris and have borrowed the following things. Say to whom each object belongs.

▻ la radio (Bernard) — *J'ai la radio de Bernard.*

1. l'électrophone (Paul)
2. le sofa (Michèle)
3. la lampe (Antoine)
4. la table (Jean-Pierre)
5. la télé (un ami français)
6. les disques (le cousin de Sylvie)
7. le réfrigérateur (la cousine de Michèle)
8. le radiateur électrique (les amis de Paul)

8. Situation: Possessions

Michèle is asking whether the objects she sees belong to people you know. Answer her affirmatively, according to the model.

▻ La bicyclette est à Suzanne? — *Oui, c'est la bicyclette de Suzanne.*

1. La caméra est à Pierre?
2. La raquette est à Michel?
3. La guitare est à Antoine?
4. Le livre est au professeur?
5. Les skis sont à Henri?
6. La voiture est au cousin d'Hélène?
7. Le violon est à la cousine de Michel?
8. Les passeports sont aux étudiants américains?

D. *La construction nom* + **de** + *nom*

Compare the word order in French and English for the expressions in heavy print.

Je loue une **chambre d'étudiant.**	*I am renting a* ***student room.***
Voici la **salle de bains.**	*Here is the* ***bathroom.***
Paul a un **billet de 10 francs.**	*Paul has a* ***10-franc note.***

Expressions like **une chambre d'étudiant** consist of two nouns: **chambre** and **étudiant.** The principal noun (**chambre**) comes first. The noun that describes the type of room (**étudiant**) plays the role of an adjective: it comes second.

▶ In expressions like the above, the noun that follows **de** is not introduced by a determiner.

9. Questions personnelles

1. Avez-vous une voiture de sport? une raquette de tennis? une collection de disques?
2. Préférez-vous les films d'horreur? les films d'amour? les films d'aventure?
3. A la télévision, regardez-vous les programmes de sports? les programmes de musique? les émissions de variétés?
4. Avez-vous des projets de week-end? des projets de vacances?
5. Plus tard, avez-vous une classe d'histoire? une classe de maths? une classe d'anglais?

10. Situation: Fanas de musique

Each of the following people likes a certain type of music. Say that they have record collections corresponding to their tastes.

▷ Albert aime le jazz. *Il a une collection de disques de jazz.*

1. Jeanne aime la musique pop.
2. Françoise aime le rock.
3. Paul aime la musique moderne.
4. Michèle aime la musique classique.
5. Henri aime la musique de danse.
6. Marc aime Chopin.
7. Annie aime Debussy.
8. Sylvie aime la musique africaine.
9. Robert aime la musique indienne.
10. Irène aime les chanteurs populaires.

11. Substitutions

Replace the italicized words with the expressions in parentheses. Make all necessary changes.

1. La voiture est à *Paul*, mais la moto n'est pas à lui. (Marianne; le professeur; l'amie de Suzanne; les amies d'André)
2. La raquette est à *Michèle*, mais les skis ne sont pas à elle. (Paul; Suzanne; un ami; les cousins d'Antoine)

3. Voici l'appartement de *Suzanne*. (Antoine; Albert; les parents de Jacques; le professeur; l'amie de Monique)
4. J'aime *le français*, parce que j'ai un bon professeur de français. (les maths; l'histoire; la géographie; les sciences politiques)

VOUS AVEZ LA PAROLE: ***Le logement idéal***

Write a short paragraph describing the ideal student lodging.

Exemple: La chambre idéale est grande, confortable. . . .

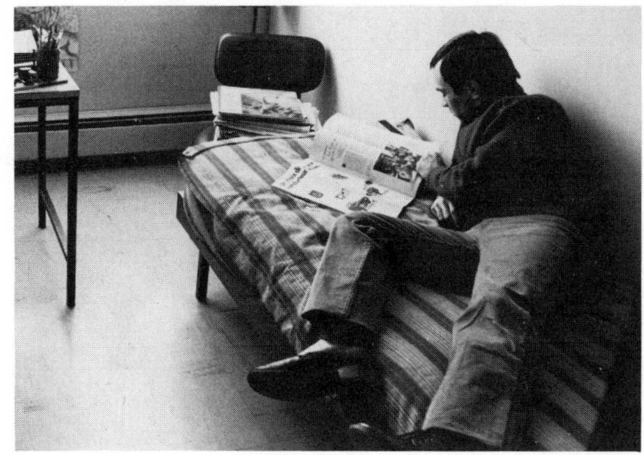

Phonétique

Le son /ʒ/

The consonant /ʒ/ is similar to the sound represented by the letter *-g-* in the English word *mirage*. Do not pronounce a /d/ before /ʒ/, unless there is a **-d-** in the written form of the word, as in **budget**.

Mot-clé: **J**acques
Répétez: **j**e, **J**ean, **G**i**g**i, Ro**g**er, â**g**e, ar**g**ent, éta**g**e, lo**g**ement, ma**j**eur

Quel âge a Gigi?
Jacques a le journal de Roger.

Le son /**g**/

The French consonant /g/ is produced with greater tension than the corresponding sound in English.

Mot-clé: re**g**arde
Répétez: **g**rand, **g**arçon, **g**arage, **g**uitare, **G**uy

Regarde la guitare de Margot.
Guy est un grand garçon.

Leçon douze: Budget d'étudiant

Langue et culture

Faites-vous souvent votre budget?
Philippe, lui, fait son budget tous les mois°. Il est bien obligé! Ses dépenses ont une irrésistible tendance° à dépasser ses ressources. Les ressources de Philippe sont limitées: 900 francs par mois°. Il a une bourse de l'Education Nationale de 500 francs par mois. Ses parents paient le reste.

every month / *tendency* / *per month*

Neuf cents francs, ce n'est pas énorme°, mais avec cela°, Philippe paie sa chambre, ses repas, l'essence° de son vélomoteur, ses livres. . . .

beaucoup / ces 900 francs / *gas*

Voici le budget de Philippe:

RESSOURCES		DÉPENSES		
bourse de l'Education Nationale	500 francs	logement	200 francs	
famille	400 francs	nourriture	250 francs	
		vêtements	100 francs	
		dépenses scolaires°	100 francs	de l'université
		spectacles	70 francs	
		transports	80 francs	
		dépenses diverses	100 francs	
	900 francs		900 francs	

Avez-vous compris?

1. Est-ce que Philippe fait régulièrement son budget?
2. Est-ce que ses ressources sont limitées? A combien?
3. Est-ce qu'il a une bourse?
4. Combien Philippe dépense-t-il par mois?
5. Combien coûte son logement?
6. Combien coûte sa nourriture?
7. Combien paie-t-il pour ses dépenses scolaires?
8. Combien dépense-t-il pour ses vêtements?
9. Combien dépense-t-il pour les spectacles?

Renseignements culturels: Le budget des étudiants

Analysez attentivement le budget de Philippe. Vous remarquez qu'il ne paie pas de scolarité. En France, les principales universités dépendent du[1] Ministre de l'Education Nationale et les études sont pratiquement[2] gratuites. Un assez grand nombre d'étudiants reçoivent[3] des bourses (pour payer leur logement, leur nourriture, etc...). Certains étudiants, les futurs professeurs par exemple, reçoivent une rémunération, le "pré-salaire", pendant leurs études.

Les étudiants français ont d'autres[4] avantages financiers. Par exemple avec leurs cartes[5] d'étudiants, ils ont des réductions dans beaucoup de cinémas, de théâtres, de musées, etc.... Autre[6] avantage important: s'ils sont malades[7] ou s'ils vont à l'hôpital, leurs frais médicaux[8] sont remboursés[9].

1 *come under* 2 *almost* 3 *receive* 4 *other* 5 *cards* 6 *another* 7 *sick* 8 dépenses médicales 9 *reimbursed*

Structure et vocabulaire

MOTS UTILES: **Le budget**

les questions

combien . . . ?	*how much . . . ?*	**Combien** coûte votre chambre?
combien de + nom . . . ?	*how much . . . ?*	**Combien d'**argent avez-vous?
	how many . . . ?	**Combien de** francs y a-t-il dans un dollar?

MOTS UTILES: **Le budget** (*suite*)

verbes

dépasser	*to exceed; to go beyond*
dépenser	*to spend*
économiser	*to save*
gagner	*to earn; to win*

noms

l'argent	*money*	une bourse	*scholarship*
l'argent de poche	*allowance, spending money*	une dépense	*expense, expenditure*
		les distractions	*entertainment*
un carnet de chèques	*checkbook*	une économie	*saving*
		les études	*studies*
un chèque	*check*	la nourriture	*food*
les loisirs	*leisure activities*	la scolarité	*tuition*
un prix	*price*		
un repas	*meal*		
les spectacles	*shows (movies, plays . . .)*		
les transports	*transportation*		
les vêtements	*clothes*		

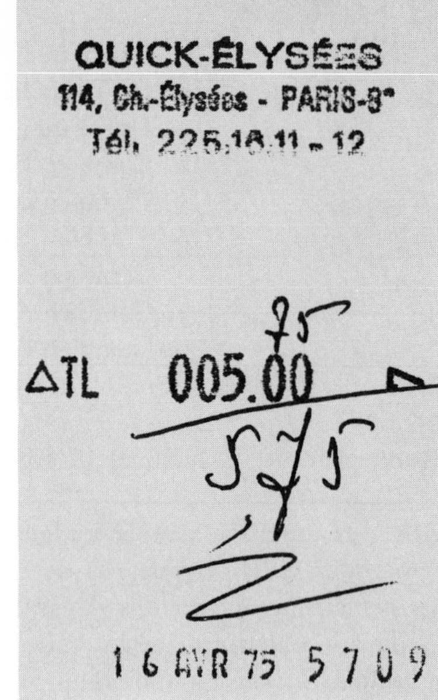

1. Questions personnelles

1. Avez-vous un budget?
2. Avez-vous une bourse?
3. Travaillez-vous? Où?
4. Combien d'argent gagnez-vous?
5. Avez-vous des économies?
6. Combien d'argent avez-vous sur vous?
7. Avez-vous un carnet de chèques?
8. Combien dépensez-vous pour la nourriture?
9. Combien dépensez-vous pour le logement?
10. Combien dépensez-vous pour les transports?

A. Le verbe faire

The verb **faire** (*to do, to make*) is irregular. Note the present tense forms.

faire	*Qu'est-ce que nous allons* ***faire****?*
je fais	Je **fais** des projets.
tu fais	Que **fais**-tu?
il / elle fait	Philippe **fait** son budget.
nous faisons	Nous ne **faisons** jamais d'économies.
vous faites	**Faites**-vous des plans?
ils / elles font	Qu'est-ce qu'ils **font** à l'université?

- The form **faisons** is pronounced /fəzɔ̃/.

▶ The principal meaning of **faire** is *to do* or *to make*.

Philippe **fait** son budget.	*Philippe is* ***doing (making up)*** *his budget.*
Philippe **fait** des projets.	*Philippe is* ***making*** *plans.*

Faire is also used in many idiomatic expressions.

Nous **faisons** des économies.	*We are* ***saving*** *money.*
Henri **fait** du ski.	*Henri* ***skis.***

2. *Situation: Ce soir*

Ask what the following people are doing tonight, using the appropriate subject pronouns.

▻ Suzanne *Qu'est-ce qu'elle fait?*

1. Paul	3. Henri et Pierre	5. Toi	7. Nous
2. Jacques	4. Monique et Hélène	6. Vous	8. Charles et Anne

3. *Situation: Projets en l'air*

Philippe's friends are making elaborate vacation plans, but none of them is saving any money. Express this sad state of affairs according to the model. Use the cues of exercise 2 above.

▻ Suzanne *Suzanne fait des projets, mais elle ne fait pas d'économies.*

4. *Questions personnelles*

1. Faites-vous un budget?
2. Que faites-vous le week-end?
3. Que faites-vous pendant les vacances?
4. Est-ce que vous faites des économies pour les vacances?
5. Comment (*how*) faites-vous des économies?
6. Faites-vous souvent des projets?
7. Aimez-vous faire des projets?

B. *Les adjectifs possessifs*

In the sentences below, the determiners in heavy print are possessive adjectives. These determiners refer to Philippe's belongings. Note how the form of the possessive adjective changes so as to agree with the noun it introduces.

C'est la chambre de Philippe?	Oui, c'est **sa** chambre.	*Yes, it's* ***his*** *room.*
C'est le vélo de Philippe?	Oui, c'est **son** vélo.	*Yes, it's* ***his*** *bike.*
Ce sont les livres de Philippe?	Oui, ce sont **ses** livres.	*Yes, they're* ***his*** *books.*

Note the forms of the possessive adjectives in the charts below.

	masculine singular	*feminine singular*	*plural*	*noun introduced by possessive adjective*
my	mon	ma (mon)	mes	**mon** vélo, **ma** moto, **mon** auto, **mes** livres
your	ton	ta (ton)	tes	**ton** vélo, **ta** moto, **ton** auto, **tes** livres
his / *her* / *its*	son	sa (son)	ses	**son** vélo, **sa** moto, **son** auto, **ses** livres
our	notre	notre	nos	**notre** vélo, **nos** livres
your	votre	votre	vos	**votre** auto, **vos** livres
their	leur	leur	leurs	**leurs** motos, **leurs** livres

▶ The forms in parentheses are used before vowel sounds.

● There is liaison after **mon**, **ton**, **son**, **mes**, **tes**, **ses**, **nos**, **vos**, and **leurs** when the next word begins with a vowel sound.

> Philippe est mon‿ami. Est-il ton‿ami aussi?
> Vos‿amis sont mes‿amis.

▶ **a.** The choice between **son**, **sa**, and **ses** depends only on the gender and number of the noun that is introduced, and not on the gender and number of the owner.

> C'est l'appartement de Philippe? Oui, c'est **son** appartement.
> C'est l'appartement de Suzanne? Oui, c'est **son** appartement.
>
> Ce sont les disques de Paul? Oui, ce sont **ses** disques.
> Ce sont les disques de Michèle? Oui, ce sont **ses** disques.

b. The determiners **mon**, **ton**, and **son** are used to introduce feminine nouns only when the next word begins with a vowel sound.

> Voici **mon**‿amie Michèle. *But:* C'est **ma** nouvelle amie.
> Voici **son**‿auto. C'est **sa** nouvelle auto.
> Est-ce **ton**‿ancienne maison? Est-ce **ta** nouvelle maison?

5. Dramatisation: Besoins d'argent (*Money needs*)

Philippe is low on cash and wants to sell some of his belongings to Michèle, but she does not want them. Play both roles.

▻ une caméra PHILIPPE: *Achète ma caméra.*
MICHÈLE: *Je ne veux pas ta caméra.*

1. un électrophone
2. des disques
3. des journaux
4. une guitare
5. une raquette
6. une bicyclette
7. une moto
8. un transistor
9. des magazines
10. des posters
11. une radio
12. une télé

6. Situation: A la surprise-partie

Everyone is bringing someone or something to the party. For each person, make a sentence according to the model, using the verb **amener.**

▻ Jacques (un cousin) *Jacques amène son cousin.*

1. Paul (un ami)
2. Jacqueline (une cousine)
3. Robert (une amie)
4. Marc (des amis)
5. Françoise (des disques)
6. Marie (un électrophone)
7. Henri (une voiture)
8. Jacques et Pierre (une moto)
9. Suzanne et Sophie (des copains)
10. Hervé et Robert (des copines)
11. Maurice et Annie (des disques)
12. mes cousins (des amis)

MOTS UTILES: **La famille** (*Family*)

noms masculins

les parents	*parents; relatives*
un enfant	*child*
un père	*father*
un mari	*husband*
un fils	*son*
un frère	*brother*
un oncle	*uncle*
un cousin	*cousin (male)*
un neveu (*pl.* neveux)	*nephew*
un grand-père	*grandfather*
des grands-parents	*grandparents*

noms féminins

une mère	*mother*
une femme	*wife*
une fille	*daughter*
une sœur	*sister*
une tante	*aunt*
une cousine	*cousin (female)*
une nièce	*niece*
une grand-mère	*grandmother*

7. Situation: La Toussaint

In France, la Toussaint (November 1, All Saints Day) is a holiday, and the occasion for family reunions. Say that the following people are visiting their grandparents.

▻ Philippe *Philippe va chez ses grands-parents.*

1. Suzanne
2. Nous
3. Moi
4. Jean-Paul et François
5. Toi
6. Vous
7. Marc
8. Hélène et Marie
9. Monique et Pierre

8. Dialogue: Votre famille

Ask your classmates where their relatives live.

▻ l'oncle VOUS: *Où habite ton oncle?*
VOTRE CAMARADE: *Mon oncle habite à . . .*

1. le père
2. la mère
3. les frères
4. les sœurs
5. la tante
6. les grands-parents
7. les cousins
8. les neveux

9. Situation: Pique-nique

Imagine you are at a picnic where you have met the following people. Ask someone to remind you of their names. Begin each sentence with **Comment s'appelle(nt)** and use the appropriate possessive adjectives.

▻ la cousine de Charles *Comment s'appelle sa cousine?*

1. la sœur de Philippe
2. la sœur de Monique
3. la cousine de Nicole
4. le cousin d'Henri
5. le cousin de Sylvie
6. le frère de Nathalie
7. les cousins de Juliette
8. l'amie de Robert
9. les cousins de Marc et de Paul
10. l'ami de Philippe
11. l'ami de Martine
12. les amis de Roger

10. Substitution

Replace the italicized words with the words in parentheses, making all necessary changes.

1. Voici mon *frère.* (sœur; amie Jeanne; cousine Irène; ami Paul)
2. Voici Paul et voici son *oncle.* (tante; mère; père; cousins; cousines)
3. Voici *Albert* et voici sa cousine. (Michèle; Jacques et Pierre; Suzanne et Monique)
4. Invites-tu ton ami *Paul?* (Jacqueline; Sylvie et Suzanne; Marc et Philippe)
5. *Marc* arrive avec son ami. (Brigitte; Henri; Elizabeth et Monique; Eric et François)
6. *Je* téléphone à ma sœur. (tu; Charles; nous; vous)
7. Brigitte parle à son *ami.* (amie; amis; amies; cousin; cousine)

VOUS AVEZ LA PAROLE: ***Portraits de famille***

Describe three members of your family. Use possessive adjectives.

Phonétique

La consonne /z/

The consonant /z/ resembles its English counterpart, although it is pronounced with more tension.

Mot-clé: cousin
Répétez: visite, Elisabeth, Denise, musée, économise

Le cousin d'Elisabeth visite un musée.

La consonne /s/

The French sound /s/ resembles its English counterpart.

Mot-clé: son
Répétez: **S**ylvie, **s**a, **s**œur, i**c**i, **c**ela, dépen**s**es, e**ss**en**c**e

Sa sœur Sylvie est ici.
Ses dépenses dépassent ses ressources.

DOCUMENT

L'argent et la culture

LES BILLETS

Les billets français portent[1] l'effigie[2] de personnages[3] célèbres[4]. Notez que ces personnages ne sont pas des financiers ou des hommes politiques. Ce sont des hommes de lettres ou des musiciens.

500^F Pascal (1623–1662): Cet écrivain[5] est aussi l'un des grands mathématiciens et physiciens[6] français. C'est le père du calcul[7] des probabilités.

100^F Corneille (1606–1684): C'est un grand auteur[8] classique. Ses héros luttent contre le destin[9] mais leur vertu triomphe toujours.

50^F Racine (1639–1699): C'est un grand poète dramatique. Pour lui, la passion est une force qui détruit[10] les hommes.

10^F Berlioz (1803–1869): C'est un compositeur romantique. Il a composé[11] la "Symphonie Fantastique" et la "Damnation de Faust".

1 *bear* 2 *portrait* 3 personnes 4 *famous* 5 *writer* 6 *physicists* 7 *calculus* 8 *author* 9 *struggle against destiny* 10 *destroys* 11 *composed*

LES PIÈCES

Les pièces portent la devise[1] de la République française: "Liberté, égalité, fraternité". Cette devise date de la Révolution de 1789.

1 *motto*

MOTS UTILES: **L'argent**

un billet	*banknote, bill*	la monnaie	*change*
un centime	1/100 *of a franc*	une pièce	*coin*

Le franc est l'unité monétaire de la France. Le franc est divisé en[1] 100 centimes. Un franc français vaut[2] approximativement 20 cents américains. (Pour le cours[3] officiel du franc, consultez un journal financier.)

1 *divided into* 2 *is worth* 3 *exchange rate*

INSTANTANÉ

Faites-vous des économies?

Voici la réponse de quatre étudiants à la question: "Faites-vous des économies? Pourquoi et comment°?"

how

Alain

Faire des économies? Pourquoi? C'est ridicule! L'argent est fait pour être dépensé[1], et non pour être économisé[2]. J'ai un budget limité, comme[3] la majorité de mes amis. Mais même[4] avec un budget limité, je vis[5] bien. Je vais très souvent au cinéma et au théâtre. Pourquoi pas? Avec ma carte d'étudiant[6], j'ai des prix réduits[7]. Et si[8] j'amène une fille, c'est elle qui paie sa propre place[9]. Moitié[10], moitié! C'est la règle[11] chez les étudiants!

1 *to be spent* 2 *saved* 3 *like* 4 *even* 5 *live* 6 *student card* 7 *reduced* 8 quand 9 *own seat* 10 *half* 11 *rule*

Monique

J'adore le ski. J'ai l'intention d'aller aux sports d'hiver[1] pendant les vacances de Noël. Voilà pourquoi je fais des économies. Il y a des étudiants qui économisent sur leurs livres, sur leurs transports, sur leurs loisirs. Moi, j'économise sur la nourriture. A midi, je déjeune[2] au restaurant universitaire: trois francs pour un repas, ce n'est pas cher. Le soir[3], je dîne chez moi, ou chez des amis, ou chez mon oncle . . . ou bien[4] je ne dîne pas. C'est la solution idéale: je ne dépense pas d'argent et je n'ai pas à surveiller ma ligne[5]!

1 *on a ski vacation* 2 *eat lunch* 3 *in the evening* 4 ou 5 *watch my weight*

Nicole

J'ai une bourse de l'Education Nationale. C'est suffisant[1] pour l'année scolaire[2]. Mais il y a aussi les vacances! Alors, je suis obligée[3] de travailler. Je travaille comme[4] guide touristique. Mon job consiste à accompagner les touristes à travers[5] Paris. C'est un job intéressant, mais qui ne paie pas terriblement bien. Enfin[6], j'espère économiser 1.500 francs avant[7] l'été. C'est assez[8] pour passer un mois[9] en Grèce ou au Portugal. . . .

1 *enough* 2 *school year* 3 *obliged* 4 *as* 5 *across* 6 *all in all* 7 *before* 8 suffisant 9 *month*

Hubert

Moi aussi, je travaille. J'ai même[1] un job qui paie bien. (C'est l'exception, je suppose.) Je suis portier de nuit[2] dans un grand hôtel des Champs-Elysées. Les clients sont généreux et j'ai d'excellents pourboires[3]: 1000 à 1.500 francs par mois. N'imaginez pourtant[4] pas que je n'aie pas de problèmes d'argent. Mon argent disparaît[5] en effet avec une rapidité étonnante[6]. Il est vrai que j'aime aller au restaurant, que j'invite souvent mes amis, et que j'ai un faible[7] pour les vêtements de qualité[8]. Ainsi, je suis toujours sans le sou[9]. Faire des économies? A Paris c'est impossible!

1 *even* 2 *night clerk* 3 *tips* 4 *however* 5 *disappears* 6 *astonishing* 7 *weakness* 8 chers 9 *without a cent*

Vrai ou faux?

Correct the statements which are false.

▻ Monique ne fait pas d'économies. *C'est faux! Elle fait des économies.*

Alain

1. Alain fait des économies.
2. Le budget d'Alain est limité.
3. Alain a une carte d'étudiant.
4. Il ne va jamais au cinéma.

Monique

1. Monique économise sur ses livres.
2. Elle économise sur ses loisirs.
3. Elle économise sur sa nourriture.
4. A midi, elle rentre chez elle.

Nicole

1. Nicole travaille.
2. Elle n'aime pas son job.
3. Le job de Nicole paie bien.
4. Elle compte rester en France pendant les vacances.

Hubert

1. Hubert travaille.
2. Il travaille dans une agence de voyage.
3. Il a des clients généreux.
4. Il fait des économies.

ENRICHISSEZ VOTRE VOCABULAIRE

Adjectifs apparentés: *-ic*, *-ical* ↔ -ique

Many English adjectives in *-ic* or *-ical* correspond to French adjectives in **-ique**.

un auteur class**ique**	*a class**ical** author*
un roman histor**ique**	*an histor**ical** novel*
un écrivain romant**ique**	*a romant**ic** writer*

EXERCICE DE VOCABULAIRE

Give the French adjectives which correspond to the English adjectives in parentheses. Then use each adjective in an original sentence.

1. une région ——— (*touristic*)
2. une personne ——— (*dynamic*)
3. un parti ——— (*political*)
4. un gouvernement ——— (*tyrannical*)
5. une situation ——— (*tragic*)
6. un journal ——— (*scientific*)
7. une conclusion ——— (*logical*)
8. une décision ——— (*illogical*)
9. une illusion ——— (*optical*)
10. un problème ——— (*philosophical*)

V LES PLAISIRS DE LA TABLE

Leçon 13 : La grève de la faim

Leçon 14 : Le test du gourmet

Leçon 15 : Etes-vous bon vivant?

Document : Le Guide Michelin

Instantané : Conversation avec un restaurateur

Objectives

Culture The delicacy of French cuisine has been publicized all over the world. Are all French people gourmets? In France, insistence on quality, culinary or otherwise, is a very important aspect of the art of living. If you go to a French restaurant, you will certainly note that there is more to a French meal than just good food. How is the meal organized? How do foods and wines complement each other? Is the feeling for harmony, which the French meal typifies, a trait of the French personality? These and related questions will be explored in this unit.

Structure When you use salt and pepper with your food, you usually take a certain, not exactly defined, quantity of these condiments. To convey the idea of *some* or *a certain quantity of*, French uses a determiner called the partitive article. In this unit you will learn the forms of this determiner and, more important, when to use it. You will also learn commonly used expressions of quantity and the present tense of the verb **prendre** (*to take*).

Vocabulary Since this unit has French cuisine as its main theme, the vocabulary stresses meals, foods, and beverages. You will also learn how to talk about the weather.

Communication By the end of this unit, you will be able to prepare a shopping list and order a meal in a French restaurant. You will also learn how to express what should be done to obtain a desired result.

Leçon treize: La grève de la faim

Langue et culture

Il est midi. Les cours sont finis°. Dehors°, il fait beau. Jacques est très content. Après le déjeuner°, il va aller au jardin du Luxembourg avec ses copains. . . .

Jacques prend le bus et va au restaurant universitaire. Il regarde le menu. Maintenant Jacques n'est plus° content. Il est furieux!

"Du poisson°, encore° du poisson, toujours du poisson! C'est la troisième fois° cette semaine° qu'il y a du poisson. . . . Ils exagèrent!"

Est-ce que Jacques va faire la grève de la faim°? Non, parce qu'au dessert il y a de la glace°. Jacques adore la glace! Alors°, Jacques hésitè une minute ou deux. Puis, il prend son plateau° et va attendre patiemment son tour°.

over / outside
lunch
is no longer
fish / again
time / week
to go on a hunger strike
ice cream / so
tray / to await his turn patiently

Avez-vous compris?

1. Quelle heure est-il?
2. Quel temps fait-il?
3. Quels sont les projets de Jacques pour l'après-midi?
4. Pourquoi est-ce que Jacques est furieux?
5. Qu'est-ce qu'il y a au dessert?
6. Est-ce que Jacques va faire la grève de la faim?

Renseignements culturels

Le restaurant universitaire

Pour les étudiants français, le restaurant universitaire (ou Resto U dans le langage des étudiants) est une institution pratique et très économique. Ces restaurants sont en effet subventionnés[1] et les repas sont bon marché. (Un repas complet coûte approximativement trois francs, c'est-à-dire[2] 60 cents américains.) Pour ce prix-là, la cuisine[3] n'est évidemment[4] pas extraordinaire. Elle est simple et suffisante[5]. . . . Le restaurant universitaire ressemble à la cafétéria américaine. Le service est rapide et les étudiants n'ont pas le temps de discuter. Ils font cela[6] au café, où ils vont généralement après le déjeuner.

Le jardin du Luxembourg

Le jardin du Luxembourg est l'un des parcs publics de Paris. Il est situé au Quartier Latin. Ce parc est très fréquenté[7] par les étudiants.

1 *subsidized* 2 *that is to say* 3 *cooking* 4 *obviously* 5 *adequate* 6 ils discutent 7 visité

C.R.O.U.S. DE PARIS B-01 TARIF ÉTUDIANT 5855972
Centre Régional des Œuvres Universitaires
39, Avenue G. Bernanos 75005 PARIS
RESTAURANTS UNIVERSITAIRES B-01
BON pour UN REPAS
TARIF ÉTUDIANT
N.B. - Pour être valable, chaque ticket doit être présenté avec la carte des Œuvres Universitaires et Scolaires de la catégorie correspondante.
5855972

C.R.O.U.S. DE PARIS B-01 TARIF ÉTUDIANT 12702833
Centre Régional des Œuvres Universitaires
39, Avenue G. Bernanos - PARIS-Ve
RESTAURANTS UNIVERSITAIRES B-01
BON pour UN REPAS
TARIF ÉTUDIANT
N.B. — Pour être valable, chaque ticket doit être présenté avec la carte des Œuvres Universitaires et Scolaires de la catégorie correspondante.
12702833

Structure et vocabulaire

MOTS UTILES: **Expressions de temps** (*Expressions of time*)

maintenant	*now*	Il est midi **maintenant**.
d'abord	*first*	Je vais aller **d'abord** au restaurant.
avant	*before*	Je ne dîne jamais **avant** sept heures.
après	*afterwards*	**Après**, je vais au cinéma.
puis	*then*	**Puis** j'étudie.
ensuite	*then*	**Ensuite**, je rentre chez moi.

A. Le temps

The noun **temps** may refer to weather or time.

Quel mauvais **temps**! — *What bad **weather**!*
Il n'a pas le **temps** d'aller au restaurant. — *He doesn't have **time** to go to the restaurant.*

Many expressions of weather contain the phrase **il fait**.

Il **fait** bon. — *It is nice (weather).*

MOTS UTILES: **Le temps** (*Weather*)

Il fait bon.	*It is nice (weather).*
Il fait beau.	*It is beautiful (weather).*
Il fait mauvais.	*It is bad (weather).*
Quel temps fait-il ce matin?	*How is the weather this morning?*
Il fait un temps épouvantable!	*The weather is awful!*
Il pleut.	*It is raining.*
Il neige.	*It is snowing.*

1. Questions personnelles

1. Quel temps fait-il aujourd'hui?
2. En vacances, que faites-vous quand il fait beau? quand il fait mauvais? quand il pleut?
3. Quel temps fait-il dans votre région en été (*summer*)? en hiver (*winter*)?
4. Est-ce qu'il neige dans la région où vous habitez? Est-ce qu'il pleut souvent?
5. Est-ce que vous utilisez votre voiture quand il neige?

B. Le verbe prendre

The verb **prendre** (*to take*) is irregular.

prendre	*Qu'est-ce que tu vas* ***prendre?***
je prends	Je **prends** mes disques.
tu prends	**Prends**-tu ta bicyclette?
il / elle prend	Jacques ne **prend** pas sa voiture.
nous prenons	Nous **prenons** nos livres.
vous prenez	Est-ce que vous **prenez** votre caméra?
ils / elles prennent	Mes cousins **prennent** leur appareil-photo.

▶ **a.** Usually, **prendre** has the meaning *to take.*

Jacques **prend** le bus quand il va au restaurant.

Prendre is also frequently used with the meaning of *to have* food or drink, *to eat*, or *to drink.*

— Qu'est-ce que tu **prends**?	*What are you* ***having?***
— Je vais **prendre** un café. Et toi?	*I'm going* ***to have (drink)*** *a cup of coffee. What about you?*
— Je vais **prendre** un sandwich.	*I'm going* ***to have (eat)*** *a sandwich.*

b. Comprendre (*to understand*) and **apprendre** (*to learn*) are conjugated like **prendre.**

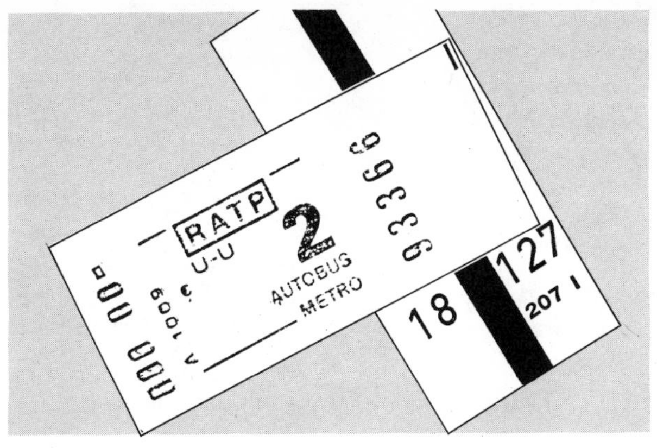

MOTS UTILES: **Transports**

noms

un avion	*plane*
un métro	*subway*
un train	*train*

verbes et expressions

marcher	*to walk*
aller à pied	*to go on foot*
aller à bicyclette, en train, en auto	*to go by bike, by train, by car*

2. Situation: Pique-nique

The following students are having a picnic near Versailles. Tell how each one plans to get there.

▻ Philippe (son vélomoteur) — *Philippe prend son vélomoteur.*

1. Moi (mon scooter)
2. Pierre et Marc (leur voiture)
3. Marie (sa bicyclette)
4. Nous (notre moto)
5. Toi (ton vélo)
6. Vous (votre voiture)

3. Questions personnelles

1. Aimez-vous marcher?
2. Quand vous allez à l'université, prenez-vous votre voiture? le train? le bus? le trolley? le métro? ou bien (*or*) allez-vous à pied?
3. Allez-vous à pied au restaurant? au cinéma? chez vos amis? en ville?
4. Prenez-vous souvent l'avion? quand? pourquoi?
5. Quand vous voyagez, prenez-vous un passeport? une caméra? un appareil-photo?
6. Comprenez-vous le français? avec difficulté? sans (*without*) difficulté?
7. Apprenez-vous le français avec plaisir?
8. Apprenez-vous aussi le russe? l'italien? l'espagnol? l'allemand? le chinois? le japonais?

C. L'article partitif

In the sentences below, the determiners in heavy print are partitive articles. Note the forms of these determiners in affirmative and negative sentences.

J'aime le céleri.	Voici **du** céleri.	*Here is **some** celery.*
J'aime la salade.	Voici **de la** salade.	*Here is **some** salad.*
J'aime l'eau minérale.	Voici **de l'**eau minérale.	*Here is **some** mineral water.*
Je n'aime pas le melon.	Je ne mange pas **de** melon.	*I'm not eating melon.*
Je n'aime pas l'omelette.	Je ne prends pas **d'**omelette.	*I'm not having **any** omelet.*

The partitive article introduces singular nouns. It carries the meaning *a certain amount of* or *a certain quantity of*. It frequently corresponds to the English determiners *some* and *any*, but while *some* and *any* may be omitted in English, the partitive article cannot be omitted in French.

The partitive article has the following forms.

	affirmative sentences	*negative sentences*
masculine	**du** **de l'** (+ vowel sound)	**de**
feminine	**de la** **de l'** (+ vowel sound)	**d'** (+ vowel sound)

exemples

J'ai **du** poisson. Il n'a pas **de** poisson.
J'ai **de l'**argent. Il n'a pas **d'**argent.

J'ai **de la** soupe. Il n'a pas **de** soupe.
J'ai **de l'**eau. Il n'a pas **d'**eau.

MOTS UTILES: **Au menu**

le pain	*bread*		
le beurre	*butter*		
les hors-d'œuvre	*appetizers*		
le jambon	*ham*		
le melon	*melon, cantaloupe*		
le saucisson	*salami*		
la viande et le poisson	*meat and fish*		
le bifteck	*(small) steak*	la sole	*sole*
le bœuf	*beef*		
le porc	*pork*		
le poulet	*chicken*		
le rosbif	*roast beef*		
le rôti	*roast*		
le thon	*tuna*		
le veau	*veal*		
les légumes	*vegetables*		
les haricots (verts)	*(green) beans*	les pommes de terre	*potatoes*
les petits pois	*peas*	les (pommes) frites	*French fries*
		la salade	*salad*
le fromage	*cheese*		
le dessert			
le gâteau	*cake*	la glace	*ice cream*
les fruits	*fruit*	la tarte	*pie*

4. *Dramatisation: Au buffet*

Yves and Véronique are at a great party: there is food and drink in tremendous quantities. Yves is not hungry, but Véronique plans to try everything. Play the two roles according to the model.

▻ le céleri — YVES: *Je ne prends pas de céleri.*
VÉRONIQUE: *Moi, je vais prendre du céleri.*

1. le melon	7. le poisson	13. le fromage
2. la soupe	8. le thon	14. la salade
3. la pizza	9. le poulet	15. la tarte
4. le jambon	10. le veau	16. le gâteau
5. le rosbif	11. la viande	17. la glace
6. le saucisson	12. le rôti de porc	18. le rôti de bœuf

5. *Dialogue*

Ask your classmates whether they often eat the foods mentioned in the above exercise. Use the verb **manger.**

▻ le céleri — VOUS: *Manges-tu souvent du céleri?*
VOTRE CAMARADE: *Oui, je mange souvent du céleri.*
OU: *Non, je ne mange jamais de céleri.*

D. *Les nombres ordinaux*

Ordinal numbers are used to rank: first, second, third . . . hundredth.

trois	trois**ième**	*third*
quatre	quatr**ième**	*fourth*
dix-huit	dix-huit**ième**	*eighteenth*
trente	trent**ième**	*thirtieth*
trente et un	trente et un**ième**	*thirty-first*

▶ **a.** In French, ordinal numbers are derived from cardinal numbers as follows:

number (minus final **-e**, if any) + **-ième***

There is one exception to the above pattern:

un, une **premier, première** *first*

* In order to retain the sound of the liaison consonant, the following numbers undergo spelling modifications:

cinq **cinquième** (to retain the sound /k/) *fifth*
neuf **neuvième** (to retain the sound /v/) *ninth*

Similarly, **dix-neuvième**, **vingt-cinquième**, etc.

b. When used as an adjective, an ordinal number agrees with the noun it modifies. As in English, the ordinal number precedes the noun.

C'est la **première** fois que je dîne au restaurant universitaire.	*This is the first time that I'm eating at the university restaurant.*
C'est le **premier** repas que je prends ici.	*This is the first meal I'm having here.*

- The consonant that precedes the ending **-ième** is pronounced like the liaison consonant of the corresponding cardinal number. For example, the **-x-** of **dixième** and **sixième** is pronounced /z/.

6. Dramatisation: La queue (*The line*)

Jacques and his friends are waiting in line for the cafeteria to open. Each one states his or her position.

▻ Henri (8e) — *Je suis le huitième.*
▻ Suzanne (31e) — *Je suis la trente et unième.*

1. Jacques (1er)
2. Martine (2e)
3. Philippe (5e)
4. Sophie (6e)
5. Roger (9e)
6. Jacqueline (10e)
7. Nathalie (11e)
8. Sylvie (18e)
9. Georges (20e)
10. Robert (21e)
11. Max (54e)
12. Louis (70e)

VOUS AVEZ LA PAROLE: ***La cafétéria de l'université***

Make a list of the foods that are served or never served at your university. Begin your sentences with **Il y a** or **Il n'y a jamais** + partitive article.

Phonétique

La voyelle /ø/

Round your lips tensely as you say the sound /e/: the result will be the French vowel /ø/.

Mot-clé: d**eu**x
Répétez: bl**eu**, furi**eu**x, **eu**x, déj**eu**ner

Eugène va déjeuner avec eux à deux heures.

La voyelle /œ/

Round your lips as you say the sound /ɛ/. The result will be the French vowel /œ/.

Mot-clé: l**eu**r
Répétez: s**œu**r, h**eu**re, profess**eu**r

Leur sœur est à l'heure.

Leçon quatorze: Le test du gourmet

Langue et culture

Avez-vous l'intention d'aller dans un restaurant français?
Etes-vous tenté par° la cuisine française? — *tempted by*
Alors, répondez à ces questions:

1. Aimez-vous le pain?
2. Aimez-vous le vin°? — *wine*
3. Aimez-vous les hors-d'œuvre?
4. Aimez-vous le coca-cola?
5. Aimez-vous le ketchup?
6. Avez-vous un solide appétit?
7. Avez-vous de la patience?
8. Avez-vous de l'argent?

Tant mieux°, si vous aimez le pain, le vin et les hors-d'œuvre. Il y a toujours du pain, du vin et de délicieux hors-d'œuvre au menu des restaurants français. — *Fine!*

Tant pis°, si vous aimez le coca-cola ou le ketchup. Les restaurants français servent rarement du coca-cola ou du ketchup avec les repas. (En France, faites comme° les Français. Ne commandez donc pas de coca-cola avec la viande!) — *Too bad!* / *like*

La patience n'est pas indispensable, mais elle est utile°. Dans les restaurants français, les garçons ne sont pas excessivement pressés°. L'argent, lui, est indispensable. La cuisine française est souvent extraordinaire. Elle est rarement bon marché! — *useful* / *in a hurry*

Renseignements culturels: La cuisine française

Les Français ont transformé[1] la satisfaction d'une nécessité physiologique en[2] un art. Cet art a une réputation internationale et s'appelle la cuisine française. Considérons un repas français. C'est un événement organisé[3]. Il commence par[4] l'apéritif, généralement un vin doux[5] qui stimule l'appétit. Puis viennent[6] les hors-d'œuvre, la viande, les légumes. La salade est un entr'acte[7]. Elle est suivie par[8] les fromages et le dessert.

La cuisine française est basée[9] sur la notion d'harmonie. Harmonie des vins et de la nourriture, par exemple. Les vins blancs secs[10] sont généralement réservés aux[11] hors-d'œuvre, aux poissons et aux viandes blanches. Les vins rouges sont réservés à la viande rouge et aux fromages. Les vins blancs doux sont réservés au dessert. L'harmonie culinaire[12] interdit[13] aux Français certaines choses[14] très communes[15] aux Etats-Unis: par exemple, le mélange[16] des plats salés[17] et des plats sucrés[18], les épices[19] trop[20] violentes, les cigarettes pendant le repas, et bien sûr l'alcool avant le repas car[21] l'alcool détruit[22] une chose très précieuse pour le gourmet: la sensibilité[23] du palais[24].

1 *transformed* 2 *into* 3 *organized event* 4 *begins with* 5 *sweet wine* 6 *come* 7 *intermission* 8 *followed by* 9 *based* 10 *dry* 11 *reserved for* 12 de la cuisine 13 *forbids* 14 *things* 15 *common* 16 *mixing* 17 *salted dishes* 18 *sweet* 19 *spices* 20 *too* 21 parce que 22 *destroys* 23 *sensitivity* 24 *palate, taste*

Structure et vocabulaire

MOTS UTILES: **Les repas**

noms

un repas	*meal*	une cantine	*cafeteria*
un petit déjeuner	*breakfast*	la cuisine	*cooking, cuisine*
un déjeuner	*lunch, noon meal*	une serveuse	*waitress*
un dîner	*supper, dinner*		
un garçon	*waiter*		

verbes réguliers

commander	*to order*	Qu'est-ce que tu vas **commander** pour le petit déjeuner?
déjeuner	*to have lunch*	Nous **déjeunons** à midi.
dîner	*to have dinner*	Nous **dînons** à huit heures.
manger	*to eat*	Ils **mangent** ensemble.

expression

faire les courses	*to go shopping*	Si tu **fais les courses**, achète du pain.

service (15 %)
et boissons compris

13,00 francs

crème de tomate
croque-monsieur
pâtisserie maison

15,50 francs

hamburger steak avec œuf à cheval
fromage (pain, beurre)
coupe drugstore

boissons

vin rosé 13° .... carafe *25 cl*
eau minérale, le quart
bière kanterbräu .... *25 cl*

menu servi de 12 h à 14 h 30 et de 19 h à 21 h

1. *Questions personnelles*

1. Où déjeunez-vous? chez vous? à la cantine de votre université?
2. D'habitude, est-ce que vous prenez vos repas seul(e) ou avec des amis?
3. Où dînez-vous ce soir? avec qui?
4. Travaillez-vous comme garçon? comme serveuse?
5. Allez-vous souvent au restaurant? à quels restaurants? avec qui? pour quelles occasions?
6. Aimez-vous la cuisine italienne? la cuisine chinoise? la cuisine française?
7. Faites-vous les courses? où? quand? avec qui?

A. *Le verbe* boire

The verb **boire** (*to drink*) is irregular.

boire	*Qu'est-ce que tu vas* ***boire****?*
je bois	Moi, je **bois** du coca-cola.
tu bois	Tu **bois** de la limonade?
il / elle boit	Jacques **boit** toujours de la bière.
nous buvons	Nous ne **buvons** jamais de vin.
vous buvez	**Buvez**-vous du thé?
ils / elles boivent	Mes parents **boivent** du champagne.

2. *Situation: Un cocktail*

Monsieur Dupont invited his friends to a cocktail party. Say that the guests are drinking their favorite beverages. Use the partitive article after **boire**.

▻ Nous aimons le champagne. *Nous buvons du champagne.*

1. Monsieur Martin aime le whisky.
2. Madame Labov aime la vodka.
3. Nous aimons le vin.
4. Vous aimez la bière.
5. J'aime le punch.
6. Tu aimes l'eau minérale.
7. Mes cousins aiment le cognac.
8. Ces deux actrices aiment le gin.

MOTS UTILES: **Boissons** (*Beverages*)

le café	*coffee*	la bière	*beer*
le jus de tomate	*tomato juice*	l'eau	*water*
le lait	*milk*	l'eau minérale	*mineral water*
le thé	*tea*	la limonade	*lemon soda*
le vin	*wine*		

B. *L'usage de l'article partitif, de l'article défini et de l'article indéfini*

NOTE LINGUISTIQUE: **Les noms**

Bananas, oranges, and olives are objects that you can count. The nouns that designate such objects are called *count nouns*. They may be singular or plural. In French, count nouns are often introduced by the indefinite article or by a number.

une banane, des bananes
une banane, deux oranges, trois olives

In English, count nouns in the singular may be introduced by *a* or *an*: *a banana, an orange*.

Cream, mustard, and wine are things that you cannot count, but of which you can take a certain quantity. The nouns that designate such things are called *mass nouns* and are usually singular. In French, they are generally introduced by the partitive article.

de la crème, de la moutarde, du vin

In English, mass nouns cannot be introduced by *a* or *an*. They are frequently used without a determiner. but may be introduced by *some* or *any*: Do you want *cream* in your coffee? Have *some mustard*. Do you want *any wine?*

Certain nouns may function as either count nouns or mass nouns, depending on the way in which they are used:

Voici **du fromage**. *Here is **some cheese** (i.e., a certain quantity of cheese)*
Voici **un fromage**. *Here is **a cheese** (i.e., a whole cheese)*

Furthermore, it is possible to consider a noun in a specific or in a general sense:

Voici **le fromage**. *Here is **the cheese** (i.e., the specific cheese we were talking about).*
J'aime **le fromage**. *I like **cheese** (generally speaking).*

In French, nouns are almost always introduced by determiners. The choice of the appropriate article depends on the context in which a noun is used.

a. The partitive article

The partitive article is used to refer to a certain quantity or a certain amount of a thing.

Voici **du** pain.	*Here is **some** bread.*
Voulez-vous **du** pain?	*Would you like **any** bread?*
Il y a **du** pain sur la table.	*There is (**some**) bread on the table.*
Je n'ai **pas de** pain.	*I have **no** bread. (I don't have **any** bread.)*

The partitive article is commonly used after the following verbs and expressions:

il y a	Il n'y a pas **de** fromage aujourd'hui.
voici, voilà	Voilà **du** café.
acheter	Qui va acheter **du** pain?
avoir	Nous n'avons pas **de** beurre.
je voudrais	Je voudrais **du** poulet.
prendre	Mes cousins vont prendre **de la** glace.

b. The indefinite article

The indefinite article is used to refer to a whole object or an object considered in its entirety.

Voici **un** pain.	*Here is **a** (loaf of) bread.*
Voici **un** excellent fromage.	*Here is **an** excellent cheese.*

c. The definite article

The definite article is used to refer to a specific object.

Regarde **le** gâteau qui est sur **la** table.	*Look at **the** cake that is on **the** table.*
Passez **le** pain, s'il vous plaît.	*Please pass **the** bread.*

The definite article is also used to introduce a noun considered in a general sense.

J'aime **le** pain.	*I like (**all kinds of**) bread.*
Le pain est bon pour **les** enfants.	*Bread (**in general**) is good for children.*
Je préfère **le** vin à **la** bière.	*I prefer wine (**in general**) to beer (**in general**).*

The definite article is often used after the following verbs:

aimer	J'aime **le** jambon.
détester	Je déteste **le** saucisson.
préférer	Philippe préfère **les** tomates.

▶ The distinction between the partitive, indefinite and definite articles applies also to abstract nouns.

J'ai **de la** patience.	*I have (**a certain amount of**) patience.*
Le professeur a **une** patience extraordinaire.	*The teacher has extraordinary patience.*
La patience est une qualité.	*Patience (**in general**) is a quality.*

3. Dramatisation: Les courses

Before going shopping, Jacques' mother asks him to check whether any of the following items are left in the kitchen. Jacques says no. Play the two roles according to the model.

▻ la margarine LA MÈRE: *Est-ce qu'il y a de la margarine?*
JACQUES: *Non, il n'y a pas de margarine.*

1. le beurre
2. le poulet
3. la viande
4. la glace
5. le chocolat
6. le pain
7. le jambon
8. le fromage
9. l'eau minérale
10. la bière
11. le ketchup
12. le thon

4. Dramatisation: Au restaurant

The waiter or waitress tells Marc what is on the menu. Fortunately Marc is easy to please. Play both roles according to the model.

▻ le jambon LE GARÇON (LA SERVEUSE): Nous avons du jambon.
JACQUES: Tant mieux! J'aime le jambon!

1. la salade de tomates
2. le céleri
3. le saucisson
4. le rosbif
5. le rôti de porc
6. la salade
7. le fromage
8. la glace
9. la tarte
10. le melon

5. Dialogue

Ask your classmates whether they drink the following.

▻ le café VOUS: *Bois-tu du café?*
VOTRE CAMARADE: *Oui, je bois souvent du café. J'aime le café.*
OU: *Non, je ne bois pas de café. Je n'aime pas le café.*

1. le thé
2. le lait
3. le whisky
4. le coca-cola
5. l'eau minérale
6. le vin français
7. la limonade
8. le cognac
9. le champagne
10. le vin de Californie
11. le jus de tomate
12. la vodka

6. *Substitution*

Replace the italicized words with the expressions in parentheses, making all necessary changes.

▻ J'*adore* la soupe. (mange) *Je mange de la soupe.*

1. Marie *mange* de la glace. (aime; déteste; commande; achète)
2. *Voici* du jambon. (il y a; il n'y a pas; aimez-vous; achetez)
3. *N'achetez pas* de fromage. (achetez; mangez; ne commandez pas)
4. Est-ce que Pierre *aime* la bière? (boit; déteste; prend; préfère)
5. Voulez-vous *une orange*? (lait; thon; jambon; eau minérale)

C. *Emploi idiomatique de* faire

Note the determiners in the following expressions with **faire.**

Fais-tu **du** sport?	Oui, je **fais du** volley-ball.	*Yes, I* **play** *volleyball.*
Fais-tu **de l'**espagnol?	Non, mais je **fais du** français.	*No, but I* **study** *French.*
Fais du piano!	Je ne **fais** pas **de** musique.	*I don't* **study** *music.*

The construction **faire** + noun is used in many expressions. In expressions that mean *to practice* or *play* (a sport), *to study* (a subject, an instrument), *to be active in*, the noun is usually introduced by a partitive article.

Note also the expression: **faire du bruit** *to be noisy.*

7. *Questions personnelles*

1. Faites-vous du théâtre? du cinéma? de la danse?
2. Faites-vous de la politique? Et vos amis?
3. Faites-vous du sport? du tennis? du ping-pong? du football?
4. Faites-vous des maths? de l'anglais? des sciences? de la psychologie?
5. Faites-vous du bruit quand vous êtes avec vos amis à une surprise-partie? chez vous? à une réunion politique? à un match de football?

8. *Dialogue*

Ask your classmates whether they are active in the following sports and whether they study the following subjects.

▻ le tennis
VOUS: *Fais-tu du tennis?*
VOTRE CAMARADE: *Oui, je fais du tennis.*
OU: *Non, je ne fais pas de tennis.*

1. le ski	5. la danse moderne	9. les maths	13. l'espagnol
2. le ping-pong	6. la danse classique	10. le russe	14. la géographie
3. le judo	7. la natation (*swimming*)	11. la biologie	15. la sociologie
4. le karaté	8. le squash	12. l'allemand	16. la littérature

VOUS AVEZ LA PAROLE: ***La liste des courses***

Prepare your next shopping list in French. Begin with **Je vais acheter . . .**

Phonétique

Les consonnes /**p**/, /**t**/, /**k**/

The French consonants /p/, /t/ and /k/ are pronounced somewhat differently from their English counterparts. To understand this difference more clearly, perform the following experiment. Hold a piece of paper in front of your mouth as you say the English words: *pot*, *top*, and *cot*. The paper will move somewhat, because you release a puff of air when you pronounce the initial English consonants *p*, *t* and *k*. Now try the same experiment with the English words: *spot*, *stop* and *Scot*. The paper hardly moves because the consonants *p*, *t* and *k* are pronounced without a puff of air when they follow an *s*. In French, the consonants /p/, /t/, and /k/ in initial position are also pronounced without a puff of air.

Mots-clés: **p**ain, **t**arte, **c**oca

Répétez: **P**aul, **P**apa, **p**ain, **T**homas, **t**hon, **t**omate, **c**afé, **qu**i, **c**opain

Papa prend le pain.
Paul parle à Pierre.
Qui commande un coca?
Catherine est au café avec Kiki.
Aimes-tu les tomates?
Vas-tu au théâtre avec Thomas?

Leçon quinze: Etes-vous bon vivant?

Langue et culture

Répondez aux questions suivantes.

1. Combien d'argent consacrez-vous à vos loisirs?
   a. beaucoup d'argent
   b. un peu d'argent
   c. pas du tout d'argent
2. Combien de temps consacrez-vous à vos loisirs?
   a. beaucoup de temps
   b. un peu de temps
   c. pas du tout de temps
3. Quelle place a la bonne cuisine dans votre existence?
   a. une place très importante
   b. une place assez importante
   c. une place peu importante
4. Aimez-vous le vin?
   a. beaucoup
   b. un peu
   c. pas du tout

5. Etes-vous au régime?
   a. non
   b. de temps en temps° — *from time to time*
   c. oui

Marquez 2 points par réponse **a**, 1 point par réponse **b**, 0 point par réponse **c.** Comptez vos points.

Si vous avez 9 ou 10 points, vous êtes bon vivant°, mais attention! Il faut surveiller votre santé. — une personne qui aime l'existence

Si vous avez de 3 à 8 points, vous aimez l'existence.

Si vous avez de 0 à 2 points, vous êtes beaucoup trop sérieux (sérieuse). Il faut mettre° un peu de fantaisie dans votre existence. — *to put*

Renseignement culturel: La France, pays du "bien vivre"[1]

Connaissez[2]-vous l'expression "bon vivant"? Cette expression est d'origine française. Ce n'est pas un hasard[3]. La France a la réputation d'être le pays du "bien vivre" et les Français justifient généralement cette réputation. Ils sont en effet amateurs de bonne cuisine et consacrent une part importante de leur budget à la nourriture. Ils sont aussi amateurs de bons vins qu'ils consomment[4] en grande quantité. (En moyenne[5], les Français boivent 110 litres[6] de vin et 6 litres d'alcools et de liqueurs par an[7].)

Pour être bon vivant, il ne faut pas uniquement[8] bien manger et bien boire. Il faut aussi aimer l'humour. Il faut être joyeux et de bonne humeur[9]. Il ne faut pas attacher trop[10] d'importance à ses problèmes. Il ne faut pas considérer le travail comme essentiel. En somme[11], il faut aimer l'existence.

1 *good living* 2 *know* 3 *accident* 4 boivent 5 *on the average* 6 un litre = *about one quart* 7 *per year* 8 simplement 9 *in good spirits* 10 *too much* 11 *in short*

Structure et vocabulaire

MOTS UTILES: **A votre santé!** (*Cheers!*)

noms

un amateur	*fan, connoisseur, person who appreciates*	Etes-vous **amateur** de cinéma?
l'existence (*f.*)	*existence, life*	Profitez-vous de **l'existence?**
la vie	*life*	Aimez-vous **la vie?**
un régime	*diet*	J'ai **un régime** végétarien.
être au régime	*to be on a diet*	**Etes**-vous **au régime?**
la santé	*health*	Etes-vous en bonne **santé?**

verbes

consacrer	*to devote*	**Consacrez**-vous beaucoup de temps à vos études?
surveiller	*to watch over, to watch out for*	**Surveillez**-vous votre santé?

Liste des vins offerts

8F la bouteille T.T.C.
96 F la caisse de 12
châteaux
(catégorie 1)

A.O.C. MARGAUX
● **Bel Air Marquis de Pomereu**
1968: 400 *caisses*
A.O.C. BORDEAUX
● **Roquefort**
1972: 400 *caisses*
A.O.C. GRAVES
● **Roquetaillade la Grange**
1972: 200 *caisses*
● **Saint-Pierre Rouge**
1971: 300 *caisses* · 1972: 200 *caisses*
○ **Saint-Pierre Blanc (sec)**
1972: 1.250 *caisses* · 1973: 1.250 *caisses*

crus bourgeois
(catégorie 2)

A.O.C. POMEROL
● **Le Bon Pasteur**
1971: 80 *caisses* · 1972: 200 *caisses*
A.O.C. BARSAC
○ **Liot (liquoreux)**
1972: 100 *caisses*
○ **Pernaud (liquoreux)**
1970: 20 *caisses*

23F la bouteille T.T.C.
276 F la caisse de 12
crus bourgeois
(catégorie 2)

A.O.C. MOULIS
● **Chasse Spleen**
1971: 25 *caisses* · 1972: 100 *caisses*
● **Gressier Grand Poujeaux**
1970: 20 *caisses* · 1971: 50 *caisses*
1972: 150 *caisses*
A.O.C. MEDOC
● **Saint-Bonnet**
1971: 20 *caisses* · 1972: 395 *caisses*
● **Bois de Notre Dame**
1971: 60 *caisses*
A.O.C. HAUT-MEDOC
● **La Tour du Haut Moulin**
1972: 250 *caisses*
A.O.C. MARGAUX
● **Bel Air Marquis d'Aligre**
1970: 100 *caisses* · 1971: 100 *caisses*
1972: 100 *caisses*
A.O.C. PAUILLAC
● **La Couronne**
1970: 200 *caisses* · 1971: 10 *caisses*
1972: 250 *caisses*
A.O.C. SAINT-JULIEN
● **Haut Beychevelle Gloria**
1971: 20 *caisses* · 1972: 250 *caisses*
A.O.C. SAINT-ESTEPHE
● **Pez**
1969: 250 *caisses* · 1972: 250 *caisses*

● *vins rouges* ○ *vins blancs*

A. Expressions de quantité

Compare the adverbs in the sentences on the left with the expressions of quantity in the sentences on the right.

Je mange **beaucoup.**	Je mange **beaucoup de** viande.
Je ne suis pas **assez** riche.	Je n'ai pas **assez d'**argent.
J'aime **beaucoup** le vin.	Je bois **beaucoup de** vin.
Combien coûte ce repas?	**Combien de** hors-d'œuvre commandes-tu?

The adverbs of quantity **beaucoup, assez,** and **combien** can modify verbs or adjectives. The expressions of quantity **beaucoup de, assez de,** and **trop de** are used to introduce nouns.

▶ **a.** When an expression of quantity introduces a noun, there is usually no other determiner before the noun.

Contrast:		
	Je bois du vin.	Je bois **beaucoup de** vin.
	J'ai des loisirs.	J'ai **beaucoup de** loisirs.
	As-tu de l'argent?	As-tu **beaucoup d'**argent?

b. An adverb of quantity usually comes immediately *after* the verb it modifies.

J'aime la bière.	J'aime **beaucoup** la bière.
J'aime voyager.	J'aime **beaucoup** voyager.

HOTEL DU LION D'OR

Restaurant - Bar
PLACE DE L'EGLISE
41 - PIERREFITTE-SUR-SAULDRE
R. C. Romorantin 66 A 125 ☎ 14

Le ________ 19

M ________ Doit

MOTS UTILES: **Expressions de quantité**

combien combien de	*how much,* *how many*	**Combien** coûtent les oranges? **Combien d'**oranges prenez-vous?
peu peu de	*little, not much,* *not many*	Je travaille **peu.** J'ai **peu d'**argent.
assez assez de	*enough*	Je ne voyage pas **assez.** Je n'ai pas **assez de** vacances.
beaucoup beaucoup de	*very much, much,* *many, a lot (of)*	J'aime **beaucoup** le ski. Je fais **beaucoup de** ski.
trop trop de	*too much,* *too many*	Vous jouez **trop.** Vous avez **trop de** loisirs.
beaucoup trop beaucoup trop de	*much too much,* *many too many*	J'étudie **beaucoup trop.** J'ai **beaucoup trop d'**examens.

1. *Expression personnelle*

Describe yourself and your tastes by modifying each of the sentences below with an adverb of quantity and, where appropriate, a negative expression.

▻ Je travaille. *Je travaille peu (assez, beaucoup, trop, beaucoup trop).*
ou: *Je ne travaille pas assez (beaucoup).*

1. J'étudie.
2. Je voyage.
3. Je mange.
4. Je téléphone.
5. J'aime le sport.
6. J'aime le cinéma.
7. J'aime le théâtre.
8. J'aime la musique.
9. J'aime danser.
10. J'aime aller au restaurant.
11. Je pense à mes loisirs.
12. Je pense aux vacances.

2. *Expression personnelle*

Describe yourself and your tastes by modifying each of the sentences below with an expression of quantity and, where appropriate, a negative expression.

▻ J'ai de l'argent. *J'ai peu (assez, beaucoup, trop, beaucoup trop) d'argent.*
ou: *Je n'ai pas assez (beaucoup, trop) d'argent.*

1. Je fais du sport.
2. J'ai de l'énergie.
3. J'ai des problèmes.
4. Je dépense de l'argent.
5. Je bois de la bière.
6. Je fais du français.
7. J'ai des amis sympathiques.
8. J'ai des loisirs.
9. Je consacre du temps à mes loisirs.

3. Dialogue

Ask your classmates whether one finds much (or many) of the following in their home towns.

▻ des restaurants — VOUS: *Est-ce qu'il y a beaucoup de restaurants chez vous?*
VOTRE CAMARADE: *Oui, il y a beaucoup de restaurants chez nous.*
OU: *Non, il n'y a pas beaucoup de restaurants chez nous.*

1. des théâtres
2. des cinémas
3. des discothèques
4. des distractions
5. des immeubles modernes
6. des maisons anciennes
7. de l'animation
8. de la pollution

B. *L'expression impersonnelle* il faut

Note the expressions of necessity or obligation in the sentences below.

A l'université, **il faut** étudier.	*At the university, one* ***has to*** *study.*
Pour être bon vivant, **il faut** aimer l'existence.	*To be a bon vivant, you* ***have to*** *love life.*
Que **faut-il** pour être heureux?	*What* ***is needed*** *to be happy?*
Pour faire un bon repas, **il faut** un bon vin.	*In order to have a good meal,* ***one must have*** *a good wine.*
Il ne **faut** pas de vin avec la glace.	*Wine* ***is*** *not* ***necessary*** *with ice cream.*

The impersonal expression **il faut** is used in the following constructions:

il faut + infinitive	**Il faut** être joyeux!
il faut + determiner + noun	**Il faut** de la bonne humeur!

4. Dialogue

Ask your classmates if they think the following conditions are necessary in order to be happy.

▻ être riche — VOUS: *Faut-il être riche pour être heureux?*
VOTRE CAMARADE: *Oui, il faut être très riche.*
OU: *Non, il ne faut pas nécessairement être riche.*

1. avoir beaucoup d'argent
2. avoir beaucoup d'amis
3. avoir beaucoup d'amies
4. avoir une profession intéressante
5. être marié
6. avoir des enfants
7. être en bonne santé
8. avoir du talent
9. avoir beaucoup de loisirs
10. être intelligent
11. aimer l'existence
12. travailler

5. Expression personnelle

Complete the sentences below with **il faut** and the necessary ingredients.

▻ Pour faire un sandwich au jambon . . . *Pour faire un sandwich au jambon, il faut du pain, du beurre et du jambon.*

1. Pour faire un sandwich au fromage . . .
2. Pour faire une soupe . . .
3. Pour faire un *milk shake* . . .
4. Pour faire une *sangria* . . .
5. Pour faire une fondue . . .
6. Pour faire un bon repas . . .

VOUS AVEZ LA PAROLE: ***Que faut-il?***

Compose a short paragraph on one of the following subjects. Use the expression **il faut**.

a) Pour avoir des amis . . .
b) Pour faire un voyage intéressant . . .
c) Pour passer 4 années agréables à l'université . . .
d) Pour organiser une surprise-partie . . .
e) Pour être bien logé(e) . . .

Phonétique

Le son /**w**/

The sound /w/ is always followed by a vowel. It is pronounced more tensely than its English counterpart.

Mot-clé: **oui**
Répétez: v**oi**là, m**oi**, t**oi**, l**oi**sir, v**oi**ture, b**oi**re, bons**oi**r, Madem**oi**selle.

Oui, moi, je bois.
Voici la voiture de François.
Toi et moi, nous voyageons à Détroit.

Le Guide Michelin

Pour être sûrs° de la qualité d'un restaurant, les gourmets français utilisent un livre spécial: le *Guide Michelin.* Ce guide classe° les restaurants en plusieurs° catégories, représentées par° des étoiles°. La majorité des restaurants n'ont pas d'étoile. Ce sont des restaurants sans° distinction particulière.

- ✿ Une étoile signifie une très bonne table°.
- ✿✿ Deux étoiles garantissent un repas excellent.
- ✿✿✿ Trois étoiles signalent l'une des gloires de la cuisine française. Dix-sept restaurants seulement° possèdent° les fameuses trois étoiles.

sûrs: certains · classe: *classifies* · plusieurs / par / étoiles: *several / by / stars* · sans: *without* · table: une très bonne cuisine · seulement / possèdent: *only* / ont

ILLHAEUSERN 68 H.-Rhin 62 ⑲ – 488 h. alt. 176 – ✉ 68150 Ribeauvillé – ✪ 89.
Paris 441 – Artzenheim 15 – Colmar 17 – St-Dié 53 – Sélestat 13 – Strasbourg 60.

XXXX ✿✿✿ **Auberge de l'Ill** (Haeberlin), ☎ 47.83.23, « Élégante installation au bord de l'Ill, ≤ jardins fleuris » – ▤ Ⓟ
fermé 15 janv. au 15 fév., lundi soir (hors sais.) et mardi – **R** (prévenir) carte 55 à 100
Spéc. Brioche de foie gras frais, Mousseline de grenouilles, Noisette de chevreuil St-Hubert (juin à janv.). **Vin** Riesling

trois étoilés — adresse — les spécialités

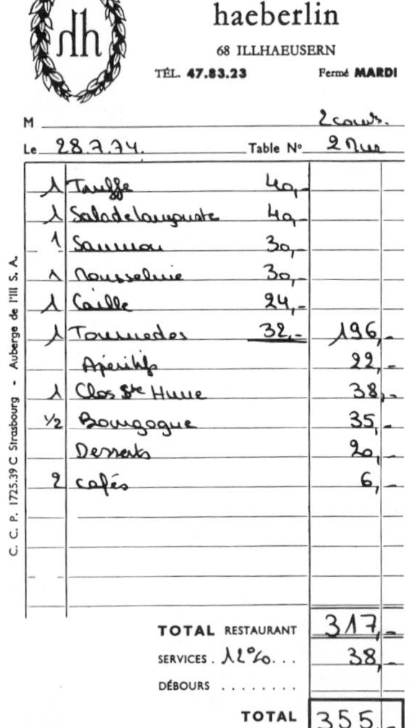

AUBERGE DE L'ILL
haeberlin
68 ILLHAEUSERN
TÉL. 47.83.23 — Fermé MARDI

M 2 couv.
Le 28.7.74 — Table N° 2 Nue

1	Truffe	40,–	
1	Salade de langouste	40,–	
1	Saumon	30,–	
1	Mousseline	30,–	
1	Caille	24,–	
1	Tournedos	32,–	196,–
	Apéritif		22,–
1	Clos Ste Hune		38,–
½	Bourgogne		35,–
	Desserts		20,–
2	cafés		6,–

TOTAL RESTAURANT 317,–
SERVICES 12% 38,–
DÉBOURS ....
TOTAL 355,–

C. C. P. 1725.39 C Strasbourg • Auberge de l'Ill S. A.

L'AUBERGE DE L'ILL Illhaeusern (Haut-Rhin) · Tél. 47-83-23

MENU

Tarte à l'oignon
Brioche de foie gras frais
Truites braisées au Riesling*
Selle de chevreuil St-Hubert*
Corbeille de fromages
Framboises L. Breton
à la crème mousseline
ou
Tarte aux pruneaux

Vins : Tokay · Riesling · Traminer · Pinot rouge

INSTANTANÉ

Conversation avec un restaurateur

Voici une interview entre° un journaliste et Monsieur B., restaurateur° à C . . . — *between* / personne qui dirige un restaurant

LE JOURNALISTE: Vous êtes restaurateur, n'est-ce pas?

MONSIEUR B.: Oui, j'ai un restaurant à C . . . , en Alsace.

LE JOURNALISTE: C'est un grand restaurant?

MONSIEUR B.: Plutôt° une entreprise familiale! C'est moi qui fais la cuisine, souvent avec l'aide de ma femme. — *rather*

LE JOURNALISTE: Est-ce que votre restaurant est connu°? — *known*

MONSIEUR B.: Il a une certaine réputation, et une étoile dans le *Guide Michelin*.

LE JOURNALISTE: Pourquoi avez-vous choisi° ce commerce°? — *did you choose* / *business*

MONSIEUR B.: La cuisine, Monsieur, n'est pas un commerce. C'est un art! Ma satisfaction n'est pas de gagner de l'argent. C'est de satisfaire° mes clients. Or°, mes clients sont difficiles. Chaque° repas doit° être un chef d'œuvre°. — *to satisfy* / mais; *each* / *must* / *masterpiece*

LE JOURNALISTE: Est-ce que vos clients sont satisfaits°? — contents

MONSIEUR B.: Je pense que oui. Parfois, c'est moi qui ne suis pas satisfait de mes clients!

LE JOURNALISTE: Par exemple?

MONSIEUR B.: Quand ils ne respectent pas les règles° de la gastronomie. Quand un Américain réclame° du coca-cola avec son repas. Quand un Anglais commande du ketchup avec son poulet chasseur°. — *rules*; demande; poulet avec une sauce tomate

LE JOURNALISTE: Qu'est-ce que vous faites alors?

MONSIEUR B.: Je refuse.

LE JOURNALISTE: Vous ne perdez° pas vos clients étrangers°? — *lose* / *foreign*

MONSIEUR B.: Pas du tout. Je fais° leur éducation gastronomique et ils sont contents. — *contribute to*

Vrai ou faux?

Correct the false statements.

1. Monsieur B. a un restaurant.
2. Ce restaurant est en Normandie.
3. Madame B. fait toujours la cuisine.
4. Le restaurant de Monsieur B. est mentionné dans le *Guide Michelin.*
5. Le restaurant de Monsieur B. a trois étoiles.
6. Les clients de Monsieur B. sont difficiles.
7. Ses clients sont généralement satisfaits.
8. Au restaurant de Monsieur B., il faut respecter les règles de la gastronomie.

ENRICHISSEZ VOTRE VOCABULAIRE

Les mots partiellement apparentés

Many French words do not have exactly the same meaning as the English words they resemble. Such words are partial cognates. In the text, you read the words **aide** and **commerce**, for instance. **Aide** is more the equivalent of *help* than of *aid.* The meaning of **commerce** is closer to *business* than to *commerce.* When you come across partial cognates, be sure to give them their exact meaning.

EXERCICE DE LECTURE

Read the following sentences which are taken from the text. For each sentence, indicate whether the italicized word is a cognate or a partial cognate, and explain why.

1. C'est un grand *restaurant*?
2. Il a une certaine *réputation.*
3. Pourquoi avez-vous choisi ce *commerce*?
4. C'est un *art.*
5. Est-ce que vos *clients* sont satisfaits?
6. Quand un Anglais *commande* du ketchup . . .
7. Vous ne perdez pas vos clients *étrangers*?
8. Ils sont *contents.*

VI PREMIERES IMPRESSIONS DE FRANCE

Objectives

Culture How many Americans visit France each year? What attracts them? Tourism is a major industry in France and is encouraged by the French government. Most tourists equate a visit to France with a stay in Paris. But what is Paris to the French? Obviously Paris is not the whole of France, and all French people are not Parisians. What are some of the other regions of France? Have they retained their own characteristics? Are their inhabitants proud of their background? In this unit you will learn more about the variety that exists in France and among French people.

Structure So far you have been talking about current happenings and using the present tense. If you want to relate a past event, you will need to use a past tense. In this unit you will learn how to form the **passé composé**, which is the past tense most frequently used in French conversation. You will also learn a new verb, **venir** (*to come*), which is sometimes used to express events in the recent past.

Vocabulary To narrate events in an interesting fashion, you need to increase the variety of verbs you have been using. This is the vocabulary aim of this unit, which focuses in part on verbs of motion (*to come, to return, to leave,* etc.).

Communication In this unit you will learn how to give the date and how to describe things that happened in the past. Thus you will be able to discuss historical events as well as past personal experiences, such as trips, concerts, dates, or parties.

Leçon Seize: Départ

Langue et culture

Nous sommes le 3 juillet. Il y a beaucoup de monde à l'aéroport international de New York. C'est un jour° de grands départs. Quelqu'un rassemble° un groupe de touristes. Leur avion va partir° dans 20 minutes. . . . La destination de ces voyageurs°? Paris! Pourquoi vont-ils là-bas? Voici leurs raisons°.

day / brings together
to leave
travellers
reasons

JIM: Je suis étudiant. Plus tard, j'ai l'intention d'être professeur de français. Voilà pourquoi je vais en France.

JANE: J'ai 18 ans. Moi aussi, je suis étudiante. Dans un petit collège! Pendant l'année mon horizon est limité. Aussi,° pendant les vacances, j'ai envie de° rencontrer des gens. On dit° que les Français sont des gens individualistes mais sympathiques et cultivés. Pourquoi ne pas aller en France?

therefore
je veux / *they say*

LINDA: J'ai un oncle qui habite à Paris. Ainsi°, j'ai l'occasion de passer des vacances à l'étranger bon marché. J'ai de la chance°, je suppose.

thus
I'm lucky

MONSIEUR MORRISON: C'est mon premier voyage en France depuis° 1945. J'ai beaucoup de souvenirs° là-bas. De bons souvenirs heureux et des souvenirs moins° heureux. J'ai l'intention de visiter la plage de Normandie où j'ai débarqué° le 6 juin 1944!

since
memories
less
I landed

Avez-vous compris?

1. Est-ce que Jim est étudiant?
2. Pourquoi va-t-il en France?
3. Quel âge a Jane?
4. Où est-elle étudiante?
5. A-t-elle un caractère sociable?
6. Pourquoi Linda a-t-elle de la chance?
7. Où Monsieur Morrison a-t-il l'intention d'aller?

Renseignements culturels: La France, un pays touristique

Avez-vous l'intention de visiter la France cet été? Vous ne serez pas le seul[1]. Chaque année[2], un million et demi d'Américains visitent la France.... Et aussi des millions d'Allemands, d'Anglais, de Belges....

Le tourisme est une industrie très importante en France. Pour encourager cette industrie, le gouvernement français a lancé[3], il y a quelques années[4], l' "Opération Sourire"[5]. Avec cette opération, le gouvernement invitait[6] les Français à réserver le meilleur accueil possible[7] aux touristes étrangers[8].

Pourquoi va-t-on[9] en France? Pour visiter des monuments ou pour rencontrer des gens? Pour prendre contact avec la France d'aujourd'hui[10] ou la France d'hier[11]? Pour la culture, pour la langue, ou pour la cuisine? Chacun a ses raisons.

Chacun a aussi sa méthode de voyager. Beaucoup de touristes visitent la France avec un voyage organisé. Cette méthode a l'avantage d'être simple. Malheureusement[12], elle ne favorise pas les contacts humains. Les jeunes, les étudiants en particulier, choisissent[13] souvent une autre formule. Certains s'inscrivent[14] à une université pour les cours d'été. D'autres passent les vacances dans la famille d'un(e) étudiant(e) français(e) avec qui ils font échange. Pour certains audacieux[15], l'unique méthode consiste à visiter la France en auto-stop[16]. Et pour les sportifs, il y a toujours le "tour de France" en vélo.

1 *won't be the only one* 2 *each year* 3 *launched* 4 *a few years ago* 5 *smile* 6 *invited* 7 *the best possible welcome* 8 *foreign* 9 les gens 10 *today* 11 *yesterday* 12 *unfortunately* 13 *choose* 14 *register* 15 courageux 16 *by hitchhiking*

Structure et vocabulaire

MOTS UTILES: **Personnes et choses**

verbes et expressions		
rencontrer	*to meet*	Je **rencontre** mes amis au café.
faire la connaissance de	*to meet (for the first time)*	Linda va **faire la connaissance** d'étudiants français.
personnes		
un peuple	*a people*	Est-ce que le **peuple** français est un peuple indiscipliné?
une personne	*person*	Ces **personnes** vont à Paris.
les gens	*people*	Qui sont ces **gens?**
les jeunes gens	*young people*	Que font les **jeunes gens** pendant les vacances?
le monde	*world*	Dans le **monde**, il y a beaucoup de personnes qui parlent français.
beaucoup de monde	*many people*	Il y a **beaucoup de monde** ici.
tout le monde	*everyone*	**Tout le monde** aime voyager!
quelqu'un	*someone*	Paul parle à **quelqu'un**.
ne . . . personne	*nobody, no one*	Catherine **ne** parle à **personne.**
chacun	*everybody*	Est-ce que **chacun** de vos amis a un passeport?
choses		
une chose	*thing*	Cette **chose** n'est pas très pratique.
quelque chose	*something*	Voici **quelque chose** d'intéressant.
tout	*all; everything*	A Paris je voudrais **tout** visiter.
ne . . . rien	*nothing*	Je **n'ai rien** à faire.

NOTES DE VOCABULAIRE

a. Note the French equivalents of the English expression *to meet.* To express meeting someone for the first time, and being introduced, French uses **faire la connaissance (de)**. To express meeting people who are already known, French uses **rencontrer**.

b. Note the construction after **quelqu'un**, **quelque chose**, and their opposites **personne** and **rien**:

quelqu'un + **de** + masculine form of the adjective

Cette fille est **quelqu'un de remarquable.**
Voici **quelque chose d'extraordinaire.**
Il n'y a **personne de très intelligent** ici.
Je n'ai **rien de spécial** à faire.

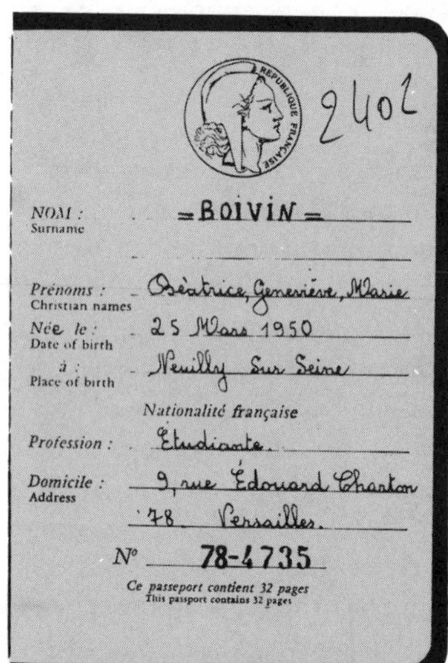
RÉPUBLIQUE FRANÇAISE

2402

NOM : Surname =BOIVIN=

Prénoms : Christian names Béatrice, Geneviève, Marie

Née le : Date of birth 25 Mars 1950

à : Place of birth Neuilly Sur Seine

Nationalité française

Profession : Étudiante

Domicile : Address 9, rue Édouard Charton
78 Versailles.

Nº 78-4735

Ce passeport contient 32 pages
This passport contains 32 pages

1. Expression personnelle: Généralisations

Make generalizations about the people listed below using the adjectives indicated.

▻ les Américains (sympathiques) — *Les Américains sont des gens sympathiques.*
ou: *Les Américains ne sont pas des gens sympathiques.*

1. les Français (cultivés) (*cultured*)
2. les étudiants (intelligents)
3. les professeurs (intéressants)
4. les parents (tyranniques)
5. les hommes politiques (*politicians*) (honnêtes)
6. les Américains (heureux)

2. Expression personnelle: Portraits

Describe the following people using the construction: **quelqu'un de** + adjective.

▻ Mon meilleur (*best*) ami — *Mon meilleur ami est quelqu'un de remarquable.*

1. ma meilleure amie
2. mon père
3. ma mère
4. mon professeur de français
5. mon frère
6. ma sœur
7. mon (ma) camarade de chambre
8. le président des Etats-Unis

3. Situation: Achats

During their trip to France, the following people all purchase something different. Tell what each one is buying.

▻ Isabelle (spécial) — *Isabelle achète quelque chose de spécial.*

1. Marc (original)
2. Nathalie (amusant)
3. Suzanne (extraordinaire)
4. Hélène (cher)
5. Michèle (pratique)
6. Pierre (utile) (*useful*)
7. Robert (beau)
8. Albert (pas commun)

A. La date

Note how dates are expressed in the sentences below.

Nous sommes **le trois juillet.**	*It is **July third.***
Le douze, je vais à Paris.	*On **the twelfth**, I am going to Paris.*
Mon anniversaire est **le 4 mai.**	*My birthday is **May 4.***
Monique est née **le premier juillet 1958.***	*Monique was born on **July 1, 1958.***

* Years are often expressed in two parts: the hundreds and the remaining two digits:

732	7 32	sept cent	trente-deux
1975	19 75	dix-neuf cent	soixante-quinze

The word **cent** cannot be omitted.

To express the date, French uses the following pattern:

le + number + (month) + (year)
le **5** **janvier** **1975**

a. French uses cardinal numbers, that is, regular numbers, to express dates. *Exception:* the first day of the month is **le premier.**

b. Since the number indicating the day always precedes the name of the month, dates are abbreviated as follows: day / month / year.

7/4 = le 7 avril 5/10 = le 5 octobre

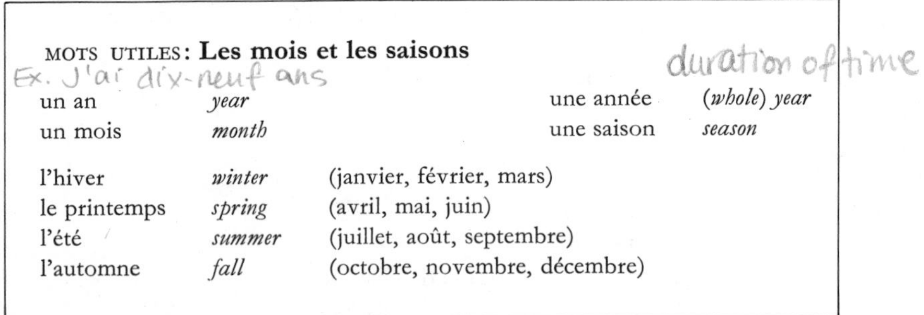

MOTS UTILES: **Les mois et les saisons**

un an	*year*	une année	*(whole) year*
un mois	*month*	une saison	*season*

l'hiver	*winter*	(janvier, février, mars)
le printemps	*spring*	(avril, mai, juin)
l'été	*summer*	(juillet, août, septembre)
l'automne	*fall*	(octobre, novembre, décembre)

4. Situation: Dates importantes

Give the dates of the following events.

▷ Noël (25/12) *Noël, c'est le 25 décembre.*

1. la fête nationale américaine (4/7)
2. la fête nationale française (14/7)
3. la Saint Valentin (14/2)
4. la Saint Patrick (17/3)
5. mon anniversaire (*birthday*)
6. l'anniversaire de mon père
7. l'anniversaire de ma mère
8. le premier jour des vacances

5. Situation: Départs

Tell when the following people are going to Paris.

▷ Christine (5/2) *Christine va à Paris le 5 février.*

1. Suzanne (5/9)
2. Monique (12/4)
3. Pierre (31/6)
4. Henri (1/10)
5. Sylvie (30/8)
6. Nicole (15/12)
7. Catherine (1/1)
8. Anne (21/3)
9. Jean-Paul (26/11)
10. Michel (27/7)
11. Alice (2/5)
12. Marcel (29/2)

6. Dialogue

Ask your classmates their birthdates.

▷ VOUS: *Quand es-tu né(e)? (When were you born?)* VOTRE AMI(E): *Je suis né(e) le . . .*

MOTS UTILES: **Le jour et la semaine** (*The day and the week*)

les jours de la semaine

lundi, mardi, mercredi, jeudi, vendredi, samedi, dimanche

les parties de la journée

le matin	*morning*	la nuit	*night*
l'après-midi	*afternoon*	la journée	(*whole*) *day*
le soir	*evening*		

adjectifs

premier (première)	*first*	Lundi est le **premier** jour de la semaine.
prochain	*next*	Où vas-tu la semaine **prochaine?**
dernier (dernière)	*last*	Dimanche est le **dernier** jour de la semaine.

prépositions

avant	*before*
jusqu'à	*until*
après	*after*

adverbes

hier	*yesterday*
aujourd'hui	*today*
demain	*tomorrow*

NOTE DE VOCABULAIRE

The construction **le** + day (or **le** + part of the day) is used to express regular events. Contrast:

habitual occurrence:	**Le samedi**, Jacques va au cinéma.	*On Saturdays* . . .
	L'après-midi, il rencontre ses amis.	*Afternoons* . . .
isolated occurrence:	**Mardi**, Jacques va dîner dans un bon restaurant.	(*Next*) *Tuesday* . . .

FÉVRIER			MARS		
7 h 23 à 16 h 46			6 h 35 à 17 h 32		
1	S	Se Ella	1	S	S. Aubin
2	**D**	*Présentation*	2	**D**	S. Charles le B.
3	L	S. Blaise	3	L	S. Guénolé
4	M	Se Véronique	4	M	S. Casimir
5	M	Se Agathe	5	M	Se Olive
6	J	S. Gaston	6	J	Se Colette
7	V	Se Eugénie	7	V	Se Félicité
8	S	Se Jacqueline	8	S	S. Jean de Dieu
9	**D**	Se Apolline	9	**D**	Se Françoise R.
10	L	S. Arnaud	10	L	S. Vivien
11	M	**Mardi gras**	11	M	Se Rosine
12	M	**Cendres**	12	M	Se Justine
13	J	Se Béatrice	13	J	S. Rodrigue
14	V	S. Valentin	14	V	Se Mathilde
15	S	S. Claude	15	S	Se Louise de M.
16	**D**	**Carême**	16	**D**	Se Bénédicte
17	L	S. Alexis	17	L	S. Patrice
18	M	Se Bernadette	18	M	S. Cyrille
19	M	S. Gabin	19	M	S. Joseph
20	J	Se Aimée	20	J	S. Herbert
21	V	S. P. Damien	21	V	PRINTEMPS
22	S	Se Isabelle	22	S	Se Léa
23	**D**	S. Lazare	23	**D**	**Rameaux**
24	L	S. Modeste	24	L	Se Cath. de Suède
25	M	S. Roméo	25	M	S. Humbert
26	M	S. Nestor	26	M	Se Larissa
27	J	Se Honorine	27	J	S. Habib
28	V	S. Romain	28	V	S. Gontran
			29	S	Se Gwladys
C. s. 24 I. r. 13 L. d. E			30	**D**	**PAQUES**
N. d'or 19 Épacte 17			31	L	S. Benjamin

7. *Questions personnelles*

1. Quels sont les jours où vous allez à l'université?
2. Quels cours avez-vous le mardi? le mercredi?
3. Avez-vous des cours le samedi?
4. Que faites-vous le vendredi soir? le dimanche matin?
5. Que faites-vous pendant le week-end?
6. Que faites-vous le week-end prochain?
7. Qu'allez-vous faire l'année prochaine?
8. Jusqu'à quelle heure étudiez-vous le soir?

B. *Le verbe* partir

The verb **partir** (*to leave*) is irregular. Note the present tense forms.

Je **pars** à Paris.	Nous **partons** le 3 septembre.
Tu **pars** avec Linda.	Vous **partez** à deux heures.
Il **part** en avion.	Ils **partent** avec des amis.

▶ **a. Sortir** is conjugated like **partir.** This verb has several English equivalents:

to go out (with friends)	Avec qui **sortez**-vous ce soir?
to get out (of a place)	Je **sors de** l'université à onze heures.

b. Partir de means *to leave a place* and is the opposite of **arriver. Quitter** also means *to leave,* but must always be followed by a direct object. (**Partir** can never take a direct object.) Note the following constructions:

Partons!	***Let's go! Let's leave!***
Je **pars** à huit heures.	*I* ***leave*** *(am leaving) at eight.*
Je **pars de** mon bureau. Je **quitte** mon bureau.	*I* ***leave*** *(am leaving) my office.*

Proverbes Partir, c'est mourir un peu. *Leaving is like dying a little.*

Rien ne sert de courir, il faut partir à point. *It is no use running if you do not leave on time.*

---

8. Situation: Sorties (Going out)

In Paris, the following people are going out with people they have met.

▻ Jane (un Français) *Jane sort avec un Français.*

1. Monsieur Morrison (un vieil ami)
2. Nous (une Française)
3. Linda (sa cousine)
4. Vous (des Parisiens)
5. Suzanne et Sylvie (des amies)
6. Paul et Denis (deux Anglaises)
7. Moi (un étudiant)
8. Toi (une étudiante)

9. Questions personnelles

1. Sortez-vous souvent? avec qui? quand? où allez-vous?
2. Allez-vous sortir le week-end prochain? avec qui?
3. A quelle heure quittez-vous l'université le lundi? le mardi? le vendredi?
4. Le week-end, quittez-vous votre campus? Où allez-vous?
5. A quelle heure partez-vous de chez vous le lundi? le vendredi?

C. *Les verbes* avoir *et* être (*révision*); *l'usage idiomatique d'*avoir

Avoir (*to have*) and **être** (*to be*) are the two most frequently used verbs in French. You may review the conjugations of these verbs on pages 32 and 13.

Avoir also occurs in many idiomatic French expressions.

J'**ai envie de** voyager.	*I **want** to travel.*
Paul **a l'intention de** visiter Paris.	*Paul **intends** to visit Paris.*

10. Situation: Vacances

During the summer vacation, the following exchange students are going back to their countries of origin to visit their friends. Give the nationality of each and tell where he or she has friends.

▻ Paul (français / Paris) — *Paul est français. Il a des amis à Paris.*

1. Hélène (suisse / Genève)
2. Sylvie (belge / Bruxelles)
3. Nous (canadiens / Québec)
4. Vous (italiens / Rome)
5. Toi (algérien / Alger)
6. Moi (anglais / Oxford)
7. Marc et Luc (portugais / Lisbonne)
8. Lili et Mylène (françaises / Lyon)

MOTS UTILES: **Expressions avec *avoir***

avoir . . . ans	*to be . . . (years old)*	**J'ai 20 ans.**
avoir de la chance	*to be lucky*	
avoir chaud / froid	*to be warm / cold*	
avoir faim / soif	*to be hungry / thirsty*	
avoir raison / tort	*to be right / wrong*	
avoir de la patience	*to be patient*	
de l'énergie	*energetic*	
du courage	*courageous*	
avoir besoin de	*to need*	J'**ai besoin de** travailler.
avoir envie de	*to want, wish; to feel like*	Je n'**ai** pas **envie de** travailler.
avoir l'intention de	*to intend to*	**Avez**-vous l'**intention de** visiter Paris?
avoir lieu	*to take place*	Quand est-ce que les examens **ont lieu?**

11. *Questions personnelles*

1. Quel âge avez-vous?
2. Quel âge a votre meilleur (*best*) ami? votre meilleure amie?
3. Avez-vous envie de voyager? d'aller en France? de continuer vos études? de faire de la politique?
4. Pendant les vacances, avez-vous l'intention de travailler? d'étudier? de faire du camping?
5. Avez-vous souvent besoin d'argent? d'encouragements? de vacances?
6. Avez-vous de la patience? de l'énergie? du courage?

12. *Situation: Logique*

Complete the sentences below with the idiomatic expressions that fit logically.

▻ Je prends mon pull-over parce que . . . *j'ai froid.*

1. Marc va au restaurant parce qu'il . . .
2. Il commande de la bière parce qu'il . . .
3. En hiver, nous . . .
4. En été, nous . . .
5. Je prends ma caméra parce que j' . . . de prendre un film.
6. J' . . . d'argent pour acheter cette voiture.
7. Pierre pense que New York est la capitale des Etats-Unis. Il . . .
8. Si (*if*) vous pensez que Paris est la capitale de la France, vous . . .
9. Marc étudie l'anglais parce qu'il a . . . d'aller aux Etats-Unis.
10. Les Jeux Olympiques . . . tous les quatre ans (*every four years*).

D. *La négation (révision)*

Contrast the following affirmative and negative sentences.

Suzanne est étudiante.	Pierre **n'**est **pas** étudiant.	ne . . . pas	*not*
Elle voyage souvent.	Il **ne** voyage **jamais.**	ne . . . jamais	*never*
Elle habite toujours (*still*) à Paris.	Il **n'**habite **plus** à Paris.	ne . . . plus	*no longer*
Elle parle aux voyageurs.	Il **ne** parle à **personne.**	ne . . . personne	*no one*
Elle fait beaucoup de choses.	Il **ne** fait **rien.**	ne . . . rien	*nothing*

In French the negation consists of two words: the weak negative word, **ne** (**n'**), which always comes before the verb; and the strong negative word (**pas**, **jamais**, **plus**, **personne**, **rien**), which follows the verb.

▶ When **personne** and **rien** are used as subjects in a sentence they come before the **ne**.

Personne n'aime avoir tort.	***Nobody*** *likes to be wrong.*
Rien n'est impossible.	***Nothing*** *is impossible.*

13. Situation: Jamais pendant les vacances

During vacation, Isabelle does not do what she does during the rest of the year. Express this using the construction **ne . . . jamais.**

▻ D'habitude, elle étudie. *Pendant les vacances elle n'étudie jamais.*

1. D'habitude, elle travaille.
2. D'habitude, elle dîne en ville.
3. D'habitude, elle va à l'université.
4. D'habitude, elle téléphone à ses parents.
5. D'habitude, elle rentre à sept heures.
6. D'habitude, elle regarde la télé.

14. Situation: Repos (*Rest*)

Linda is finally in Paris, but she is sick and she can't see anyone or do anything. Answer the questions, using **ne . . . personne** in sentences 1 to 3 and **ne . . . rien** in sentences 4 to 6.

▻ Est-ce qu'elle parle à ses amis? *Non, elle ne parle à personne.*

▻ Est-ce qu'elle fait quelque chose? *Non, elle ne fait rien.*

1. Est-ce qu'elle rencontre ses amis?
2. Est-ce qu'elle téléphone à sa cousine?
3. Est-ce qu'elle fait la connaissance de Français?
4. Est-ce qu'elle visite quelque chose?
5. Est-ce qu'elle mange quelque chose?
6. Est-ce qu'elle regarde quelque chose à la télé?

E. Questions avec inversion du sujet (révision)

In the following questions the subject comes after the verb. This is called *inversion.*

Où **est Jim?**	Où **est-il?** Où **va-t-il** pendant les vacances?
Que **fait Linda?**	Que **fait-elle?** **A-t-elle** l'intention de voyager?

Inversion can be used in questions where:

— the subject is a pronoun
— the subject is a noun and that noun will end the question.

▶ **a.** When a verb and a subject pronoun are inverted, they are connected with a hyphen.

b. When the inverted subject pronoun is **il** or **elle**, there is a /t/ liaison between the verb and the pronoun. If the verb ends in a vowel, **-t-** is inserted between the verb and the pronoun.

15. Situation: Charter

You are in charge of a French student charter flight to Canada. Ask whether the people below have their passports and where they are going. Use subject pronouns.

▻ les garçons *Ont-ils un passeport? Où vont-ils?*

1. Thomas	5. Toi	9. Sylvie
2. Hélène	6. Albert	10. Vous
3. Paul	7. Ces filles	11. Suzanne et Jeannette
4. Charles et Marc	8. Ces garçons	12. Cet étudiant

VOUS AVEZ LA PAROLE: ***Interview***

Imagine you are interviewing a friend who is going to spend the summer in France. Prepare ten appropriate questions about his/her trip, using the inverted form.

Phonétique

Consonnes finales

In French, when the last syllable of a word or group of words ends in a consonant sound, that consonant is strongly released, that is, it is very distinctly pronounced. In English, on the other hand, final consonants are often not released, or they are pronounced with little tension. In practicing the following words, pronounce the final consonants very clearly.

/k/ Ja**cq**ues, artisti**qu**e, romanti**qu**e, typi**qu**e, Mar**c**, ave**c**, dis**qu**e, ban**qu**e
/t/ Marque**tt**e, humanis**t**e, idéalis**t**e, importan**t**e, individualis**t**e, tar**t**e, sor**t**ent, por**t**ent, peti**t**e, bicycle**tt**e, discu**t**ent
/l/ La Sa**ll**e, Pasca**l**, intellectue**l**, fina**l**, Nico**l**e, par**l**e
/d/ mon**d**e, gran**d**e, ai**d**e, moutar**d**e, sala**d**e, limona**d**e

Leçon dix-sept: Une semaine à Paris

Langue et culture

Lynne a passé une semaine à Paris. Avec un voyage organisé!

Une semaine à Paris, ce n'est pas beaucoup. Oui, mais en une semaine Lynne a fait beaucoup de choses.

Elle a visité Notre-Dame. Elle a visité le Louvre et le musée d'Art Moderne.

Elle a passé une journée° à Versailles. — un jour

Elle a acheté quelques° souvenirs. Et, bien sûr, elle a pris beaucoup de photos. — *a few*

Est-ce qu'elle a rencontré des Français? Euh° non, elle n'a pas eu le temps! — *uh . . .*

A-t-elle parlé un peu français au moins°? Hélas non, elle n'a pas parlé français. Elle n'a pas eu l'occasion. — *at least*

Malgré tout°, Lynne a conservé° un excellent souvenir° de son voyage . . . Excellent, mais un peu fugitif°. — *nevertheless / kept / memory* — *fleeting*

Avez-vous compris?

1. Qu'est-ce que Lynne a visité à Paris?
2. Qu'est-ce qu'elle a acheté?
3. Est-ce qu'elle a parlé français?
4. Quel souvenir a-t-elle conservé de son voyage?

Renseignements culturels: Paris

Paris, qu'est-ce que c'est? Pour les touristes, Paris est une ville-monument, une ville-musée: Notre-Dame, l'Opéra, le Louvre, la Tour Eiffel . . . Qui ne connaît[1] pas? C'est aussi une ville où l'on s'amuse[2], une ville de plaisirs. C'est la capitale de la gaieté, de l'élégance: Le Lido, le Quartier Latin, les Champs-Elysées . . .

Pour les Français, Paris est la capitale de la France, le pôle d'attraction, le centre nerveux du pays. C'est aussi le symbole du gigantisme administratif, de la bureaucratie, de la centralisation. Tout[3] passe par Paris, tout part de Paris: les trains, les autoroutes[4], les émissions télévisées, les nouveaux films, la publicité, la mode[5], les décisions ministérielles qui influencent l'existence de 50 millions de Français.

Et pour les quatre millions de Parisiens? Paris est une ville où chaque jour[6] des gens naissent[7], vivent[8], s'amusent, souffrent[9], meurent[10]. . . Paris est une ville comme les autres[11], avec ses problèmes: problème de la pollution, problème du logement, problèmes de la circulation[12] et du stationnement[13]. . . Depuis 1960, un énorme effort a été fait[14] pour transformer Paris, pour adapter la ville aux conditions d'aujourd'hui. Petit à petit[15], Paris est devenue [16] une ville du vingtième siècle[17]. Hélas! disent certains[18].

1 *is familiar* 2 *one has fun* 3 *everything* 4 *expressways* 5 *fashion* 6 *every day* 7 *are born* 8 *live* 9 *suffer* 10 *die* 11 *like others* 12 *traffic* 13 *parking* 14 *has been made* 15 *little by little* 16 *has become* 17 *century* 18 *say some people*

Structure et vocabulaire

A. Le passé composé avec avoir

Read the following sentences carefully. The sentences on the left express actions occurring in the present: the verbs are in the present tense. The sentences on the right express actions which occurred in the past: the verbs are in the **passé composé.**

Je **voyage.**	L'année dernière aussi, **j'ai voyagé.**
Tu **visites** la France.	L'année dernière, **tu as visité** l'Italie.
Nous **parlons** au professeur.	Hier aussi, **nous avons parlé** au professeur.
Les étudiants **travaillent.**	Hier aussi, **ils ont travaillé.**
Le professeur **parle** des artistes français.	Hier **il a parlé** des philosophes français.

Formation As its name indicates, the **passé composé** is a compound past tense. It is formed as follows:

passé composé = present tense of auxiliary verb (usually **avoir**) + past participle

Note the forms of the **passé composé** of the verb **visiter** in the following sentences:

J'**ai visité** Paris.
Tu **as visité** Lyon.
Il/Elle **a visité** la Normandie.
Nous **avons visité** Marseille.
Vous **avez visité** Grenoble.
Ils/Elles **ont visité** Bordeaux.

▶ For all **-er** verbs, the past participle is derived from the infinitive as follows:

past participle = infinitive minus **-er** + **-é**

écouter → écouté	J'**ai écouté** une conférence sur la France.
regarder → regardé	Nous **avons regardé** des photos de Paris.
acheter → acheté	J'**ai acheté** un livre sur la Normandie.
payer → payé	J'**ai payé** ce livre vingt francs.

Many irregular verbs have irregular past participles:

avoir → eu	J'**ai eu** de la chance.
être → été	J'**ai été** à Paris.
faire → fait	J'**ai fait** un beau voyage.
prendre → pris	J'**ai pris** des photos de la Tour Eiffel.
boire → bu	J'**ai bu** du champagne.
il faut → il a fallu	Il **a fallu** parler français.

Use The **passé composé** is used to describe past actions and events.

▶ The **passé composé** has several English equivalents.

J'**ai visité** Paris. { *I **visited** Paris.* / *I **have visited** Paris.* / *I **did visit** Paris.* / *I **have been visiting** Paris.* }

Je n'**ai pas visité** Versailles. { *I **have not visited** Versailles.* / *I **did not visit** Versailles.* / *I **have not been visiting** Versailles.* }

1. Situation: Avant le départ de Linda

Linda is leaving for France tonight. Say that all her friends called her today, using the **passé composé** of **téléphoner**.

▻ Henri — *Henri a téléphoné à Linda.*

1. Paul
2. Suzanne
3. Hélène
4. Philippe et Max
5. Robert
6. Monique et Michèle
7. Nous
8. Vous
9. Moi

2. Situation: Le voyage de Jim

When Linda arrives in France, she does exactly what her brother Jim did last year. Describe Jim's trip, using the **passé composé**.

▻ Linda visite Paris. *L'année dernière Jim a visité Paris.*

1. Elle visite la Provence.
2. Elle voyage en Normandie.
3. Elle parle français.
4. Elle rencontre des Français.
5. Elle téléphone à des amis français.
6. Elle écoute des disques français.
7. Elle regarde la télé française.
8. Elle achète des souvenirs.
9. Elle dîne chez des amis.
10. Elle déjeune dans des restaurants français.

3. Situation: En vacances

During summer vacation, Bernard and his friends did what they like doing. Describe their activities, using the **passé composé**.

▻ Bernard aime faire du sport. *L'été dernier il a fait du sport.*

1. Henri aime voyager.
2. Hélène aime boire du coca-cola.
3. Anne et Sylvie aiment faire du camping.
4. Paul aime faire du stop (*go hitchhiking*).
5. Nous aimons avoir des amis chez nous.
6. Vous aimez être à la campagne.
7. J'aime prendre des photos.
8. Tu aimes être indépendant.

B. Le passé composé dans les phrases négatives

Compare the following sentences:

Hélène a travaillé.	Marc **n'**a **pas** travaillé.
Elle a parlé anglais.	Il **n'**a **jamais** parlé anglais.
Elle a fait beaucoup de choses.	Il **n'**a **rien** fait.

In negative sentences with a verb in the **passé composé**, the strong negative word (**pas**, **jamais**, etc.) comes between the auxiliary verb and the past participle.

Exception: The negative word **personne** comes *after* the past participle:

Je n'ai rencontré **personne**. Je n'ai parlé à **personne**.

4. Situation: En France

During the month of July, a group of American tourists visited France. Say that they all spoke French and did not speak English during that time.

▻ Patricia *Elle a parlé français. Elle n'a pas parlé anglais.*

1. Paul
2. Catherine
3. David et Bob
4. Betty et Patty
5. Moi
6. Toi
7. Nous
8. Vous

5. *Situation: Le cancre* (*The dunce*)

Charles failed English class, although he feels that he has done the work. The teacher does not agree. Play the role of the teacher, using the **passé composé** and the negative expression **ne . . . jamais.**

▻ J'ai étudié. *Mais non, vous n'avez jamais étudié!*

1. J'ai travaillé.
2. J'ai écouté.
3. J'ai préparé les examens.
4. J'ai fait les exercices.
5. J'ai fait attention.
6. J'ai fait des efforts.
7. J'ai pris des notes.
8. J'ai fait des progrès.

C. *Les questions au passé composé*

Note how the following questions are formed.

Est-ce que vous avez visité Marseille?
Avez-vous visité Paris?
Vous avez visité Bordeaux?

Est-ce que Michèle a été en France?
Comment **a-t-elle** trouvé les Français?
Elle a parlé français?

Questions in the **passé composé** can be formed . . .

— by using **est-ce que**;
— by inverting the subject pronoun and the auxiliary verb;
— by using a rising intonation (*yes/no* questions only).

6. *Situation: Interview*

The following French tourists spent the summer in the United States. Ask whether they liked the cities they visited. Use inverted questions.

▻ Michèle a visité New York. *A-t-elle aimé New York?*

1. Philippe a visité Atlanta.
2. Monique a visité San Francisco.
3. André a visité Dallas.
4. Sylvie a visité la Nouvelle-Orléans.
5. Pierre et Marc ont visité Miami.
6. Louise et Marguerite ont visité Détroit.
7. Vous avez visité Chicago.
8. Tu as visité Saint-Louis.

7. *Situation: Curiosité*

Marc wants to know more about his friends' activities. Formulate his questions, beginning each one with the interrogative expression in parentheses.

▻ Jacques a voyagé. (Quand?) *Quand a-t-il voyagé?*

1. Paul a été à un concert. (Avec qui?)
2. Henri a invité Suzanne. (Quand?)
3. Christine a étudié. (Pourquoi?)
4. Monique a déjeuné. (A quelle heure?)
5. Pierre et André ont acheté des disques. (Où?)
6. Sylvie et Lili ont été en ville. (Quand?)
7. Robert a joué au tennis. (Avec qui?)
8. Elisabeth a travaillé. (Quand?)

8. Dialogue

Ask your classmates whether they did the following things last summer.

▻ travailler — VOUS: *As-tu travaillé?*
VOTRE CAMARADE: *Oui, j'ai travaillé.*
ou: *Non, je n'ai pas travaillé.*

1. voyager	4. jouer au tennis	7. parler français
2. étudier	5. faire du camping	8. visiter un pays étranger (*foreign*)
3. faire du sport	6. faire du tennis	9. gagner de l'argent

VOUS AVEZ LA PAROLE: ***Hier***

Write six to eight sentences describing what you did yesterday. Use the **passé composé.**

Phonétique

Syllabation

Speakers of French tend to make every syllable end on a vowel sound. In liaison, therefore, the liaison consonant is pronounced as if it were the first sound of the following word. When two consonant sounds come together in a word, there is a tendency to end the first syllable on the vowel sound and begin the next syllable with two consonant sounds.

Practice French syllabification by pronouncing the following words and sentences according to the divisions indicated.

il a visité	i-la-vi-si-té	/i la vi zi te/
les Etats-Unis	le-sE-tat-sU-nis	/le ze ta zy ni/
nous avons acheté	nou-sa-von-sa-ch~~e~~té	/nu za vɔ̃ za ʃte/
il a passé une semaine	i-la-pa-ssé-une-se-maine	/i la pa se yn sə mɛn/
a-t-il eu l'occasion	a-ti-leu-lo-cca-sion	/a ti ly lɔ ka zjɔ̃/

Leçon dix-huit: Retour de France

Langue et culture

Dans l'avion Paris–New York, Pierre rencontre Bob et Barbara, deux étudiants américains qui viennent de passer plusieurs mois en France.

PIERRE: Vous revenez de France, n'est-ce pas?
BARBARA: C'est ça. Moi, je viens de passer une année à Montpellier.
PIERRE: Et toi, Bob?
BOB: Je viens de passer six mois à Grenoble.
PIERRE: Tu es resté tout le temps° là-bas? — *the whole time*
BOB: Oui, excepté une semaine où je suis allé en Suisse.
PIERRE: Et toi, Barbara? Tu es restée à Montpellier?
BARBARA: Pas du tout! En fait, j'ai souvent voyagé.
PIERRE: Où es-tu allée?
BARBARA: A Pâques°, je suis allée en Alsace et à la Pentecôte°, je suis allée en Provence. — *Easter/Pentecost (holiday 50 days after Easter)*
PIERRE: Tu as aimé ton séjour en France?
BARBARA: Oui, j'ai beaucoup aimé!

Avez-vous compris?

1. Où Pierre a-t-il rencontré Bob et Barbara?
2. Où Barbara a-t-elle passé l'année?
3. Où a-t-elle voyagé à Pâques?
4. Est-ce qu'elle a aimé son séjour en France?

Renseignements culturels: La Province

Si Paris est le centre nerveux de la France, ce n'est pas toute la[1] France. Le reste du pays est désigné sous[2] le nom[3] général de "province." La province n'est pas uniforme. En réalité, la "province" est constituée de nombreuses[4] provinces très différentes, comme[5] l'Alsace ou la Provence. Ces provinces sont les anciennes[6] divisions de la France. Elles ont perdu[7] leur existence juridique[8], mais non leur originalité. Aujourd'hui, les particularismes régionaux existent encore[9] et beaucoup de Français sont très conscients de leurs origines et de leur individualité. Parallèlement, les Français ont tendance à stéréotyper les habitants de certaines régions.

L'Alsace. Cette province située à l'Est de la France est une zone de transition entre la culture latine et la culture germanique. Pendant longtemps[10], l'Alsace a été un sujet de contestation, et une source de conflits entre la France et l'Allemagne. Les Alsaciens sont très attachés à leurs traditions. Beaucoup continuent à parler l'alsacien, qui est un dialecte germanique. Les Alsaciens ont la réputation d'être travailleurs[11] et fidèles[12] en amitié[13].

La Provence. Par[14] son climat, par sa population, par sa culture, la Provence a une individualité bien marquée. C'est par[15] la Provence que les Romains ont commencé[16] la conquête de la Gaule (l'ancien nom de la France). Plus tard, la Provence a fait partie[17] de l'"Occitanie," c'est-à-dire de la région sud[18] de la France actuelle[19]. L'identité occitane n'a pas disparu[20]. Elle renaît[21] aujourd'hui dans la littérature, mais aussi dans la vie politique de la Provence. En France, on a[22] tendance à considérer les Provençaux comme[23] des gens joyeux, sympathiques . . . et un peu vantards[24].

1 *the whole of* 2 *under* 3 *name* 4 beaucoup de 5 *like* 6 vieilles 7 *have lost* 8 légale 9 *still* 10 *long time* 11 des gens qui travaillent beaucoup 12 *faithful* 13 *friendship* 14 *because of* 15 avec 16 *began* 17 *became part* 18 *south* 19 *present-day* 20 *disappeared* 21 *lives again* 22 les gens ont 23 *as* 24 *inclined to brag*

Structure et vocabulaire

MOTS UTILES: **Vacances**

nom		
un séjour	*stay*	Barbara a aimé son **séjour** en France.
verbes		
passer	*to spend (time)*	Elle va **passer** un mois à Paris.
passer (par)	*to pass (through)*	Pour aller à Paris, elle va **passer par** Londres.
autres expressions		
entre	*between*	Elle va prendre le train **entre** Paris et Londres.
même	*even*	En Provence il fait chaud, **même** en hiver.
plusieurs	*several*	Elle va passer **plusieurs** jours à Bruxelles.
si	*if*	**Si** j'ai assez d'argent, je vais aller en Alsace.
c'est-à-dire	*that is (to say)*	**C'est-à-dire**, si je n'ai pas tout dépensé avant.

1. Questions personnelles

1. Qu'allez-vous faire entre six heures et neuf heures?
2. Qu'allez-vous faire entre le premier juillet et le premier septembre?
3. Où allez-vous passer vos prochaines (*next*) vacances?
4. Allez-vous faire un séjour en France? Au Canada?
5. Aimez-vous voyager même si vous n'avez pas beaucoup d'argent?

A. Le passé composé avec être

The verbs in the following sentences are in the **passé composé.** Note which auxiliary verb is used and the forms of the past participle.

Robert **est allé** à Paris.
Linda **est allée** aussi en France.
Paul et David **sont allés** en Provence.
Martine et Lucie **sont allées** en Normandie.

The **passé composé** of certain verbs like **aller** is conjugated with **être** as the auxiliary verb. The past participles of these verbs agree in gender and number with their subjects.

Je **suis allé(e)** en France.
Tu **es allé(e)** au Canada.
Il **est allé** à Bordeaux.
Elle **est allée** à Montréal.
Nous **sommes allé(e)s** à Québec.
Vous **êtes allé(e)(s)** à Grenoble.
Ils **sont allés** en Touraine.
Elles **sont allées** à Marseille.

negative form: Il **n'est pas allé** en Alsace.
interrogative form: Où **est-il allé?**

MOTS UTILES: **Verbes conjugués avec *être***

aller		**Etes**-vous **allés** en France?
venir (venu)*	*to come*	Isabelle **est venue** en France avec nous.
arriver		Quand **est**-elle **arrivée** à Grenoble?
partir (parti)	*to leave*	Nous **sommes parties** de Paris le 5 octobre.
entrer	*to come in*	Je **suis entré** dans l'appartement.
sortir (sorti)	*to go out*	Avec qui Linda **est**-elle **sortie**?
monter	*to go up, to get on*	**Etes**-vous **montés** à la Tour Eiffel?
descendre (descendu)	*to go down, to get off*	Nous **sommes descendus** du train à Tours.
retourner	*to return*	Michèle **est retournée** à Paris.
rentrer	*to come back, to go back*	Pierre **est rentré** chez lui.
tomber	*to fall*	Je **suis tombé** de mon vélo.
rester	*to stay, to remain*	Combien de temps **es**-tu **resté** en France?
naître (né)	*to be born*	Irène **est née** à Tours en 1958.

NOTE DE VOCABULAIRE

After the above verbs, names of places are introduced by prepositions. Note the following constructions with **entrer**.

J'**entre dans** la maison. Paul **entre chez** lui.

* The past participles of verbs which are not regular **-er** verbs are given in parentheses.

n° de dossier 710 1KB 1411

Mlle BELCOUR

Prénoms Françoise

né le 4-10-53

Nationalité Fra

est inscrit en première année du premier cycle des études médicales

Centre de

Université Paris-Sud
FACULTÉ DE MÉDECINE - PARIS-SUD
Service administratif
12, Rue de l'Ecole de Médecine, PARIS-6e
☎ 326-55.36 et 633-34.40

Fait à Paris le 20 SEP

Le Doyen ou le Directeur

CARTE D'INSCRIPTION

2. *Dialogue*

Ask your classmates whether they have ever gone to the following places.

▻ en France — VOUS: *Es-tu jamais allé(e) en France?*
VOTRE AMI(E): *Oui, je suis allé(e) en France.*
OU: *Non, je ne suis jamais allé(e) en France.*

1. à Paris
2. en Europe
3. au Canada
4. au Mexique
5. en Angleterre
6. en Afrique
7. à la Nouvelle-Orléans
8. à Miami
9. à New York
10. dans le Colorado
11. en Californie
12. au Vietnam

3. Situation: Séjours à Paris

Tell how long the following tourists stayed in Paris. Use the **passé composé** of **rester**.

▻ Henri (deux jours) *Henri est resté deux jours à Paris.*

1. Charles (une semaine)
2. Monique (un mois)
3. Suzanne et Marie (deux semaines)
4. Albert et Thomas (dix jours)
5. Paul (un week-end)
6. Hélène et Béatrice (deux jours)
7. Nous (trois jours)
8. Vous (trois mois)
9. Moi (un jour)
10. Toi (un après-midi)

4. Situation: Le voyage de Nathalie

Nathalie spent the summer in the United States. Before leaving, she prepared the following itinerary, which she managed to follow during her trip. Describe her visit, using the **passé composé.**

▻ Partir de Paris le 10 juillet. *Elle est partie de Paris le 10 juillet.*

1. Arriver à New York le 10 juillet.
2. Rester une semaine à New York.
3. Sortir avec des amis.
4. Partir de New York le 17 juillet.
5. Aller en Floride.
6. Rester dix jours là-bas.
7. Aller à San Francisco le 27 juillet.
8. Rentrer en France le 3 août.

5. Questions personnelles

1. Quand êtes-vous né(e)? Où?
2. A quelle high school êtes-vous allé(e)?
3. En quelle année êtes-vous entré(e) à l'université?
4. Avez-vous fait un voyage pendant les dernières (*last*) années? Où êtes-vous allé(e)? Quand êtes-vous parti(e)? Quand êtes-vous rentré(e)?
5. Etes-vous sorti(e) samedi dernier? avec qui?
6. Où êtes-vous allé(e)? au cinéma? au théâtre? au restaurant? en ville?
7. A quelle heure êtes-vous rentré(e)?

B. La place de l'adverbe au passé composé

Note the position of the adverb when the sentence is in the **passé composé.**

J'ai **beaucoup** aimé Paris.
Je suis **souvent** sorti avec des amis français.
Avez-vous **déjà** été en France?
Linda n'a pas **souvent** parlé français.

In the **passé composé**, the adverb is usually placed *between* the auxiliary verb and the past participle.

6. Situation: A Paris

The following students spent their Junior Year abroad. Tell how frequently each one spoke French.

▻ Elisabeth (souvent) *Elisabeth a souvent parlé français.*

1. Paul (beaucoup)
2. David (très souvent)
3. Sylvia (peu)
4. Henri (rarement)
5. Max (parfois)
6. Philippe (occasionnellement)
7. Suzanne (toujours)
8. Linda (très peu)

C. Le verbe venir

The verb **venir** (*to come*) is irregular.

infinitive	**venir**	
present	Je **viens** de France.	Nous **venons** du restaurant.
	Tu **viens** de l'Italie.	Vous **venez** avec nous.
	Il/elle **vient** du cinéma.	Ils/elles **viennent** chez nous.
passé composé	Je **suis venu(e)** hier.	

MOTS UTILES: **Verbes conjugués comme *venir***

with *être* in the passé composé

revenir	*to come back*	Je **suis revenu** à Paris en octobre.
devenir	*to become*	Après un an en France, je **suis devenu** très bon en français.

with *avoir* in the passé composé

appartenir à	*to belong to*	Ce livre **appartient à** mon ami.
obtenir	*to obtain, get*	**Avez**-vous **obtenu** votre passeport?
tenir à	*to value, cherish;*	Je **tiens à** ce souvenir.
	to insist on	Je ne **tiens** pas **à** être riche.

7. Situation: Touristes français

A group of French tourists are coming to the United States on a charter flight. Say where each one comes from.

▻ Hélène (Lyon) *Hélène vient de Lyon.*

1. Sylvie (Orléans)
2. Albert (Toulouse)
3. Jean et Claude (Nice)
4. Elisabeth et Anne (Strasbourg)
5. Nous (Bordeaux)
6. Vous (Marseille)
7. Moi (Grenoble)
8. Toi (Montpellier)
9. Paul (Paris)

8. Situation: Projets

These same French tourists have precise ideas about which places they would like to visit. State each one's intentions by using the expression **tenir à visiter.**

▻ Hélène (la Nouvelle-Orléans) — *Hélène tient à visiter la Nouvelle-Orléans.*

1. Sylvie (New York)
2. Albert (San Francisco)
3. Jean et Claude (Houston)
4. Elisabeth et Anne (Los Angeles)
5. Nous (Denver)
6. Vous (Chicago)
7. Moi (Philadelphie)
8. Toi (Washington)
9. Paul (Atlanta)

9. Questions personnelles

1. De quelle ville venez-vous?
2. De quelle ville vient votre père? votre mère? votre meilleur (*best*) ami? votre meilleure amie?
3. A l'université, obtenez-vous de bons résultats?
4. Appartenez-vous à un club sportif? à un club dramatique? à un club politique? à un groupe religieux?
5. Tenez-vous à être riche? à avoir une profession intéressante? à voyager? à être heureux?

D. Le passé récent avec venir de

The sentences on the left describe events that will happen in the near future. The sentences on the right describe events that have happened recently. Compare the expressions in heavy print.

Albert **va passer** une année en France.	Linda **vient de passer** une année en France.
Sylvie et Marc **vont visiter** Paris.	Isabelle et Paul **viennent de visiter** Paris.
Nous **allons voyager.**	Vous **venez de voyager.**

To express an action or event which has happened in the recent past, French uses the construction: **venir de** + infinitive.

Je **viens de** rencontrer Linda. { *I* ***have just*** *met Linda.* / *I* ***just*** *met Linda.* }

10. Dramatisation: Sens opposés

Linda, who has just returned from France, meets Paul, who is soon going abroad himself. Linda tells Paul that she has just done what he is going to do. Play the two roles.

▻ visiter Paris — PAUL: *Je vais visiter Paris.*
LINDA: *Je viens de visiter Paris.*

1. passer quinze jours en France
2. visiter le Louvre
3. rencontrer mes amis français
4. aller en Provence
5. acheter des souvenirs
6. prendre l'avion

11. *Situation: Les vacances*

It is vacation time and today has been a busy day. State that the following people have just done what they like doing. Use the construction **venir de** + infinitive.

▷ Jean-Pierre aime aller à la piscine. *Jean-Pierre vient d'aller à la piscine.*

1. Hélène aime jouer au tennis.
2. Robert aime jouer au basketball.
3. Mes cousins aiment aller en ville.
4. Sylvie et Brigitte aiment faire du sport.
5. Nous aimons faire de l'auto-stop (*hitchhiking*).
6. Vous aimez prendre des photos.
7. Tu aimes aller au café.
8. J'aime rencontrer mes amis.

VOUS AVEZ LA PAROLE: ***Votre biographie***

Compose a short biography in which you mention the various places you have visited and where you have lived.

Phonétique

La voyelle /ə/

The vowel /ə/, also known as the mute *e* or the ***e* muet**, is similar in pronunciation to the French vowel /œ/. In final position, it sometimes sounds like the vowel /ø/. However, unlike the vowels /œ/ and /ø/, it is sometimes dropped.

When you practice the following sentences, pronounce all the /ə/ vowels.

Mot-clé: **le**
Répétez: j**e**, c**e**, d**e**, n**e**, qu**e**, R**e**né, p**e**tit, d**e**mande, pr**e**nez

Je ne regarde pas ce livre.
Demande à René de rester.
Prenez le train de Genève.

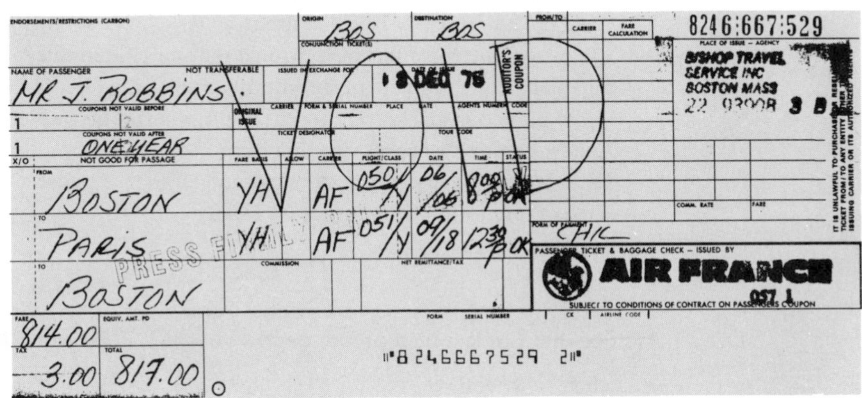

ENDORSEMENTS/RESTRICTIONS (CARBON)
ORIGIN BOS
DESTINATION BOS
CONJUNCTION TICKET(S)
8246 667 529
PLACE OF ISSUE – AGENCY
BISHOP TRAVEL
SERVICE INC
BOSTON MASS
NAME OF PASSENGER MR J. ROBBINS
NOT TRANSFERABLE
ISSUED IN EXCHANGE FOR
DATE OF ISSUE 1 3 DEC 75
AUDITOR'S COUPON
VOID
COUPONS NOT VALID BEFORE 1
COUPONS NOT VALID AFTER 1 ONE YEAR
X/O NOT GOOD FOR PASSAGE

	FARE BASIS	ALLOW	CARRIER	FLIGHT/CLASS	DATE	TIME	STATUS
FROM BOSTON	YH		AF	050/Y	06/05	800 P	OK
TO PARIS	YH		AF	051/Y	09/18	1230 P	OK
TO BOSTON							

PRESS FIRMLY
FORM OF PAYMENT CHK
PASSENGER TICKET & BAGGAGE CHECK – ISSUED BY AIR FRANCE
057 1
SUBJECT TO CONDITIONS OF CONTRACT ON PASSENGER'S COUPON
IT IS UNLAWFUL TO PURCHASE OR RESELL THIS TICKET FROM/TO ANY ENTITY OTHER THAN ISSUING CARRIER OR ITS AUTHORIZED AGENTS
FARE 814.00
TAX 3.00
TOTAL 817.00
"8246667529 2"

INSTANTANÉ

Impressions de la France

Trois jeunes Américains (une fille, Linda, et deux garçons, Paul et David) sont allés en France. Ils ont fait leur voyage dans des circonstances différentes. Voici le récit° de ces voyages. *story*

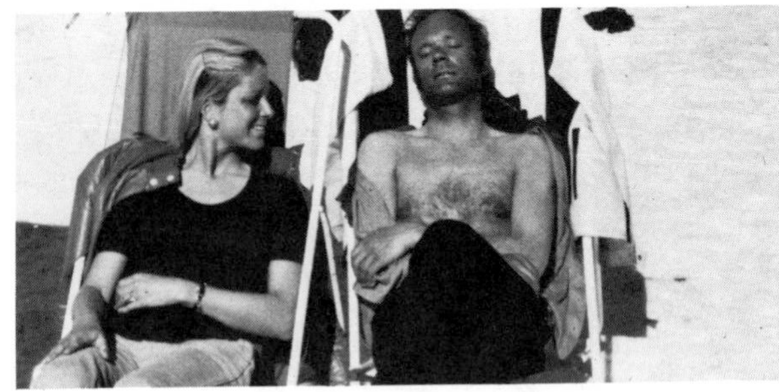

Linda

— Tu es américaine et tu parles français presque° sans accent! Tu as déjà été en France? *almost*
— Oui, je suis allée à l'université de Grenoble.
— Combien de temps es-tu restée là-bas?
— Je suis arrivée en septembre et je suis rentrée à Boston en juillet.
— Tu as aimé?
— Oui, beaucoup! Mais les débuts° ont été très difficiles. *beginnings*
— Comment ça°? pourquoi
— Les trois premiers mois, je n'ai rencontré personne! Pourtant°, j'ai essayé de faire connaissance avec des Français. Pas facile°, je t'assure°! Donc, jusqu'en décembre, j'ai fréquenté° surtout des Américains. Heureusement°, j'ai eu un accident et tout a changé! *however* / *easy* | *assure you* / *went around with* / *fortunately*
— Explique!
— Eh bien, à Noël, j'ai décidé d'aller faire du ski°. Le deuxième jour, je suis tombée et je me suis cassé la jambe°. Deux semaines d'hôpital. A l'hôpital, j'ai fait la connaissance d'un garçon très sympa°. Nous avons sympathisé°. Il m'a présentée° à ses copains. A partir de° ce moment-là, j'ai été adoptée par tout le monde. *to go skiing* / *broke my leg* / sympathique / *got to like each other* | *introduced me* | *as of*
— Qu'est-ce que tu as fait quand tu es rentrée à Grenoble?
— Eh bien, j'ai vraiment profité de mon séjour. Je suis beaucoup sortie. J'ai beaucoup parlé français et j'ai un peu oublié mes études.
— Qu'est-ce que tu penses des Français?
— Ils sont un peu distants, mais c'est une façade, je pense.
— Tu as l'intention de retourner en France?
— Certainement!

Débat: Est-ce que Linda a bien profité de son voyage? Pourquoi? Pourquoi pas?

VII VIE UNIVERSITAIRE

Leçon 19: La course aux diplômes
Leçon 20: Réussite et échec
Leçon 21: Un contestataire
Document: La contestation
Instantané: Mai 1968

Objectives

Culture Imagine that you have applied for admission to a French university. What degree would you study for? Are the French degrees equivalent to American degrees? This unit will familiarize you with the French educational system. It will also introduce you to the life of French students, their attitudes, their problems . . . and their gripes. The expression of these gripes can have serious consequences: in May 1968, they led to student riots and to a mini-revolution.

Structure Pronouns constitute the primary grammatical theme of this unit. You will learn to use the direct and indirect object pronouns (like the pronoun *her* in the English sentences *I see her. Give her the book.*). You will also be introduced to another French subject pronoun, **on**, which is called an indefinite subject pronoun because it does not represent specific or well-identified persons. Finally, you will learn two new categories of regular verbs: those ending in **-ir** and those ending in **-re**.

Vocabulary Because the cultural emphasis of this unit falls on the French school system, the new vocabulary deals primarily with studies and university life. You will also increase your stock of useful verbs.

Communication The knowledge of the object pronouns will allow you to develop your speaking skills. You will, for instance, learn how to ask your friends to help you, to call you, and to let you borrow their things. The use of the pronoun **on** will also help you make generalizations and converse more fluently.

Leçon dix-neuf: La course* aux diplômes

Langue et culture

Avez-vous le trac° quand vous passez un examen? C'est une question de tempérament et d'habitude°! Quand on est étudiant dans une université française, on a l'habitude des° examens. Les examens de fin° d'année sont particulièrement importants. Si on rate ces examens en juin, on recommence° en septembre ou on attend l'année suivante° . . . ou on perd° courage et on abandonne. Si on réussit, on obtient un certificat et avec plusieurs certificats, on obtient un diplôme. Et qu'est-ce qu'on fait avec ce diplôme? Eh bien, souvent, on continue ses études. C'est-à-dire qu'on obtient de nouveaux certificats et de nouveaux diplômes. . . . Ce processus ressemble un peu à une course aux obstacles. En France, on appelle ça la course aux diplômes!

are you very nervous
habit
is accustomed to / end
begins again
next / lose

* *race*

Renseignements culturels: Petit dictionnaire des diplômes français

Le système des diplômes français est différent du système américain. En France, pour obtenir un diplôme, il faut en général passer un examen. Voici les principaux diplômes français et les examens correspondants.

Enseignement secondaire

le B.E.P.C. (Brevet d'Etudes du Premier Cycle)
On passe cet examen à l'âge de 15 ou 16 ans. Le B.E.P.C. n'est pas nécessaire pour continuer les études secondaires.

le baccalauréat ou "bac"
Cet examen marque la fin des études secondaires. On passe le bac à l'âge de 18 ou 19 ans. Le bac est un diplôme très important: il ouvre l'accès[1] à l'université.

Enseignement supérieur (universitaire)

le D.U.E.L. (Diplôme Universitaire d'Etudes Littéraires)

le D.U.E.S. (Diplôme Universitaire d'Etudes Scientifiques)
On obtient ces diplômes après deux années d'études universitaires.

la licence
On obtient la licence un an après le D.U.E.L. ou le D.U.E.S.

la Maîtrise
On obtient la maîtrise un an après la licence.

le doctorat
Il y a trois sortes de doctorats: le doctorat de troisième cycle, le doctorat d'université et le doctorat d'Etat. Pour être professeur d'université, il faut avoir le doctorat d'Etat.

1 *opens the way*

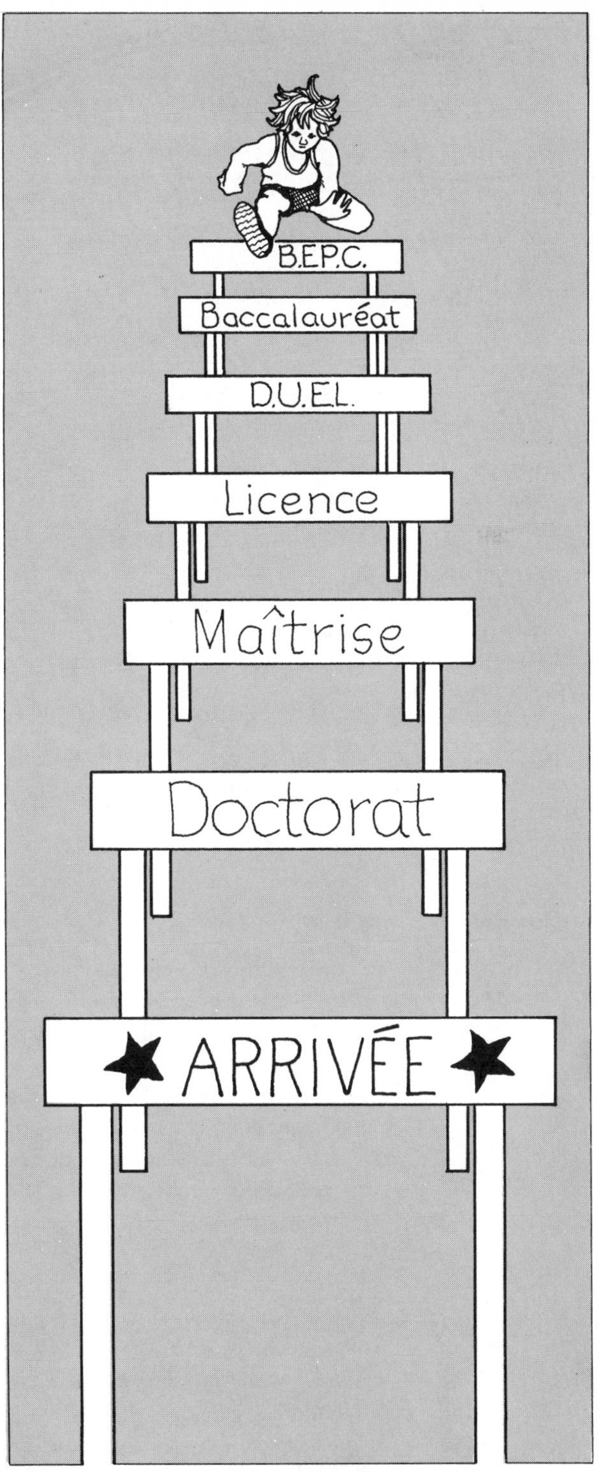

Structure et vocabulaire

MOTS UTILES: Les études

noms

un concours	*competitive exam*	une note	*grade*
un devoir	(*written*) *assignment*		
un diplôme	*diploma, degree*		
un examen	*exam, test*		

verbes

enseigner	*to teach*
faire des études	*to study, to go to school*

adjectifs

difficile	*hard, difficult*
facile	*easy, simple*

expressions

préparer un examen	*to prepare for an exam, to study for an exam* (*test*)
passer un examen	*to take an exam* (*test*)
réussir à un examen	*to pass an exam* (*test*)
être reçu à un examen	*to pass an exam* (*test*)
rater un examen	*to flunk, fail an exam* (*test*)

Passer un examen is a false cognate.

Hélène **passe** un examen. Elle n'est pas sûre d'être reçue.

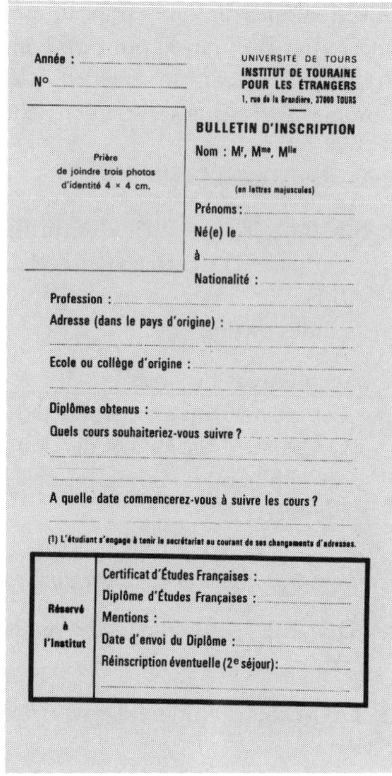

Année : ....
N° ....

UNIVERSITÉ DE TOURS
INSTITUT DE TOURAINE POUR LES ÉTRANGERS
1, rue de la Grandière, 37000 TOURS

BULLETIN D'INSCRIPTION

Prière de joindre trois photos d'identité 4 × 4 cm.

Nom : M[r], Mme, Mlle ....
(en lettres majuscules)
Prénoms : ....
Né(e) le ....
à ....
Nationalité : ....
Profession : ....
Adresse (dans le pays d'origine) : ....
Ecole ou collège d'origine : ....
Diplômes obtenus : ....
Quels cours souhaiteriez-vous suivre ? ....
A quelle date commencerez-vous à suivre les cours ? ....

(1) L'étudiant s'engage à tenir le secrétariat au courant de ses changements d'adresses.

Réservé à l'Institut	Certificat d'Études Françaises : .... Diplôme d'Études Françaises : .... Mentions : .... Date d'envoi du Diplôme : .... Réinscription éventuelle (2e séjour): ....

1. Questions personnelles

1. Quel diplôme préparez-vous?
2. A quelle université faites-vous vos études?
3. Avez-vous souvent des examens? Sont-ils faciles ou difficiles?
4. Avez-vous le trac (*are you very nervous*) quand vous passez un examen?
5. Avez-vous beaucoup de devoirs?
6. Quand allez-vous avoir votre diplôme?
7. Avez-vous de bonnes notes en français?
8. Avez-vous généralement de bonnes notes?

A. Le pronom **on**

Note the use of **on** in the following sentences:

A l'université, **on** passe souvent des examens.	*In college,* ***one*** *often takes tests.*
Quand **on** rate un examen, **on** n'est pas content.	*When* ***you*** *flunk a test,* ***you*** *are not happy.*
A quel âge va-t-**on** à l'université en France?	*At what age do* ***people*** *go to college in France?*
Dis, Philippe, est-ce qu'**on** va au cinéma ce soir?	*Say, Philippe, are* ***we*** *going to the movies tonight?*

The subject pronoun **on** is frequently used in French.

In sentences where a general statement is made, **on** designates an indefinite number of people (*they*, *one*, *you*, *people*, . . .).

Quand **on** est étudiant, **on** étudie. *When* ***you're*** *a student,* ***you*** *study.*

In conversational style, **on** can replace **nous.**

Qu'est-ce qu'**on** fait demain? *What are* ***we*** *doing tomorrow?*

▶ **On** is followed by the third person singular form of the verb. It is modified by masculine adjectives.

Quand **on** est français, **on** parle français.

Sometimes French constructions with **on** correspond to passive constructions in English.

On parle français au Canada. *French* ***is spoken*** *in Canada.*

2. Dramatisation: En France et aux Etats-Unis

Philippe, un étudiant français, parle de la vie universitaire en France. Parlez-lui de la vie universitaire en Amérique. Commencez vos phrases par "**Aux Etats-Unis aussi, on . . .**" ou "**Aux Etats-Unis on ne . . .**"

▻ On passe souvent des examens. VOUS: *Aux Etats-Unis aussi, on passe souvent des examens.*
ou: *Aux Etats-Unis, on ne passe pas souvent d'examens.*

1. On étudie beaucoup.
2. On rate souvent ses examens.
3. On passe des examens en juin.
4. On a des vacances à Noël.
5. On a des vacances pour Mardi gras.
6. On n'est pas obligé d'aller en cours (*to class*).
7. On ne paie pas de scolarité.
8. On dîne au restaurant universitaire.
9. On ne travaille pas pendant les vacances.
10. On fait de la politique.

3. Situation: Quand on est étudiant . . .

Maintenant Philippe parle de la vie d'étudiant en général. Jouez le rôle de Philippe. Commencez chaque phrase par "**Quand on est étudiant . . .**"

▻ passer des examens *Quand on est étudiant, on passe des examens.*

1. préparer des diplômes
2. travailler beaucoup
3. être idéaliste
4. discuter de la politique
5. exprimer (*to express*) ses opinions
6. avoir des idées personnelles
7. aimer voyager
8. être indépendant

4. Expression personnelle: Le bonheur (*Happiness*)

Est-on heureux ou non dans les circonstances suivantes? Exprimez votre opinion personnelle.

▻ Quand on est riche . . . — *Quand on est riche, on est généralement heureux.*
ou: *Quand on est riche, on n'est pas nécessairement heureux.*

1. Quand on est reçu à un examen . . .
2. Quand on a des parents généreux . . .
3. Quand on a des professeurs stricts mais justes (*fair*) . . .
4. Quand on a beaucoup d'amis . . .
5. Quand on est en vacances . . .
6. Quand on est un génie . . .
7. Quand on a une profession difficile mais intéressante . . .
8. Quand on a beaucoup de diplômes . . .
9. Quand on voyage souvent . . .
10. Quand on ne travaille pas . . .

5. Dramatisation: Projets

Philippe suggère certaines activités à Caroline. Caroline est d'accord. Jouez les deux rôles d'après le modèle.

▻ dîner au restaurant universitaire
PHILIPPE: *Qu'est-ce qu'on fait? On dîne au restaurant universitaire?*
CAROLINE: *Oui, dînons au restaurant universitaire.*

1. acheter le journal
2. aller au café
3. téléphoner à Jean-Pierre
4. écouter des disques
5. passer chez lui
6. regarder la télé
7. rentrer
8. aller au cinéma

B. *Les verbes réguliers en* -ir

Many verbs that end in **-ir** are regular and are conjugated like **finir** (*to end, to finish*).

infinitive	**finir**	
present	je fin**is**	nous fin**issons**
	tu fin**is**	vous fin**issez**
	il / elle fin**it**	ils / elles fin**issent**
passé composé	j'ai fin**i**	

▶ The infinitive stem (the infinitive minus **-ir**) forms the basis for the present tense and the past participle.

- The three singular forms in the present sound the same.

MOTS UTILES: **Verbes réguliers en *-ir***

choisir	*to choose*	Quelle profession allez-vous **choisir?**
finir	*to finish, end*	**J'ai fini** l'examen.
obéir (à)	*to obey*	**Obéis**-tu à tes parents?
réfléchir (à)	*to think, reflect (about)*	**Réfléchissez**, et puis parlez.
réussir	*to be successful, to succeed*	J'ai essayé, mais je n'**ai** pas **réussi**.
réussir à (+ infinitif)	*to manage (to do something)*	**As**-tu **réussi à** finir l'examen?

6. Situation: Pendant l'examen

Certains élèves réfléchissent. D'autres ne réfléchissent pas. Dites ce que chacun fait.

▻ Paul (oui) *Paul réfléchit.*
▻ Nous (non) *Nous ne réfléchissons pas.*

1. Hélène (non)
2. Suzanne et Louise (oui)
3. François (oui)
4. Henri (non)
5. Paul et Pierre (oui)
6. Nous (non)
7. Vous (oui)
8. Toi (non)
9. Moi (oui)

7. Situation: Echec ou réussite? (*Failure or success?*)

Les élèves discutent de l'examen. Certains ont fini l'examen et ont réussi. D'autres n'ont pas fini et n'ont pas réussi. Dites ce que chacun a fait.

▻ Moi (réussite) *J'ai fini. J'ai réussi.*
▻ Henri (échec) *Henri n'a pas fini. Il n'a pas réussi.*

1. Nous (réussite)
2. Vous (réussite)
3. Toi (échec)
4. Paul (échec)
5. Marc et Philippe (réussite)
6. Suzanne (réussite)
7. Hélène et Monique (échec)
8. Moi (réussite)
9. Eric et Caroline (échec)

C. Les verbes réguliers en -re

Many verbs that end in **-re** are regular and are conjugated like **attendre** (*to wait*).

infinitive	**attendre**	
present	j'attend**s**	nous attend**ons**
	tu attend**s**	vous attend**ez**
	il / elle attend	ils / elles attend**ent**
passé composé	j'ai attend**u**	

▶ The infinitive stem (the infinitive minus **-re**) forms the basis for the present tense and the past participle.

- The **-d-** of the stem is silent in the singular forms of the present, and is pronounced in the plural forms.

MOTS UTILES: **Verbes réguliers en *-re***

attendre	*to wait, to wait for*	J'**attends** un ami.
descendre	*to get down, off, out*	Elle **descend** de la voiture.
entendre	*to hear*	**Entendez**-vous le professeur?
perdre	*to lose*	Je **perds** patience.
répondre (à)	*to answer*	**As**-tu **répondu** au professeur?
vendre	*to sell*	J'**ai vendu** ma bicyclette.

NOTE DE VOCABULAIRE

Note the lack of correspondence between English and French in the following constructions. Where one language uses a preposition, the other does not.

Attends ma lettre. ***Wait for*** *my letter.*
Réponds à ma lettre. ***Answer*** *my letter.*

8. Situation: Jobs d'été

Un groupe d'étudiants travaille dans un grand magasin cet été. Dites ce que chacun vend.

▻ Hélène (des livres) *Hélène vend des livres.*

1. Jacques (des disques)
2. Nous (des guitares)
3. Moi (des caméras)
4. Vous (des vêtements)
5. Michèle et Monique (des posters)
6. Pierre et Marcel (des télés)
7. Toi (des appareils-photo)
8. Sylvie et Janine (des radios)

9. Situation: Rendez-vous manqué (*Stood up*)

Des étudiants ont donné rendez-vous à un ami qui n'est pas venu. Dites que chacun a attendu et qu'il (elle) a perdu patience.

▻ Sylvie *Sylvie a attendu. Après une heure, elle a perdu patience.*

1. Henri
2. Paul et Philippe
3. Louise et Jean
4. Chantal et Martine
5. Nous
6. Vous
7. Moi
8. Toi
9. Anne

10. Substitution

Remplacez les mots en italique par les expressions entre parenthèses. Faites les changements nécessaires.

1. J'*ai préparé* mon examen. (passer; réussir à; être reçu à)
2. Marie *écoute* la question. (entendre; répondre à; réfléchir à; attendre; étudier)
3. Qu'est-ce que vous *enseignez?* (choisir; étudier; vendre; attendre)
4. Mon frère n'*étudie* jamais. (obéir; répondre; réussir; réfléchir)
5. Nous *avons répondu à* la question. (finir; étudier; réfléchir à; entendre)
6. J'*ai fini* ce livre de français. (vendre; étudier; choisir; perdre; comprendre)

VOUS AVEZ LA PAROLE: ***Thèmes***

Composez un petit paragraphe sur l'un des thèmes suivants. Utilisez **on** comme sujet.

Quand on est jeune . . .
Quand on est riche . . .
Quand on est américain . . .
Quand on est amoureux (*in love*) . . .

Phonétique

La terminaison consonne + -re, consonne + -le

Many French words end in consonant + **-re** or consonant + **-le.** In such endings, the two consonants are pronounced together, just as they would be at the beginning of a word.

Example:
the consonants **tr** sound the same in **trois** and in **centre.**
the consonants **bl** sound the same in **bleu** and in **ressemble.**

Mots-clés: cen**tre**; ressem**ble**
Répétez: qua**tre**, octo**bre**, novem**bre**, pren**dre**, septem**bre**; obsta**cle**, possi**ble**, sim**ple**, on**cle**, terri**ble**

Je rentre en France le quatre septembre.
Clément ressemble à son oncle.

Leçon vingt: Réussite et échec*

Langue et culture

Philippe rencontre Michèle à une surprise-partie. Ils discutent de leurs études.

PHILIPPE: Tu as ta licence?
MICHÈLE: Non, je ne l'ai pas. Je la prépare.
PHILIPPE: Quand as-tu passé le bac?
MICHÈLE: Je l'ai passé l'année dernière. Et toi?
PHILIPPE: Moi aussi, je l'ai passé l'année dernière. Mais hélas°, je l'ai raté! — *unfortunately*
MICHÈLE: Tu vas le représenter° en juin? — *to take it again*
PHILIPPE: Non! J'ai décidé d'abandonner°. — *to give up*
MICHÈLE: Qu'est-ce que tu vas faire alors?
PHILIPPE: Je voudrais travailler dans une agence de voyages. Mais sans diplôme, ce n'est pas facile.

*Success and failure

Renseignements culturels: Les études supérieures

En France, 16% (seize pour cent) des jeunes gens et des jeunes filles font des études supérieures. Cette proportion est moins élevée qu'[1]aux Etats-Unis (où elle est de 40%), mais elle est plus importante que[2] dans les autres[3] pays européens. Après le bac, c'est-à-dire après les études secondaires, on a le choix[4] entre l'université ou une "grande école."

L'université. On va à l'université pour étudier les lettres[5] et les sciences humaines, le droit[6] et les sciences économiques, les sciences, la médecine et la pharmacie. Il y a 57 universités en France. Treize de ces universités sont situées[7] à Paris ou dans la région parisienne et sont désignées par un numéro: Paris I, Paris II, Paris III, etc. Chaque[8] université est divisée en un certain nombre d'U.E.R. (Unités d'Enseignement[9] et de Recherche), qui correspondent à une spécialité: lettres[10], sciences humaines, etc. En principe, le bac est suffisant[11] pour aller à l'université. L'université française a un avantage appréciable sur l'université américaine: elle est gratuite.

Les grandes écoles. Les grandes écoles sont des écoles professionnelles spécialisées pour la formation des cadres[12] de la nation. Le bac n'est pas suffisant pour entrer dans une grande école. Il faut être reçu à un examen d'entrée qui est généralement très difficile. Voici quelques-unes[13] des grandes écoles françaises:

écoles d'administration:	Sciences-Po (Sciences Politiques) l'E.N.A. (Ecole Nationale d'Administration)
écoles commerciales:	H.E.C. (Hautes Etudes Commerciales)
écoles scientifiques et techniques:	Polytechnique (ou "X") Centrale les Mines
écoles militaires	Saint-Cyr – Coëtquidan Navale
écoles littéraires:	l'Ecole Normale

1 *lower than* 2 *greater than* 3 *other* 4 *choice* 5 *humanities* 6 *law* 7 *located* 8 *each* 9 *instruction* 10 littérature 11 *sufficient* 12 *trained personnel* 13 *some*

UNIVERSITÉ DE PARIS VII

FACULTÉ DE MÉDECINE XAVIER-BICHAT

CERTIFICAT DE RÉCEPTION AU DOCTORAT

DIPLÔME D'ÉTAT

Le Doyen de la Faculté de Médecine Xavier-Bichat, certifie que

M onsieur BROCARD

Michel, Jacques, Bernard, Yves,

né le 16 Décembre 1944

à Saint Céré

département du Lot

a été reçu **Docteur en Médecine** *devant ladite Faculté*

le VENDREDI 21 JUIN 1974

Le présent certificat a été délivré à titre **provisoire** *en attendant la remise du diplôme.*

Paris, le 21 Juin 19 74

Pour le Doyen :

Le Diplôme ne sera remis qu'en échange du présent Certificat.

Structure et vocabulaire

A. Les pronoms le, la, les

In the questions below, the nouns in heavy print are direct objects. Note the forms and position of the pronouns that replace these nouns in the answers on the right.

Comment trouves-tu **Philippe?**	Je **le** trouve sympathique. Je **l'**aime bien.
Prépares-tu **le bac?**	Oui, je **le** prépare. Je ne **l'**ai pas encore (*yet*).
Comment trouves-tu **Michèle?**	Je **la** trouve intelligente. Je **l'**aime aussi.
Est-ce qu'elle prépare **la licence?**	Oui, elle **la** prépare. Elle ne **l'**a pas encore.
Aimes-tu **les examens?**	Non, je ne **les** aime pas. Je **les** déteste.
Avez-vous vos livres	Je les ai.

The direct object pronouns have the following forms:

	singular	*plural*
masculine	le	les
feminine	la	

a. There is élision after **le** and **la**:

Le bac? Oui, je **l'**ai.
La licence? Non, je ne **l'**ai pas.

There is liaison after **les**:

Les leçons? Oui, je **les** apprends.

b. The direct object pronouns come immediately before the verb (except in affirmative commands).

c. Note the use and position of direct object pronouns with **voici** and **voilà.**

Où est le professeur?	**Le** voici.
Où est Michèle?	**La** voilà.
Où sont Paul et Henri?	**Les** voici.

MOTS UTILES: **Verbes utilisés avec un complément d'objet direct**

aimer	— **Aimes**-tu tes cours? — Non, je ne les **aime** pas.
attendre	— **Attends**-tu le professeur? — Non, je ne l'**attends** pas.
chercher*	— **Cherches**-tu ton livre? — Oui, je le **cherche.**
écouter	— **Ecoutes**-tu souvent tes disques? — Oui, je les **écoute** souvent.
regarder	— **Regardes**-tu la télé? — Oui, je la **regarde.**
trouver	— Comment **trouves**-tu le film? — Je le **trouve** assez intéressant.

* (*to look for*)

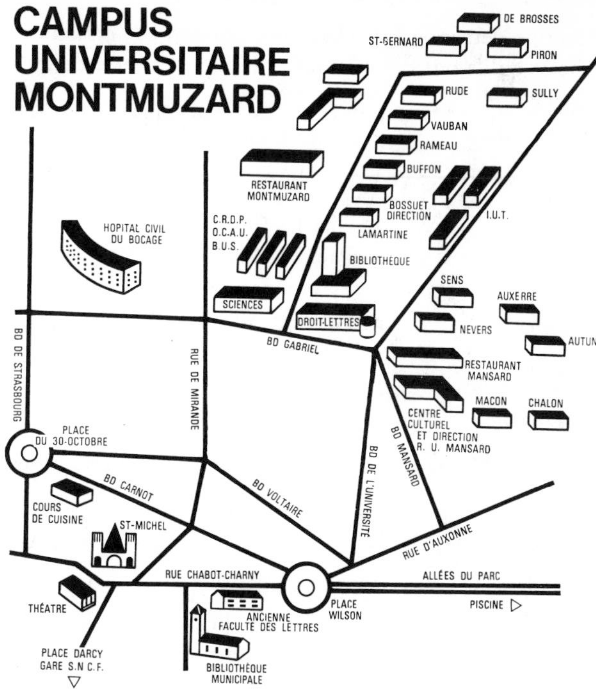

1. Dramatisation: Le tour de l'université (*Around the campus*)

Philippe fait le tour de l'université avec Michèle. Il demande à Michèle où sont certains bâtiments (*buildings*). Michèle montre (*points out*) ces bâtiments. Jouez les deux rôles.

▻ le laboratoire — PHILIPPE: *Où est le laboratoire?*
MICHÈLE: *Le voici.*

1. le stade
2. le théâtre
3. la cafétéria
4. la cité universitaire
5. les dortoirs
6. ton dortoir
7. tes salles de classe
8. ton laboratoire de langues
9. la bibliothèque (*library*)

2. Situation: Une étudiante sérieuse

Suzanne prend ses études au sérieux (*seriously*). Dites qu'elle prépare les choses suivantes. Utilisez un pronom complément d'objet direct.

▻ sa licence d'anglais — *Suzanne la prépare.*

1. la prochaine leçon
2. le concours
3. les tests
4. ses examens
5. cette leçon
6. le devoir de géographie
7. l'examen d'histoire
8. son diplôme
9. ce cours

3. Dramatisation: Différences d'opinion

Philippe demande à Michèle son opinion sur certaines personnes. Michèle trouve qu'ils ont des qualités. Philippe dit qu'il ne les aime pas.

▻ Henri (sympathique)

PHILIPPE: *Comment trouves-tu Henri?*
MICHÈLE: *Je le trouve sympathique.*
PHILIPPE: *Moi, je ne l'aime pas.*

1. Charles (intelligent)
2. Paul et Marc (amusants)
3. Sylvie (naturelle)
4. Anne et Monique (élégantes)
5. les professeurs (intéressants)
6. mes cousines (sympathiques)
7. ta cousine (jolie)
8. notre prof d'histoire (patient)

4. Dialogue

Demandez à un(e) camarade s'il (si elle) aime les choses suivantes.

▻ les examens

VOUS: *Aimes-tu les examens?*
VOTRE CAMARADE: *Oui, je les aime. (Non, je ne les aime pas.)*

1. les vacances
2. les films policiers
3. les surprises-parties
4. les concerts
5. les difficultés
6. les problèmes
7. les devoirs
8. les leçons
9. les westerns

5. Questions personnelles

1. Appréciez-vous la musique? l'art? la littérature? les sports? la bonne cuisine?
2. Admirez-vous les hommes politiques? les poètes? les diplomates?
3. Ecoutez-vous vos professeurs? vos amis? vos parents?
4. Tolérez-vous la stupidité? la corruption? les snobs? les hypocrites?

B. Les pronoms le, la, les *avec l'infinitif*

Quand vas-tu regarder la télé?	Je vais **la** regarder ce soir.
Quand vas-tu écouter tes disques?	Je vais **les** écouter après le dîner.
As-tu l'intention de passer le bac?	Non, je n'ai pas l'intention de **le** passer.

The direct object pronouns come before the infinitive.

6. Situation: Paul aussi

Dites que Paul va faire les mêmes choses que Sylvie.

▻ Sylvie va regarder la télé. *Paul aussi va la regarder.*

1. Sylvie va préparer la leçon.
2. Elle va faire les exercices.
3. Elle va acheter le journal.
4. Elle va préparer les devoirs.
5. Elle va finir le livre.
6. Elle va passer l'examen.

C. *Passé composé: l'accord du participe passé*

In the answers below, the direct object pronouns are of different gender and number. Note the form of the past participle in each case.

As-tu fini **cet exercice?**	Oui, je **l'**ai fini.
As-tu fini **la leçon?**	Oui, je **l'**ai fin**ie**.
As-tu fini **tes devoirs?**	Oui, je **les** ai fini**s**.
As-tu fini **les leçons?**	Oui, je **les** ai fini**es**.

When a verb in the **passé composé** is conjugated with **avoir**, the past participle usually remains invariable, that is, it remains in the masculine singular form.

Exception: When a direct object comes before the verb, the past participle agrees in gender and number with this direct object. In each of the above sentences on the right, the direct object is a pronoun; since it precedes the verb, there is agreement.

- **a.** Most past participles end in **-é**, **-i**, or **-u** and therefore sound the same in the masculine and feminine forms. The existence or absence of agreement with these verbs cannot be heard.
  b. If the past participle ends in a consonant (**-s**, **-t**), the feminine and masculine forms sound different.

Tu as pris ton livre?	Oui, je l'ai **pris.**
Et ta montre?	Je l'ai **prise** aussi.

7. *Dramatisation: Avant le départ*

Avant le départ en vacances, Suzanne et Paul préparent leurs bagages. Suzanne demande à Paul s'il a pris certaines choses. Paul dit oui.

▻ ta guitare SUZANNE: *As-tu pris ta guitare?*
PAUL: *Oui, je l'ai prise.*

1. ta radio
2. ta raquette de tennis
3. tes disques
4. ta montre
5. ta caméra
6. ton appareil-photo
7. ta mini-cassette
8. tes cassettes
9. ton électrophone

8. *Situation: Inaction*

Cet après-midi, Suzanne a fait certaines choses. Pendant ce temps, Paul est resté au café. Expliquez qu'il n'a pas fait ce que Suzanne a fait.

▻ Suzanne a étudié la leçon. *Paul ne l'a pas étudiée.*

1. Suzanne a préparé ses exercices.
2. Elle a fini ses devoirs.
3. Elle a écouté la radio.
4. Elle a écouté les informations.
5. Elle a acheté le journal.
6. Elle a fait la composition.
7. Elle a fait les courses.
8. Elle a appris ses leçons.
9. Elle a regardé la télé.

VOUS AVEZ LA PAROLE: ***L'université américaine***

Décrivez l'enseignement universitaire et les diplômes américains. Utilisez les RENSEIGNEMENTS CULTURELS des Leçons 19 et 20 comme modèle.

Phonétique

Le groupe voyelle + -n (*ou* -m)

The group of letters *vowel* + **-n** (or **-m**) represents a nasal vowel, unless it is followed by a vowel or another **-n** (or **-m**). Contrast the pairs of words below. (Be sure not to pronounce a /n/ or /m/ after the vowel /ɑ̃/.)

nasal /ɑ̃/	*non-nasal* /an/ *or* /am/
Ad**am**	Mad**am**e
an	**an**née
ab**an**donne	b**an**ane
Je**an**	Je**an**ne

Leçon vingt et un: Un contestataire

Langue et culture

Thomas est étudiant en lettres°. Jacqueline est étudiante en pharmacie. Je les ai rencontrés dans un café. Nous avons discuté. Je leur ai demandé leur opinion sur la vie universitaire. Voilà comment ils m'ont répondu. — littérature

THOMAS: Tu me demandes mon opinion. Eh bien, la voilà. Si je suis à l'université, c'est parce que j'ai besoin d'un diplôme. Ce n'est pas par plaisir°. Qu'est-ce que je reproche au° système? Je lui reproche d'être inhumain. Prends par exemple nos relations avec les profs. En classe, nous les écoutons, mais il n'y a jamais de dialogue. Ils ne nous parlent pas et nous ne leur parlons pas. Ils nous ignorent totalement, ou bien° ils nous prennent pour° des enfants, Demande à Jacqueline si ce n'est pas vrai!

for fun / *reproach, find wrong with*
ou
considèrent comme

JACQUELINE: N'écoute pas Thomas et ne le prends pas au sérieux°. C'est un contestataire°. Il n'est jamais satisfait. Bien sûr, le contact avec les profs n'est pas facile, mais ce n'est pas parce qu'ils nous ignorent ou qu'ils nous prennent pour des idiots. C'est parce que le système est comme ça. Thomas te parle de ses études, mais il ne te parle pas de sa vie d'étudiant. . . . Les copains, les sorties°, le cinéma le samedi soir! Demande-lui si cela° ne compte pas pour lui. . . . Et maintenant, je vais te faire une confidence°: Thomas prépare un doctorat. Il a l'intention d'enseigner un jour à l'université!

seriously
activiste
dates
that
tell a secret

Renseignements culturels
L'université: hier et aujourd'hui

Traditionnellement, l'enseignement[1] universitaire français est impersonnel et théorique. Cet enseignement est symbolisé par l'institution de l'amphithéâtre. Un amphithéâtre ou "amphi" est une salle où il y a 100, 200 . . . et parfois 1.000 étudiants. Dans un cours d'amphi, le professeur parle et les étudiants l'écoutent et prennent des notes. Quand il y a 1.000 étudiants dans un cours, le dialogue entre professeur et étudiants est totalement impossible.

Il est évident que ce système archaïque ne correspond pas à l'idéal démocratique du vingtième siècle[2]. Les étudiants français ont compris la nécessité des réformes. Pour obtenir ces réformes, ils ont fait une véritable mini-révolution en mai 1968. Cette révolution a affecté l'ensemble[3] de la population française. Elle a provoqué des changements importants dans les institutions françaises, et particulièrement dans les structures universitaires. Aujourd'hui, l'enseignement est plus[4] personnalisé et plus pratique qu[5]'avant. Les amphis existent toujours[6], mais il y a aussi des cours de travaux pratiques[7], des séminaires où les étudiants sont peu nombreux[8] et où ils ont la possibilité de dialoguer avec le professeur. L'université est aussi plus démocratique: les étudiants ont maintenant l'occasion[9] de participer à des comités où ils décident, avec les professeurs, du fonctionnement de leur université.

1 instruction 2 *century* 3 *whole* 4 *more* 5 *than* 6 *still* 7 *training sections* 8 ≠ beaucoup 9 *chance*

Structure et vocabulaire

A. Les pronoms lui, leur

In the questions below, the nouns in heavy print are preceded by the preposition **à**. They are called indirect objects. Note the forms and position of the pronouns that replace these indirect objects.

Tu parles souvent **à Thomas?**	Oui, je **lui** parle souvent.
Tu as téléphoné **au prof?**	Oui, je **lui** ai téléphoné.
Tu parles souvent **à Marie?**	Oui, je **lui** parle souvent.
Tu as téléphoné **à sa mère?**	Oui, je **lui** ai téléphoné.
Tu téléphones souvent **à tes cousines?**	Oui, je **leur** téléphone souvent.
Tu as répondu **à nos camarades?**	Oui, je **leur** ai répondu.

The indirect object pronouns **lui** and **leur** are used as follows:

lui	replaces	**à** + singular noun designating a person
leur	replaces	**à** + plural noun designating persons

Like other object pronouns, the indirect pronouns come *before* the verb (except in affirmative commands).

▶ In the **passé composé**, there is no agreement with indirect object pronouns that come before the verb.

MOTS UTILES: **Verbes utilisés avec un complément d'objet indirect**

demander (quelque chose) à (quelqu'un)	*to ask (for)*	**Demande** de l'argent **à** ton père.
donner (quelque chose) à (quelqu'un)	*to give*	Je **donne** un livre **à** Paul.
montrer (quelque chose) à (quelqu'un)	*to show*	J'**ai montré** mes photos **à** Albert.
obéir à (quelqu'un)	*to obey*	**Obéissez**-vous **à** vos parents?
poser une question à (quelqu'un)	*to ask a question*	**As**-tu **posé** la question **au** prof?
prêter (quelque chose) à (quelqu'un)	*to loan, lend*	Je **prête** mes disques **à** Albert.
rendre visite à (quelqu'un)	*to visit (someone)*	Hier j'**ai rendu visite à** un ami.
répondre à (quelqu'un)	*to answer*	**Réponds à** Pierre.
ressembler à (quelqu'un)	*to look like*	Jeanne **ressemble à** sa mère.
téléphoner à (quelqu'un)	*to phone*	**Téléphonez à** vos amis.

NOTES DE VOCABULAIRE

a. Many French verbs (like **obéir, téléphoner, ressembler**) take indirect objects, while their English equivalents take direct objects. Conversely, many French verbs (like **chercher, écouter, regarder**) take direct objects while their English equivalents take indirect objects.

b. Note the constructions after **demander**:

Demandez à Paul **s'**il va au théâtre.	***Ask** Paul **whether (if)** he is going to the theater.*
Demandez à Paul **d'**attendre Martine.	***Ask** Paul **to** wait for Martine.*

BRA/BRA 347

BRASSAI 81 r Faub St Jacques 14e 707.23.41
BRASSAMIN 55 r Mont Cenis 18e.... 076.79.82
BRASSARD P ing transmiss colon
41 r Douai 9e.................... 874.46.14
BRASSARD P entrepr menuis
32 r Veron 18e.................... 076.30.75
BRASSART G 23 r Bourgogne 7e 551.85.97
BRASSART C archit 10 r Daubigny. 924.09.19
BRASSART conseil jurid
68 bd Diderot 12e............... 343.53.08
BRASSART J 44 r La Boétie 8e....... 359.54.82
BRASSART P indust 5 r Luynes 7e. 548.72.55
BRASSART Mme J
23 r Michel Lecomte 3e......... 887.65.62
BRASSART C 233 r Faub St Honoré 622.33.25
BRASSART R-J
89bis av Ternes 17e..............754.42.96
BRASSART Mme S
73 r Truffaut 17e.......... 627.16.59
BRASSART Mr Mme R insp a
31 r Vaugirard 6e.... 1.57
BRASSART J et Mme 15 1.66
BRASSART Mme M
41 r Victor Massé .16
BRASSART-LECONTE orfe
57 r Charlot 3e........ 76.22
BRASSAT J et Mme art dram
102 bd Batignolles 17e......... 387.56.17
BRASSAT A 84 r Lemercier 17e......229.32.59
BRASSAT-LAPEYRIÈRE Mme H et Mr
4 r Charles Dickens 16e......... 647.62.30
BRASSAUD G 22 r Laugier 17e........227.24.15
BRASSE J 12 bd Bessières 17e......229.50.62
BRASSE C 18 sq Montsouris 14e.... 589.16.09
BRASSEAU Mlle S 3bis r Baron 17e 627.25.71
BRASSEIM M et Mme A
10 r Noisy le Sec 20e........... 366.44.20
BRASSEL J-P 29 r Bellefond 9e......874.85.16
BRASSEL G art peintre
12 r Emile Blémont 18e.......... 255.24.19
BRASSEL C 7 r Léon Cogniet 17e....267.24.96
BRASSEL Anne-Marie secrét
5 r Faub St Jacques 14e......... 033.76.32
BRASSENS D 47 r Acacias 17e........755.78.95
BRASSENS F 53 r Legendre 17e..... 924.31.10
BRASSENS L 6 r Oudinot 7e.......... 306.65.64
BRASSENX 58 r St Blaise 20e....... 636.33.53
Brasseries : voir aussi au nom ou dénomination de l'abonné et aux mots «CAFES, RESTAURANTS»
—l'ALCOTEST 15 r Violet 15e.......783.32.74
—de l'ALLIANCE
9 r Duffault 9e....................... 874.94.05
*—**DE L'ALMA** 5 pl Alma 8e.... 359.57.11
*—l'ALSACE AUX HALLES
16 r Coquillière 1er.............. 236.74.24

L'ALSACE AUX HALLES
Brasserie - Restaurant
16, r. Coquillière (1er) · 236-74.24

62952

—ALSACIENNE rest
6 r Surmelin 20e.................. 636.45.51

1. Situation: Monique et ses amis

Monique a beaucoup d'amis. Dites ce que chacun (*each*) de ces amis fait. Pour cela, complétez les phrases avec **Monique** ou **à Monique.**

▷ Jean aime . . . *Jean aime Monique.*

1. Paul invite . . .
2. Jacques téléphone . . .
3. Albert parle . . .
4. Suzanne répond . . .
5. Michèle écoute . . .
6. Henri regarde . . .
7. Robert prête sa voiture . . .
8. Nathalie pose une question . . .
9. Philippe donne un disque . . .
10. Marc cherche . . .
11. Irène demande un livre . . .
12. Alain montre ses photos . . .
13. Charles rend visite . . .
14. François aime . . .

2. Situation: Henri cherche un job

Henri cherche un job pour l'été. Il prend contact avec les personnes suivantes. Dites qu'il téléphone à chaque (*each*) personne et lui demande un job.

▷ un oncle *Henri lui téléphone et lui demande un job.*

1. le père d'un ami
2. la pharmacienne
3. le directeur d'un supermarché
4. la directrice du cinéma
5. ses professeurs
6. les amis de son père
7. les amies de sa mère
8. les secrétaires d'une firme américaine
9. M. Dupont
10. M. et Mme Durand

3. Dialogue

Demandez à un(e) camarade s'il (si elle) téléphone souvent aux personnes suivantes.

▷ ton père VOUS: *Téléphones-tu souvent à ton père?*
VOTRE CAMARADE: *Oui, je lui téléphone souvent.*
OU: *Non, je ne lui téléphone pas souvent.*

1. ta mère
2. tes grands-parents
3. tes cousines
4. tes cousins
5. tes amis
6. ton meilleur (*best*) ami
7. ta meilleure amie
8. ton (ta) camarade de chambre
9. ton oncle
10. ta tante

4. Dramatisation: Négligences

Monique demande à André s'il a fait les choses suivantes. André dit qu'il a oublié. Jouez le rôle d'André.

▻ As-tu téléphoné à Jacques? ANDRÉ: *Non, je ne lui ai pas téléphoné.*

1. As-tu téléphoné à Nathalie?
2. As-tu parlé au professeur?
3. As-tu répondu à tes amis?
4. As-tu prêté ta guitare à Jacqueline?
5. As-tu rendu visite à Pierre?
6. As-tu rendu visite à ta tante?

5. Situation: Insociabilité

Jacqueline est très sociable. Son frère Paul n'est pas sociable. Dites ce que Paul ne fait pas. Dans chaque phrase remplacez les mots en italique par le pronom qui convient (**le**, **la**, **les**, **lui**, **leur**).

▻ Jacqueline invite *sa cousine.* *Paul ne l'invite pas.*

1. Jacqueline téléphone *à ses amis.*
2. Jacqueline répond *à sa mère.*
3. Jacqueline écoute *son père.*
4. Jacqueline pose des questions *au professeur.*
5. Jacqueline aime *ses cousins.*
6. Jacqueline prête ses disques *à ses amis.*
7. Jacqueline donne ses magazines *à ses amies.*
8. Jacqueline écoute *sa tante.*
9. Jacqueline montre ses photos *à sa sœur.*
10. Jacqueline téléphone *à son frère.*
11. Jacqueline rend visite *à sa grand-mère.*
12. Jacqueline parle souvent *au professeur.*

6. Questions personnelles

Utilisez un pronom complément d'objet indirect dans vos réponses.

1. Ressemblez-vous à votre père? à votre mère? à votre sœur? à votre frère?
2. Parlez-vous de vos problèmes à votre meilleur (*best*) ami? à votre meilleure amie? à vos parents? à un de vos professeurs?
3. Demandez-vous de l'argent à votre père? à votre mère? à vos grands-parents?
4. Rendez-vous souvent visite à votre oncle? à votre tante? à votre meilleur ami? à votre meilleure amie? à vos grands-parents?
5. Prêtez-vous vos livres à vos amis?
6. Demandez-vous conseil (*advice*) à vos amis? à vos parents?

B. Les pronoms me, te, nous, vous

Note the forms and position of the object pronouns in the following sentences.

Tu **me** trouves sympathique? Bien sûr, je **te** trouve sympathique.
Tu **me** téléphones ce soir? D'accord, je vais **te** téléphoner.
Tu **nous** invites? Oui, je **vous** invite.
Tu **nous** prêtes ta voiture? D'accord, je **vous** prête ma voiture.

The pronouns **me**, **te**, **nous**, **vous** are used both as direct and indirect object pronouns. Like all object pronouns, they come before the main verb, except in affirmative commands.

▶ **a.** The pronouns **me, te** → **m', t'** before a vowel sound.

Tu **m'**invites? Oui, je **t'**invite.

b. In the **passé composé**, the past participle agrees with **me**, **te**, **nous**, **vous** *only* when these pronouns are direct objects of the verb. Contrast:

indirect objects	*direct objects*
Je **vous** ai téléphoné, Monsieur.	Je **vous** ai invit**é**.
Je **vous** ai téléphoné, Madame.	Je **vous** ai invit**ée**.
Je **vous** ai téléphoné, Marc et Paul.	Je **vous** ai invit**és**.
Je **vous** ai téléphoné, Anne et Edith.	Je **vous** ai invit**ées**.

7. *Questions personnelles*

1. Est-ce que vos amis vous invitent souvent? Est-ce qu'ils vous trouvent sympathique? Est-ce qu'ils vous téléphonent? Est-ce qu'ils vous prêtent leurs disques?
2. Est-ce que vos parents vous écoutent? Est-ce qu'ils vous aident?
3. Est-ce que vos professeurs vous aident? Est-ce qu'ils vous donnent des conseils (*advice*)? Est-ce qu'ils vous donnent de bonnes notes?

8. *Situation: Réciprocité*

Les actions suivantes sont réciproques. Exprimez cela d'après le modèle.

▻ Je vous téléphone . . . . . . *parce que vous me téléphonez.*
▻ Tu me parles . . . . . . *parce que je te parle.*

1. Je t'invite . . .
2. Je vous invite . . .
3. Tu me téléphones . . .
4. Tu nous écoutes . . .
5. Tu m'attends . . .
6. Nous te parlons . . .
7. Tu nous réponds . . .
8. Je vous parle . . .
9. Vous nous prêtez de l'argent . . .
10. Vous nous donnez des disques . . .
11. Vous me téléphonez . . .
12. Nous te trouvons sympathique . . .

C. *La place des pronoms à l'impératif*

Contrast the position of the object pronouns in affirmative and negative commands.

(Paul)	Invitons-**le** vendredi.	Ne **l'**invitons pas dimanche.
	Prête-**lui** tes livres.	Ne **lui** prête pas ta voiture.
(Michèle)	Attendons-**la** chez elle.	Ne **l'**attendons pas ici.
	Donne-**lui** ce disque-ci.	Ne **lui** donne pas ce disque-là.
(mes amis)	Invitez-**les** demain.	Ne **les** invitez pas aujourd'hui.
	Demande-**leur** d'aller au théâtre.	Ne **leur** demande pas d'aller au cinéma.
(moi)	Répondez-**moi** demain.	Ne **me** répondez pas maintenant.

Object pronouns come after the verb only in affirmative commands. In such cases, the verb and the pronoun are linked by a hyphen.

▶ In affirmative commands **me** → **moi.**

9. Dramatisation: Invitations

Charles propose une liste de personnes à inviter à une surprise-partie. Sa sœur Monique est d'accord pour certaines personnes, mais pas d'accord pour d'autres. Jouez les deux rôles.

▻ Albert (oui) — CHARLES: *Invitons Albert.*
MONIQUE: *Oui, invitons-le.*

▻ Paul (non) — CHARLES: *Invitons Paul.*
MONIQUE: *Non, ne l'invitons pas.*

1. Jacques (non)
2. Jacqueline (oui)
3. Michèle (non)
4. nos cousins (non)
5. le professeur d'anglais (oui)
6. le professeur de français (non)
7. mes amies américaines (oui)
8. mon camarade de chambre (oui)

10. Dramatisation: L'ange et le démon (*The angel and the devil*)

L'ange dit à Philippe de préparer son travail. Le démon lui dit de ne pas le préparer. Jouez le rôle de l'ange et du démon.

▻ ton baccalauréat — L'ANGE: *Prépare-le.*
LE DEMON: *Ne le prépare pas.*

1. le concours
2. la leçon
3. l'examen
4. ce diplôme
5. ce test
6. ces devoirs
7. tes cours
8. tes leçons
9. ces exercices
10. ton devoir de français
11. ta classe d'anglais
12. le cours de maths

11. Dramatisation: Exigences (*Demands*)

Michèle a un nouvel ami, Jacques. Elle lui demande de faire comme ses autres amis. Jouez le rôle de Michèle.

▻ Mes amis me téléphonent. — *Toi aussi, téléphone-moi.*
▻ Mes amis ne me critiquent pas. — *Toi aussi, ne me critique pas.*

1. Ils m'invitent.
2. Ils m'attendent.
3. Ils m'écoutent.
4. Ils me donnent des disques.
5. Ils me prêtent leur voiture.
6. Ils ne me posent pas de questions.
7. Ils ne me demandent pas l'impossible.
8. Ils ne me créent (*create*) pas de problèmes.

12. Dramatisation: Au bureau touristique

Supposez que vous êtes le directeur (la directrice) d'un bureau touristique. Vous donnez vos instructions à vos employés. Remplacez les mots en italique par un pronom complément.

▻ Aidez *ce touriste.* *Aidez-le!*
▻ Parlez *à cette étudiante.* *Parlez-lui!*

1. Répondez *à ce monsieur.*
2. Téléphonez *à ce jeune homme.*
3. Aidez *cette jeune fille.*
4. Cherchez *les touristes* à l'aéroport.
5. Attendez *cette personne.*
6. Prêtez le guide (*guidebook*) *aux touristes.*
7. Donnez la brochure *à ces Américains.*
8. Montrez la carte (*map*) *à ces Anglais.*
9. Parlez anglais *à cet Américain.*
10. Prêtez le journal *à cette personne.*

VOUS AVEZ LA PAROLE: ***Le "système"***

Est-ce que le système universitaire américain est démocratique? Pourquoi ou pourquoi pas? Développez votre position en un bref paragraphe. (Si vous voulez, utilisez le texte "Un contestataire" comme modèle.)

Phonétique

Les terminaisons **-ion** *et* **-tion**

Many French words end in **-ion** or **-tion**. These endings are usually pronounced /jɔ̃/ and /sjɔ̃/. The ending **-stion**, as in **question**, is pronounced /stjɔ̃/. In practicing these endings, pronounce the /j/ rapidly, with great tension. Avoid the /ʃ/ sound that characterizes the corresponding English ending.

Mots-clés: opin**ion**; inten**tion**
Répétez: décis**ion**, télévis**ion**, mill**ion**, miss**ion**, champ**ion**, atten**tion**, rela**tion**, na**tion**, no**tion**

J'ai vu le champion à la télévision.
Attention aux exceptions!

DOCUMENT

La contestation

INSTANTANE

Mai 1968

Etes-vous politiquement engagé°? Quand on parle de l'action politique des étudiants français, on évoque nécessairement les "événements° de Mai" 1968. Mai 68, c'est l'histoire d'une révolte, ou d'une mini-révolution, qui a paralysé la France entière pendant plusieurs mois. Cette révolte a été provoquée par des étudiants en colère°. Voici le scénario des fameux "événements"...

très actif
events
angry

Mars 1968: le commencement°

beginning

La révolte a commencé non pas en mai, mais en mars, avec l'agitation des étudiants de Nanterre. L'université de Nanterre est située° dans la région parisienne. C'est une nouvelle université. En réalité, les étudiants la trouvent neutre°, inhumaine, monstrueuse. Ils demandent des réformes. Réformes des études. Réformes des examens. Mais aussi réformes des conditions d'existence. L'administration répond à sa manière°: elle ferme° l'université. Cette mesure ne calme pas les étudiants. Au contraire, elle les exaspère et les incite à la révolte.

located
sans personnalité
in its own way / *closes*

3 mai 1968: l'explosion

Ce jour-là, les étudiants de Nanterre arrivent à Paris pour organiser une grande manifestation°. Le recteur° de l'université leur interdit l'accès° de la Sorbonne. La police arrive et chasse les manifestants°. Cette intervention transforme une simple manifestation en une insurrection générale. Les étudiants de Paris prennent en effet le parti° de leurs camarades de Nanterre. Ils protestent contre° la brutalité de la police, contre l'administration, contre le gouvernement. La police attaque. Il y a de nombreuses° arrestations.

demonstration / président / *forbids entry*
demonstrators
support
against
beaucoup de

La nuit du 10 au 11 mai: les barricades

Cette première confrontation a uni° tous° les étudiants. Elle les a aussi encouragés dans leurs demandes. Soixante mille° étudiants défilent° dans les rues de Paris. Ils demandent la libération des prisonniers, la réouverture° de l'université, le départ de la police. On ne leur répond pas. Les étudiants décident alors de passer à l'action. Le 10 mai, à 9 heures du soir, des groupes d'étudiants construisent° des barricades au Quartier Latin. Avec des pavés°, des arbres°, des carcasses de voitures. La police encercle le quartier. A 3 heures du matin, elle attaque. Le combat est sévère. Il y a 367 blessés° . . .

united / *all*
60.000 / *march*
reopening
build / *paving stones*
trees
injured

Du 11 au 24 mai: généralisation du conflit

Les policiers ont détruit° les barricades, mais ils n'ont pas détruit la résistance des étudiants. Le 13 mai, le gouvernement annonce des mesures d'apaisement°: amnistie, évacuation des forces de police de la Sorbonne . . . Ces mesures viennent trop tard°. Les syndicats° ont en effet décidé de s'associer au° mouvement de protestation. A Paris, une immense manifestation réunit° 800.000 personnes. Le conflit est général. Dans les grandes villes, les étudiants occupent les universités, les ouvriers° occupent les usines°. A la campagne, les paysans° bloquent les routes. Les trains, les bus, les banques, le téléphone ne fonctionnent plus. La France est complètement paralysée.

destroyed
appeasement
late / *labor unions*
to join
brings together
workers / *factories*
farmers

Après le 24 mai: la fin° de la révolte

end

Peu à peu°, le gouvernement négocie et promet des réformes. Les étudiants et les ouvriers obtiennent des concessions importantes. La révolte perd sa raison d'être . . . L'ordre est rétabli°.

little by little
reestablished

Dans quel collège vas-tu contester, lorsque tu seras grand ?

Les conséquences

Est-ce que les "événements de mai" ont réussi? Cela dépend des points de vue. Il est vrai que les barricades sont tombées. Les travailleurs sont retournés à l'usine. Les étudiants sont partis en vacances et la police a quitté le Quartier Latin. Oui, l'ordre a été rétabli.

Cependant°, les choses ont aussi changé. Le gouvernement a compris la nécessité de transformer les institutions, de les humaniser. D'importantes réformes ont été faites, principalement dans l'enseignement°. Pendant ce mois de mai, on a aussi beaucoup discuté. On a échangé des opinions, formulé des critiques,° cherché des solutions. On a remis en question° la société contemporaine. Des débats, des discussions ont eu lieu. Entre étudiants et professeurs. Entre employés et employeurs. Entre libéraux et conservateurs. Entre prêtres° et fidèles°.

L'ouverture° du dialogue, c'est peut-être le fait° essentiel de Mai 68.

however
education
criticisms / questioned
priests / believers
opening / fact

Questions sur la lecture

Le commencement

1. Quand a commencé la révolte des étudiants?
2. Où cette révolte a-t-elle commencé?
3. Où est Nanterre?
4. Que pensent les étudiants de Nanterre de leur université?
5. Que demandent-ils?

Le 3 mai

6. Où a lieu la manifestation du 3 mai?
7. Que fait le recteur ce jour-là?
8. Que font les étudiants?
9. Que fait la police?

La nuit du 10 au 11 mai

10. Que font les étudiants le 10 mai?
11. Comment passent-ils à l'action?

Du 11 au 24 mai

12. Que fait le gouvernement le 13 mai?
13. Que font les étudiants?
14. Que font les ouvriers?
15. Que font les paysans?

Les conséquences

16. Comment l'ordre a-t-il été rétabli?
17. Qu'est-ce que le gouvernement a compris?
18. Qui a dialogué?

Questions générales

1. Etes-vous politiquement engagé(e)? Comment?
2. Y a-t-il des groupes politiques sur votre campus? Lesquels? Quelle est la tendance de ces groupes?
3. Comment les étudiants américains participent-ils à la vie politique?
4. Est-ce que les étudiants américains ont influencé la politique américaine? Quand? Comment?

Débats

1. Pour ou contre l'activisme politique sur le campus.
2. Faut-il réformer les universités américaines?

ENRICHISSEZ VOTRE VOCABULAIRE:

Noms apparentés (*-té; -tion*)

1. *-ty* ⟷ **-té**

Many English nouns ending in *-ty* have French equivalents in **-té**. These French nouns are feminine.

*socie**ty***	la socié**té**
*reali**ty***	la réali**té**
*necessi**ty***	la nécessi**té**
*universi**ty***	une universi**té**
*brutali**ty***	la brutali**té**

2. *-tion* ⟷ **-tion**

Most English nouns ending in *-tion* have equivalent cognates in French. These French nouns are feminine.

*ac**tion***	une ac**tion**
*revolu**tion***	une révolu**tion**

EXERCICE DE VOCABULAIRE

Cherchez les noms en **-té** qui sont dérivés des adjectifs suivants. Ensuite, utilisez chaque nom dans une phrase de votre choix.

1. timide	5. original
2. national	6. stable
3. légal	7. instable
4. agile	8. stupide

EXERCICE DE LECTURE

Faites une liste des noms en **-tion** qui sont utilisés dans le texte. Ensuite, utilisez chaque nom dans une phrase de votre choix.

VIII VIE COURANTE

Objectives

Culture Are the names Cardin, Dior, Chanel and Saint-Laurent familiar to you? These famous designers have done much to enhance the French reputation for taste and elegance. What does fashion mean to the French today? Is it limited to clothing, or does it encompass other aspects of life? Is there not a contradiction between the supposedly individualistic behavior of the French and the conformity that the love for new fashions often implies? This unit will explore these and other attitudes of the French, such as those toward comfort and elegance.

Structure The central theme of this unit is fashion and personal care. In order to discuss daily activities, such as washing, brushing teeth, and getting dressed, French uses *reflexive* verbs, that is, verbs that are conjugated with reflexive pronouns. In this unit you will learn how to form and use these reflexive verbs.

Vocabulary Discussing personal care and fashion requires a specialized vocabulary including parts of the body, toilet articles, and items of clothing. In addition to these nouns, the unit includes many verbs that deal with habitual daily activities, such as getting up, going for a walk, and going to bed.

Communication Reflexive verbs are very common in French. Their use, however, is by no means limited to talking about daily routine activities. They also enable you to discuss the personal relationships that exist among you and your friends, and to describe certain feelings and psychological states, such as pleasure, boredom, impatience, and nervousness.

Leçon vingt-deux: Occupations du matin

Langue et culture

L'année dernière, Hervé et Alain ont passé le bac ensemble. Maintenant Hervé travaille dans une agence de voyages. Alain a décidé d'aller à l'université. Il a loué une chambre d'étudiant au Quartier Latin. Un jour Hervé rencontre Alain dans la rue. Il interroge° son ami sur sa nouvelle existence. — lui pose des questions

HERVÉ: Maintenant que tu es étudiant, à quelle heure est-ce que tu te lèves?
ALAIN: Ça dépend. Si j'ai cours, je me lève à huit heures. Si je n'ai pas cours, je ne me lève pas avant dix heures.
HERVÉ: Et après, qu'est-ce que tu fais?
ALAIN: Comme° toi, je suppose! Je vais dans la salle de bains. Je me regarde dans la glace°. Je me rase en vitesse°. Je me lave la figure et les mains. (Rapidement, parce que je n'ai pas l'eau chaude!) Je m'habille. Ensuite, je vais à l'université. — *like* / *mirror* / *quickly*
HERVÉ: Tu y vas directement?
ALAIN: Non, je n'y vais pas directement. Souvent je vais dans un café.
HERVÉ: Pour prendre le petit déjeuner?
ALAIN: Oui, et pour y rencontrer mes copains . . . Tiens, c'est là. Allons-y, si tu veux!
HERVÉ: D'accord! Allons-y!

Renseignements culturels: L'équipement sanitaire en France

Avez-vous l'eau froide et l'eau chaude là où vous habitez? Probablement! Posez cette question à un étudiant français et sa réponse ne sera[1] pas nécessairement positive. En France, il y a en effet beaucoup d'immeubles anciens[2], et ces immeubles n'ont pas toujours un équipement sanitaire très moderne. Certains hôtels annoncent "eau courante à l'étage." Cela[3] signifie qu'il n'y a pas l'eau courante dans les chambres individuelles.

Cette situation a changé rapidement dans les dix dernières années. Aujourd'hui, les nouvelles constructions ont un équipement sanitaire moderne et adéquat, mais souvent moins[4] complet qu'aux Etats-Unis. Dans les appartements récents, même très luxueux, il y a souvent une salle de bains unique[5]. L'espace est en effet une chose limitée et donc[6] précieuse. Les Français préfèrent probablement avoir plus d'espace pour leurs activités sociales et moins d'espace pour la toilette.

1 *will be* 2 vieux 3 *this* 4 *less* 5 *single* 6 *therefore*

Structure et vocabulaire

A. Le pronom y

Note the form and position of the pronoun that replaces expressions indicating location.

Vas-tu **à l'université?**	Oui, j'**y** vais.
Déjeunes-tu **au restaurant universitaire?**	Oui, j'**y** déjeune.
Est-ce que ta sœur est **chez elle?**	Non, elle n'**y** est pas.
Es-tu déjà allé **aux Etats-Unis?**	Non, je n'**y** suis jamais allé. Je vais **y** aller cet été.
Allons **au café.**	D'accord. Allons-**y.**

The pronoun **y** replaces noun phrases and pronouns introduced by a preposition of place: **à**, **chez**, **en**, **dans**, **sur**, etc.
Exception: **y** does not replace nouns introduced by the preposition **de**.
The pronoun **y** comes before the verb except in affirmative commands.

- In commands there is liaison between the verb and **y**. Since this liaison consonant is /z/, an **s** is added to the **tu**-form of the **-er** verb.

Va au cinéma.	Vas-**y** aujourd'hui.	N'**y** va pas demain.
Allez au théâtre.	Allez-**y** maintenant.	N'**y** allez pas ce soir.

1. Dialogue

Demandez à un(e) camarade s'il (si elle) va souvent aux endroits (*places*) indiqués de 1 à 12. Demandez-lui aussi s'il (si elle) est déjà allé(e) aux endroits indiqués de 13 à 21.

▻ au gymnase
VOUS: *Vas-tu souvent au gymnase?*
VOTRE CAMARADE: *Oui, j'y vais souvent.*
ou: *Non, je n'y vais pas souvent.*

▻ à Paris
VOUS: *Es-tu déjà allé(e) à Paris?*
VOTRE CAMARADE: *Oui, j'y suis déjà allé(e).*
ou: *Non, je n'y suis jamais allé(e).*

1. au théâtre
2. au cinéma
3. aux concerts
4. chez tes grands-parents
5. chez tes amis
6. aux matchs de football
7. à la banque
8. à la piscine
9. au supermarché
10. dans les magasins
11. chez le dentiste
12. en ville
13. au Canada
14. en France
15. à la Nouvelle-Orléans
16. au Québec
17. dans les Montagnes Rocheuses (*Rockies*)
18. au Mexique
19. en Russie
20. en Italie
21. aux Bermudes

2. Questions personnelles

1. Déjeunez-vous à la cafétéria? chez vous? chez des amis? chez vos parents? dans votre chambre?
2. Etes-vous souvent chez vous? chez vos parents? chez vos amis?
3. Le week-end prochain, allez-vous aller à la campagne? à la piscine? au cinéma?
4. Avez-vous envie d'aller en France? en Chine? en Afrique? au Mexique?
5. Avez-vous envie d'habiter à San Francisco? à Chicago? à New York? à Boston? à Miami?

MOTS UTILES: **Occupations quotidiennes** (*daily*)

acheter		s'acheter	*to buy for oneself*	Jacqueline **s'achète** un sandwich.
habiller	*to dress*	s'habiller	*to get dressed*	Monique **s'habille**.
laver	*to wash*	se laver	*to get washed*	Henri **se lave** rapidement.
lever	*to raise, lift*	se lever	*to get up*	Gilbert **se lève** à huit heures.
préparer		se préparer	*to get ready; to fix for oneself*	Michèle **se prépare** pour aller à l'université. Pierre **se prépare** un sandwich.
regarder		se regarder	*to look at oneself*	Nicole **se regarde** dans la glace.

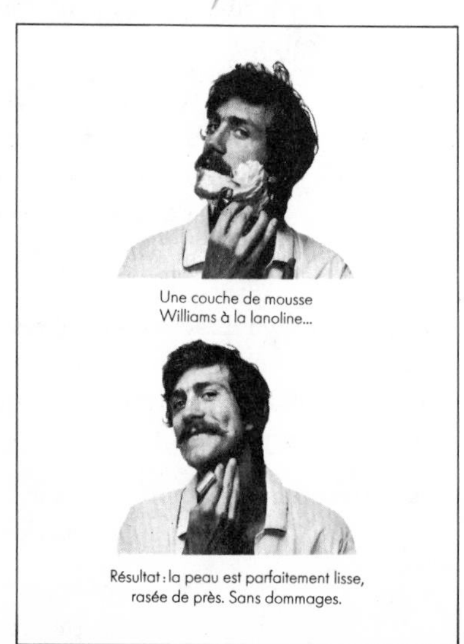

B. Les pronoms réfléchis et les verbes pronominaux

Compare the pronouns in sentences A and B.

	A	B
Pierre lave sa voiture.	Il **la** lave.	Après, il **se** lave.
Marc regarde Anne.	Il **la** regarde.	Elle **se** regarde dans une glace (*mirror*).
J'achète un livre pour Sylvie.	Je **lui** achète un livre.	Ensuite, je **m'**achète un journal.

In each sentence in column A, the pronoun in heavy print represents a person or object different from the subject:

Pierre washes *his car*, Marc looks at *Anne*, I buy a book for *Sylvie*.

In each sentence in column B, the subject and object of the verb represent the same person:

Pierre washes *himself*, Anne looks at *herself*, I buy *myself* a newspaper.

The object pronouns in column B are called *reflexive pronouns* because the action is reflected on the subject.

Verbs conjugated with reflexive pronouns are called *reflexive verbs* (**verbes pronominaux**): **se laver, se regarder, s'acheter.** Such verbs are very common in French.

Note the conjugations of **se laver** and **s'habiller** in the present tense.

	se laver	s' habiller
Affirmative form	je **me** lave tu **te** laves il / elle **se** lave nous **nous** lavons vous **vous** lavez ils / elles **se** lavent	je **m'** habille tu **t'** habilles il / elle **s'** habille nous **nous** habillons vous **vous** habillez ils / elles **s'** habillent
Negative form	Je **ne m'habille jamais** avant dix heures.	
Interrogative forms	A quelle heure **t'habilles-tu?** A quelle heure **est-ce que tu t'habilles?**	

▶ Like other object pronouns, the reflexive pronouns come *before* the main verb, except in affirmative commands.

3. Situation: Le restaurant est fermé!

Aujourd'hui le restaurant universitaire est fermé (*closed*) et les étudiants dînent chez eux. Dites ce que chacun se prépare.

▻ Denise (une omelette) *Denise se prépare une omelette.*

1. Henri (un bifteck)
2. Philippe (une salade de tomates)
3. Hélène (un gâteau)
4. Suzanne (une salade de fruits)
5. Paul et Georges (des sandwichs)
6. Monique et Sylvie (des macaronis)
7. Nous (des spaghetti)
8. Vous (de la soupe)
9. Moi (des crêpes)
10. Toi (des toasts)

4. Dialogu

Demandez à un(e) camarade s'il (si elle) s'achète souvent les choses suivantes.

▻ des livres
VOUS: *Est-ce que tu t'achètes souvent des livres?*
VOTRE CAMARADE: *Oui, je m'achète souvent des livres.*
OU: *Non, je ne m'achète pas souvent de livres.*

1. des disques
2. des vêtements
3. une glace
4. des bonbons (*candy*)
5. du chewing-gum
6. des cigarettes
7. des romans
8. des magazines

5. Situation: Propreté (*Cleanliness*)

Les personnes suivantes passent l'après-midi à laver certains objets. Ensuite elles se lavent. Pour chaque personne, faites deux phrases d'après le modèle.

▻ Nous avons une voiture. *Nous la lavons.*
Ensuite, nous nous lavons.

1. Jacqueline a une bicyclette.
2. Hubert a une moto.
3. Mes cousins ont un chien (*dog*).
4. J'ai un sweater.
5. Tu as un scooter.
6. Nous avons une auto.
7. Vous avez un vélomoteur.
8. Pierre a un bateau (*boat*).

C. L'usage de l'article défini avec les parties du corps

J'ai **les** yeux bleus.	***My*** *eyes are blue.*	(*I have blue eyes.*)
J'ai **les** cheveux bruns.	***My*** *hair is brown.*	(*I have brown hair.*)
J'ai mal **au** ventre.	***My*** *stomach hurts.*	(*I have a stomach ache.*)

In French, parts of the body are usually introduced by the definite article. Note also the reflexive constructions:

Je **me** lave **les** mains. *I am washing* ***my*** *hands.*
Je **me** brosse **les** cheveux. *I am brushing* ***my*** *hair.*

MOTS UTILES: **Les parties du corps** (*body*)

le bras	*arm*	la barbe	*beard*
les cheveux	*hair*	la bouche	*mouth*
le cou	*neck*	la dent	*tooth*
le doigt	*finger*	la figure	*face*
le dos	*back*	la jambe	*leg*
le genou (les genoux)	*knee*	la main	*hand*
le menton	*chin*	la moustache	
le nez	*nose*	l'oreille	*ear*
l'œil (les yeux)	*eye*	la tête	*head*
l'ongle	*nail*		
le pied	*foot*		
le ventre	*stomach*		

Expression

avoir mal à — *to have a ( )-ache* — **J'ai mal au ventre.** **As-tu mal à la tête?**

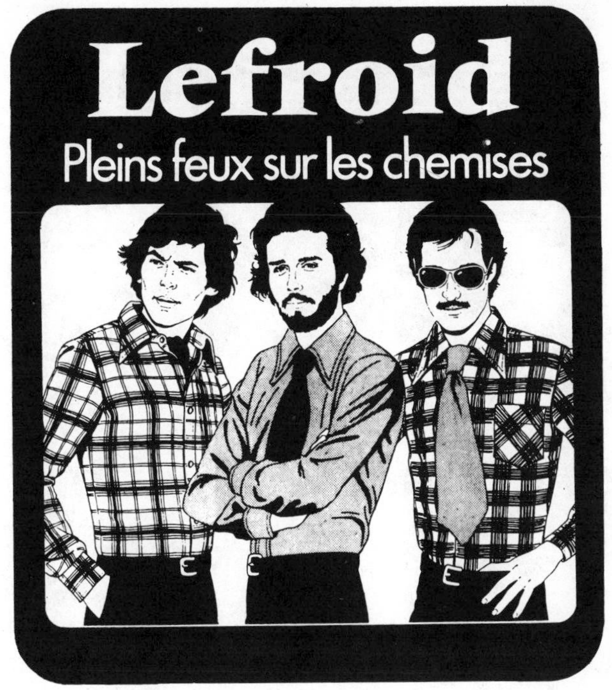

6. Situation: Toilette du matin

Dites par quelle partie du corps chacun commence sa toilette.

▻ Marc (le dos) *Marc se lave le dos.*

1. Henri (la tête)
2. Nous (la figure)
3. Vous (les bras)
4. Moi (les jambes)
5. Hélène (la bouche)
6. Paul et Pierre (les pieds)
7. Sylvie et Sophie (les mains)
8. Toi (le nez)

7. Questions personnelles

1. Avez-vous vos dents de sagesse (*wisdom*)?
2. (Pour les garçons) Portez-vous (*do you have*) la barbe? la moustache? Avez-vous déjà porté la barbe? la moustache?
3. Que pensez-vous des hommes qui portent la barbe? la moustache? les cheveux longs?
4. Préférez-vous les filles aux cheveux longs ou aux cheveux courts (*short*)?
5. Que pensez-vous des ongles verts? orange? rouges?
6. Avez-vous parfois mal à la tête? au ventre? au dos?

VOUS AVEZ LA PAROLE: ***Occupations du matin***

Décrivez vos premières occupations de la journée. Vous pouvez vous inspirer du dialogue entre Hervé et Alain. Essayez aussi d'utiliser le verbe **se laver** avec les noms de parties du corps.

Phonétique

***Les lettres* s, c *et* ç**

The letter **s** represents the sound:

/z/ when it occurs between two vowels

Répétez: ro**s**e, I**s**abelle, suppo**s**e, cou**s**in, mu**s**ique
Je suppose qu'Isabelle est la cousine de Denise.

/s/ in other positions

Répétez: **s**a, **s**œur, **s**ouvent, univer**s**ité, **s**alle, re**s**te
Sa sœur Sylvie reste à l'université en septembre.

The letter **c** represents the sound:

/s/ before **e**, **i** and **y**

Répétez: Mauri**c**e, **C**é**c**ile, **c**e, **c**inéma
Est-ce que Cécile est au cinéma?

/k/ before **a**, **o**, **u**, and consonants and in final position

Répétez: **c**omment, **c**ours, **c**afé, **c**opain, **c**urieux, a**c**tion, ave**c**
Caroline est au café avec des copains canadiens.

The letter **ç** represents the sound /s/. Note: **ç** occurs only before **a**, **o**, and **u**.

Répétez: **ç**a, Fran**ç**ois, gar**ç**on
François est un garçon français.

Leçon vingt-trois: Etes-vous coquet?*

Langue et culture

Répondez aux questions suivantes.

	OUI	NON	
1. Est-ce que vous vous regardez souvent dans la glace?	☐	☐	
2. Est-ce que vous vous intéressez à la mode°?	☐	☐	*fashion*
3. (Garçons) Est-ce que vous vous rasez tous les jours°?	☐	☐	*every day*
(Filles) Est-ce que vous vous maquillez tous les jours?	☐	☐	
4. Est-ce que vous vous habillez chaque° jour différemment?	☐	☐	*each*
5. Est-ce que vous vous achetez souvent de nouveaux vêtements?	☐	☐	
6. Est-ce que vous vous rendez° régulièrement chez le coiffeur°?	☐	☐	allez / *hairdresser*
7. Est-ce que vous vous peignez chaque fois° que l'occasion se présente?	☐	☐	*each time*
8. (Filles) Est-ce que vous vous mettez° du parfum?	☐	☐	*put on*
(Garçons) Est-ce que vous vous mettez de l'eau de cologne?	☐	☐	

* Quelqu'un qui fait attention à sa présentation.

Maintenant marquez un point par réponse positive. Additionnez vos points.

Si vous avez de 6 à 8 points, vous attachez beaucoup trop d'importance à votre apparence extérieure. Est-ce que vos amis vous reprochent parfois d'être trop superficiel (superficielle)?

Si vous avez de 2 à 5 points, vous faites attention à votre présentation, mais vous n'exagérez pas son importance. C'est bien.

Si vous avez 0 ou 1 point, vous êtes très négligent (négligente) dans votre présentation. Si vous ne vous respectez pas, respectez vos amis!

Renseignements culturels: La mode en France

Dior, Chanel, Cardin, Yves Saint-Laurent.... Le renom de ces grands couturiers a fait une réputation internationale à la mode française. Dans un pays où l'on fait très[1] attention à la présentation (l'apparence personnelle), la mode joue un rôle très important. La mode est lancée[2] chaque[3] année par les grands couturiers au moment de la présentation des collections (collections d'hiver et collections d'été). Les grandes lignes[4] de cette mode nouvelle sont ensuite reproduites[5] dans la confection (c'est-à-dire, dans la production de masse des vêtements par l'industrie textile).

La mode n'est pas uniquement une question vestimentaire[6]. Elle guide les Français dans beaucoup de décisions de la vie courante[7]: choix[8] d'un restaurant, choix d'un film, choix d'une voiture, choix d'un endroit[9] où passer les vacances, choix même des expressions et du langage.... Cette importance de la mode met l'accent sur[10] un des paradoxes de la personnalité française: individualistes de[11] tempérament, les Français sont souvent très conformistes dans leur comportement[12] et leurs actions.

1 beaucoup d' 2 *launched* 3 *each* 4 *lines* 5 *reproduced* 6 de vêtements 7 *everyday* 8 *choice* 9 *place* 10 *stress* 11 *by* 12 *behavior*

Structure et vocabulaire

LES VERBES PRONOMINAUX

Reflexive verbs are very common in French. They are used:

— to express a reflexive action
— to express a reciprocal action
— idiomatically
— to replace a passive construction.

MOTS UTILES: **La toilette**

verbes

se brosser (les cheveux)	*to brush (one's hair)*
se coiffer	*to fix one's hair*
se couper (les ongles)	*to cut (one's nails)*
se maquiller	*to put on makeup*
se parfumer	*to put on perfume*
se peigner	*to comb one's hair*
se raser	*to shave*

noms

des ciseaux	*scissors*	une brosse à cheveux	*hairbrush*
du parfum	*perfume*	une brosse à dents	*toothbrush*
un peigne	*comb*	une glace	*mirror*
un rasoir	*razor*		
du savon	*soap*		

A. Les verbes pronominaux: sens réfléchi

In each sentence below, the subject is performing an action for or on himself or herself.

Je **m'achète** des vêtements.	*I* ***am buying*** *clothes* (***for myself***).
Michèle **se lave.**	*Michèle* ***is washing*** (***herself***).
Paul **se rase.**	*Paul* ***is shaving*** (***himself***).
Nous **nous regardons** dans la glace.	*We* ***are looking at ourselves*** *in the mirror.*
Je **m'habille.**	*I* ***am getting*** (***myself***) *dressed.*

One common use of reflexive verbs is with a strictly reflexive meaning — i.e. the action of the verb is reflected on the subject of the sentence. The subject and object of the verb represent the same person.

▶ The reflexive pronouns **me, te,** etc., sometimes correspond to the English pronouns *myself, yourself,* etc.

1. Situation: Choix logiques

Faites une phrase logique en choisissant un verbe pronominal qui convient.

▻ Hélène . . . avec du parfum. *Hélène se parfume avec du parfum.*

1. Nous . . . avec du savon.
2. Henri . . . avec un rasoir.
3. Je . . . les dents.
4. Vous . . . les ongles.
5. Pierre . . . la moustache.
6. Tu . . . avec un peigne.
7. Jacqueline . . . avec du rouge.
8. Ils . . . avec de l'eau et du savon.
9. Je . . . dans la glace.
10. On . . . avec une brosse à cheveux.

MOTS UTILES: **Verbes pronominaux réfléchis**

coucher	*to put to bed*	se coucher	*to go to bed*
énerver	*to anger (someone)*	s'énerver	*to get mad*
ennuyer	*to bore*	s'ennuyer	*to get bored*
impatienter	*to make (someone) impatient*	s'impatienter	*to become impatient*
inquiéter	*to worry (someone)*	s'inquiéter	*to get worried, to worry*
installer	*to install*	s'installer	*to get settled, to settle*
intéresser	*to interest*	s'intéresser à	*to get (be) interested in*
marier	*to marry (a couple)*	se marier	*to get married*
occuper	*to occupy*	s'occuper	*to keep busy*
réveiller	*to awaken (someone)*	se réveiller	*to wake up*

NOTE DE VOCABULAIRE

Many reflexive verbs correspond to the English construction:

to get (to be getting) + adjective
Je **m'**impatiente. *I am getting impatient.*

2. Dialogue

Demandez à un(e) camarade s'il (si elle) s'intéresse aux choses suivantes.

▻ à la politique
VOUS: *Est-ce que tu t'intéresses à la politique?*
VOTRE CAMARADE: *Oui, je m'intéresse à la politique.*
OU: *Non, je ne m'intéresse pas à la politique.*

1. à la musique
2. aux sports
3. à l'histoire
4. à la religion
5. aux problèmes contemporains
6. aux questions sociales
7. à la poésie
8. à la philosophie
9. à la mécanique
10. à la littérature
11. à l'art
12. au théâtre

3. Substitutions

Remplacez les mots en italique par les expressions entre parenthèses. Faites les changements nécessaires.

1. *Pierre* s'énerve trop souvent. (je; nous; mes sœurs; vous; tu; Claire)
2. *Christine* ne s'ennuie pas. (nous; tu; Paul et Anne; vous; je; Yves)
3. Comment est-ce que *tu* t'occupes? (il; nous; vous; elle; ils; on; elles)
4. A quelle heure est-ce que *vous* vous réveillez? (tu; il; nous; elles; on; ils)
5. Je *me réveille* et puis je m'habille. (se peigner; se brosser les dents; se couper les ongles)
6. Où est-ce qu'*on* s'installe? (je; nous; tu; il; elles; vous; ils; elle)
7. *Paul* se marie demain. (Hélène; Michèle et Jean; tu; vous)
8. Quand la classe est trop longue, *nous nous énervons*. (s'ennuyer; s'impatienter; s'inquiéter)

4. *Questions personnelles*

1. A quelle heure est-ce que vous vous levez en semaine? le samedi? le dimanche?
2. A quelle heure est-ce que vous vous couchez en semaine? le vendredi soir? le samedi soir?
3. Est-ce que vous vous ennuyez en classe? aux concerts? avec vos amis?
4. Est-ce que vous vous impatientez quand le professeur n'est pas à l'heure?
5. Est-ce que vous vous inquiétez avant les examens? pendant les examens? après les examens?
6. Est-ce que vous vous énervez? à quelle occasion?

B. *Les verbes pronominaux: sens réciproque*

Notice the meanings of the reflexive verbs in heavy print.

Charles aime Monique. Monique aime Charles.	Ils **s'aiment.**	*They* ***love each other.***
Robert donne rendez-vous à Anne. Anne donne rendez-vous à Robert.	Ils **se donnent rendez-vous.**	*They* ***make a date with each other.***
Je comprends mes amis. Mes amis me comprennent.	Nous **nous comprenons.**	*We* ***understand each other.***

Reflexive verbs can be used to express reciprocal actions. Reciprocal actions are often rendered in English by *each other* or *one another*.

Nous allons **nous** rencontrer à huit heures. *We're going to meet* ***each other*** *at eight o'clock.*

Since reciprocity involves more than one person, the subject of a reflexive verb used to express reciprocity is usually plural.

MOTS UTILES: **Verbes pronominaux réciproques**

se disputer	*to argue*
se rencontrer	*to meet, to get together*
s'entendre bien	*to get along well*

5. *Situation: Réciprocité*

Philippe parle à Suzanne de ses amis. Suzanne demande si les sentiments et les actions des amis de Philippe sont réciproques. Philippe dit oui.

▻ téléphoner souvent à Pierre
PHILIPPE: *Je téléphone souvent à Pierre.*
SUZANNE: *Vous vous téléphonez souvent?*
PHILIPPE: *Oui, nous nous téléphonons souvent.*

1. inviter souvent Henri
2. parler souvent à Frédéric
3. aimer Michèle
4. détester Monique
5. rencontrer souvent Marc
6. donner souvent rendez-vous à Antoine
7. téléphoner souvent à mes parents
8. faire des cadeaux (*gifts*) à mes cousins

6. *Questions personnelles*

1. Avez-vous un(e) ami(e) préféré(e)?
2. Est-ce que vous vous donnez souvent rendez-vous?
3. Où est-ce que vous vous rencontrez?
4. Est-ce que vous vous téléphonez souvent?
5. Est-ce que vous vous entendez bien?
6. Est-ce que vous vous disputez? Pourquoi?
7. Est-ce que vous vous entendez bien avec vos amis? avec vos parents? avec vos professeurs?
8. Est-ce que vous vous disputez avec vos parents? souvent ou rarement?

C. *Les verbes pronominaux: sens idiomatique*

Je **rends** le livre à Pierre.	*I **give** the book **back** to Pierre.*
Je **me rends** au café.	*I **am going** to the café.*
Je **passe** le pain.	*I **am passing** the bread.*
Je **me passe de** pain.	*I **do without** bread.*

There is a close relationship in meaning between **laver** and **se laver**, or **marier** and **se marier.** In the above sentences, however, the relationship between the simple verb and the corresponding reflexive verb is more distant. Some reflexive verbs, such as **se rendre** or **se passer de**, can be considered as idiomatic expressions.

MOTS UTILES: **Verbes pronominaux à sens idiomatique**

s'amuser	*to have fun*	Je **m'amuse** avec mes amis.
s'arrêter	*to stop*	Je **m'arrête** au café.
se demander	*to wonder*	Je **me demande** si je vais travailler.
se dépêcher	*to hurry*	Je **me dépêche** pour aller au cours.
s'en aller	*to leave, go away*	Je **m'en vais** à onze heures.
se moquer de*	*to make fun of*	Est-ce que tu **te moques de** moi?
se passer de	*to do without*	Je **me passe de** vos remarques.
se passer	*to happen*	Qu'est-ce qui **se passe**?
se presser	*to hurry*	Je **me presse** quand j'ai un rendez-vous.
se promener	*to take a walk*	Je **me promène** en ville.
se rendre (à, chez)	*to go*	Je **me rends au** cinéma maintenant.
se rendre compte	*to realize*	**Vous rendez**-vous **compte** que c'est absurde?
se reposer	*to rest*	Je **me repose** après le dîner.
se souvenir (de)*	*to remember*	**Te souviens**-tu **de** Pierre?
se tromper	*to be mistaken*	Est-ce que vous vous excusez quand vous **vous trompez**?
se trouver	*to be located*	Paris **se trouve** en France.

* These verbs are used exclusively in the reflexive form.

PALACE
LA BAULE
Orchestre 2e Série
4 F
011767

011766
PALACE
LA BAULE
Orchestre 2e Série
4 F

REX
RD-de-LANS
TRÉE
50 F
mpte Trésor.
817
316
LANS
4,50 F
Timbre Compte Trésor.

7. *Situation: Après les cours*

Chacun (*each person*) se rend à un endroit différent. Exprimez cela avec la forme qui convient de **se rendre à.**

▻ Moi (au café) *Je me rends au café.*

1. Nous (au cinéma)
2. Vous (au théâtre)
3. Moi (chez moi)
4. Henri (chez un ami)
5. Jacqueline (chez ses parents)
6. Pierre et Denis (au laboratoire)
7. Toi (au restaurant universitaire)
8. Ma sœur (en ville)

8. *Dialogue*

Demandez à un(e) camarade où se trouvent les monuments suivants.

▻ Notre-Dame (à Paris) VOUS: *Où se trouve Notre-Dame?*
VOTRE CAMARADE: *Notre-Dame se trouve à Paris.*

1. Rockefeller Center (à New York)
2. le Kremlin (à Moscou)
3. le British Museum (à Londres)
4. le Golden Gate Bridge (à San Francisco)
5. l'Astrodome (à Houston)
6. les Pyramides (en Egypte)
7. Le Colisée (à Rome)
8. Le Louvre et les Invalides (à Paris)

9. *Situation: Equivalences*

Transformez les phrases suivantes en remplaçant les mots en italique par un verbe pronominal.

▻ Je *fais une promenade* en ville. *Je me promène en ville.*

1. Nous *faisons une promenade* dans la forêt.
2. Vous *faites erreur*.
3. La Tour Eiffel *est située* à Paris.
4. Je *vais* à un rendez-vous.
5. Vous *ne restez pas* ici.
6. Je *ridiculise* ce professeur.

D. *Les verbes pronominaux: sens passif*

Note the use of reflexive verbs in the following sentences:

Les fruits **s'achètent** au supermarché. (= Les fruits sont achetés au supermarché.)
Cela ne **se fait** pas. (= Cela n'est pas fait.)
Le Figaro **se vend** ici. (= Le Figaro est vendu ici.)

The reflexive construction is equivalent to a passive construction (i.e., the construction with **être** + past participle). Since speakers of French tend to avoid passive constructions, they often use a reflexive construction or a construction with **on** as the subject.

Rather than saying:	*It is more common to say:*
Les fruits sont achetés au supermarché.	Les fruits s'achètent au supermarché. On achète les fruits au supermarché.
Cela n'est pas fait.	Cela ne se fait pas. On ne fait pas cela.
Le Figaro est vendu ici.	Le Figaro se vend ici. On vend le Figaro ici.

10. Situation: Au drugstore

Un ami français vous demande si les choses suivantes s'achètent au drugstore. Répondez-lui affirmativement ou négativement.

▻ l'aspirine? *Oui, l'aspirine s'achète au drugstore.*

1. les médicaments?
2. les cartes postales?
3. le journal?
4. le parfum?
5. le savon?
6. les fruits?
7. la viande?
8. le pain?
9. les magazines?
10. la salade?

VOUS AVEZ LA PAROLE: ***Description***

1. Décrivez les événements d'une journée ordinaire. Utilisez au moins (*at least*) six verbes contenus dans les MOTS UTILES suivants: La toilette, p. 207 et Verbes pronominaux réfléchis, p. 208.
2. Décrivez vos rendez-vous habituels. Pour cela, utilisez au moins six verbes contenus dans les MOTS UTILES suivants: Verbes pronominaux réciproques, p. 209, et Verbes pronominaux à sens idiomatique, p. 210.

Phonétique

La voyelle /ə/

The mute **e**, /ə/, of the reflexive pronouns **me**, **te**, and **se** is dropped in rapid conversation when the preceding word ends in a vowel sound.

slow speech	*rapid speech*
je me lève	je me̸ lève
tu te rases	tu te̸ rases
je me coiffe	je me̸ coiffe
tu te promènes	tu te̸ promènes

When the preceding word ends in a consonant sound, the /ə/ is pronounced. Compare the following examples of rapid speech. In the left hand column, the reflexive pronoun is preceded by a consonant sound: the sound /ə/ is pronounced. In the right hand column, the reflexive pronoun is preceded by a vowel sound: the sound /ə/ is dropped.

il se rase	Jean se̸ rase
elle se coiffe	Marie se̸ coiffe
Paul se promène	Louis se̸ promène

Leçon vingt-quatre: Impatience

Quiz mon.

Langue et culture

Ce soir les Moreau vont au théâtre. Ces occasions sont rares. Aussi°, Madame Moreau a décidé de mettre une robe particulièrement chic. Oui, mais quelle robe? *therefore*

— Dis, Charles! Qu'est-ce que je mets ce soir? Ma robe bleue ou ma robe rouge?

— Comme° tu veux! *as*

— . . . Ou la robe que tu m'as achetée pour mon anniversaire?

— Ecoute, Brigitte, dépêche-toi . . . Nous allons être en retard.

— . . . Ou la robe que je me suis achetée la semaine dernière?

— Si tu ne veux pas te dépêcher, je vais au théâtre sans toi.

— Bon, bon . . .! Ne te mets pas en colère, Charles. J'arrive!

Renseignements culturels: L'élégance

Les Français ont une certaine réputation d'élégance. Peut-être est-ce parce que le formalisme vestimentaire est plus[1] prononcé en France que dans les autres[2] pays. En France, on "s'habille", par exemple, pour aller au restaurant, au théâtre, ou même au cinéma. Pour un homme, "s'habiller" signifie mettre une veste et une cravate. Pour une femme, "s'habiller" signifie s'habiller avec chic. Si elle décide de porter des blue-jeans, c'est parce que les jeans sont à la mode. Et même si elle est en jeans, une Française se maquillera et s'habillera avec élégance. . . . Les étudiants, eux aussi, font attention à la présentation. Ils s'habillent avec une certaine recherche[3], dans les limites, bien sûr, de leur budget!

1 *more* 2 *other* 3 *care*

Structure et vocabulaire

A. Le verbe mettre

The verb **mettre** (*to put*, *to place*) is irregular.

infinitive	**mettre**	
present	je mets tu mets il / elle met	nous mettons vous mettez ils / elles mettent
passé composé	j'ai mis	

Mettre has several English equivalents:

to put, *to place*	**Mettez** votre manteau (*coat*) ici.
to wear, *to put on*	Je **mets** un pull-over.

Other verbs and expressions conjugated like **mettre** are:

admettre	*to admit*	J'**admets** que je ne suis pas très élégant.
permettre	*to permit, to allow, to let*	Je ne **permets** pas à mon frère de prendre mes vêtements.
promettre	*to promise, to make a promise*	Il **a promis** d'être à l'heure aujourd'hui.
se mettre à	*to begin, to start*	Jean **se met à** étudier.
se mettre en colère	*to get angry*	Michèle ne **se met** jamais **en colère.**

MOTS UTILES: **Les vêtements**

un anorak	*ski jacket*	une blouse	*smock, blouse*
des blue-jeans			
un chapeau	*hat*	une chaussure	*shoe*
des collants	*panty-hose*	une chemise	*shirt*
un costume	*(men's) suit*	une cravate	*tie*
un imperméable	*raincoat*	une jupe	*skirt*
un maillot de bain	*swimming suit*	des lunettes	*glasses*
un manteau	*coat*	des lunettes de soleil	*sunglasses*
un pantalon	*(pair of) pants*	une robe	*dress*
un pull-over	*sweater*	une veste	*jacket*
un vêtement	*clothing*		

porter *to wear* Nathalie **porte** une robe rouge.

JEUNE FEMME... ALEXANDRA...
LES CHAPEAUX SIGNES ELEGANCE
97, rue de Longchamp.
Tel.: 553-60-68.
Métro: Pompe.
Fermé le lundi matin.

1. Situation: La surprise-partie

Philippe donne une surprise-partie. Dites quels vêtements les amis de Philippe mettent pour aller à cette surprise-partie.

▻ Anne-Marie (une robe bleue) *Anne-Marie met une robe bleue.*

1. Hélène (une jupe rouge)
2. Martine (une chemise bleue)
3. Vous (des chaussures marron)
4. Nous (nos costumes bleus)
5. Moi (une cravate orange)
6. Toi (un pantalon jaune)
7. Roger et Robert (des pantalons noirs)
8. Hélène et Marie (leurs blouses blanches)

2. Questions personnelles

1. Que mettez-vous pour aller en classe? pour aller à un rendez-vous? pour aller à une interview professionnelle? pour aller à une surprise-partie?
2. Que mettez-vous en hiver? en été? pour aller à la plage?
3. Quels vêtements avez-vous mis hier?
4. Quels vêtements portez-vous aujourd'hui?
5. Est-ce que vous permettez à vos amis d'emprunter (*borrow*) vos vêtements?
6. Est-ce que vous vous mettez souvent en colère? à quelles occasions?
7. Avez-vous promis à vos parents d'étudier? de faire des économies?

B. *L'impératif des verbes pronominaux*

Compare the position of the reflexive pronouns in the affirmative and negative sentences below.

affirmative commands	*negative commands*
Intéresse-toi à tes études.	**Ne t'intéresse pas** trop à la mode.
Achète-toi ce parfum-ci.	**Ne t'achète pas** ce parfum-là.
Habillez-vous bien.	**Ne vous habillez pas** trop négligemment!
Arrêtons-nous dans ce magasin.	**Ne nous arrêtons pas** au café.

The reflexive pronoun follows the verb in affirmative commands.

▶ **a.** The stress form of **te** is **toi.** It is used in affirmative commands.

b. Note the imperative forms of **s'en aller** (*to go away*):

Va-t'en! **Allez-vous-en!** **Allons-nous-en!**

3. Dramatisation: Imitation

Philippe demande à Jacques, son camarade de chambre, de faire comme lui. Jouez le rôle de Philippe.

▻ Philippe se réveille. *Réveille-toi, Jacques!*

1. Philippe se lève.
2. Il se rase.
3. Il s'habille.
4. Il s'achète un journal.
5. Il s'intéresse à la politique.
6. Il se promène en ville.
7. Il s'arrête dans un magasin.
8. Il s'achète une cravate.

4. Dramatisation: Le mauvais exemple

Monsieur Moreau demande à ses filles de ne pas imiter l'exemple de leur frère Paul. Jouez le rôle de Monsieur Moreau.

▻ Paul se met en colère. *Ne vous mettez pas en colère!*

▻ Paul ne se lave pas. *Lavez-vous!*

1. Paul s'impatiente.
2. Il s'énerve.
3. Il se dispute avec ses amis.
4. Il s'achète des cigarettes.
5. Il s'ennuie en classe.
6. Il se moque de ses professeurs.
7. Il ne s'achète pas de livres.
8. Il ne s'intéresse pas à ses études.
9. Il ne se peigne pas.
10. Il ne se réveille pas à l'heure.

C. *Le passé composé des verbes pronominaux*

The following sentences are in the **passé composé.** Note the auxiliary verb which is used, and the form of the past participle.

Paul **s'est habillé** pour la surprise-partie.
Jacqueline **s'est habillée** pour aller au théâtre.
Albert et André **se sont habillés** pour un rendez-vous.
Isabelle et Claire **se sont habillées** pour aller au restaurant.

The **passé composé** of reflexive verbs is formed as follows:
present of **être** + past participle

▶ **a.** In the **passé composé** of a reflexive verb, the past participle agrees in gender and number with a preceding direct object.

b. The reflexive pronoun is usually, but not always, a direct object pronoun. Compare the following sentences.

Jacqueline **s'**est habill**ée** rapidement. Jacqueline **s'**est achet**é** une robe.

In the first sentence, the reflexive **s'**, which is the direct object pronoun of **habiller,** comes *before* the verb. Since **s'** represents **Jacqueline,** a feminine singular noun, **habillée** is in the feminine singular form.

In the second sentence, **robe,** which is the direct object of **acheter,** comes *after* the verb. There is no agreement.

Note: If the reflexive verb is followed by a direct object, the reflexive pronoun is the indirect object, and there is no agreement.

Ils **se** sont lav**és**.	(**se** is the direct object — there is agreement)
Ils **se** sont lav**é** les mains.	(**se** is the indirect object — no agreement)

	reflexive pronoun = direct object (agreement of past participle)	*reflexive pronoun = indirect object (no agreement)*
Affirmative form	Je **me suis arrêté(e)** dans un magasin.	Je **me suis acheté** une veste.
	Tu **t'es arrêté(e)** dans un magasin.	Tu **t'es acheté** un pull-over.
	Il **s'est arrêté** dans un magasin.	Il **s'est acheté** des chaussures.
	Elle **s'est arrêtée** dans un magasin.	Elle **s'est acheté** une robe.
	Nous **nous sommes arrêté(e)s** aussi.	Nous **nous sommes acheté** des chaussettes.
	Vous **vous êtes arrêté(e)(s).**	Vous **vous êtes acheté** une chemise.
	Ils **se sont arrêtés** dans ce magasin.	Ils **se sont acheté** des pantalons.
	Elles **se sont arrêtées** dans le magasin.	Elles **se sont acheté** des pyjamas.
Negative form	Paul **ne s'est pas arrêté.**	Il **ne s'est pas acheté** de vêtements.
Interrogative form	Où **s'est-il arrêté?**	Que **s'est-il acheté?**
	Où **est-ce qu'il s'est arrêté?**	Qu'**est-ce qu'il s'est acheté?**

5. Situation: A la surprise-partie

Dites qui s'est amusé et qui ne s'est pas amusé à la surprise partie.

▻ Suzanne (oui) *Suzanne s'est amusée.*
▻ Paul (non) *Paul ne s'est pas amusé.*

1. Jacques (oui)
2. Philippe (non)
3. Anne (oui)
4. Michèle (non)
5. Mes cousins (oui)
6. Mes cousines (non)
7. Moi (oui)
8. Toi (oui)
9. Vous (non)
10. Nous (non)

6. Situation: Une histoire d'amour

Racontez au passé composé l'histoire d'amour de Pierre et d'Annette.

1. Ils se rencontrent dans une discothèque.
2. Ils se parlent.
3. Ils se téléphonent.
4. Ils se donnent rendez-vous.
5. Ils se rencontrent à nouveau (*again*).
6. Ils se trouvent des points communs.
7. Ils s'entendent bien.
8. Un jour, ils se déclarent leur amour.
9. Ils se fiancent (*get engaged*).
10. Ils se marient.

7. Dialogue: Personnes célèbres

Demandez à un(e) camarade de classe comment se sont distinguées les personnes suivantes. Utilisez des pronoms sujets dans les questions et les réponses.

▻ John et Robert Kennedy (en politique)
VOUS: *Comment est-ce qu'ils se sont distingués?*
VOTRE CAMARADE: *Ils se sont distingués en politique.*

1. Renoir et Matisse (en peinture)
2. Baudelaire (en poésie)
3. Jesse Owens (en sport)
4. Billie Jean King (en tennis)
5. Babe Ruth et Hank Aaron (en baseball)
6. Jean-Paul Belmondo (au cinéma)
7. Brigitte Bardot (au cinéma)
8. Charles de Gaulle et Pierre Trudeau (en politique)
9. Pierre et Marie Curie (en sciences)
10. Debussy et Ravel (en musique)

8. Questions personnelles: Le week-end dernier

1. A quelle heure vous êtes-vous levé(e)?
2. Comment vous êtes-vous occupé(e)?
3. Est-ce que vous vous êtes amusé(e)? Comment?
4. Est-ce que vous vous êtes ennuyé(e)? Pourquoi?
5. Est-ce que vous vous êtes promené(e)? Où? Avec qui?
6. Avez-vous été dans un magasin? Qu'est-ce que vous vous êtes acheté?
7. Est-ce que vous vous êtes reposé(e)?
8. A quelle heure est-ce que vous vous êtes couché(e)?

D. *L'infinitif des verbes pronominaux*

Note the use of the reflexive pronouns in the following sentences.

J'ai l'intention de **m'acheter** une veste.
Nous allons **nous acheter** un nouveau manteau.
Paul veut **s'acheter** un anorak.
Jacqueline a envie de **s'acheter** une jupe.

When the infinitive of a reflexive verb is used in a sentence, the reflexive pronoun represents the same person as the subject. The pronoun comes directly before the infinitive.

9. *Situation: Une mauvaise journée*

Philippe a eu une mauvaise journée aujourd'hui. Dites que demain Philippe ne va pas faire les mêmes choses qu'aujourd'hui.

▻ Philippe se réveille à 10 heures. *Demain, il ne va pas se réveiller à 10 heures.*

1. Philippe se lave rapidement.
2. Il se dépêche.
3. Il s'impatiente.
4. Il se précipite (*rushes*) dans la rue.
5. Il se trompe d'autobus.
6. Il se met en colère.
7. Il se rend dans un café.
8. Il s'énerve contre le garçon.

10. *Questions personnelles*

1. Avec votre argent, qu'allez-vous vous acheter? une auto? une guitare? une caméra?
2. Après l'université, où avez-vous l'intention de vous installer? à la campagne? dans une grande ville? à l'étranger?
3. Avez-vous l'habitude de vous impatienter? de vous mettre en colère? de vous ennuyer?
4. Aimez-vous vous promener? vous reposer? vous amuser?

VOUS AVEZ LA PAROLE: ***Le week-end dernier***

Imaginez que vous avez passé le week-end dernier à Paris! Racontez ce que vous avez fait. Utilisez au moins dix verbes pronominaux au passé composé.

Phonétique

Le son /r/

The French /r/ is a fricative sound produced at the back of the throat. In the middle or at the end of a word, it is softer than in initial position. (Note: never substitute an English *-r-* for the French equivalent.)

Mot-clé: **R**obe**r**t
Répétez: **R**ita, **r**ega**r**de, **r**enco**n**t**r**e**r**, **r**eg**r**ette**r**, pa**r**ents, hie**r**, ga**r**çon, se ma**r**ie**r**, pa**r**le**r**, F**r**ance, d'acco**r**d

Marie est d'accord pour se marier avec Pierre.
Robert a rencontré Roger à Paris en octobre.
Rita arrive rarement à l'heure à l'université.

DOCUMENT

Soyez à la mode . . .

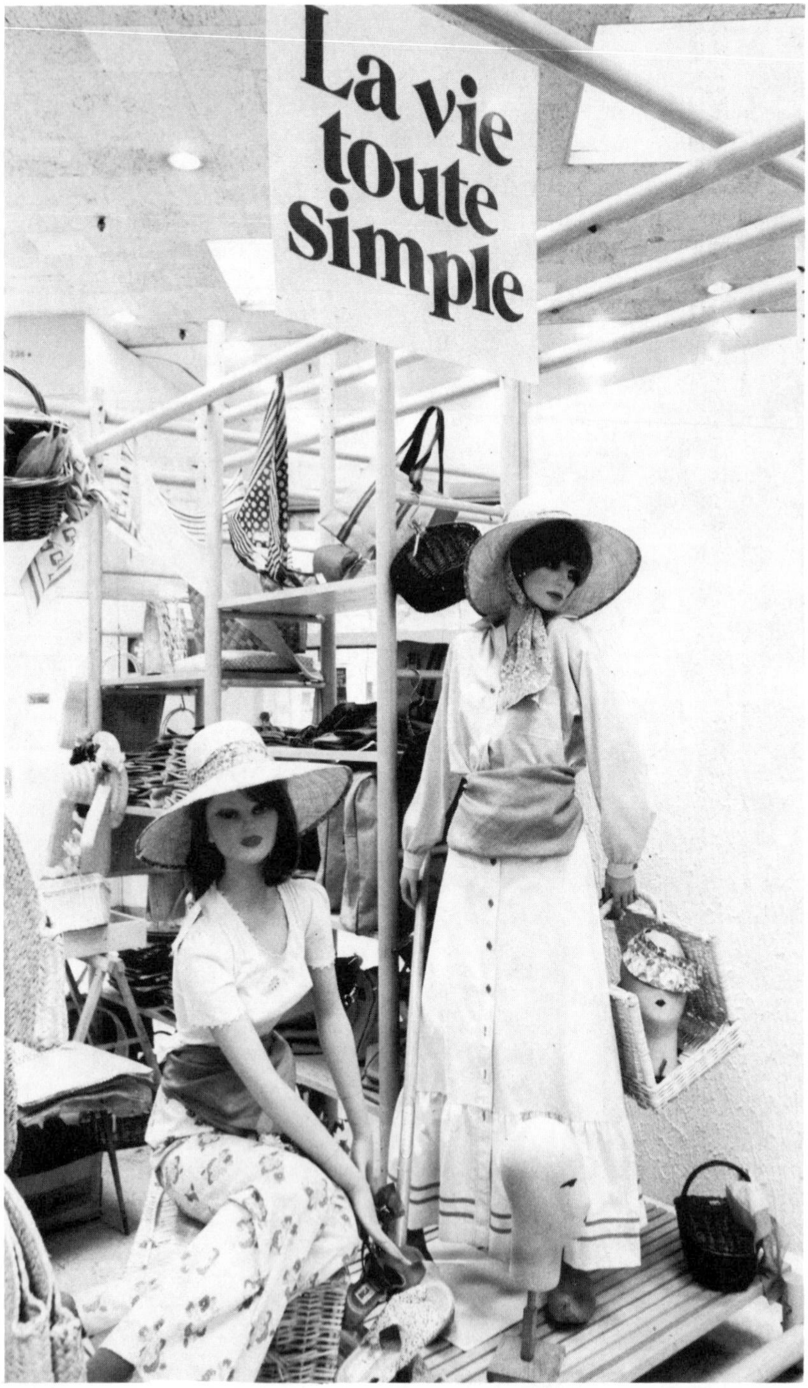

INSTANTANE

Elégance d'étudiant

Il y a des personnes qui s'habillent pour les grands° jours. Moi, c'est le contraire. Je m'habille uniquement pour les mauvais jours, c'est-à-dire pour les jours d'examen.* Il y a en effet des examinateurs influençables qui se laissent impressionner° par la "présentation", et moi je suis assez hypocrite pour m'adapter aux circonstances. Alors ces jours-là, je me transforme. Je me force à mettre mon unique° cravate, mon blazer, et des souliers° propres.° Je me sers° même d'un peigne pour me coiffer. J'ai parfois du mal° à me reconnaître . . .

Heureusement° les jours d'examen sont rares. Le reste du temps, je me contente d'un pull-over et de blue-jeans qui ne sont pas toujours très propres. Je me rase quand j'ai le temps, c'est-à-dire, pas très souvent.

Je fais tout de même° un petit effort d'élégance quand je vais au cinéma avec ma fiancée. Elle s'appelle Sophie. C'est une fille merveilleuse, mais parfois incompréhensible. Elle passe des heures à se regarder dans la glace, à se maquiller, à se faire les yeux, à se mettre du rouge, du bleu, du noir, du vert, de l'orange . . . C'est vrai qu'elle prépare un examen pour être hôtesse de l'air. Elle a sans doute° une excuse. Et à part° nos divergences en matière d'élégance, nous nous entendons très bien.

grands: importants
impressionner: *let themselves be impressed*
unique: *only*
souliers: chaussures / propres: *clean*
sers: utilise
mal: de la difficulté
Heureusement: *fortunately*
tout de même: *however*
sans doute: probablement / à part: *aside from*

Questions sur la lecture

1. Quand est-ce que l'étudiant s'habille bien?
2. Pourquoi?
3. Que met-il ces jours-là?
4. Comment s'habille-t-il ordinairement?
5. Est-ce qu'il se rase souvent?
6. Comment s'appelle sa fiancée?
7. Est-ce qu'elle fait attention à la présentation?
8. Qu'est-ce qu'elle prépare?

* Les étudiants français passent souvent des examens écrits (*written exams*) et des examens oraux (*oral exams*). Ici, il est évidemment question des examens oraux. Pendant un examen oral, l'élève est seul avec le professeur.

Questions générales

1. Comment vous habillez-vous les jours de classe?
2. Comment vous habillez-vous le week-end?
3. Comment vous habillez-vous pour une interview professionnelle?
4. Faites-vous attention à votre présentation?
5. Aux Etats-Unis, est-ce que les professeurs font attention à la présentation des élèves?

Débats

1. Est-ce que la présentation extérieure reflète la personnalité de quelqu'un?
2. Pour ou contre une complète liberté vestimentaire (*of dress*) à l'université ou au travail.

ENRICHISSEZ VOTRE VOCABULAIRE:

Mots apparentés: ^→s

One of the changes that occurred as the French language evolved over the centuries is that the letter **s** before a consonant was sometimes dropped and replaced by a circumflex accent (^) on the preceding vowel. This letter **s** frequently remains in the corresponding English cognates.

une hôtesse *hostess*

EXERCICE DE VOCABULAIRE

Lisez les phrases suivantes, puis composez de nouvelles phrases avec les mots en italique.

1. Nous nous promenons dans la *forêt.*
2. A cause de (*because of*) la *tempête,* nous sommes restés à la maison.
3. Combien *coûte* ce costume?
4. Cuba est une *île.*
5. Le lion est une *bête* sauvage.
6. Noël est une *fête* importante.
7. Cette histoire est sans (*without*) *intérêt.*
8. Notre *hôte* arrive.
9. Où est l'*hôpital*?
10. La police a *arrêté* les bandits.

IX PROJETS

Leçon 25 : Désirs et réalités

Leçon 26 : Dans dix ans

Leçon 27 : En cas d'échec

Document : Astrologie

Instantané : Votre horoscope

Objectives

Culture If you go to college, it is presumably with the expectation of getting a diploma, which will enhance your chances of finding a good job. What would happen if you did not get your degree? This situation, which may seem improbable to many American students, often constitutes a reality that French students must face. This unit explores the attitudes of French students toward the future, and the prospects open to students who fail in their studies.

Structure To discuss your plans, you should be able to describe what you *want* to do, what you *can* do, and what you *must* do. In this unit you will learn the three verbs, **vouloir**, **pouvoir**, and **devoir**, which convey such intentions. Then you will acquire a new tense, the future, which will help you to be more specific in discussing your long-range plans. Finally, you will learn two new verbs, **croire** (*to believe*) and **voir** (*to see*).

Vocabulary In addition to presenting vocabulary related to careers, this unit contains expressions that will enable you to discuss your feelings and beliefs. You will also broaden your command of expressions of time, which can be rather subtle in French.

Communication Once you have mastered the structures and the vocabulary of this unit, you will be able to describe more forcefully what you want to do, what you can do, and what you have to do to achieve your goals. You will be able to discuss your future, your ambitions, your plans, your hopes, and your expectations.

Leçon vingt-cinq: Désirs et réalités

Langue et culture

En France, comme° aux Etats-Unis, le problème de l'emploi° futur est un problème majeur pour un grand nombre d'étudiants. Françoise et Brigitte discutent de ce problème. *as / employment*

FRANÇOISE: Quel diplôme prépares-tu?
BRIGITTE: Je prépare la licence de chimie.
FRANÇOISE: Qu'est-ce que tu veux faire avec cette licence?
BRIGITTE: Ta question est mal posée°. La véritable question n'est pas: "Qu'est-ce que je veux faire?" mais "Qu'est-ce que je peux faire?" Il y a une différence! *badly phrased*
FRANÇOISE: Bon, d'accord. Qu'est-ce que tu peux faire?
BRIGITTE: Je peux enseigner dans un lycée° ou je peux travailler dans un laboratoire. Personnellement je préfère enseigner. Bien sûr, il y a une condition. *secondary school*
FRANÇOISE: Quelle condition?
BRIGITTE: D'abord, je dois être reçue à mes examens!

Renseignements culturels
L'emploi — un problème pour les étudiants

Si les diplômes sont souvent nécessaires pour obtenir une bonne situation[1], ils ne sont pas toujours suffisants[2]. Les élèves[3] des grandes écoles qui ont une formation[4] pratique ont généralement un grand choix[5] professionnel. Ce n'est pas toujours le cas[6] pour les élèves des universités qui ont une formation plus[7] théorique et par conséquent[8] moins[9] intéressante pour les employeurs éventuels[10]. Généralement, les "scientifiques" trouvent une situation assez facilement dans l'industrie ou l'enseignement. Les "littéraires", au contraire, ont beaucoup plus de difficultés. Souvent, ils doivent se contenter d'une situation assez médiocre dans l'administration où les possibilités d'avancement sont limitées.

1 *job* 2 *enough* 3 étudiants 4 *training* 5 *choice* 6 *case* 7 *more* 8 *consequently* 9 *less* 10 *future*

Structure et vocabulaire

A. *Les verbes* vouloir *et* pouvoir

The verbs **vouloir** (*to want*) and **pouvoir** (*to be able to*, *can*, *may*) are irregular.

infinitive	**vouloir**	**pouvoir**
present	Je **veux** être professeur. Tu **veux** aller en France. Il / Elle **veut** être médecin. Nous **voulons** voyager. Vous **voulez** faire des photos. Ils / Elles **veulent** parler français.	Je **peux** enseigner les maths. Tu **peux** travailler pour Air France. Il / Elle **peut** travailler dans un hôpital. Nous **pouvons** aller au Canada. Vous **pouvez** prendre mon appareil-photo. Ils / Elles **peuvent** parler avec cette jeune fille.
passé composé	**J'ai voulu** voyager.	**J'ai pu** visiter la Suisse.

▶ Vouloir

a. **Je veux** expresses a strong will or wish. In conversation, **je voudrais** is often used.

> **Je voudrais** aller en Amérique.
> **Je voudrais** un livre sur les Etats-Unis, s'il vous plaît.

b. In affirmative answers, **vouloir** is generally not used alone. It is used with a pronoun or noun, or with an infinitive, or it is followed by **bien**. The expression **vouloir bien** marks acceptance or willingness.

Tu veux ce livre?	Oui, je **le veux.**	*Yes, I do. (I want it.)*
Tu veux être professeur?	Oui, je **veux être** professeur.	*Yes, I do. (I want to.)*
Vous voulez aller au cinéma?	Oui, nous **voulons bien.**	*Gladly.*

c. The expression **vouloir dire** is the French equivalent of *to mean*.

Qu'est-ce que ce mot **veut dire?**	*What does this word **mean**?*
Qu'est-ce que vous **voulez dire?**	*What do you **mean**?*

▶ Pouvoir

Pouvoir has several English equivalents.

Peux-tu prendre la moto de ton frère? Oui, je **peux**. *Yes,* { ***I can. / I am allowed to. / I am able to. / I may.*** }

Proverbes Quand on veut, on peut. / Vouloir c'est pouvoir. } *Where there's a will, there's a way.*

---

1. Situation: Futurs professeurs?

Un professeur demande à ses élèves si, eux aussi, ils ont l'intention d'être professeurs. Certains répondent **oui**, d'autres répondent **non**. Exprimez l'intention de chacun (*each*), en utilisant le verbe **vouloir**.

▻ Paul (oui) *Paul veut être professeur.*
▻ Claire (non) *Claire ne veut pas être professeur.*

1. Jean-Paul (non)
2. Charles (oui)
3. Michèle (oui)
4. Brigitte (non)
5. Jacques et André (oui)
6. Suzanne et Françoise (non)
7. Nous (oui)
8. Vous (non)
9. Moi (non)
10. Toi (non)
11. Marc et Sylvie (oui)
12. Bernard et Henri (oui)

2. Dialogue

Demandez à un(e) camarade s'il (si elle) a l'intention de faire les choses suivantes.

▻ voyager VOUS: *Veux-tu voyager?*
VOTRE CAMARADE: *Oui, je veux voyager.*
OU: *Non, je ne veux pas voyager.*

1. obtenir son diplôme
2. continuer ses études
3. travailler dans une grande ville
4. faire de la politique
5. être professeur
6. se marier
7. avoir des enfants
8. gagner beaucoup d'argent

3. Situation: Problèmes financiers

Des étudiants ont gagné 1.000 dollars pendant leurs vacances. Ils discutent de leurs projets (*plans*). Dites s'ils peuvent réaliser leurs projets avec ces 1.000 dollars.

▻ Sylvie veut passer un mois à Miami. *Elle peut passer un mois à Miami.*
OU: *Elle ne peut pas passer un mois à Miami.*

1. Charles veut acheter une voiture d'occasion (*used car*).
2. Brigitte veut acheter une voiture neuve (*new*).
3. Anne veut passer une semaine en Europe.
4. Nous voulons passer trois mois à Paris.
5. Je veux acheter une caméra.
6. Tu veux aller à l'université.
7. Vous voulez acheter une télévision en couleur.
8. Mes amis veulent habiter au Japon pendant un an.

MOTS UTILES: **Métiers** (*trades*) **et professions**

un avocat	*lawyer*	une avocate
un cadre	*executive, manager*	
un employé		une employée
un fonctionnaire	*civil servant*	une fonctionnaire
un infirmier	*nurse*	une infirmière
un ingénieur	*engineer*	
un médecin	*doctor*	
un ouvrier	*worker*	une ouvrière
un patron	*boss*	une patronne
un vendeur	*salesman*	une vendeuse

ANNONCES CLASSÉES

1 OFFRES D'EMPLOI

L'AUSTRALIE, l'Áfrique du Sud, l'Amérique du Sud, l'Europe, rech. personnel ttes catégories. Demandez la revue spécialisée **MIGRATIONS (E. 53) B.P. 291-09 - PARIS**

ARCHITECTE DEBUTANT fin d'études E.N.S.B.A. Tunisien, résidant Paris. Etudierait ttes propositions Ecrire au journal réf. 5562E.

ELECTRONICIEN A.T.E.P., solide expér. études et fabrication matériel grand public rech. situation responsab. tech. ou tech. ccial. France ou Outre-Mer. Libre rapidement.

Assistante sociale
27 ans D.E. 75 « Promotion sociale » ch. poste Rég. Paris. A. RATOUIS, 60, r. G.-Péri. 92120-Montrouge.

J.F. **Secrét. direction tril.** All. Angl. 4 ans exp. **cherche thèses, maîtrises, mémoires, rapports à taper.** Travaux impeccables. Délais respectés Ecrire à Mlle Ch. BOURDEAUX 94, avenue Emile-Zola. 75015-Paris.

J.F., 18 ans, C.E.S. F8, rech. emploi **secrétaire** médico-sociale, ttes régions. URGENT. Ecrire au journal réf. 5562 B.

J.H., 26 ans, devant tenir crêperie, **cherche apprentissage** dans crêperie. **Rémunération** et région indifférentes. Ecrire journal ss. réf. 5562 D.

Secrétaire direction comptable anglais libre à 17 h 30. ch. **emploi le soir.** IZARD, 2 squ. P.-Bert, 92600-ASNIERES.

VENTES

URGENT, départ étranger. **Part., vend maison exception.**

NOTES DE VOCABULAIRE

a. The names of certain professions are always masculine, even though they are used to refer to both men and women. If the reference to women must be made explicit, the prefix **femme-** is used.

Mon professeur de français s'appelle Madame Smith.

Cette **femme-ingénieur** est remarquable.

Dans l'industrie française, il n'y a pas beaucoup de **femmes-cadres.**

b. After **être,** nouns designating professions are generally used without the indefinite article (**un, une, des**), except when these nouns are modified by an adjective or after **c'est (ce sont).**

Je suis **étudiant.**
Mon amie Françoise est **infirmière.**
Charles veut être **ingénieur.**

but: Le Docteur Caron est **un bon médecin.**
Voici M. Moreau. C'est **un avocat.**
C'est **un bon avocat.**

4. Questions personnelles

1. Est-ce que votre père travaille? Où? Que fait-il?
2. Est-ce que votre mère travaille? Où? Que fait-elle?
3. Voulez-vous être médecin? Pourqoui ou pourquoi pas?
4. Voulez-vous être avocat(e)? Pourquoi ou pourquoi pas?
5. Voulez-vous être professeur? Pourquoi ou pourquoi pas?
6. Voulez-vous être fonctionnaire? Pourquoi ou pourquoi pas?
7. Qu'est-ce que vous voulez faire plus tard?
8. Selon vous (*in your opinion*), quelle est la profession idéale?

5. Situation: Un nouveau métier

Les personnes suivantes ont un métier, mais elles désirent faire autre chose. Exprimez cela d'après le modèle.

▻ Nicole (infirmière / journaliste) *Nicole est infirmière. Elle veut être journaliste.*

1. Charles (fonctionnaire / médecin)
2. Sylvie (secrétaire / assistante sociale (*social worker*))
3. Nous (photographes / journalistes)
4. Vous (professeurs / acteurs)
5. Moi (ingénieur / avocat)
6. Toi (vendeur / ingénieur)

B. Le verbe devoir

The verb **devoir** (*to have to, to be supposed to, must*) is irregular.

infinitive	**devoir**
present	Je **dois** étudier. Tu **dois** préparer tes examens. Il / Elle **doit** passer un examen. Nous **devons** rentrer chez nous. Vous **devez** acheter ce livre. Ils / Elles **doivent** prendre de l'argent.
passé composé	**J'ai dû** téléphoner avant.

▶ **a. Devoir** + infinitive has several English equivalents.

Ce soir, je **dois** travailler.	*Tonight,* {*I* ***must*** / *I* ***have to*** / *I* ***am supposed to***} *work.*
Pierre **a dû** parler au professeur.	*Pierre* {***had to*** *talk* / ***must have*** *talked*} *to the teacher.*
Que **devez**-vous faire demain?	*What* {***must*** *you* / ***are*** *you* ***supposed to***} *do tomorrow?*

b. Devoir + noun means *to owe.*

Je **dois** de l'argent à Paul.	*I* ***owe*** *Paul money.*
Vous me **devez** une excuse.	*You* ***owe*** *me an apology.*

6. Dramatisation: Conseiller d'éducation (*Guidance counselor*)

Imaginez que vous êtes conseiller (conseillère) d'éducation. Des élèves de high school vous disent ce qu'ils veulent faire. Dites s'ils sont obligés ou non d'aller à l'université. Utilisez le verbe **devoir**.

▻ Paul veut être mécanicien. *Il ne doit pas aller à l'université.*
▻ Chantal veut être médecin. *Elle doit aller à l'université.*

1. Henri veut être professeur.
2. Monique veut être avocate.
3. Mes amis veulent être vendeurs.
4. Marc veut être photographe.
5. Sylvie et Brigitte veulent être vendeuses.
6. Jean-Philippe veut être chimiste.
7. Martine veut être pharmacienne.
8. Je veux être mécanicien.
9. Nous voulons être dentistes.
10. Nous voulons être pilotes.
11. Je veux être pharmacien.
12. Nous voulons être ingénieurs.

7. **Dettes** (*Debts*)

Paul a prêté de l'argent à ses amis. Dites combien chacun lui doit.

▻ Henri (100 francs) *Henri lui doit 100 francs.*

1. Marc (60 francs)
2. Gilbert (50 francs)
3. Moi (100 francs)
4. Nous (40 francs)
5. Vous (1000 francs)
6. Toi (200 francs)
7. Michel et François (150 francs)
8. Martin et Claude (300 francs)

8. **Questions personnelles**

1. A l'université, devez-vous beaucoup étudier? passer souvent des examens? réussir à vos examens? faire du sport?
2. Chez vous, devez-vous travailler? aider vos parents? faire la cuisine?
3. Pour les vacances prochaines, devez-vous trouver un job? Devez-vous travailler? Qu'est-ce que vous devez faire?
4. Avec votre meilleur(e) ami(e), devez-vous être tolérant(e)? patient(e)?
5. Avec vous, est-ce qu'on doit être patient? tolérant? calme? généreux?

9. **Situation: Avant l'examen**

Marc a invité des amis à une surprise-partie le jour avant l'examen. Personne n'a pu venir, car tout le monde a dû étudier. Exprimez cela d'après le modèle.

▻ Sylvie *Elle n'a pas pu venir. Elle a dû étudier.*

1. Robert
2. Anne et Monique
3. Nous
4. Vous
5. Chantal
6. Alain
7. Moi
8. Toi

VOUS AVEZ LA PAROLE: ***Votre profession future***

Dites ce que vous voulez faire plus tard (*later*). Dites ce qu'on peut faire, ce qu'on doit faire, ce qu'on ne peut pas faire et ce qu'on ne doit pas faire dans cette profession.

Exemple: Je veux être pilote. Quand on est pilote, on peut beaucoup voyager . . .

Phonétique

Les lettres **qu**

The letters **qu** almost always represent the consonant /k/. Remember that the sound /k/ in French is produced without a puff of air.

Mot-clé: **qu**el
Répétez: **Qu**ébec, **qu**estion, **qui**tter, **qu**and, **qu**'est-ce **que**

Quand as-tu quitté Québec?
Quelqu'un a répondu à la question.

Leçon vingt-six: Dans dix ans

Langue et culture

Deux filles et deux garçons parlent de l'avenir . . . Aujourd'hui ils ont vingt ans . . . Comment considèrent-ils leur existence dans dix ans?

ALBERT (étudiant): Je suis étudiant en médecine à Paris. Pour moi, l'existence ne présente pas de problème. Dans dix ans, je serai médecin. Je n'habiterai pas Paris. J'habiterai probablement la petite ville de province où mes parents ont leur maison.

MICHÈLE (secrétaire): Vraiment, je ne sais° pas où je serai dans dix ans. Je sais seulement ce que° je ne serai pas. Je ne serai pas millionnaire, je ne serai pas mariée et je ne serai plus secrétaire!

know
what

JACQUES (électricien): Aujourd'hui je travaille beaucoup et je ne suis pas bien payé. Voilà pourquoi je suis des cours° pour être programmateur. J'espère que dans dix ans mon existence sera différente. Avec un peu de chance, j'aurai un métier plus° intéressant qu'°aujourd'hui. Je travaillerai moins° et je gagnerai plus d'argent.

fais des études
more / than
less

MARTINE (étudiante): Aujourd'hui, je suis indépendante, libre°, comme° les filles de mon âge. Eh bien, quand j'aurai trente ans, je serai comme les autres femmes de trente ans. Je serai mariée. J'aurai deux enfants. J'aurai un mari° qui gagnera beaucoup d'argent. En été, nous passerons les vacances en Italie, ou en Grèce . . . En somme, je serai une affreuse° bourgeoise!°

free / like
husband
horrid / middle-class housewife

Renseignements culturels: Stabilité et mobilité

Pendant longtemps[1], la France est restée le pays de la stabilité. Stabilité politique: les gouvernements se succédaient[2] et se ressemblaient[3]. Stabilité économique et professionnelle: les enfants héritaient[4] de leurs parents non seulement la fortune mais aussi la profession. Stabilité géographique: on naissait[5], on se mariait[6] et on mourait[7] dans la même[8] ville.

Cette situation a beaucoup changé. Aujourd'hui, les Français se déplacent[9]. Ils quittent[10] leur ville ou leur village pour faire leurs études, pour se marier, pour travailler. Pourtant, la société française est beaucoup moins[11] mobile que[12] la société américaine. Il est rare, par exemple, qu'on change de profession et d'activité économique. On peut généralement prévoir[13] son avenir avec une assez grande certitude. Si on ne sait[14] pas où l'on sera dans dix ans, on sait cependant ce que[15] l'on fera!

1 *a long time* 2 *followed* 3 *resembled each other* 4 *inherited* 5 *was born* 6 *was married* 7 *died* 8 *same* 9 *move around* 10 *leave* 11 *less* 12 *than* 13 *foresee* 14 *know* 15 *what*

Structure et vocabulaire

MOTS UTILES: **L'avenir**

noms

l'avenir	*future*	la chance	*luck*
le hasard	*chance, fate*	l'occasion	*opportunity, chance*
un projet	*plan, project*		

expressions

avoir de la chance	*to be lucky*
avoir l'occasion (de)	*to have the chance (opportunity) to*
faire des projets	*to make plans*
cependant	*however*
par hasard	*by chance, accidentally*
pourtant	*nevertheless*
seulement	*only*

Proverbe Le hasard fait bien les choses. *Fate arranges things.*

1. Questions personnelles

1. Pensez-vous souvent à votre avenir?
2. Avez-vous des projets professionnels? Quels projets?
3. Faites-vous des projets pour les vacances? Quels projets?
4. En général, avez-vous de la chance? Ou est-ce que c'est seulement les autres qui ont de la chance?
5. Avez-vous souvent l'occasion de voyager? de parler français?
6. Un proverbe français dit que "le hasard fait bien les choses". Etes-vous d'accord avec ce proverbe? Expliquez.

A. Le futur: formation régulière

Contrast the sentences on the left, which are in the present tense, with those on the right, which are in the future tense. Note the forms of the verbs.

J'**habite** aux Etats-Unis.	L'année prochaine, j'**habiterai** en France.
Chantal **réussit** dans ses études.	Elle **réussira** dans sa profession.
Albert et Françoise se **rendent** à l'université.	Cet après-midi, ils se **rendront** en ville.

In French, the future is a simple tense, consisting of one word.

J'**habiterai** à Paris. { *I **will live** in Paris.* / *I **will be living** in Paris.* }

Note the following forms of the future tense of regular verbs in **-er**, **-ir**, **-re**.

-er	*-ir*	*-re*
étudier	**réussir**	**répondre**
j' étudier**ai**	je réussir**ai**	je répondr**ai**
tu étudier**as**	tu réussir**as**	tu répondr**as**
il / elle étudier**a**	il / elle réussir**a**	il / elle répondr**a**
nous étudier**ons**	nous réussir**ons**	nous répondr**ons**
vous étudier**ez**	vous réussir**ez**	vous répondr**ez**
ils / elles étudier**ont**	ils / elles réussir**ont**	ils / elles répondr**ont**

▶ **a.** For all verbs, irregular as well as regular, the *endings* of the future tense are the same:

-ai -as -a -ons -ez -ont

b. The stem of the future always ends in **-r.** For most regular verbs* and many irregular verbs, the future stem is the infinitive up to and including the last **-r.**

regular verbs		*irregular verbs*	
voyager	je **voyager**ai	boire	je **boir**ai
finir	je **finir**ai	mettre	je **mettr**ai
attendre	j'**attendr**ai	prendre	je **prendr**ai

c. The negative and interrogative sentences with future verbs are similar to constructions using the present tense.

Etudieras-tu demain? Non, je **n'étudierai pas.**

2. *Situation: Projets de vacances*

Un groupe d'étudiants français discutent de leurs projets de vacances. Certains voyageront et ne resteront pas chez eux. D'autres ne voyageront pas et resteront chez eux. Expliquez le projet de chacun, d'après le modèle.

▻ Martine (oui) *Martine voyagera. Elle ne restera pas en France.*
▻ Paul (non) *Paul ne voyagera pas. Il restera en France.*

1. Jacqueline (oui)
2. Michèle (non)
3. Bernard et André (oui)
4. Anne et Sophie (non)
5. Nous (oui)
6. Vous (oui)
7. Toi (non)
8. Moi (non)

3. *Dialogue*

Demandez à un(e) camarade s'il (si elle) va faire les choses suivantes pendant les vacances.

▻ travailler VOUS: *Est-ce que tu travailleras pendant les vacances?*
VOTRE CAMARADE: *Oui, je travaillerai.*
OU: *Non, je ne travaillerai pas.*

1. gagner de l'argent
2. étudier
3. voyager
4. jouer au tennis
5. s'amuser
6. rendre visite à sa famille
7. prendre des décisions importantes
8. réfléchir à l'avenir

* For **-er** verbs ending in **-yer**, the future stem ends in **-ier**:

payer je **paierai**

For **-er** verbs ending in **e** + consonant + **-er**, the future stem ends in:

	è + consonant + **-er**:	acheter	j'**achèter**ai
or	**e** + double consonant + **-er**:	appeler	j'**appeller**ai

4. Situation: Procrastination

Les étudiants suivants ont décidé de faire demain ce qu'ils doivent faire aujourd'hui. Pour exprimer cela, utilisez le futur du verbe en italique.

▷ Paul doit *finir* la leçon. *Il finira la leçon demain.*

1. Jacques doit *finir* ses exercices.
2. André et Chantal doivent *finir* leur composition.
3. Marc doit *répondre* à une lettre.
4. Suzanne et Brigitte doivent *répondre* à un télégramme.
5. Sylvie doit *se rendre* à la poste.
6. Pierre et Philippe doivent *se rendre* à l'université.
7. Henri doit *choisir* un cadeau (*gift*).
8. Monique et Thérèse doivent *choisir* des cadeaux.
9. Marie-Françoise doit *apprendre* un poème.
10. Françoise et Jean doivent *apprendre* leurs verbes.

*B. Le futur d'***être** *et d'***avoir**

The future stems of **être** and **avoir** are irregular.

infinitive	*future stem*	
être	**ser-**	je serai, tu seras, il sera, nous serons, vous serez, ils seront
avoir	**aur-**	j'aurai, tu auras, il aura, nous aurons, vous aurez, ils auront

▶ **a.** The future endings of **être** and **avoir** are the same as those of all other verbs.
b. As with all other verbs, the future stems of **être** and **avoir** end in **-r.**

5. Situation: La boule de cristal

Les personnes suivantes expriment leurs désirs. Dites qu'elles réussiront dans ces projets.

▷ Jacqueline veut être médecin. *Elle sera médecin.*

1. Paul veut être dentiste.
2. Jacques et François veulent être riches.
3. Françoise veut être indépendante.
4. Nous voulons être journalistes.
5. Je veux avoir un métier intéressant.
6. Vous voulez être avocat.
7. Tu veux avoir beaucoup d'amis.
8. Nous voulons avoir des responsabilités.
9. Monique veut avoir deux enfants.
10. Marc et Paul veulent avoir de l'argent.

6. Questions personnelles: Après le baccalauréat?

1. Continuerez-vous vos études? Où? Qu'est-ce que vous étudierez?
2. Habiterez-vous à la campagne? dans une petite ville? dans une grande ville?

3. Choisirez-vous une profession indépendante? intéressante? bien payée?
4. Travaillerez-vous dans une petite entreprise? dans une grande entreprise? pour le gouvernement?
5. Voyagerez-vous souvent? Où? Pourquoi?
6. Aurez-vous une activité sociale? politique? Quelle activité?

C. *L'usage du futur après* quand

Note the tense that is used after **quand** in the following sentences:

Quand j'aurai de l'argent, j'achèterai une voiture.	***When I have*** *money, I will buy a car.*
Quand je serai à Paris, je visiterai le Musée d'Art Moderne.	***When I am*** *in Paris, I will visit the Museum of Modern Art.*

In French, the future is used after **quand** (*when*) when the action of the main verb takes place in the future. It is also used after the expressions **lorsque** (*when*) and **dès que** (*as soon as*).

Je te téléphonerai, **lorsque je serai** à Paris.	*I will call you* ***when I am*** *in Paris.*
Téléphone-moi, **dès que tu seras** à Genève.	*Call me* ***as soon as you are*** *in Geneva.*

7. Situation: Avec de l'argent

Des amis discutent de leurs projets pour l'époque où ils auront de l'argent. Exprimez les intentions de chacun, d'aprés le modèle.

▻ Sylvie voyagera. *Quand elle aura de l'argent, Sylvie voyagera.*

1. Paul prendra des vacances.
2. Brigitte continuera ses études.
3. Charles changera de profession.
4. J'achèterai une voiture.
5. Pierre et André ne travailleront plus.
6. Nous achèterons une maison.
7. Vous habiterez à Paris.
8. Tu te marieras.

8. Situation: Visite aux Etats-Unis

Un groupe d'étudiants vont passer l'été aux Etats-Unis. Dites quelle ville chacun visitera quand il (elle) sera dans ce pays.

▻ Monique (Boston) *Quand elle sera aux Etats-Unis, Monique visitera Boston.*

1. Jean-Claude (San Francisco)
2. Isabelle (Atlanta)
3. Paul (Détroit)
4. Martine et Suzanne (Saint-Louis)
5. Nous (Philadelphie)
6. Vous (Phoenix)
7. Moi (Denver)
8. Toi (Cheyenne)

VOUS AVEZ LA PAROLE: ***Projets d'avenir***

Composez un paragraphe sur un des sujets suivants.

1. Quand j'aurai mon diplôme, . . .
2. Quand j'aurai 30 ans, . . .
3. Si je me marie, . . .
4. Si je gagne de l'argent, . . .
5. Si je ne trouve pas de travail après l'université, . . .
6. Si un jour je vais en France, . . .

Phonétique

La voyelle /ə/

In the middle of a word, the mute **e** /ə/ may be dropped when it occurs in the following sequence:

single consonant sound + /ə/ + single consonant sound + vowel

In slow speech, the /ə/ may be pronounced.

Compare:	*slow speech*	*fluent conversation*
	Jacqueline	Jacqu~~e~~line
	maintenant	maint~~e~~nant
	mon petit	mon p~~e~~tit
	j'habiterai	j'habit~~e~~rai
	nous écouterons	nous écout~~e~~rons
	vous voyagerez	vous voyag~~e~~rez

Répétez: Samedi, nous travaillerons avec Jacqueline.
Ce médecin habitera à Annecy.

Leçon vingt-sept: En cas d'échec*

Langue et culture

Polytechnique! Une école prestigieuse. Un concours très difficile. Cette année, il y aura 1500 candidats. Sur° ces 1500 candidats, 300 seulement seront reçus. Pour ceux-là°, l'existence° sera simple, facile, confortable. . . .

out of
those | *life*

D'abord, ils continueront leurs études pendant trois ans. Puis, ils recevront le fameux diplôme. Avec ce diplôme, ils trouveront facilement une situation° intéressante dans le commerce, dans l'industrie ou dans la finance. . . .

job

Oui, mais les autres? Les 1200 candidats qui ne seront pas reçus? Voilà comment quatre candidats ont répondu à la question: "Comment voyez-vous l'avenir, si vous ne réussissez pas cette année?"

ANNETTE (18 ans): Je veux réussir et je réussirai. Si ce n'est pas cette année, ce sera l'année prochaine. Je suis jeune. J'ai le temps.

PAUL (20 ans): Cette année, je vais passer trois concours. J'ai beaucoup travaillé et je crois que je serai reçu à Polytechnique. Si ce n'est pas là, ce sera à une autre école. . . .

* In case of failure

CHARLES (19 ans): Polytechnique, c'est surtout l'idée de mes parents. Si je réussis, tant mieux!° Si je ne réussis pas, ce ne sera pas une catastrophe. J'abandonnerai les études scientifiques. Je crois que je ferai du journalisme, ou bien je voyagerai. J'irai passer un an aux Etats-Unis. . . . Réussir dans ce qu'°on aime, c'est plus important que° réussir à Polytechnique.

fine

what / more important than

HENRI (21 ans): C'est la troisième année que je passe le concours. L'année prochaine, j'aurai 22 ans, je serai trop âgé°. Si je ne réussis pas cette année, ce sera terrible! Je ne vois pas ce que je ferai. Je n'y ai pas pensé. Avec de la chance, je suppose que je trouverai du travail dans un laboratoire.

vieux

Renseignements culturels: Polytechnique

L'Ecole Polytechnique est une des plus prestigieuses grandes écoles françaises. Son concours d'entrée est particulièrement difficile. En principe, Polytechnique est une école militaire. En réalité, c'est une école scientifique. Cela[1] ne signifie pas qu'elle forme[2] uniquement des ingénieurs. On trouve les polytechniciens (les élèves[3] de l'Ecole Polytechnique) aux plus hauts postes[4] du commerce, de la banque, de l'industrie, de l'administration et même de la politique.

Voici deux polytechniciens qui ont "réussi": Valéry Giscard d'Estaing, Président de la République; Jean-Jacques Servan-Schreiber, homme politique, écrivain[5], journaliste, fondateur[6] du journal l'EXPRESS.

(L'Ecole Polytechnique est longtemps[7] restée réservée aux garçons. En 1972, elle a ouvert[8] ses portes[9] aux filles. Cette année-là, c'est une jeune fille qui s'est classée première au fameux concours d'entrée.)

1 ça 2 *produces* 3 étudiants et étudiantes 4 *highest positions* 5 *writer* 6 *founder* 7 *for a long time* 8 *opened* 9 *doors*

Structure et vocabulaire

A. Futurs irréguliers

The following verbs, and the verbs derived from these verbs, have irregular future stems. Their endings, however, are regular. Note that all the stems end in **-r**.

infinitive	*future stem*	
aller	**ir-**	J'**irai** à Paris la semaine prochaine.
devoir	**devr-**	Tu **devras** prendre un passeport.
envoyer	**enverr-**	Je vous **enverrai** une lettre.
faire	**fer-**	Est-ce qu'il **fera** beau?
il faut	**il faudra**	Il **faudra** prendre des photos.
pouvoir	**pourr-**	Vous **pourrez** visiter le Louvre.
tenir	**tiendr-**	Quand **obtiendrons**-nous nos visas?
venir	**viendr-**	**Viendrez**-vous avec nous?
vouloir	**voudr-**	Mes cousins ne **voudront** pas venir avec nous.

1. Situation: La bourse "Fulbright"

Des étudiants américains ont obtenu une bourse "Fulbright" pour étudier en Europe. Dites où chacun ira. Utilisez le futur du verbe **aller**.

▻ Jacqueline (Berlin) *Jacqueline ira à Berlin.*

1. Paul et David (Paris)
2. Sarah (Bordeaux)
3. Linda et Betty (Amsterdam)
4. Henry (Rome)
5. Nous (Madrid)
6. Vous (Hambourg)
7. Moi (Vienne)
8. Toi (Heidelberg)

2. Situation: Avec le diplôme

Des étudiants discutent de leur avenir. Dites qu'avec leur diplôme, ils pourront alors faire ce qu'ils veulent faire. Utilisez le futur de **pouvoir**.

▻ Paul veut être professeur. *Avec son diplôme, il pourra être professeur.*

1. Nous voulons enseigner.
2. Je veux être interprète.
3. Tu veux travailler pour le gouvernement.
4. Jacques veut gagner de l'argent.
5. Sylvie et Brigitte veulent être médecins.
6. Hélène veut être assistante sociale (*social worker*).
7. Henri et Bernard veulent être moniteurs de ski (*ski instructors*).

3. Situation: Quand on veut . . .

Certaines personnes ont décidé de faire certaines choses. Dites que chacune réussira dans ses projets.

▻ Jacqueline veut aller en France. *Elle ira en France.*

1. Henri veut aller au Portugal.
2. Nous voulons aller en Grèce.
3. Charles veut devenir médecin.
4. Christine veut devenir avocate.
5. Nous voulons devenir dentistes.
6. Je veux obtenir mon diplôme.
7. Paul veut obtenir sa licence.
8. Robert veut faire de la politique.
9. Marc et François veulent faire du théâtre.
10. Nous voulons faire du cinéma.

MOTS UTILES: **Expressions de temps**

bientôt	*soon*	Je vous inviterai **bientôt**.
alors	*then, at that moment*	**Alors** nous irons au cinéma ensemble.
dans un moment dans un instant dans une minute	*in a while*	Je téléphonerai à Suzanne **dans un moment** (**dans un instant, dans une minute**).
à + (date)	*see you* + (*date*)	**A bientôt! Au revoir! A demain! A vendredi!**
toujours	*always, still*	Est-ce que Pierre est **toujours** là?
encore	*still, yet*	J'ai **encore** un examen.
ne . . . pas encore	*not yet*	Je **n'ai pas encore** travaillé.
déjà	*already*	Ma sœur a **déjà** ses diplômes.
de nouveau	*again*	Elle travaille **de nouveau**.

ÉCOLE UNIVERSELLE
par correspondance de Paris
59 à 67, Boulevard Exelmans - PARIS (16e)

NICE
Chemin de Fabron

LYON
11 et 12, Place Jules-Ferry

CARTE D'IMMATRICULATION
No E 239 309 571

Mademoiselle G. WHITCOMB
est inscrit au nombre des Elèves de **l'ÉCOLE UNIVERSELLE** par correspondance pour
Français et Latin de la classe de 6ème classique par cours complets
Paris, le 17 Janvier 1957

Signature de l'Elève :

4. Expression personnelle

Décrivez vos activités durant trois journées: hier, aujourd'hui et demain. Pour cela, composez un petit paragraphe avec des phrases commençant par les mots suivants.

1. hier matin
2. ensuite
3. puis
4. après
5. maintenant
6. bientôt
7. ensuite
8. après
9. demain
10. avant
11. après
12. alors

B. *Les verbes* voir *et* croire

The verbs **voir** (*to see*) and **croire** (*to believe, to think*) are irregular. Their conjugations follow similar patterns; only their future stems are not similar.

infinitive	**voir**	**croire**
present	Je **vois** un garçon. Tu **vois** une fille. Il / Elle **voit** un monsieur. Nous **voyons** une dame. Vous **voyez** une voiture. Ils / Elles **voient** une autre voiture.	Je **crois** que c'est Paul. Tu **crois** que c'est Sylvie. Il / Elle **croit** que c'est M. Dumas. Nous **croyons** que c'est notre professeur. Vous **croyez** que c'est ma voiture. Ils / Elles **croient** que c'est une Renault.
passé composé	j'**ai vu**	j'**ai cru**
futur	je **verrai**	je **croirai**

5. Situation: Qui est-ce?

Des étudiants sont dans un café. Ils voient quelqu'un dans la rue. Chacun croit que c'est une personne différente. Exprimez cela en deux phrases. Utilisez **voir** et **croire** d'après le modèle.

▻ Henri (C'est Paul.) *Henri voit quelqu'un. Il croit que c'est Paul.*

1. Jacqueline (C'est Alain.)
2. Georges (C'est le professeur de français.)
3. Hélène et Thérèse (C'est le professeur d'histoire.)
4. Michel et Marc (C'est un ami.)
5. Nous (C'est notre cousin.)
6. Vous (C'est un Américain.)
7. Toi (C'est un Anglais.)
8. Moi (C'est Jacques.)

6. Dialogue

Demandez à un(e) camarade s'il (si elle) a déjà vu les choses suivantes.

▻ des films français
VOUS: *As-tu déjà vu des films français?*
VOTRE CAMARADE: *Oui, j'ai déjà vu des films français.*
OU: *Non, je n'ai jamais vu de films français.*

1. Paris
2. des photos de Paris
3. New York
4. Washington
5. le Grand Canyon
6. la Maison Blanche
7. des photos de la Maison Blanche
8. des westerns
9. des comédies musicales
10. une pièce de théâtre française
11. des voitures françaises
12. une Rolls Royce

Tues.

C. *La conjonction* que

Note the use of the conjunction **que** in the following sentences.

Je pense **que** les diplômes ne sont pas importants.	*I think (**that**) diplomas are not important.*
Mon frère croit **que** les examens sont importants.	*My brother believes (**that**) exams are important.*
Je lui réponds **qu'**il a tort.	*I answer him (**that**) he is wrong.*

The conjunction **que** (**qu'**) connects two clauses. It must be used in French, although equivalent English sentences often omit the corresponding conjunction *that*.

7. Expression personnelle: Important ou non?

Selon vous, est-ce que les choses suivantes sont importantes ou non dans votre existence? Exprimez votre opinion en commençant vos phrases par **Je pense que. . . .**

▻ les examens *Je pense que les examens sont importants.*
ou: *Je pense que les examens ne sont pas importants.*

1. les diplômes
2. l'argent
3. le succès
4. le confort
5. la politique
6. l'amour (m.) (*love*)
7. l'amitié (f.) (*friendship*)
8. les responsabilités sociales
9. le problème de la pollution
10. les problèmes sociaux

8. Expression personnelle

Un étudiant français vient de passer une année aux Etats-Unis. Ce soir, il va vous parler de ses impressions. S'il vous dit les choses suivantes, comment allez-vous lui répondre?

▻ S'il vous dit que les vêtements américains sont trop chers? *Je lui répondrai qu'il a raison.*
ou: *Je lui répondrai qu'il a tort.*

1. S'il vous dit que les ingénieurs sont bien payés aux Etats-Unis?
2. S'il vous dit qu'il n'y a pas assez de médecins?
3. S'il vous dit que les Américaines se maquillent trop?
4. S'il vous dit que les examens sont trop faciles?
5. S'il vous dit que les voitures américaines sont trop grandes?
6. S'il vous dit que les émissions à la télé sont toujours très intéressantes?

9. Dialogue

Demandez à un(e) camarade s'il (si elle) croit qu'il (elle) fera les choses suivantes.

▻ Tu seras riche? VOUS: *Crois-tu que tu seras riche?*
VOTRE CAMARADE: *Oui, je crois que je serai riche.*
OU: *Non, je ne crois pas que je serai riche.*

1. Tu obtiendras ton diplôme?
2. Tu iras en Europe?
3. Tu trouveras un job intéressant?
4. Tu réussiras dans l'existence?
5. Tu auras des enfants?
6. Tu continueras tes études?
7. Tu seras heureux (heureuse)?
8. Tu auras beaucoup d'amis?

EXPRESSIONS POUR LA CONVERSATION: **L'opinion**

à mon avis	*in my opinion*	**A mon avis,** les examens sont inutiles.
selon d'après	*according to*	**Selon (d'après)** moi, la réforme de l'université est nécessaire.
je crois que	*I think, believe that*	**Je crois que** les gens aiment trop l'argent.
je pense que		**Je pense que** la société moderne est trop matérialiste.
je trouve que		**Je trouve que** la discrimination est un grand problème.
je suppose que	*I suppose that*	**Je suppose que** vous êtes d'accord avec moi.
j'ai l'impression que	*I have the impression that*	**J'ai l'impression que** vous êtes sérieux.
j'espère que	*I hope that*	**J'espère qu'**il y aura des réformes.
je comprends pourquoi	*I understand why*	**Je ne comprends pas pourquoi** ces réformes n'ont pas été faites.

10. Opinion personnelle

Etes-vous d'accord avec les opinions suivantes? Exprimez votre opinion personnelle en commençant vos phrases par l'une des expressions pour la conversation.

▻ La pollution est un problème. *Je pense que la pollution est un problème.*
ou: *Je trouve que la pollution n'est pas un problème.*

1. Les Américains sont matérialistes.
2. Le racisme est un problème sérieux.
3. Il y a beaucoup de discrimination contre (*against*) les femmes.
4. Les injustices sont nombreuses.
5. La tolérance est une grande vertu.
6. Les étudiants doivent faire de la politique.
7. Les hommes politiques doivent être honnêtes.
8. Nous avons besoin de plus de (*more*) femmes politiques.
9. Il est possible de réformer la société.
10. Le hasard fait bien les choses.

Tues.

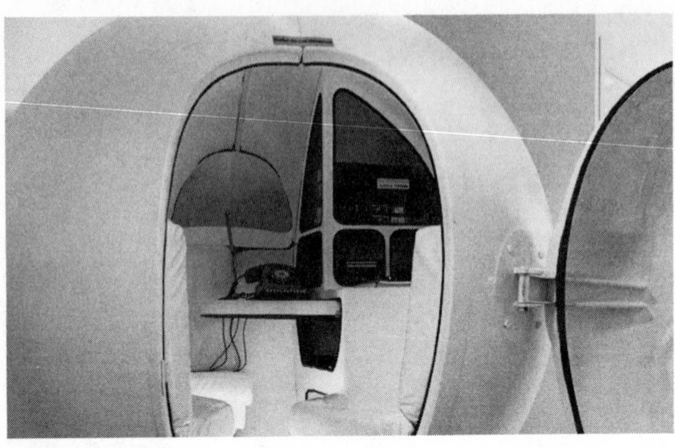

VOUS AVEZ LA PAROLE: ***L'an 2000***

Comment vous imaginez-vous l'avenir? Dites comment vous voyez les Etats-Unis en l'an 2000.

Phonétique

Les lettres on (*ou* om)

The letters **on** (or **om**) represent the nasal vowel /ɔ̃/, unless they are followed by a vowel or another **n** (or **m**). Be careful not to pronounce a /n/ or /m/ after the nasal vowel.

nasal /ɔ̃/	*non-nasal* /ɔn/, /ɔm/
m**on**	M**on**ique
b**on**	b**on**ne
s**on**t	s**om**mes
Yv**on**	Yv**on**ne
concours	**con**naître
comprendre	**com**merce
aband**on**	aband**on**ne

Répétez: Mon oncle Léon habite à Lyon.
Monique connaît Yvonne.

ROI DE DENIER

I.

ASTROFLASH HOROSCOPE
ASTROFLASH
ENTREZ
et demandez
à l'hôtesse
CEPTIONNEL!
VOTRE
OROSCOPE
10
english spoken

INSTANTANE

Votre Horoscope

On peut être rationnel, mais aussi superstitieux. On peut croire à la logique et croire à l'astrologie. Chaque° jour, des millions de Français, parfaitement° normaux et équilibrés°, consultent leur horoscope dans leur journal préféré.

every
absolument / *mentally sound*

Voici votre horoscope pour l'année prochaine.

Verseau (21 janvier - 19 février)

Vous aurez une année sans° grand problème, mais aussi sans surprise. Vous vous libérerez de certaines contraintes qui ont paralysé votre vie sociale. Sur le plan professionnel°, vous travaillerez beaucoup, et vous améliorerez° votre situation financière.

without
in the professional sphere
will improve

Poissons (20 février - 21 mars)

L'année ne commencera° pas très bien, surtout professionnellement. En mai, les choses s'arrangeront° pour vous. Vous ferez la connaissance d'une personne riche qui vous aidera. Votre vie sentimentale ne sera pas très excitante cette année. Vous rencontrerez une personne plus âgée° qui pourra avoir une influence sur vous. Un long voyage n'est pas impossible.

will begin
will get better
vieille

Bélier (22 mars - 20 avril)

Pendant la première partie de l'année, vous serez absorbé par vos occupations professionnelles et vous négligerez° vos amis. En mai, et probablement ensuite, vos relations familiales auront tendance à se détériorer. Cette situation cessera° en novembre. Vous résoudrez° alors vos problèmes et vos relations avec vos amis prendront une signification nouvelle.

will neglect
will end / *will resolve*

Taureau (21 avril - 21 mai)

Vous aurez des problèmes d'argent au début° de l'année. Cette situation s'arrangera ensuite, surtout si vous manifestez votre courage et votre ténacité habituels. Vous aurez une surprise en février. A partir de° mars, vous sortirez beaucoup. Vous rencontrerez des personnes qui vous seront utiles. Faites attention à vos relations avec vos associés° qui pourront se détériorer à la fin° de l'année.

beginning
beginning in
collègues et amis
end

Gémeau (22 mai - 21 juin)

L'année sera généralement bonne. Vous aurez une vie sentimentale intéressante. Des changements dans vos conditions de travail vous donneront une plus grande° indépendance. Vous ferez un achat° important au milieu° de l'année.

greater / *purchase*
in the middle

Cancer (22 juin - 23 juillet)

Le commencement° de l'année sera marqué par la résolution d'un problème qui vous a longtemps° troublé. Vous ferez un voyage, probablement en juin. Ce voyage sera peut-être un voyage intellectuel. Vous rencontrerez en effet des gens qui encourageront votre imagination et votre créativité.

beginning
for a long time

Lion (24 juillet - 23 août)

Un problème mineur continuera à vous préoccuper au début de l'année. N'y faites pas attention car ce problème n'aura pas de conséquences. Financièrement, l'année sera bonne, surtout après mai. A la fin de l'année, un important événement d'ordre° familial ou sentimental provoquera un changement dans vos habitudes.

in the area

Vierge (24 août - 23 septembre)

L'année vous sera généralement favorable. Un problème professionnel persistant disparaîtra° en avril. Attendez-vous° ensuite à un changement important. Vos relations familiales et sentimentales seront calmes et sereines. Votre situation financière s'améliorera en février ou en octobre.

s'en ira / *expect*

Balance (24 septembre – 23 octobre)

Vous aurez une vie sentimentale très active, surtout après avril. Vous ferez la connaissance d'une personne exceptionnelle. Vos conditions de travail s'amélioreront. En mai, un événement important affectera vos projets professionnels et augmentera° vos responsabilités.

will increase

Scorpion (24 octobre – 22 novembre)

Votre philosophie de l'existence changera considérablement pendant cette année. Vous deviendrez plus sérieux et vous prendrez des responsabilités nouvelles. Votre vie sentimentale s'améliorera en juin. Il y aura un grand changement dans votre vie en novembre, peut-être une rupture avec une personne qui vous est chère°.

dear

Sagittaire (23 novembre – 22 décembre)

Financièrement l'année ne sera pas spécialement bonne. Vous aurez en effet certains problèmes d'argent en mai. Ne faites pas d'investissements inutiles. Ces problèmes financiers seront compensés par une amélioration dans vos relations avec vos amis.

Capricorne (23 décembre – 20 janvier)

Sur le plan financier et professionnel, l'année sera calme, sauf° de mai à août où vous aurez peut-être une mauvaise surprise. Le début de l'année sera marqué par une certaine tension dans vos relations avec vos amis. Cette tension disparaîtra en avril. Sur le plan familial, l'année sera très bonne.

excepté

Questions sur la lecture

Dites si les phrases suivantes sont vraies ou fausses, d'après l'horoscope.

1. Si vous êtes Verseau, vous aurez une année financièrement intéressante.
2. Si vous êtes Poissons, vous aurez une vie sentimentale très active.
3. Si vous êtes Bélier, vous aurez des problèmes familiaux.
4. Si vous êtes Taureau, vous aurez des problèmes financiers.
5. Si vous êtes Gémeaux, vous serez plus indépendant professionnellement.
6. Si vous êtes Cancer, vous ferez un voyage.
7. Si vous êtes Lion, vous aurez des problèmes d'argent.
8. Si vous êtes Vierge, l'année prochaine sera bonne.
9. Si vous êtes Balance, vous aurez une vie sentimentale neutre.
10. Si vous êtes Scorpion, vous verrez certains changements.
11. Si vous êtes Sagittaire, vous aurez des problèmes financiers.
12. Si vous êtes Capricorne, vous changerez de profession.

Questions générales

1. Sous (*under*) quel signe êtes-vous né(e) (*born*)? Et votre père? votre mère? votre meilleur ami? votre meilleure amie?
2. Etes-vous superstitieux (superstitieuse)?
3. Consultez-vous votre horoscope dans le journal? Souvent? Parfois? Jamais?
4. Dans quels journaux et magazines américains peut-on consulter son horoscope?
5. Avez-vous déjà consulté une voyante (*fortune teller*)?
6. Selon vous, est-ce que les Américains sont superstitieux? Expliquez.

Débats

1. L'astrologie est une science sérieuse.
2. On ne peut rien faire contre sa destinée.

ENRICHISSEZ VOTRE VOCABULAIRE:

Verbes apparentés: *-ate* ↔ **-er**

Many English verbs that end in *-ate* have French equivalents in **-er**:

*liber**ate***	libér**er**
*compens**ate***	compens**er**
*deterior**ate***	détérior**er**

EXERCICE DE VOCABULAIRE

Cherchez les verbes qui sont dérivés des noms suivants. Ensuite, utilisez chaque verbe dans une phrase de votre choix.

1. appréciation
2. humiliation
3. rénovation
4. motivation
5. domination
6. opération
7. négociation
8. création

X MASCULIN/FEMININ

Leçon 28: Avez-vous de la personnalité?

Leçon 29: La condition féminine

Leçon 30: Hésitations

Document: La parole aux femmes

Instantané: Les femmes vues par les hommes

Objectives

Culture In France, the fight for women's recognition and women's rights has been carried forward not only by militant groups (such as the M.L.F. or **Mouvement de Libération des Femmes**), but also at the highest level of government by some very active female members of the French Cabinet. What role do women play in contemporary French society? What are their expectations? What do French men think of French women, of their status and of their fight for liberation? What are the attitudes of French men and women toward marriage and divorce? Answers to these and other questions are elaborated in this unit.

Structure Since women's status constitutes the main cultural topic of this unit, it seems natural at this point to review the feminine forms of the regular adjectives and to introduce irregular forms. This adjective base is then expanded with the study of two new forms, the *comparative* and the *superlative*. Finally, you will learn how to use relative pronouns in French.

Vocabulary The vocabulary contained in this chapter does not discriminate between men and women. It concerns the human personality in general. You will learn names of human qualities and new adjectives.

Communication Being able to handle all the forms of the French adjectives will help you develop your descriptive talents. The use of relative pronouns will expand your speaking and writing ability.

Leçon vingt-huit: Avez-vous de la personnalité?

Langue et culture

Répondez aux questions suivantes par oui ou non.

	les garçons	*les filles*	OUI	NON
1.	Etes-vous ambitieux?	Etes-vous ambitieuse?	☐	☐
2.	Etes-vous prétentieux?	Etes-vous prétentieuse?	☐	☐
3.	Etes-vous capricieux?	Etes-vous capricieuse?	☐	☐
4.	Etes-vous jaloux?	Etes-vous jalouse?	☐	☐
5.	Etes-vous impulsif?	Etes-vous impulsive?	☐	☐
6.	Etes-vous individualiste?	Etes-vous individualiste?	☐	☐
7.	Etes-vous sociable?	Etes-vous sociable?	☐	☐
8.	Etes-vous agressif?	Etes-vous agressive?	☐	☐
9.	Dites-vous à vos amis qu'ils sont ridicules quand ils sont ridicules?		☐	☐
10.	Dites-vous "non" quand vous avez envie de dire "non"?		☐	☐

Marquez un point par réponse positive.
Faites le total de vos points pour les questions 1, 5, 6, 7 et 10.
Si vous avez 3 points ou plus, oui, vous avez de la personnalité.
Faites le total de vos points pour les questions 2, 3, 4, 8 et 9.
Si vous avez 3 points ou plus, vous avez de la personnalité, mais vous avez aussi un caractère difficile. Avez-vous beaucoup d'amis?

Renseignements culturels: La personnalité

Avoir de la personnalité, c'est avoir une individualité marquée. Les Français attachent beaucoup d'importance au développement de la personnalité, qui est le but[1] de l'éducation.* On respecte, en effet, les personnes originales[2], même si elles sont excentriques, égoïstes ou asociales. On oublie les personnes sans personnalité, même si elles ont bon caractère.

1 *goal* 2 qui ont des idées originales

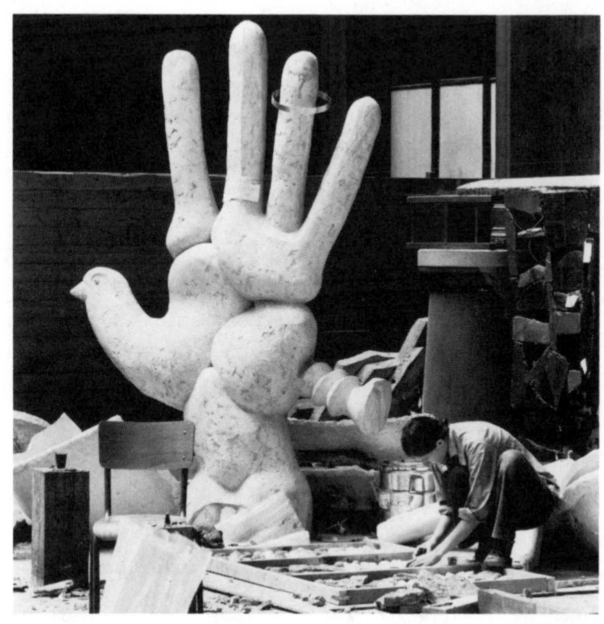

Structure et vocabulaire

MOTS UTILES: **La personnalité**

le caractère	*personality, character; nature*	une qualité	*quality; strong feature*
avoir du caractère	*to have character, strength of character*	une personnalité	*character (person); important person*
avoir bon caractère	*to be good-natured*	la personnalité	*personality; individuality*
avoir mauvais caractère	*to have a bad temper*	avoir de la personnalité	*to have personality*
un défaut	*drawback weakness*		

* En France, on fait la distinction entre (*between*) instruction et éducation. L'instruction consiste à développer les connaissances (*knowledge*): traditionnellement c'est la responsabilité des écoles. L'éducation consiste à former la personnalité: par tradition, c'est la responsabilité de la famille.

1. *Questions personnelles*

1. Avez-vous du caractère?
2. Avez-vous bon ou mauvais caractère?
3. Est-ce que vos professeurs ont bon caractère?
4. Admirez-vous les gens qui ont de la personnalité?
5. Aimez-vous la compagnie des gens qui ont trop de personnalité?
6. Quelle est la personnalité politique que vous admirez le plus (*the most*)?

A. *Les adjectifs réguliers (révision)*

Note the forms of the adjectives in the sentences below.

J'ai un ami **calme** et **patient.**	J'ai une amie **calme** et **patiente.**
J'ai des amis **calmes** et **patients.**	J'ai des amies **calmes** et **patientes.**

▶ **a.** The feminine form of a regular adjective is formed by adding an **-e** to the masculine. When the masculine form already ends in **-e**, the feminine and masculine forms are the same.

b. The plural form of a regular adjective is formed by adding an **-s** to the corresponding singular form. If the singular masculine form ends in **-s** or **-x**, the singular and plural forms are the same.

Paul est **français.** Henri et Alain sont **français** aussi.

2. *Expression personnelle: Votre meilleure amie*

Faites le portrait de votre meilleure amie. Pour cela, utilisez l'un des adjectifs suivants et mettez-le au féminin. Si vous voulez, utilisez un adverbe.

▷ patient / impatient — *Mon amie est très patiente.*
ou: *Mon amie est souvent impatiente.*

1. optimiste / pessimiste	4. obstiné / docile	7. calme / agité
2. timide / dynamique	5. prudent / imprudent	8. intelligent / stupide
3. tolérant / intolérant	6. spontané / réservé	9. sincère / affecté

B. *Les adjectifs en* **-eux**

Note the various forms of the adjective **sérieux.**

Paul estséri**eux.**	Sa sœur est séri**euse** aussi.
Mes cousins sont séri**eux.**	Mes cousines ne sont pas séri**euses.**

▶ **a.** Adjectives that end in **-eux** in the masculine end in **-euse** in the feminine.

b. Most adjectives that end in **-eux** refer to attitudes or personality traits. They often correspond to English adjectives in *-ous.*

nerv**eux** *nervous* ambiti**eux** *ambitious*

MOTS UTILES: Adjectifs non-apparentés en *-eux*

amoureux (amoureuse)	*in love*	Paul est **amoureux** de Brigitte.
ennuyeux (ennuyeuse)	*boring*	Je n'aime pas les gens **ennuyeux.**
heureux (heureuse)	*happy, fortunate*	Etes-vous **heureux** d'aller à l'université?
malheureux (malheureuse)	*unhappy, unfortunate*	Quand on n'a pas d'amis, on est **malheureux.**
nombreux (nombreuse)*	*numerous*	J'ai de **nombreux** amis en France.
paresseux (paresseuse)	*lazy*	Le professeur n'aime pas les élèves **paresseux.**

* Note the use of **de** when **nombreux** precedes the noun:

Mes qualités sont **nombreuses.** J'ai **de nombreuses** qualités.

3. Situation: Les jumeaux (*Twins*)

Les personnes suivantes ont des jumeaux qui leur ressemblent. Décrivez-les.

▷ Charles est sérieux. (Charlotte) *Charlotte est sérieuse aussi.*

1. Jean est nerveux. (Jeanne)
2. Jacques est paresseux. (Jacqueline)
3. Daniel est méticuleux. (Danièle)
4. Michel est joyeux. (Michèle)
5. Bernard est ennuyeux. (Bernadette)
6. Paul est ambitieux. (Pauline)
7. Renée est curieuse. (René)
8. Elisabeth est superstitieuse. (Jacques et Albert)
9. Irène est courageuse. (Charles et François)
10. Annie est généreuse. (Jean-Marc)

C. Adjectifs féminins irréguliers

Adjectives with the following masculine endings have predictable feminine forms.

masculine	*feminine*		*masculine*	*feminine*	
-on	-onne	b**on**, b**onne**	-el	-elle	cru**el**, cru**elle**
-en	-enne	canadi**en**, canadi**enne**	-eur	-euse	travaill**eur**, travaill**euse** (*hard-working*)
-if	-ive	act**if**, act**ive**			
-er	-ère	ch**er**, ch**ère** (*dear, expensive*)	-teur	-trice	conserva**teur**, conserva**trice**
-et	-ette	coqu**et**, coqu**ette** (*stylish*)			
	-ète	indiscr**et**, indiscr**ète**			

4. *Situation: Ressemblances*

Les étudiants suivants ont des amies qui leur ressemblent. Exprimez cela d'après le modèle.

▻ Jacques est canadien. *Il a une amie canadienne.*

1. Paul est italien.
2. François est musicien.
3. Philippe est sportif.
4. Marc est intellectuel.
5. Michel est très ponctuel.
6. Jean-Pierre est naturel.
7. Jean-Jacques est discret.
8. Henri est intuitif.
9. Max est coquet.
10. Robert est très travailleur.
11. Alain est inquiet (*worried*).
12. Eric est irrationnel.

5. *Expression personnelle*

Voici quelques adjectifs de personnalité. Dites si vous aimez ou non les personnes qui ont ces qualités ou ces défauts. Attention: le mot **personne** est féminin.

▻ imaginatif *J'aime les personnes imaginatives.*
ou: *Je n'aime pas les personnes imaginatives.*

1. impulsif
2. actif
3. naïf
4. démonstratif
5. secret
6. indiscret
7. travailleur
8. rationnel
9. destructeur
10. conservateur
11. cruel
12. superficiel

D. Le pluriel des mots en -al

Note the plural form of the words ending in **-al**.

En semaine, j'achète un journ**al**.	Le dimanche, j'achète deux journ**aux**.
Paul est un garçon origin**al**.	Il a des amis origin**aux**.

Most nouns that end in **-al** in the singular are masculine and end in **-aux** in the plural.

Most adjectives that end in **-al** in the masculine singular end in **-aux** in the masculine plural.

▶ In the feminine, these adjectives are regular.

Michèle est une fille origin**ale**. Elle a des idées origin**ales**.

6. *Expression personnelle*

Les adjectifs suivants peuvent s'appliquer aux gens (adjectifs 1 à 6) ou aux idées (adjectifs 7 à 12). Dites si vous respectez ces gens et ces idées. Attention: **gens** est un nom masculin; **idée** est un nom féminin.

▻ original — *Je respecte les gens originaux.*
ou: *Je ne respecte pas les gens originaux.*
▻ original — *Je respecte les idées originales.*

1. loyal
2. génial (*bright*)
3. libéral
4. brutal
5. normal
6. sentimental
7. radical
8. impartial
9. social
10. général
11. génial
12. libéral

E. Les verbes dire, lire *et* écrire

The verbs **dire** (*to say, to tell*), **lire** (*to read*), and **écrire** (*to write*) are irregular.

infinitive	**dire**	**lire**	**écrire**
présent	Je **dis** que j'ai raison. Tu **dis** que j'ai tort. Il **dit** que c'est vrai. Nous **disons** que c'est faux. Vous **dites** des choses stupides. Ils **disent** des choses vraies.	Je **lis** un livre. Tu **lis** le journal. Elle **lit** un roman. Nous **lisons** un magazine. Vous **lisez** une annonce. Ils **lisent** une lettre.	J' **écris** une lettre. Tu **écris** à un ami. Il **écrit** à une amie. Nous **écrivons** un poème. Vous **écrivez** un roman. Ils **écrivent** à leur oncle.
future	Je **dirai** la vérité (*truth*).	Je **lirai** ce poème.	J'**écrirai** à mes parents.
passé composé	**J'ai dit** un mensonge (*lie*).	**J'ai lu** ce journal.	**J'ai écrit** à mon ami.

Elire (*to elect*) is conjugated like **lire**.

Contredire (*to contradict*) and **prédire** (*to predict*) are conjugated like **dire**, except in the **vous**-form:

Vous me contre**disez**. Qu'est-ce que vous pré**disez**?

Décrire (*to describe*) is conjugated like **écrire**.

7. *Questions personnelles*

1. Lisez-vous beaucoup?
2. Dans un journal, lisez-vous l'horoscope? les bandes dessinées? la page des sports? le programme de télé? les petites annonces?
3. Quels journaux lisez-vous? Quels magazines lisez-vous?
4. Lisez-vous des romans policiers?
5. Contredisez-vous souvent vos parents? vos amis? vos amies? vos professeurs?
6. Aimez-vous écrire?
7. Ecrivez-vous souvent à vos amis? à vos grands-parents? à vos cousins?
8. Avez-vous déjà écrit des poèmes? un roman? des contes (*short stories*)?
9. Pouvez-vous prédire le temps qu'il fera ce week-end?

8. Situation: Oui ou non?

Est-ce que les filles sont plus intelligentes que les garçons? Sur cette question, les opinions sont différentes. Exprimez l'opinion des personnes suivantes en utilisant le verbe **dire**.

▷ Annette (c'est vrai) *Annette dit que c'est vrai.*

1. Paul (c'est faux)
2. Charles (c'est possible)
3. Michèle et Denise (c'est certain)
4. André et Jacques (c'est probable)
5. Nous (c'est vrai)
6. Vous (c'est faux)
7. Moi (c'est absurde)
8. Toi (c'est évident)

9. Substitution

Remplacez les mots en italique par les mots entre parenthèses. Faites les changements nécessaires.

1. *Paul* lit un magazine français. (je, nous, vous, les étudiants, le professeur)
2. *Henri* écrit à Annette. (nous, vous, mes amis, je, tu)
3. Qu'est-ce que *tu* dis? (le professeur, vous, les amis)
4. Est-ce que *les étudiants* contredisent souvent le professeur? (tu, vous, Paul)
5. Qui *a écrit* ça? (dire, lire, décrire, prédire)
6. Je *dirai* ça à mes amis. (écrire, lire, décrire, prédire)
7. Qu'est-ce que vous *écrivez*? (lire, dire, décrire)

VOUS AVEZ LA PAROLE: ***Portraits***

1. Faites le portrait d'une femme que vous connaissez (*know*) bien.
2. Faites le portrait de la femme idéale.

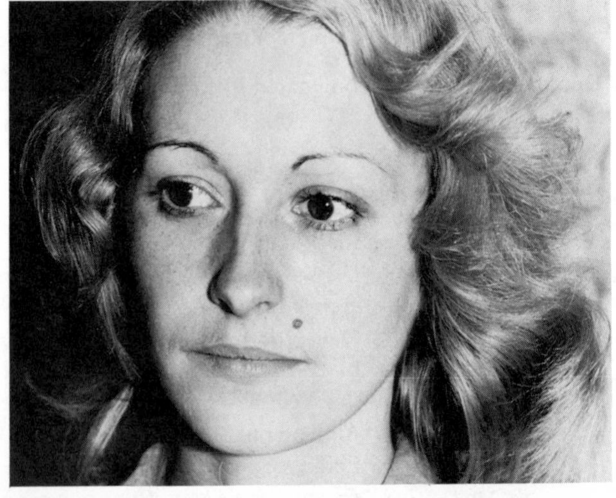

Phonétique

Les lettres an *(ou* am*)*

The group of letters **an** (or **am**) represents the nasal vowel /ɑ̃/ unless it is followed by a vowel or another **n** (or **m**). Be careful not to pronounce an /n/, /m/ after /ɑ̃/.

Contrast:	*nasal* /ɑ̃/	*non-nasal* /an/, /am/
	an	**an**née
		Anne
	pays**an**	pays**ann**e
	Je**an**	Je**ann**e
	Ad**am**	Mad**am**e
	f**an**tastique	f**am**eux

Répétez: Jean est en vacances en France.
Cette année Anne va au Canada.

Leçon vingt-neuf: La condition féminine

Langue et culture

En France comme aux Etats-Unis, les femmes ont pris conscience° de leur existence et de leur personnalité. Des mouvements féministes comme le M.L.F. (Mouvement de Libération des Femmes) réclament° une plus grande liberté, une plus grande justice pour la femme. Quelle est donc° la condition de la femme française vis-à-vis de l'homme? Est-elle comparable à la condition de la femme américaine ou est-elle différente? A ce sujet, voilà huit questions. A votre avis, quelles sont les réponses?

become aware
demandent
alors

1. En France, les femmes sont-elles plus ou moins nombreuses que les hommes?
2. En France, les filles sont-elles plus ou moins intelligentes que les garçons?
3. En France, les salaires féminins sont-ils aussi élevés que les salaires masculins?
4. En France, les femmes-professeurs ont-elles plus ou moins de diplômes que les hommes?
5. En France, les femmes-ingénieurs sont-elles mieux ou moins bien qualifiées que les hommes?
6. Y a-t-il plus ou moins de femmes-avocats en France qu'aux Etats-Unis?
7. Y a-t-il plus ou moins de femmes-professeurs en France qu'aux Etats-Unis?
8. Est-ce en France que la proportion de femmes-médecins est la plus élevée?

Vous trouverez les réponses à ces questions dans les renseignements culturels.

Renseignements culturels: Les femmes

Voici les réponses aux questions de la page précédente.

1. Elles sont plus nombreuses. La majorité des Français (51,3%[1]) sont en fait des Françaises.
2. Elles sont peut-être plus studieuses. Le fait[2] est que les filles obtiennent leurs diplômes avant les garçons.
3. Non. Les femmes sont désavantagées. Une employée gagne 23% de moins qu'un employé. Une ouvrière gagne 32% de moins qu'un ouvrier. Un cadre supérieur féminin gagne 34% de moins qu'un cadre supérieur masculin.
4. Elles ont plus de diplômes. Dans l'enseignement secondaire, 40% des femmes ont la licence. Cette proportion est seulement de 30% pour les hommes.
5. Elles sont mieux[3] qualifiées. 63% des femmes-ingénieurs ont un diplôme supérieur contre[4] 56% pour les hommes.
6. Sur[5] 100 avocats, il y a 19 femmes en France et 3 aux Etats-Unis.
7. La proportion est pratiquement identique en France et aux Etats-Unis: 20% contre 22%.
8. Non, c'est en Union Soviétique où 76% des médecins sont des femmes. Cette proportion est de 22% en France et de 6% aux Etats-Unis.

1 pour cent 2 *fact* 3 *better* 4 *as opposed to* 5 *out of*

Structure et vocabulaire

MOTS UTILES: **Comparaisons**

comme	*like*	Ma sœur est étudiante **comme** moi.
jeune / âgé	*young / old*	Mon grand-père est très **âgé**.
bas (basse) / {élevé, haut}	*low / high*	Les salaires sont **bas** ici.
petit / grand	*small / large*	Le nombre de femmes-avocats n'est pas **grand**.
court / long (longue)	*short / long*	Nos vacances sont trop **courtes**.
même	*same*	Est-ce que les femmes ont le **même** salaire que les hommes?

NOTE DE VOCABULAIRE

There is no liaison or elision before **haut**.

Mon père est un haut fonctionnaire dans le gouvernement.
La haute opinion que vous avez de cette personne n'est pas justifiée.

A. Les comparaisons avec les adjectifs et les adverbes

In the following sentences comparisons are expressed. Note the words which come before and after the adjectives.

Je suis **plus** prudent **que** mes amis.	*I am **more** careful **than** my friends.*
Je suis **plus** jeune **que** mon frère.	*I am young**er** **than** my brother.*
Je suis **aussi** intelligent **que** lui.	*I am **as** intelligent **as** he is.*
Je suis **moins** tolérant **que** mes amis.	*I am **less** tolerant **than** my friends.*

When comparisons are made with adjectives, the following constructions are used:

$$\left.\begin{matrix}[>]\ \textbf{plus}\\ [=]\ \textbf{aussi}\\ [<]\ \textbf{moins}\end{matrix}\right\} + \left\{\begin{matrix}\text{adjective}\\ \text{or}\\ \text{adverb}\end{matrix}\right\} + \textbf{que}$$

▶ **a.** The adjective in a comparison agrees in gender and number with the noun or pronoun it modifies.

Paul est plus **tolérant** que Marie.
Jacqueline et **Renée** sont plus **tolérantes** que Paul.

b. The above comparisons may also be made with adverbs.

Je travaille **plus sérieusement que** mon frère, mais **moins sérieusement que** ma sœur.

c. Stress pronouns are used after **que**.

J'ai un ami. Il est plus âgé que **moi**, mais je suis plus grand que **lui**.

d. Note the following irregular comparative forms:

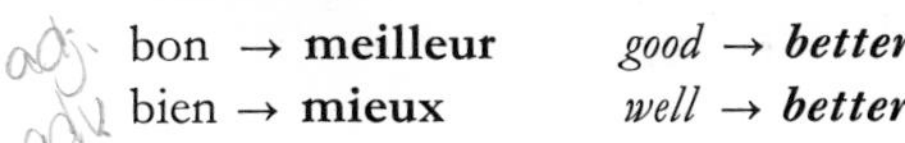

bon → **meilleur** *good* → ***better***
bien → **mieux** *well* → ***better***

Jacques a de **bonnes** notes parce qu'il travaille **bien**.
J'ai de **meilleures** notes parce que je travaille **mieux**.

1. Dramatisation: Chauvinisme

Bob est américain. Jacqueline est française. Bob déclare que les Américains sont supérieurs aux Français. Jacqueline n'est pas d'accord. Jouez le rôle de Bob et de Jacqueline d'après le modèle.

▻ dynamique BOB: *Les Américains sont plus dynamiques que les Français.*
JACQUELINE: *Ce n'est pas vrai! Ils sont moins dynamiques.*

1. courageux
2. réaliste
3. pratique
4. romantique
5. sportif
6. sérieux
7. travailleur
8. intelligent
9. cultivé
10. libéral
11. ingénieux
12. naturel

2. Questions personnelles

1. Avez-vous un frère? Etes-vous plus âgé(e) que lui? plus riche? plus sportif (sportive)? plus grand(e)? plus sérieux (sérieuse)? plus ambitieux (ambitieuse)?
2. Avez-vous une sœur? Etes-vous plus âgé(e) qu'elle? plus grand(e)? plus riche? plus sportif (sportive)? plus généreux (généreuse)? plus indépendant(e)? plus dynamique? plus ambitieux (ambitieuse)?
3. Etes-vous plus libéral(e) ou plus conservateur (conservatrice) que vos parents? Etes-vous plus tolérant(e) qu'eux? plus sincère? moins égoïste? mieux éduqué(e)?
4. Etes-vous plus âgé(e) que votre meilleur(e) ami(e)? plus réaliste? plus sérieux (sérieuse)?

3. Expression personnelle

Voici certains adjectifs de personnalité. Utilisez ces adjectifs pour comparer les filles et les garçons. Exprimez votre opinion personnelle.

▻ généreux *Les filles sont plus (moins, aussi) généreuses que les garçons.*

1. patient
2. obstiné
3. courageux
4. imaginatif
5. intuitif
6. sensible (*sensitive*)
7. sensé (*sensible*)
8. actif
9. intelligent
10. idéaliste
11. conservateur
12. travailleur

B. *Les comparaisons avec les noms*

Note the comparative construction used in the sentences below.

J'ai **plus de** loisirs **que** mon frère.	*I have* ***more*** *leisure time* ***than*** *my brother.*
J'ai **autant d'**amis **que** lui.	*I have* ***as many*** *friends* ***as*** *he does.*
J'ai **moins d'**argent **que** lui.	*I have* ***less*** *money* ***than*** *he does.*

When comparisons are made with nouns, the following constructions are used:

[>] **plus de**
[=] **autant de** } + noun + **que**
[<] **moins de**

▶ After **que**, a stress pronoun is used.

● In comparisons with nouns, the word **plus** is pronounced /plys/.

4. *Situation: Problème financier*

Jacques a 100 francs. Dites si Jacques a plus, autant ou moins d'argent que ses amis. Utilisez un pronom accentué, d'après le modèle.

▷ Albert et Paul ont 200 francs. *Jacques a moins d'argent qu'eux.*

1. Marie a 50 francs.
2. Jacqueline a 150 francs.
3. Suzanne a 100 francs.
4. Henri a 80 francs.
5. François a 120 francs.
6. Nous avons 60 francs.
7. Vous avez 70 francs.
8. Tu as 300 francs.
9. J'ai 400 francs.
10. Pierre et Antoine ont 100 francs.

5. *Dialogue*

Demandez à un(e) camarade de se comparer avec son meilleur ami (ou sa meilleure amie) en utilisant les noms suivants.

▷ la patience
VOUS: *As-tu plus de patience que ton (ta) meilleur(e) ami(e)?*
VOTRE CAMARADE: *Oui, j'ai plus de patience que lui (qu'elle).*
OU: *Non, j'ai moins (autant) de patience que lui (qu'elle).*

1. les vacances
2. les examens
3. les loisirs
4. les amis
5. les amies
6. le temps libre (*free time*)
7. le bon sens (*common sense*)
8. le tact

C. *Le superlatif des adjectifs et des adverbes*

Note the superlative constructions in heavy print in the following sentences:

Robert est le garçon **le plus sportif de** la classe.	*Robert is **the most athletic** boy in the class.*
Paul est le garçon **le plus drôle de** la classe.	*Paul is **the funniest** boy in the class.*
Anne est la fille **la plus intelligente** de la classe.	*Anne is **the most intelligent** girl in the class.*
Claire est la fille **la moins intelligente** de la classe.	*Claire is **the least intelligent** girl in the class.*
Henri et Eric sont les garçons **les plus actifs** de notre club.	*Henri and Eric are **the most active** boys in our club.*
Sophie et Yvette sont les filles **les moins égoïstes** de notre groupe.	*Sophie and Yvette are **the least self-centered** girls in our group.*

In superlative constructions, one or several persons or things are compared to other persons or things of a group. The following construction is used:

{ **le (la, les) plus** / **le (la, les) moins** } + { adjective / or adverb } + **de** (name of group)

a. In a superlative construction, the position of the adjective is the same as in a simple construction. If the adjective normally follows the noun, the superlative construction likewise follows the noun. Similarly, if the adjective normally precedes the noun, the superlative construction does also.

Voici une maison **moderne.**	C'est la maison **la plus moderne** de la ville.
Voici une **belle** maison.	C'est **la plus belle** maison de la ville.

b. The preposition **de** after a superlative construction often corresponds to the English equivalent *in*.

c. The construction **le plus** and **le moins** + adverb is invariable.

J'ai des amis.	C'est Paul qui travaille **le plus** sérieusement.
J'ai des amies.	C'est avec Françoise que je sors **le plus** souvent.

d. Note the following irregular superlative forms:

bon → **le meilleur**	C'est Annie **la meilleure** athlète **de** la classe.
bien → **le mieux**	C'est elle qui joue **le mieux** au tennis.

6. *Situation: Au Syndicat d'Initiative* (*At the tourist bureau*)

Imaginez que vous visitez une ville française. Vous allez au Syndicat d'Initiative et vous demandez où sont les choses les plus intéressantes à voir.

▷ le monument *Où est le monument le plus intéressant?*

1. la rue
2. l'église
3. le parc
4. le musée
5. le restaurant
6. les magasins
7. les maisons
8. le quartier (*district*)
9. les boutiques

7. Expression personnelle

D'après vous, quelle est la personnalité la plus remarquable et la moins remarquable dans les catégories suivantes.

▻ l'acteur *L'acteur le plus remarquable est . . .*
L'acteur le moins remarquable est . . .

1. l'actrice
2. le comédien
3. la comédienne
4. l'artiste
5. le chanteur
6. la chanteuse
7. le président
8. le sénateur
9. le personnage historique

MOTS UTILES: **Sentiments** (*feelings*) **et qualités**

l'amour	*love*	l'amitié	*friendship*
le bon sens	*common sense*	l'honnêteté	*honesty*
le courage		l'intelligence	
l'humour		la justice	
		la richesse	*wealth*
		la sincérité	
		la tolérance	

8. Expression personnelle

Dites quelle est, selon vous, la qualité la plus importante chez les personnes suivantes. Utilisez l'un des MOTS UTILES ci-dessus.

▻ chez un ami *Chez un ami, la qualité la plus importante est (la sincérité).*

1. chez une amie
2. chez un professeur
3. chez une personnalité politique
4. chez les parents
5. chez un patron
6. chez le président des Etats-Unis

D. Le superlatif avec les noms

Note the superlative constructions in the sentences below.

J'ai trois amies. {
C'est Michèle qui a **le plus de bon sens.**
C'est Monique qui a **le plus d'idées.**
C'est Caroline qui a **le moins d'humour.**

Superlative constructions with nouns have the following pattern:

le plus de } + noun
le moins de }

▶ In the above constructions, **le plus** and **le moins** are invariable, that is, they remain in the masculine singular form.

● In superlative constructions, the word **plus** is pronounced /plys/.

9. *Dialogue*

Demandez à un(e) camarade qui est la personne de sa famille ou de son dortoir qui a le plus des choses suivantes.

▻ les vacances — VOUS: *Qui a le plus de vacances?*
VOTRE CAMARADE: *C'est moi (mon frère, mon meilleur ami).*

1. les idées
2. les loisirs
3. les livres
4. les disques
5. la patience
6. l'intuition
7. le bon sens
8. l'imagination

VOUS AVEZ LA PAROLE: ***Commentaires***

1. Comparez les Américains du Nord et les Américains du Sud.
2. Imaginez que vous avez le choix (*choice*) d'habiter en France ou aux Etats-Unis. Expliquez votre choix.
3. Est-ce qu'il y a une discrimination contre (*against*) les femmes aux Etats-Unis? Expliquez comment.

Phonétique

Les lettres in *(ou* im*),* ain *(ou* aim*)*

The groups of letters **in** (or **im**), **ain** (or **aim**) represent the nasal vowel /ɛ̃/, except when followed by a vowel or by another **n** (or **m**). Be careful not to pronounce an /n/ or /m/ after /ɛ̃/.

Contrast:	*nasal* /ɛ̃/	*non-nasal* /in/, /im/
	mascul**in**	mascul**ine**
	fémin**in**	fémin**ine**
	médec**in**	médec**ine**
	important	**imm**édiat
	nasal /ɛ̃/	*non-nasal* /ɛn/
	améric**ain**	améric**aine**
	Sylv**ain**	Sylv**aine**

Répétez: Alain est un médecin canadien.
Sylvaine a une cousine américaine.

Leçon trente: Hésitations

Langue et culture

Hier Paul a demandé à Christine de l'épouser.

Christine hésite. Pourtant, Paul est le garçon qu'elle aime et qui l'aime. C'est bien lui le garçon qu'elle a décidé d'épouser un jour.... Un jour, mais pas immédiatement!

Avant, Christine veut finir le diplôme qu'elle prépare.... Le mariage est une chose qui peut attendre.

Sur ce point, il y a une autre personne qui n'est pas d'accord° avec Christine: sa mère! *does not agree*

— Tu es amoureuse d'un garçon qui t'aime et qui veut t'épouser... Marie-toi maintenant... Moi, je me suis mariée à dix-huit ans, et je ne le° regrette pas! *it*

— Peut-être! Mais moi, j'ai des amies qui se sont mariées jeunes et qui maintenant le regrettent!

— Pourquoi?

— Parce qu'il y a beaucoup de choses qu'elles voulaient° faire et qu'elles n'ont pas pu faire. *wanted*

— Alors°? *so*

— Alors, je vais probablement attendre! Après tout°, ce n'est pas un déshonneur d'avoir vingt ans et de ne pas être mariée! *all*

Renseignements culturels: Les Français et le mariage

Si pour beaucoup de jeunes Français le mariage représente la décision la plus importante de l'existence, c'est rarement la "grande aventure". En effet, les garçons et les filles qui se marient se connaissent[1] généralement depuis longtemps[2] (souvent depuis des années). Ils ont la même religion, le même niveau[3] d'instruction. Souvent, ils appartiennent au même milieu social et économique.

Avant le mariage, les futurs époux doivent accomplir un certain nombre de formalités administratives (examen médical, publication des bans[4] du mariage, etc. . . .). Le mariage est ensuite célébré à la mairie, et une deuxième fois[5] à l'église (si les époux veulent avoir un mariage religieux). Le caractère très officiel et très sérieux du mariage explique sans doute[6] la stabilité de cette institution. Si le divorce existe, il est relativement rare. (On divorce 4 fois moins en France qu'aux Etats-Unis.) C'est assez normal dans un pays où l'on considère toujours la famille comme la base de la société.

1 *know* 2 *for a long time* 3 *level* 4 annonce officielle 5 *time* 6 probablement

Structure et vocabulaire

MOTS UTILES: **Le mariage**

les fiançailles	
être amoureux (amoureuse)	*to be in love*
se fiancer	*to get engaged*
les fiançailles (*f.*)	*engagement*
être fiancé(e)	*to be engaged*
le mariage	
se marier (avec quelqu'un)	*to get married; to marry (someone)*
épouser (quelqu'un)	*to marry (someone)*
le mariage	*marriage; wedding ceremony*
être marié(e)	*to be married*
les époux	*husband and wife*
le mari	*husband*
la femme	*wife*
un ménage	*couple; household*
un foyer	*family (father, mother, and children)*
fonder un foyer	*to have a family*
la famille	*family (frequently includes relatives)*
le divorce	
divorcer	*to divorce*
être divorcé(e)	*to be divorced*

La Marquise de Renusson d'Hauteville, Monsieur Jacques Auriol, Chevalier de la Légion d'Honneur, Commandeur de l'Ordre National du Mérite, et Madame Jacques Auriol, sont heureux de vous faire part du mariage de Mademoiselle Françoise Auriol, leur petite-fille et fille, avec Monsieur Franck Kinnoo.

La bénédiction nuptiale leur a été donnée dans un esprit œcuménique le 12 Septembre 1975 dans l'intimité, en l'Eglise Sainte Marguerite du Vésinet.

8, Rue Herran, 75116 Paris
9, Route de la Plaine, 78110 Le Vésinet

NOTE DE VOCABULAIRE

Note the following constructions after **se marier** and **épouser**.

> Jacqueline va **se marier avec** un médecin.
> Pierre va **épouser** une Américaine.

The verb **épouser** must always be followed by a direct object.

1. Questions personnelles

1. Etes-vous fiancé(e)? marié(e)? divorcé(e)?
2. Etes-vous pour ou contre le mariage?
3. Avez-vous l'intention de vous marier? Quand? Pourquoi?
4. Pensez-vous que les époux doivent être du même milieu social? avoir la même religion? avoir le même niveau d'instruction?
5. Avez-vous l'intention de fonder un foyer?
6. Etes-vous pour ou contre le divorce?

A. Le pronom relatif qui

In the sentences on the right, the pronoun in heavy print is used to join the pairs of sentences on the left. It replaces the subject of the second sentence in each pair. This pronoun is called a relative pronoun.

Voici une fille. **Cette fille** ne veut pas se marier.	Voici une fille **qui** ne veut pas se marier.
Voici un garçon. **Ce garçon** a épousé une Américaine.	Voici un garçon **qui** a épousé une Américaine.
Voici un livre. **Ce livre** est un pamphlet féministe.	Voici un livre **qui** est un pamphlet féministe.
Dans ce livre, il y a des idées. **Ces idées** m'intéressent.	Dans ce livre, il y a des idées **qui** m'intéressent.

a. The word to which the relative pronoun refers is called its antecedent. In the above sentences, the nouns **une fille**, **un garçon**, **un livre**, **des idées** are the antecedents of the relative pronoun **qui**.

b. The relative pronoun **qui** is a subject pronoun. It replaces nouns that designate people, things, or abstract ideas. **Qui** corresponds to the English relative pronouns *who*, *which*, *that*.

c. The form of the verb that follows **qui** reflects the person represented by the antecedent.

> C'est moi qui ai raison.
> C'est vous qui avez tort.

2. Dramatisation: Contradictions

Jacques dit quelles personnes et quelles choses il aime. Sa sœur Denise dit qu'elle préfère les personnes et les choses avec des caractéristiques opposées.

▻ les filles sérieuses JACQUES: *J'aime les filles qui sont sérieuses.*
DENISE: *Moi, je préfère les filles qui ne sont pas sérieuses.*

1. les garçons intellectuels
2. les personnes riches
3. les gens ambitieux
4. les professeurs stricts
5. les voitures rapides
6. les maisons modernes
7. les idées conservatrices
8. les institutions stables

3. Situation: Au café

Imaginez que vous êtes dans un café français avec une étudiante française. Vous lui demandez comment s'appellent les personnes autour de vous.

▻ Un étudiant regarde le journal. *Comment s'appelle l'étudiant qui regarde le journal?*

1. Un garçon lit un magazine.
2. Une fille écoute un disque.
3. Des étudiants jouent aux cartes.
4. Une étudiante téléphone.
5. Un professeur parle.
6. Des professeurs entrent.
7. Un garçon joue de la guitare.
8. Des personnes étudient.
9. Un garçon me regarde.
10. Une fille te parle.

4. Situation: Projets de mariage

Marc apprend que quelqu'un de sa classe a réservé la chapelle de l'université pour célébrer son mariage en juin, mais . . . qui est-ce? Jouez le rôle de Marc en posant des questions d'après le modèle.

▻ Paul *Est-ce que c'est Paul qui va se marier?*

1. Nicole
2. Jean-Pierre
3. Suzanne et Robert
4. Philippe et Chantal
5. Toi, Hélène
6. Vous, Brigitte et Jacques

5. Situation: Américaines célèbres

Imaginez qu'un ami français vous demande qui sont les femmes suivantes. Expliquez-lui. Pour cela, utilisez l'expression entre parenthèses.

▻ Pearl Buck (elle a eu le prix Nobel de littérature) *C'est une Américaine qui a eu le prix Nobel de littérature.*

1. Gloria Steinem (elle a fondé **Ms.**)
2. Harriet Beecher Stowe (elle a écrit **la Case de l'oncle Tom**)
3. Marianne Moore et Emily Dickinson (elles ont composé des poèmes)
4. Marilyn Monroe et Jane Fonda (elles ont joué dans de nombreux films)

6. *Expression personnelle*

Complétez les phrases suivantes en exprimant votre opinion personnelle.

▻ J'admire les personnes qui . . . *J'admire les personnes qui sont sincères (qui ont des idées, etc.).*

1. J'aime les filles qui . . .
2. Je déteste les filles qui . . .
3. J'aime les garçons qui . . .
4. Je déteste les garçons qui . . .
5. J'ai un ami qui . . .
6. J'ai une amie qui . . .
7. Le mari idéal est un homme qui . . .
8. La femme idéale est une femme qui . . .
9. Le mariage est une institution qui . . .
10. Je respecte les institutions qui . . .

B. *Le pronom relatif* que

The relative pronoun **que** replaces a direct object.

Voici un garçon. Je trouve **ce garçon** prétentieux.	Voici un garçon **que** je trouve prétentieux.
Voici une fille. Je trouve **cette fille** sympathique.	Voici une fille **que** je trouve sympathique.
Voici des idées. Je trouve **ces idées** intéressantes.	Voici des idées **que** je trouve intéressantes.
Voici un livre. Je **l'**aime.	Voici un livre **que** j'aime.

The relative pronoun **que** is a direct object pronoun. It replaces nouns or pronouns that designate people, things, or abstract ideas. **Que** corresponds to the English relative pronouns *whom*, *which*, *that*.

▶ Although the direct object relative pronoun is often omitted in English, the pronoun **que** must always be expressed in French.

Voici un livre **que** Voici une personne **que** Voici des idées **que**	je trouve intéressant(e)(s).	*Here is a book (**which**)* *Here is a person (**whom**)* *Here are some ideas (**that**)*	*I find interesting.*

7. *Dramatisation: Curiosité*

Quand Denise fait certaines choses, Jacques veut obtenir des précisions. Jouez le rôle de Jacques d'après le modèle. Commencez vos phrases par **Comment s'appelle** ou **Comment s'appellent.**

▻ Denise lit un livre. *Comment s'appelle le livre que tu lis?*

1. Denise achète un journal.
2. Elle regarde un magazine.
3. Elle écoute un disque.
4. Elle invite un ami.
5. Elle écoute une fille.
6. Elle regarde un garçon.
7. Elle invite des amis.
8. Elle achète des disques.
9. Elle regarde un programme de télé.
10. Elle invite des amies.

8. Dramatisation: Opinions contraires

Denise et Jacques ont des opinions contraires. Jouez le rôle de Jacques.

▻ J'aime cette fille. JACQUES: *C'est une fille que je n'aime pas.*

1. J'admire ces gens.
2. J'admire ce professeur.
3. J'admire ces femmes.
4. Je comprends ce livre.
5. Je comprends cette opinion.
6. Je trouve cette attitude absurde.
7. Je trouve cet étudiant très sympathique.
8. Je trouve ces idées remarquables.

9. Expression personnelle: Préférences

Exprimez vos préférences d'après le modèle. Utilisez l'expression **je préfère** pour les choses (1 à 7) et **j'admire le plus** pour les personnes (8 à 12).

▻ la classe *La classe que je préfère est la classe d'histoire.*
▻ la personne *La personne que j'admire le plus est ma mère.*

1. le disque
2. le sport
3. le livre
4. l'émission de télé
5. l'instrument de musique
6. le restaurant
7. la qualité
8. l'homme
9. la personnalité politique
10. l'acteur
11. l'actrice
12. l'écrivain (*writer*)

VOUS AVEZ LA PAROLE: ***Opinions***

Exprimez votre opinion personnelle en complétant les phrases avec les pronoms **qui** ou **que**.

1. Le mariage est une institution (qui . . ./que . . .)
2. Le divorce est une institution (qui . . ./que . . .)
3. La famille est une institution (qui . . ./que . . .)
4. Je voudrais épouser une personne (qui . . ./que . . .)

Phonétique

Les lettres **eu** *(ou* **œu***)*

The letters **eu** (**œu**) are pronounced in the following ways:

/ø/ when the vowel is the last sound in a word, and in the ending **-euse**.

Répétez: d**eu**x, p**eu**, v**eu**x, séri**eu**x, heur**eu**x, séri**eu**se, heur**eu**se
Mathieu est peu sérieux.

/œ/ in other positions.

Répétez: l**eu**r, s**œu**r, n**eu**f, doct**eu**r, act**eu**r, déj**eu**ner
Je déjeune à neuf heures avec leur sœur.

DOCUMENT

La parole aux femmes

des femmes
du M.L.F *éditent...*

Une femme	*Sibilla Aleramo*
L'âge de femme	*Juliet Mitchell*
Ô maman baise-moi encore	*Igrecque*
L'alternative	*des femmes du MLF*
... être exploitées	*Collectif Italien*
Hosto-Blues	*Victoria Thérame*
Rose Saignée	*Xavière Gauthier*
Du côté des petites filles	*Elena Gianini Belotti*
Dans le mitan du lit	*Evelyne et Claude Gutman*
Rétable-La rêverie	*Chantal Chawaf*
Des chinoises	*Julia Kristeva*
L'encontre	*Michèle Causse*
à paraître	
Transfert	*Erika Kaufmann*
C'est possible (Lip)	*Monique Piton*
Psychanalyse et Féminisme	*Juliet Mitchell*
Lettres à une idiote	*Lidia Falcon*
Journal et Lettres de prison	*Eva Forest*

2, rue de la Roquette Paris 75011 805.17.45

INSTANTANÉ

Les femmes vues par les hommes

Pendant longtemps, les femmes ont joué un rôle secondaire dans la société française. C'est seulement en 1944 qu'elles ont obtenu le droit° de vote. C'est seulement en 1962 que les femmes mariées ont pu ouvrir° un compte° en banque. . . . Aujourd'hui, cette situation change très rapidement.

right / *open | account*

Quels sont les signes de ce changement? Est-ce le développement de mouvements féministes, comme le M.L.F. (Mouvement de la Libération des Femmes)? Est-ce la création d'un Ministère à la Condition Féminine? Est-ce la plus grande égalité entre° les salaires féminins et les salaires masculins?

between

Le vrai changement est moins tangible et plus réconfortant que cela: c'est l'image que les hommes, dans leur majorité, ont des femmes. Pour capter° ce changement, un grand magazine français, *L'Express*, a interviewé mille hommes âgés de 20 à 65 ans sur leurs attitudes vis-à-vis de la femme. Voici comment ils ont répondu à certaines questions du sondage.[1]

capturer
poll

1. Acceptez-vous que votre femme gagne plus d'argent que vous?

   oui 86% non 14%

2. Acceptez-vous d'avoir une femme comme supérieure dans votre travail?

   oui 69% non 31%

3. Quelles sont les qualités qui vous paraissent° typiquement féminines?

seem

la sensibilité°	54%[2]	l'intuition	28%
le sens des responsabilités	27%	la fidélité°	24%
le sens du devoir°	23%	l'imagination	22%

sensitivity
faithfulness
duty

4. Quels sont les défauts qui vous paraissent typiquement féminins?

la jalousie	45%*	l'humeur° changeante	44%
l'envie°	30%	le mensonge°	17%
la médisance°	17%	le manque de réflexion°	15%

mood
desire for possessions / *lying*
slander / *thoughtlessness*

5. Etes-vous pour ou contre l'utilisation de contraceptifs (pilules, etc.)?

   pour 58% contre 35% sans° opinion 7%

no

6. Quels sont les trois adjectifs qui définissent le mieux les femmes d'aujourd'hui?

libres°	53%	indépendantes	41%
courageuses	28%	revendicatrices°	27%
intelligentes	25%	intéressées°	24%
équilibrées	17%		

free
protesting
intéressées par l'argent

7. Au sujet du travail, quelle est la meilleure solution pour une femme aujourd'hui?

travailler toute sa vie	6%	travailler jusqu'au mariage	9%
travailler jusqu'à ce qu'°elle ait° des enfants	29%	s'arrêter le temps d'élever° ses enfants et reprendre° ensuite	37%
ne pas travailler	16%	sans opinion	3%

until / *raise*
has / retourner au travail

8. Est-ce que les femmes d'aujourd'hui perdent de leur féminité . . .

   . . . dans leur comportement°, leur genre° de vie, leurs attitudes?

   oui 51% non 45% sans opinion 4%

   . . . dans leurs sentiments?

   oui 25% non 60% sans opinion 15%

behavior / *type*

Quand on compare les résultats de ce sondage avec ceux° de sondages précédents, on se rend compte que les hommes sont beaucoup moins anti-féministes qu'avant.

those

Oui, la condition féminine fait des progrès en France!

[1] Adapté de Michèle Cotta, *L'Express*, 13–19 novembre 1972

[2] Le total est supérieur à 100% parce que les interviewés ont donné plusieurs réponses.

Questions générales

1. Quand est-ce que les femmes ont obtenu le droit de vote aux Etats-Unis?
2. Quels sont les mouvements féministes actuels (*of today*)? Ont-ils une influence?
3. Quels sont les journaux féministes américains? Expliquez leurs tendances.
4. Quels livres ont été écrits sur la condition féminine? Qui sont leurs auteurs?
5. Est-ce que les institutions américaines sont anti-féministes? Expliquez.

Débats

1. Y a-t-il une discrimination sexuelle aux Etats-Unis?
2. Y a-t-il des qualités typiquement féminines? typiquement masculines?
3. L'égalité absolue entre (*between*) les hommes et les femmes est-elle possible?

ENRICHISSEZ VOTRE VOCABULAIRE: **Inférence**

The **Instantané** contains many unfamiliar words. Often you can understand these new words by relating them to familiar words or cognates. Consider the following examples from the reading.

un compte en banque: Compte is derived from the verb **compter** (*to count*) which you know. **Un compte en banque** is a *bank account*.

un changement: This noun, which is derived from **changer** (*to change*), is the equivalent of the English noun *change*.

réconfortant: This adjective is derived from **confort** (*comfort*) and means *comforting*. (The French ending **-ant** often corresponds to the English ending *-ing*, as in **intéressant**, *interesting*.)

un sondage: This noun is derived from the verb **sonder**, which has an English cognate, *to sound* or *to sound out*. In a **sondage**, you sound out people's opinions. The English equivalent is an *opinion poll*.

équilibré: This adjective is derived from **équilibre** and its English cognate is *equilibrium*, which means *balance*. **Une personne équilibrée** is a *balanced person*, that is, a person *in good mental and emotional health*.

EXERCICE DE LECTURE

Lisez les phrases suivantes. Les mots en italique sont apparentés aux mots entre parenthèses que vous connaissez.

1. Est-ce que les Françaises sont plus *libres* que les Américaines? (la liberté)
2. Jacqueline travaille comme *vendeuse* dans un magasin. (vendre)
3. Isabelle est plus *travailleuse* que son frère. (travailler)
4. Colette est un *écrivain* célèbre. (écrire)
5. Simone de Beauvoir est une *romancière* française. (un roman)

XI SOUVENIRS

Objectives

Culture In this unit, you will read the reminiscences of two French villagers who differ in their views about the value of progress. You will also read an eyewitness account of an event that has directly or indirectly affected the lives of all Frenchmen: the landing of the Allied troops in Normandy on D-Day.

Structure When you discuss a past event, you may talk about specific occurrences (for instance, what you did last weekend), or you may describe the circumstances that surrounded those occurrences (for instance, the weather, the time, your feelings, etc.). In describing the past, French distinguishes between specific events and circumstances, and uses a different tense for each: the **passé composé** and the imperfect. In this unit, you will learn how to form the imperfect tense and when to use it. You will also learn another frequently-used tense: the pluperfect.

Vocabulary To allow you to concentrate on the important distinction between the **passé composé** and the imperfect, the vocabulary content of this unit has been kept at a minimum. It includes verbs of high frequency, and important expressions of time.

Communication Having mastered the imperfect, you will be able to refine your description of past events. In relating your own experiences, for instance, you will be able to distinguish between facts and moods, between important events and secondary events, between events that recurred regularly in your life and those that happened only once.

Leçon trente et un: Avez-vous changé?

Langue et culture

Vous êtes à l'université. Bientôt, vous aurez votre diplôme. Maintenant revenons en arrière°. Vous souvenez-vous de l'époque° où vous étiez à l'école secondaire? Avez-vous changé? Voici quelques questions:

back in time / la période

1. Qui était votre acteur préféré?
   C'était . . .
2. Qui était votre actrice préférée?
   C'était . . .
3. Qui était la personne que vous admiriez le plus?
   C'était . . .
4. Comment s'appelait votre meilleur ami? votre meilleure amie?
   Il s'appelait . . . Elle s'appelait . . .
5. Vouliez-vous aller à l'université?
   Oui, je voulais . . . Non, je ne voulais pas . . .
6. Aviez-vous l'intention d'étudier le français?
   Oui, j'avais l'intention . . . Non, je n'avais pas l'intention . . .

7. Que vouliez-vous faire dans l'existence?
   Je voulais . . .
8. Vous intéressiez-vous à la politique?
   Oui, je m'intéressais . . . Non, je ne m'intéressais pas . . .
9. Où habitiez-vous?
   J'habitais . . .
10. Avec qui sortiez-vous?
   Je sortais . . .

Renseignements culturels: Changements . . . ?

Quelle image avez-vous de la France? Est-ce un pays de traditions ou un pays de progrès? Est-ce que le passé y compte plus[1] que le présent et le présent plus que l'avenir?[2]

Pour les Français, le progrès fait partie intégrante[3] de la vie quotidienne[4]. Ce progrès, retardé par deux guerres mondiales[5], a fait brusquement irruption dans les années 1960. Aujourd'hui, la télévision, l'automobile, l'ordinateur[6] sont aussi omniprésents en France qu'aux Etats-Unis. Cela ne signifie pas que les signes du passé disparaissent . . . Le petit commerce coexiste avec le supermarché géant, l'auberge[7] avec le self-service, la campagne archaïque avec la cité futuriste . . .

A propos de[8] la politique française, un proverbe populaire dit que "Plus ça change, plus c'est la même chose". Peut-on généraliser ce proverbe aux autres aspects de la vie[9] française?

1 est plus important 2 le futur 3 *is an integral part* 4 de chaque jour 5 *world wars* 6 *computer* 7 *small inn* 8 *with respect to* 9 *life*

Structure et vocabulaire

A. L'imparfait: formation

The sentences on the right describe past events. The verb in each sentence is in the imperfect tense (**imparfait**). Note the verb endings.

Aujourd'hui	*Avant*
J'habite en ville.	J'habit**ais** dans un village.
Nous allons à l'université.	Nous all**ions** au lycée.
Mes amis jouent au tennis.	Ils jou**aient** au football.

▶ The imperfect is a simple tense, like the present and the future: it consists of one word. Note the English equivalents:

J'**habitais** à Paris. { *I **lived** in Paris.* / *I **used to** live in Paris.* / *I **was living** in Paris.* }

Note the forms of the imperfect of three regular verbs (in –**er**, –**ir**, –**re**) and an irregular verb (**lire**).

infinitive	**parler**	**finir**	**vendre**	**lire**
present (**nous**-*form*)	nous **parlons**	nous **finissons**	nous **vendons**	nous **lisons**
imperfect	je parl**ais** tu parl**ais** il parl**ait** nous parl**ions** vous parl**iez** ils parl**aient**	je finiss**ais** tu finiss**ais** il finiss**ait** nous finiss**ions** vous finiss**iez** ils finiss**aient**	je vend**ais** tu vend**ais** il vend**ait** nous vend**ions** vous vend**iez** ils vend**aient**	je lis**ais** tu lis**ais** il lis**ait** nous lis**ions** vous lis**iez** ils lis**aient**

▶ **a.** For all verbs, regular and irregular, the endings of the imperfect are the same: **-ais, -ais, -ait, -ions, -iez, -aient**

b. For all verbs, except **être**, the stem of the imperfect is derived from the **nous**-form of the present:

imperfect stem = **nous**-form of present minus **-ons**

aller:	nous **all**ons	⟶	j'**all**ais
avoir:	nous **av**ons	⟶	j'**av**ais
pouvoir:	nous **pouv**ons	⟶	je **pouv**ais
prendre:	nous **pren**ons	⟶	je **pren**ais

c. The imperfect stem of **être** is **ét-**: **j'étais, tu étais**, etc.

d. In the imperfect, questions and negative sentences follow the pattern of the other simple tenses, like the present and the future.

Etais-tu à l'université hier?
Non, je **n'**y **étais pas**.

1. Dialogue

Demandez à un(e) camarade s'il (si elle) aimait les choses suivantes quand il (elle) était en high school.

▷ les sports — VOUS: *Aimais-tu les sports?*
VOTRE CAMARADE: *Oui, j'aimais les sports.* (*Non, je n'aimais pas les sports.*)

1. le football
2. la musique classique
3. la musique pop
4. les vacances
5. les examens
6. les professeurs
7. la discipline
8. les surprises-parties

2. Situation: Avant l'université

Un groupe d'étudiants disent où ils habitaient avant d'aller à l'université. Donnez la résidence de chacun.

▻ Paul (à Nice) *Paul habitait à Nice.*

1. Philippe (à Lyon)
2. Marc (à Tours)
3. Jacqueline (à Nantes)
4. Béatrice (à Lille)
5. Michel et Antoine (à Marseille)
6. Henri et Suzanne (à Aix)
7. Nous (dans un village)
8. Vous (dans une petite ville)
9. Moi (en Normandie)
10. Toi (en province)
11. Mes cousins (à l'étranger)
12. Ma sœur (avec mes parents)

3. Situation: Projets

Un autre groupe d'étudiants parlent de leurs projets quand ils étaient jeunes. Dites ce que chacun voulait faire. Utilisez l'imparfait de **vouloir**.

▻ Jacques (pilote) *Jacques voulait être pilote.*

1. Nous (artistes)
2. Vous (pianiste)
3. Moi (étudiant)
4. Toi (étudiante)
5. Henri (pharmacien)
6. Brigitte (vétérinaire)
7. Nicole et Hélène (journalistes)
8. Eric et Alain (photographes)

4. Dramatisation: Aujourd'hui et autrefois (*In the past*)

Jacques explique à son père ce qu'il fait à l'université. Monsieur Moreau dit qu'à son époque (*in his day*), il faisait le contraire. Jouez le rôle de Monsieur Moreau.

▻ Nous nous amusons. *Nous ne nous amusions pas.*
▻ Nous ne travaillons pas beaucoup. *Nous travaillions beaucoup.*

1. Nous avons beaucoup de loisirs.
2. Nous n'avons pas beaucoup d'examens.
3. Nous faisons beaucoup de politique.
4. Nous ne faisons pas beaucoup de sport.
5. Nous ne sommes pas très sérieux.
6. Nous ne lisons pas beaucoup.
7. Nous réfléchissons aux grands problèmes.
8. Nous posons des questions aux professeurs.
9. Nous n'obéissons pas toujours.
10. Nous désobéissons souvent.
11. Nous allons souvent au cinéma.
12. Nous n'allons pas toujours aux cours.
13. Nous sortons beaucoup.
14. Nous ne nous intéressons pas à l'avenir.

5. Situation: Souvenirs

Des amis discutent de l'époque où ils étaient des "teenagers". Dites que chacun faisait souvent ce qu'il aimait faire.

▷ Paul aimait jouer au tennis. *Il jouait souvent au tennis.*

1. Jacqueline aimait danser.
2. Nous aimions jouer au basketball.
3. Hélène aimait lire les bandes dessinées.
4. Nous aimions lire de la poésie.
5. Brigitte aimait aller à la piscine.
6. Nous aimions aller au cinéma.
7. Marc aimait faire du camping.
8. Nous aimions faire du théâtre.
9. Henri aimait voir des westerns.
10. Nous aimions voir des films policiers.

6. Questions personnelles: Quand vous étiez plus jeune . . .

1. Quand vous étiez jeune, étiez-vous timide? ambitieux (ambitieuse)? idéaliste? optimiste?
2. Aviez-vous une moto? une bicyclette? des disques? des idées bizarres? beaucoup d'amis? des problèmes d'amour?
3. Vouliez-vous être pilote? architecte? professeur? vedette (*star*) de cinéma?
4. Alliez-vous souvent au cinéma? au théâtre? au concert? dans les surprises-parties?
5. Faisiez-vous du camping? du théâtre? de la politique? de l'auto-stop? des projets?
6. Jouiez-vous au tennis? au football? au basketball? au baseball?
7. Aimiez-vous danser? travailler? étudier? regarder la télé?
8. Etudiiez-vous l'histoire? le français? la littérature? la philosophie? les maths?
9. Vous intéressiez-vous à la politique? à la musique? à l'art? aux grands problèmes?
10. Ecoutiez-vous vos amis? vos parents? vos professeurs?

B. *Le préfixe* re-

Compare the verbs in the sentences on the right with those on the left.

Venez aujourd'hui.	**Re**venez demain.	*Come* ***back*** *. . .*
Téléphone à Jacques.	**Re**téléphone-lui ce soir.	*Call him* ***again*** *. . .*
Invite Jacqueline.	**Ré**invite-la samedi.	*Invite her* ***again*** *. . .*
J'ai joué au football hier.	J'ai **re**joué aujourd'hui.	*I played* ***again*** *. . .*

The prefix **re-** (**ré-** or **r-** before a vowel sound) usually adds the meaning of *back* or *again* to the main verb.

7. Dramatisation: Et demain?

Jacques dit ce qu'il fait aujourd'hui. Suzanne lui demande s'il refait les mêmes choses demain. Jouez les deux rôles.

▷ jouer au tennis JACQUES: *Aujourd'hui, je joue au tennis.*
SUZANNE: *Et demain, est-ce que tu rejoues au tennis?*

1. téléphoner à Marie
2. laver la voiture
3. passer chez le dentiste
4. faire les courses (*go shopping*)
5. mettre cette cravate
6. prendre un taxi

VOUS AVEZ LA PAROLE: ***Différences***

Expliquez les différences essentielles entre votre existence d'étudiant à l'université et votre existence d'élève de "high school". Pour chaque différence, faites deux phrases: l'une à l'imparfait commençant par **autrefois** (*in the past*), l'autre au présent commençant par **maintenant**.

Phonétique

Les lettres ai

Usually, the letters **ai** represent the vowel sound:

/ɛ/ when followed by one or more pronounced final consonants
j'**ai**me, f**ai**re, franç**ai**se

/e/ in other positions
j'**ai**, je fer**ai**, il f**ai**t, ils ven**ai**ent, franç**ai**s.

Répétez: Je n'ai jamais aidé René.
J'aime faire de la cuisine française.

Leçon trente-deux: La télévision: un bien ou un mal?

Langue et culture

Voilà l'opinion de deux habitants de Chaudes-Aigues, un petit village d'Auvergne, dans le centre de la France.

MAURICE PÉCOUL (45 ans, instituteur°): La télévision a transformé notre existence. Avant, nous avions une existence très isolée. Notre univers était le village. Nous nous intéressions aux problèmes locaux et c'était tout. Avec la télévision, nous avons l'impression de faire partie° de la nation. Avant, les habitants du village avaient peu de distractions. Le cinéma le plus proche° était à° trente kilomètres. Nous n'y allions jamais. La télévision nous a apporté° les loisirs à domicile°.

> instituteur: professeur à l'école élémentaire
> faire partie: d'être membre
> proche: près
> à: à une distance
> apporté: *brought* / domicile: à la maison

LOUIS JUÉRY (48 ans, agriculteur): C'est vrai! La télévision a transformé notre existence. Hélas! Avant, le village était une véritable communauté. Les gens s'invitaient souvent, ou bien° ils se rencontraient au café. Les soirées étaient joyeuses: on jouait aux cartes, ou on buvait ensemble le vin du pays. Parfois, les vieux racontaient les légendes de la région. La conversation était toujours animée.... Avec la télévision, c'est fini. Maintenant les gens s'enferment° chez eux. Ils ne se parlent plus. Oui, la télévision a tué° l'art de la conversation.

> ou bien: ou
> s'enferment: restent
> tué: *has killed*

Renseignements culturels: Uniformité et diversité de la France

Politiquement, la France est une nation très centralisée. En réalité, elle est composée de régions assez différentes. Le progrès technologique (développement des transports au dix-neuvième siècle[1], développement de la radio, du téléphone, de la télévision) a diminué les différences régionales sans les supprimer[2].

Aujourd'hui, les particularismes locaux existent toujours, surtout dans les régions montagneuses comme l'Auvergne, ou les régions périphériques[3] comme la Bretagne, la Corse, l'Alsace, le pays Basque. Ces particularismes s'expriment par un style de vie différent, par une volonté[4] marquée de conserver une certaine identité régionale, et parfois par une langue ou un dialecte particulier (occitan, breton, corse, catalan, etc. . .).

1 *century* 2 *without eliminating them* 3 loin du centre 4 désir

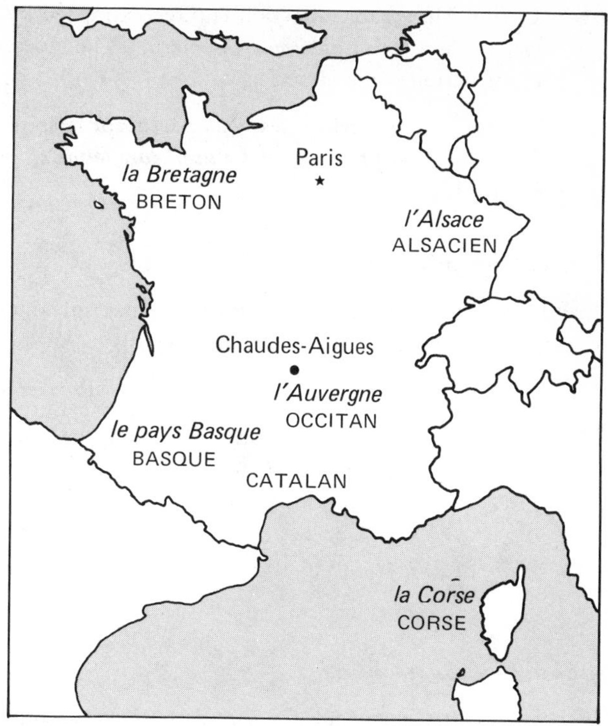

Structure et vocabulaire

A. L'imparfait et le passé composé: événements habituels, événements spécifiques

The sentences below all describe events that took place in the past. Compare the verbs in the sentences on the left (describing habitual events) with those in the sentences on the right (describing specific events).

Habituellement . . .	Un jour . . .
. . . je **regardais** les programmes de sports.	. . . j'**ai regardé** un excellent match de football.
. . . on **jouait** au bridge.	. . . on **a joué** au poker.
. . . nous **parlions** d'histoire.	. . . nous **avons parlé** de l'histoire de France.
. . . mes amis **allaient** au cinéma.	. . . ils **sont allés** au théâtre.

The imperfect is used to describe habitual actions of the past, that is, actions that repeated themselves. Expressions like **le week-end** (*on weekends*), **d'habitude** (*usually*), **tous les jours** (*every day*), etc., imply repetition. In sentences that contain these expressions, the verb is often in the imperfect when the actions referred to occurred in the past.

The **passé composé** is used to describe past actions that are unique or specific. Expressions like **un week-end**, **un jour**, etc., do not imply repetition. In sentences that contain these expressions, the verb is often in the **passé composé** when the actions referred to occurred in the past.

▶ In English, a habitual action is often expressed by the constructions *used to* + verb, or *would* + verb. The corresponding French construction is the imperfect.

Autrefois, les gens **passaient** la soirée au café.
In the past, people ***used to spend*** *the evening in a café.*

1. Situation: Jobs de vacances

Quand elles étaient à l'université, les personnes suivantes avaient des jobs pendant les vacances. Dites où chacun travaillait.

▷ Paul (dans un garage) *Pendant les vacances, Paul travaillait dans un garage.*

1. Isabelle (dans un hôpital)
2. Philippe (dans une banque)
3. Henri (dans un café)
4. Georges (dans un bar)
5. Toi (dans un magasin)
6. Suzanne et Marie (dans une pharmacie)
7. Albert et Eric (dans un supermarché)
8. Moi (dans un restaurant)
9. Nous (dans une discothèque)
10. Vous (dans une colonie de vacances)

2. Situation: Le week-end

Un groupe d'étudiants français vient de passer une année aux Etats-Unis. Dites ce qu'ils avaient l'habitude de faire le week-end.

▷ Charlotte (faire du sport) *Le week-end, Charlotte faisait du sport.*

1. Françoise (aller à la piscine)
2. Isabelle (jouer au tennis)
3. Maurice (aller dans une discothèque)
4. Jean-Michel (écrire à ses parents)
5. Antoine (rendre visite à ses amis)
6. Paul (rester chez lui)
7. Philippe (sortir avec des amis)
8. Marc (étudier)

3. Dramatisation: Les vacances de Suzanne

Suzanne dit ce qu'elle faisait d'habitude, et ce qu'elle a fait un certain jour. Jouez le rôle de Suzanne d'après le modèle.

▷ dîner (chez moi; au restaurant) *D'habitude, je dînais chez moi.*
Un jour, j'ai dîné au restaurant.

1. jouer (au tennis; au golf)
2. aller (à la plage; à la piscine)
3. sortir (avec Paul; avec Pierre)
4. rentrer (à 9 heures; à minuit)
5. regarder (les westerns; une comédie musicale)
6. inviter (des amis; une amie de l'université)
7. déjeuner (en ville; avec une amie)
8. se promener (en ville; à la campagne)

MOTS UTILES: **Expressions de temps**

le lundi	*(on) Mondays*	**Le lundi,** j'invitais mes amis.
un lundi	*(on, a, one) Monday*	**Un lundi**, je suis allé chez eux.
une fois	*once*	Je suis sortie **une fois** avec Pierre.
deux fois	*twice*	Je suis sortie **deux fois** avec Paul.
plusieurs fois	*several times*	Nous avons été **plusieurs fois** au cinéma.
quelquefois	*sometimes, a few times*	Avez-vous **quelquefois** écouté du jazz?
autrefois	*in the past, formerly*	**Autrefois**, il y avait un café ici.
parfois	*sometimes*	**Parfois**, je me suis ennuyé pendant les vacances.
tout le temps	*all the time*	Je suis **tout le temps** chez moi.
longtemps	*(for) a long time*	Allez-vous regarder la télévision **longtemps?**
souvent	*often*	**Souvent**, je regarde des films policiers.
d'habitude	*usually*	**D'habitude** je vais au concert le lundi.
habituellement	*usually*	**Habituellement**, mon frère n'y va pas.
chaque (+ nom)	*each, every*	**Chaque** semaine, je vais au théâtre.

NOTE DE VOCABULAIRE

Both **temps** and **fois** correspond to the English word *time*.
Temps refers to the span of time during which an action occurs.

> **Combien de temps** faut-il pour aller à Chaudes-Aigues?
> ***How much time** does it take to go to Chaudes-Aigues?*

Fois refers to the number of times an action or event occurs.

> **Combien de fois** as-tu été en Auvergne?
> ***How many times** have you been in Auvergne?*

DIMANCHE
6 janvier

20.50
CINEMA

LA CHATTE SUR UN TOIT BRULANT
de Richard Brooks
avec

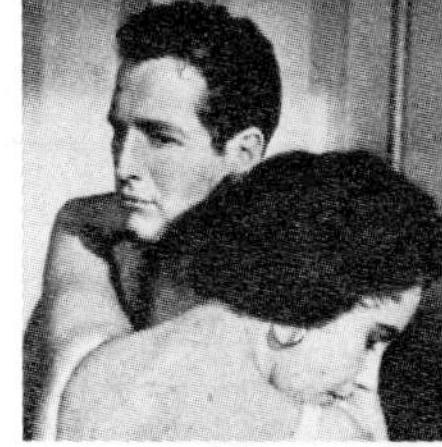

Paul Newman, Liz Taylor
Orages conjugaux.

20.35
DOCUMENT

A LA DÉCOUVERTE DES FRANÇAIS
Le Partage.
La vie d'une famille paysanne bressanne

22.25
CINE-CLUB

ROMANCE AMÉRICAINE
de King Vidor
avec Rufan Donlevy

20.45
REPRISE

LA TUILE A LOUPS
d'après Jean-Marc Soyez
avec Paul Le Person

Dictons Une fois n'est pas coutume.
Sayings *Doing something once is not establishing a habit.*

Une fois passe. Deux fois lassent. Trois fois cassent.
Once is all right. Twice is boring. Three times is too much.

4. *Situation: Pendant les vacances*

Des camarades parlent de leurs vacances. Dites ce que chacun faisait ou a fait. Pour cela, complétez les phrases avec **allait** ou **est allé(e)** suivant le cas.

▻ Le jeudi, Paul . . . (au cinéma) *Le jeudi, Paul allait au cinéma.*
▻ Un jeudi, il . . . (au théâtre) *Un jeudi, il est allé au théâtre.*

1. Une fois, Marc . . . (faire du ski nautique)
2. Plusieurs fois, Philippe . . . (au casino)
3. Parfois, Nathalie . . . (danser)
4. Charles . . . souvent (au restaurant)
5. Le soir, Hélène . . . (au café)
6. Un soir, Sylvie . . . (à Nice)
7. Le week-end, Henri . . . (se promener)
8. L'après-midi, Brigitte . . . (à la plage)
9. Le samedi, Monique . . . (dans une discothèque)
10. Un samedi, Pierre . . . (au concert)
11. Habituellement, Louis . . . (à la piscine)
12. Le 15 août, Max . . . (à Cannes)
13. Le 30 juillet, Robert . . . (en Italie)
14. Isabelle . . . deux fois (en Espagne)
15. Un certain jour, Pierre . . . (chez un ami)
16. Michel . . . tout le temps (chez ses amis)

B. *Les verbes* connaître *et* savoir

Connaître and **savoir** are irregular verbs. Both mean *to know*.

infinitive	**connaître**	**savoir**
present	Je **connais** Paul. Tu **connais** Martine. Il / Elle **connaît** le professeur. Nous **connaissons** des Français. Vous **connaissez** un restaurant. Ils / Elles **connaissent** quelqu'un.	Je **sais** où il habite. Tu **sais** qu'elle est suisse. Il / Elle **sait** son adresse. Nous **savons** pourquoi ils sont ici. Vous **savez** où il se trouve? Ils / Elles **savent** quelque chose.
imperfect	je **connaissais**	je **savais**
future	je **connaîtrai**	je **saurai**
passé composé	**j'ai connu**	**j'ai su**

The verb **reconnaître** (*to recognize*) is conjugated like **connaître**.

Citation littéraire On peut connaître tout, excepté soi-même. — Stendhal
One can know everything, except oneself.

5. *Situation: Les photos de Paul*

Paul montre de vieilles photos à ses amis. Certains amis reconnaissent Paul sur ces photos. D'autres ne le reconnaissent pas.

▻ Jacques (oui) *Jacques le reconnaît.*
▻ Christine (non) *Christine ne le reconnaît pas.*

1. Henri (oui)
2. Suzanne (non)
3. Marie et Françoise (oui)
4. Antoine et Richard (non)
5. Nous (oui)
6. Moi (oui)
7. Vous (non)
8. Toi (non)

6. *Situation: Pourquoi Henri est-il de mauvaise humeur?*

Certains de ses amis savent pourquoi. D'autres ne savent pas pourquoi.

▻ Jacqueline (oui) *Jacqueline sait pourquoi.*
▻ Albert (non) *Albert ne sait pas pourquoi.*

1. Paul (non)
2. Sophie (oui)
3. Michèle et Florence (non)
4. Robert et Yves (oui)
5. Nous (non)
6. Vous (oui)
7. Moi (non)
8. Toi (oui)

C. *Les verbes* connaître *et* savoir: *usages*

Contrast the use of **connaître** and **savoir** in the following sentences:

Je **connais** Monsieur Juéry.	Je **sais** son adresse.
Je **connais** Chaudes-Aigues.	Je **sais** que c'est un petit village d'Auvergne.
Je **connais** un bon petit restaurant.	Je **sais** où il se trouve. Je **sais** comment aller là-bas. Je **sais** quelles sont les spécialités.
Je **connais** une légende.	Je ne **sais** pas si elle correspond à la réalité.

Although **connaître** and **savoir** both correspond to the English verb *to know*, the verbs have different usages and cannot be substituted for one another.

Connaître usually refers to *acquaintance* or *familiarity* with people and places, and sometimes things and facts (such as school subjects). **Connaître** is always used with a direct object. It is never followed by a clause or an infinitive.

Je **connais** des Français.
Je **connais** Paris.
Je **connais** l'histoire de France.

Savoir is used to indicate knowledge of something that has been learned.

Savoir can be used alone.

Tu sais où est Chaudes-Aigues? Oui, je **sais**.

Savoir can be followed by:

a noun designating a fact:	Je **sais** la réponse.
a clause:	Je **sais** {que / pourquoi / comment / où / avec qui} vous voyagez.
an infinitive:	Je **sais** parler anglais.

The construction **savoir** + infinitive corresponds to the English construction *to know how to* do something.

Sais-tu faire du ski? ***Do** you **know how to** ski? **Do** you ski? **Can** you ski?*

Expressions: le "savoir-faire" *know-how*
le "savoir-vivre" *politeness, rules of etiquette*

7. *Dialogue*

Demandez à un(e) camarade s'il (si elle) sait faire les choses suivantes.

▻ parler espagnol
VOUS: *Sais-tu parler espagnol?*
VOTRE CAMARADE: *Oui, je sais parler espagnol.*
OU: *Non, je ne sais pas parler espagnol.*

1. parler russe
2. danser
3. jouer au tennis
4. jouer du piano
5. faire la cuisine
6. faire du ski
7. nager (*swim*)
8. piloter un avion

8. *Questions personnelles*

1. Connaissez-vous des Français? des Françaises? des Espagnols? des étudiants japonais?
2. Connaissez-vous des personnes célèbres (*famous*)? des personnalités politiques? des athlètes?
3. Connaissez-vous les parents de votre meilleur ami? ses frères? ses sœurs? ses amis? ses amies?
4. Connaissez-vous New York? San Francisco? le Grand Canyon? Paris? le Canada?
5. Connaissez-vous l'histoire de votre ville? ses origines? ses problèmes?
6. Dans votre ville, connaissez-vous les bons restaurants? les meilleurs magasins?

9. *Dramatisation: Ignorance*

Philippe cherche certaines personnes. Jacqueline dit qu'elle connaît ces personnes mais qu'elle ne sait pas ce qu'elles font. Jouez le rôle de Jacqueline

▻ Où est Henri? *Je connais Henri. Mais je ne sais pas où il est.*

1. Où est Martine?
2. Où habite Jean?
3. Où va Paul?
4. Où travaille François?
5. Avec qui est Christine?
6. Avec qui Jacques joue-t-il?
7. Pourquoi Pierre est-il furieux?
8. Quand Sylvie rentre-t-elle?
9. Quand Maurice travaille-t-il?

10. Situation: Françoise

Jacques demande des renseignements sur Françoise. Jouez le rôle de Jacques. Commencez vos phrases par **Sais-tu** ou **Connais-tu**.

▷ où elle travaille *Sais-tu où elle travaille?*

1. ses parents
2. sa sœur
3. sa cousine
4. où elle habite
5. avec qui elle sort
6. ce qu'elle fait le week-end
7. ses amis
8. quelles sont ses habitudes
9. qui sont ses amies

VOUS AVEZ LA PAROLE: ***Aujourd'hui et autrefois***

Comparez la vie aux Etats-Unis aujourd'hui et la vie à une autre époque. Qu'est-ce qu'on faisait autrefois qu'on ne fait plus aujourd'hui? Qu'est-ce qu'on fait aujourd'hui qu'on ne faisait pas autrefois?

p. 286

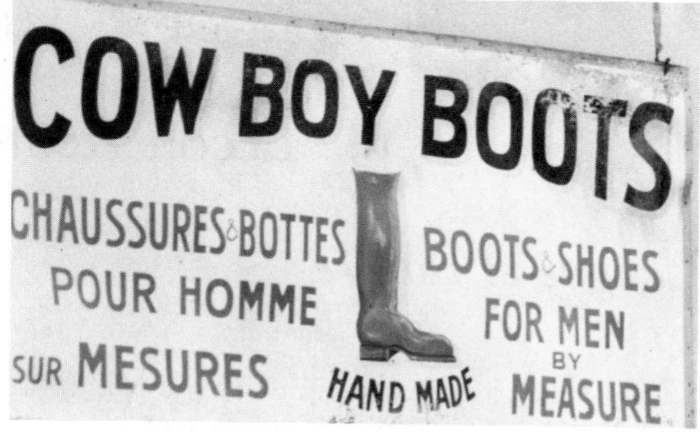

Phonétique

Les lettres en *(ou* em*) et* ien *(ou* iem*)*

The group of letters **en** (or **em**) represents the nasal vowel /ɑ̃/, unless followed by a vowel or by another **n** (or **m**).

Exception: The group of letters **ien** (or **iem**) represents the sound /jɛ̃/, unless followed by a vowel or by another **n** (or **m**).

Be careful not to pronounce a /n/ or /m/ after /ɑ̃/ and /jɛ̃/.

Contrast:	/ɑ̃/	/jɛ̃/	/jɛn/
	ensem**b**le	anc**ien**	anc**ien**ne
	exist**en**ce	music**ien**	music**ien**ne
	comm**en**t	comb**ien**	canad**ien**ne

Répétez: En France, les enfants rentrent en classe en septembre.
Cette musicienne italienne vient à Vienne avec Etienne.

Leçon trente-trois: Le jour le plus long

Langue et culture

Jacques Aubert a cinquante ans, ou un peu plus. Il habite un petit village de Normandie. Il est fermier°, comme son père, et son grand-père avant lui. Les principaux événements de son existence sont des événements familiaux: son mariage, la naissance° de ses enfants, le mariage de ses enfants. — fermier: agriculteur; naissance: *birth*

Un autre événement, plus dramatique, reste gravé° dans sa mémoire. Cet événement a eu lieu en juin 1944. — gravé: *engraved*

— C'était quel jour exactement?

— C'était dans la nuit du 5 au 6 juin 1944.

— Quel âge aviez-vous?

— J'avais dix-huit ans.

— Où habitiez-vous?

— J'habitais la ferme° que j'habite aujourd'hui. — *farm*

— Pouvez-vous me raconter les événements de cette nuit-là?

— Bien sûr! Je me souviens de tous les détails . . . Cette nuit-là, j'étais sorti. J'avais passé la soirée° avec des copains. Nous avions joué aux cartes°. J'avais perdu et j'étais furieux . . . A deux heures du matin, je suis rentré chez moi et je me suis couché . . . Mais impossible de dormir°. — soirée: soir; cartes: *cards*; dormir: *sleep*

— Pourquoi?

— Parce qu'il faisait trop chaud! Dans ma chambre, l'atmosphère était suffocante. Je me suis levé . . . Il était maintenant trois heures. Je suis allé ouvrir° la fenêtre . . . C'est alors que j'ai vu un spectacle° extraordinaire. — ouvrir: *to open*; spectacle: *sight*

— Quoi?° — quel spectacle?

— Le ciel° était couvert° de centaines° de taches° blanches. Ces taches descendaient lentement vers le sol°. — *sky / covered / hundreds / spots* — *slowly toward ground*

— Saviez-vous ce que c'était?

— Pas exactement . . . J'ai d'abord pensé que c'était des parachutistes allemands. A cette époque°-là, en effet, des rumeurs extraordinaires et contradictoires circulaient au village. On avait signalé des mouvements importants de troupes allemandes dans la région. — période

— Qu'est-ce que vous avez fait alors?

— J'avais très peur . . . J'ai réveillé mon père. Lui, il savait. Il avait un ami dans la Résistance. "Ce sont les Américains", a-t-il dit°. — il a dit

— Qu'est-ce qui s'est passé ensuite?

— Nous nous sommes habillés et nous sommes sortis en vitesse°. Dans notre champ°, il y avait cinq parachutistes: un officier et quatre soldats°. L'officier parlait un peu français. Il a demandé à mon père la direction du village . . . Puis, il a parlé à ses soldats et à d'autres soldats qui arrivaient vers la ferme . . . — rapidement — *field / soldiers*

— Combien étaient-ils alors?

— Entre 50 et 100.

— Est-ce qu'ils sont restés longtemps chez vous?

— Non! Peut-être dix minutes. Puis ils sont partis vers le village qu'ils allaient libérer après quatre ans d'occupation allemande . . . Le "jour le plus long" venait de commencer. Et aussi la libération de la France.

Renseignements culturels: Un peu d'histoire franco-américaine

Les événements du 6 juin 1944, le fameux "jour le plus long", représentent un épisode de la longue amitié franco-américaine. Voici d'autres épisodes.

1777 Des Français s'engagent (*enlist*) dans l'armée continentale américaine. La Fayette est nommé général par le Congrès américain.

1778 La France signe un traité d'alliance avec les Etats-Unis. Benjamin Franklin devient l'ambassadeur des Etats-Unis à Paris.

1780 Des troupes françaises débarquent à Newport, dans le Rhode Island.

1781 Washington gagne la bataille de Yorktown avec l'aide de l'armée française (commandée par Rochambeau) et de la marine française (commandée par l'amiral de Grasse).

1917 Les troupes américaines du général Pershing débarquent en France.

1944 Les troupes alliées débarquent en Normandie et en Provence. Ces troupes vont libérer la France de l'occupation allemande.

Duc de Castries
de l'Académie française
la France et l'indépendance américaine
Préface du
DUC DE LÉVIS MIREPOIX
de l'Académie française
le Livre du Bicentenaire
LIBRAIRIE ACADEMIQUE PERRIN

Structure et vocabulaire

MOTS UTILES: **L'histoire**

noms

un événement	*event*	Quel est le principal **événement** de votre existence?
un fait	*fact; act, achievement*	Selon vous, quel est **le fait** le plus important des dernières années?
un siècle	*century*	Nous sommes au vingtième **siècle.**
une époque	*period, epoch, time*	A cette **époque**-là, la France était occupée par les Allemands.
l'histoire (*f.*)	*history*	Etudiez-vous **l'histoire?**
une histoire	*story*	Aimez-vous **les histoires?**

verbes et expressions

arriver	*to happen*	Qu'est-ce qui **est arrivé** le 6 juin 1944?
avoir lieu	*to take place*	Quand **a eu lieu** le "jour le plus long"?
se passer	*to happen*	Qu'est-ce qui **s'est passé** ce jour-là?
raconter (une histoire)	*to tell (a story)*	Aimez-vous **raconter** des histoires drôles?

DIMANCHE

18.30 Emission régionale

19.35 Flash d'information

19.40 Magazines régionaux

20.10 **HISTOIRE DU DESSIN ANIMÉ**

Une série de Solange Peter
avec la collaboration de Robert Benayoun et la participation de Pierre Tchernia
Deuxième émission

Deux géants
PAT SULLIVAN et WALT DISNEY
Réalisation de Solange Peter

Pat Sullivan, réalisateur indépendant, anime, vers 1920, son personnage de « Félix le chat », qu'il avait créé en bandes dessinées.
En 1926, Walt Disney réalise ses premiers « Mickey Mouse », puis, en 1928, les premiers films sonores; enfin, en 1932, son premier dessin animé en couleurs : « Flowers and trees ». Il créa de nombreux personnages, entre autres : Oswald, le lapin; Donald Duck; Pluto; Goofie; Ferdinand; les trois petits cochons. Après le succès de « Blanche-Neige », en 1937, il transforme ses studios en véritables usines.

A NOTER

Cette émission, initialement programmée le 9 décembre, n'avait pu être diffusée à cette date.

A. L'imparfait et le passé composé: actions progressives, actions précises

Each sentence below relates two past events. One event occurred at a specific point in time, while the other event was in progress. In each sentence, contrast the tenses used to describe the two events.

> Quand je **suis sorti,** des hommes **entraient** dans notre champ (*field*).
> Ils **sont arrivés** pendant que (*while*) mon père **se reposait.**

In each of the sentences above, the time relationship between the two events can be depicted graphically.

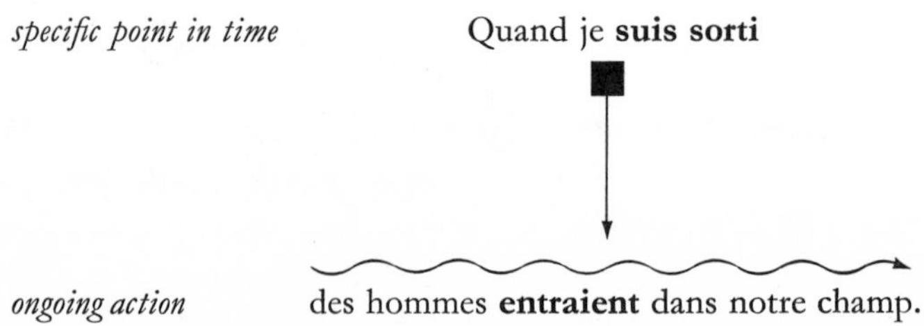

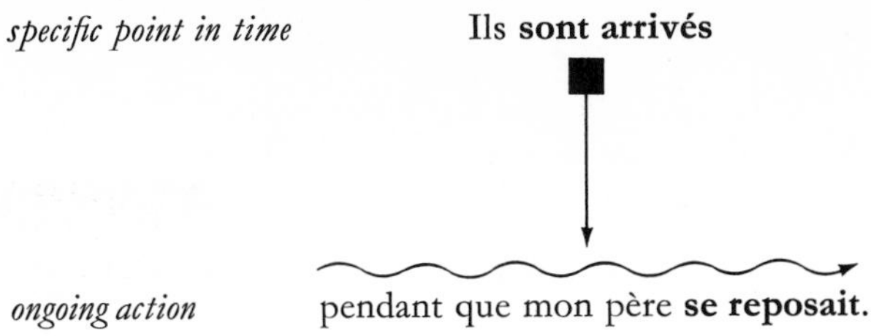

The **passé composé** is used to relate an action or event that happened at a precise moment.

The imperfect is used to describe an action that was in progress for an unspecified length of time when another action took place.

▶ **a.** In English, an ongoing past action is often expressed by the progressive form: *was happening*.

Such constructions are rendered in French by the imperfect.

J'ai vu des hommes qui **jouaient** aux cartes.	*I saw men who* ***were playing*** *cards.*
Quand vous êtes arrivé, je **téléphonais.**	*When you arrived, I* ***was phoning.***

b. The choice between the imperfect and the **passé composé** reflects the narrator's view of the actions he is describing.

Hier, je **suis allé** au cinéma.	*I* ***went*** *to the movies.* (main action)
Hier, j'**allais** au cinéma . . .	*I* ***was going*** *to the movies . . .* (ongoing action)
. . . quand j'**ai rencontré** Paul.	*. . . when I* ***met*** *Paul.* (main action)

1. Situation: La question

Quand le professeur a posé la question, certains élèves écoutaient, d'autres n'écoutaient pas. Dites qui écoutait et qui n'écoutait pas à ce moment-là.

▻ Charles (oui) *A ce moment-là, Charles écoutait.*

1. Jean-Michel (oui)
2. Nathalie (non)
3. Pierre (oui)
4. Isabelle et Marie (non)
5. Nous (oui)
6. Vous (non)
7. Moi (oui)
8. Toi (non)
9. Henri (non)

2. Dramatisation: Le cambriolage (*Burglary*)

Un cambriolage a eu lieu hier à neuf heures. L'inspecteur de police interroge les voisins (*neighbors*). Il leur demande ce qu'ils faisaient à neuf heures. Jouez le rôle de l'inspecteur et des personnes qu'il interroge.

▻ Françoise (dîner) L'INSPECTEUR: *Que faisiez-vous à neuf heures?*
FRANÇOISE: *Je dînais.*

1. Jacques (étudier)
2. Monsieur Duroc (regarder la télé)
3. Madame Roumois (écouter la radio)
4. Mademoiselle Blanc (se promener)
5. Madame Descroix (téléphoner)
6. Monsieur Albert (lire le journal)
7. Isabelle (se reposer)
8. Georges (jouer aux cartes)

3. Situation: Au café

Linda va dans un café du Quartier Latin. A la terrasse, elle voit les choses suivantes. Plus tard, elle raconte ce qu'elle a vu. Jouez le rôle de Linda d'après le modèle. Commencez chaque phrase par **J'ai vu**.

▻ des gens se promènent *J'ai vu des gens qui se promenaient.*

1. quelqu'un joue de la guitare
2. des étudiants préparent leurs cours
3. d'autres étudiants écoutent des disques
4. des garçons jouent aux cartes
5. des filles discutent de politique
6. un professeur lit le journal
7. des touristes prennent des photos
8. des étudiants vont à l'université

B. Le passé composé et l'imparfait: événement principal et circonstances de l'événement

In the sentences on the left, a certain event is described. In the sentences on the right, the circumstances of this event are given. Compare the tenses of the verbs in these sentences.

J'**ai vu** quelque chose d'extraordinaire.	C'**était** au mois de juin. Ce jour-là, il **faisait** très chaud.
J'**ai rencontré** des Américains.	C'**était** des soldats. Ils **étaient** jeunes. Ils **parlaient** assez bien le français.
Je **me suis marié.**	J'**avais** vingt ans. J'**étais** très amoureux de la fille avec qui je **sortais.**
A l'âge de 18 ans, je **suis allé** à l'université.	Je **voulais** apprendre l'anglais. Je **croyais** que c'était facile.

The **passé composé** is used to describe past actions that occurred at a specific time.

Je **suis arrivé** à l'université en 1975.

The imperfect is used to describe the circumstances or conditions of this past action, such as:

time and weather:	C'**était** en septembre. Ce jour-là, il **faisait** beau. Il **était** quatre heures.
age, physical appearance:	J'**étais** en bonne santé. J'**avais** vingt ans.
feelings, attitudes, beliefs:	A cette époque-là, j'**étais** timide. J'**étais** aussi très idéaliste. Je **voulais** réformer la société. J'**avais** l'intention d'étudier les sciences sociales. Je ne **savais** pas que les cours étaient difficiles.

4. *Situation: Mariages*

Dites quel âge les personnes suivantes avaient quand elles se sont mariées.

▻ Jacqueline (vingt ans) *Quand elle s'est mariée, Jacqueline avait vingt ans.*

1. Henri (trente ans)
2. Suzanne (vingt et un ans)
3. Monique (vingt-cinq ans)
4. Caroline (dix-huit ans)
5. Robert (vingt ans)
6. Jacques (vingt-deux ans)
7. Isabelle (vingt-six ans)
8. Philippe (vingt-trois ans)

5. *Situation: Excuses*

Hier certains étudiants ne sont pas allés en classe. Donnez l'excuse de chacun.

▻ Paul (il est fatigué) *Paul n'est pas allé en classe parce qu'il était fatigué.*

1. Henri (il a mal à la tête)
2. Nathalie (il fait froid)
3. Jacques (le bus est en retard)
4. Brigitte (elle a mal aux dents)
5. François (il pense que c'est dimanche)
6. Sylvie (elle veut préparer l'examen)

6. *Situation: La bagarre* (*The fight*)

Imaginez que vous êtes dans un café français. Il y a une bagarre entre deux clients. Vous racontez les faits à la police. Pour cela, mettez les phrases suivantes au passé. Attention: certains verbes seront à l'imparfait, et d'autres seront au passé composé.

1. C'est le 20 juin.
2. Il est neuf heures du soir.
3. Il fait chaud.
4. Je suis au café avec un ami.
5. Nous parlons de sport.
6. Un homme entre.
7. Il est jeune.
8. Il porte un costume bleu.
9. Il a une moustache noire.
10. Il insulte un client.
11. Le client n'est pas content.
12. Les deux hommes se disputent.
13. Le client tombe.
14. Les autres clients s'énervent.
15. Le garçon appelle la police.
16. La police arrive.

C. *Le plus-que-parfait*

The sentences below all describe past actions. Note that the actions described in the sentences on the right precede chronologically the actions described in the sentences on the left.

In the sentences on the left, the verbs are in the **passé composé.** In the sentences on the right, the verbs are in the pluperfect (**plus-que-parfait**). Compare the tenses of the auxiliary verbs used in each pair of sentences.

Vendredi, j'**ai joué** avec Paul. — Jeudi, j'**avais joué** avec Marc.
Cet été, je **suis allé** en Normandie. — L'année dernière, j'**étais allé** en Provence.
Hier, je **me suis levé** à 8 heures. — Avant-hier, je **m'étais levé** à 7 heures.

The pluperfect tense is a compound tense. It is formed as follows:

imperfect of auxiliary verb + past participle

Note the forms of the pluperfect for the three major types of verbs.

verb conjugated with **avoir**		*verb conjugated with* **être**		*reflexive verb*	
étudier		**sortir**		**s'amuser**	
j' **avais**	étudié	j' **étais**	sorti(e)	je m'**étais**	amusé(e)
tu **avais**	étudié	tu **étais**	sorti(e)	tu t'**étais**	amusé(e)
il / elle **avait**	étudié	il / elle **était**	sorti(e)	il / elle s'**était**	amusé(e)
nous **avions**	étudié	nous **étions**	sorti(e)s	nous nous **étions**	amusé(e)s
vous **aviez**	étudié	vous **étiez**	sorti(e)(s)	vous vous **étiez**	amusé(e)(s)
ils / elles **avaient**	étudié	ils / elles **étaient**	sorti(e)s	ils / elles s'**étaient**	amusé(e)s

▶ **a. Forms** Except for the tense of the auxiliary verb, the forms of the pluperfect parallel the forms of the **passé composé**.

1. Questions and negative sentences:

passé composé	*plus-que-parfait*
As-tu visité la Normandie?	**Avais-tu visité** la Provence?
Non, je **n'ai pas visité** la Normandie.	Non, je **n'avais pas visité** la Provence.

2. Agreement of the past participle:

Marc est **sorti** avec Marie.	Hier, il était **sorti** avec Sophie.
Monique est **sortie** avec Paul.	Elle était déjà **sortie** avec lui.

b. Uses Like the English pluperfect, the French pluperfect is used to describe a past action or event that occurred before another past action or event.

Il était furieux parce qu'il **avait perdu** aux cartes.	*He was furious because he* ***had lost*** *at cards.*
Il a dit à son père qu'il **avait vu** des parachutistes.	*He told his father that he* ***had seen*** *paratroopers.*

7. Situation: Voyages

Cet été Pierre et ses amis ont visité le Canada. Dites quels pays ils avaient visités l'année d'avant.

▻ Pierre (l'Irlande) *L'année d'avant, Pierre avait visité l'Irlande.*

1. Paul (l'Italie)
2. Marc (le Portugal)
3. Michèle (la Grèce)
4. Sylvie (Israël)
5. Henri et Eric (la Hollande)
6. Monique et Claire (la Suisse)
7. Nous (l'Angleterre)
8. Vous (la Yougoslavie)
9. Moi (le Maroc)
10. Toi (la Tunisie)

8. Situation: La première fois

Cet été, les personnes suivantes ont fait certaines choses pour la première fois. Dites qu'elles n'avaient jamais fait ces choses avant.

▻ Jacques a voyagé. *Il n'avait jamais voyagé avant.*

1. Marc est allé en France.
2. Monique est allée en Italie.
3. Vous êtes allés au Portugal.
4. Nous avons fait du camping.
5. Mes cousins ont fait du ski nautique (*water skiing*).
6. J'ai travaillé dans un restaurant.
7. Jean-Pierre a travaillé dans un garage.
8. Vous vous êtes intéressés à la musique.
9. Tu t'es intéressé à la politique.
10. Je me suis amusé avec mes cousins.

VOUS AVEZ LA PAROLE: ***Racontons***

1. Racontez un événement mémorable de votre existence. (Quel âge aviez-vous alors? Quel jour était-ce? Quel temps faisait-il ce jour-là? Où habitiez-vous? Qu'est-ce qui est arrivé?)
2. Racontez-votre dernière surprise-partie. (Quand était-ce? Où était-ce? Avec qui étiez-vous? Qui étaient les invités? Y avait-il un buffet? Y avait-il de la musique? Qu'est-ce que vous avez fait?)

Phonétique

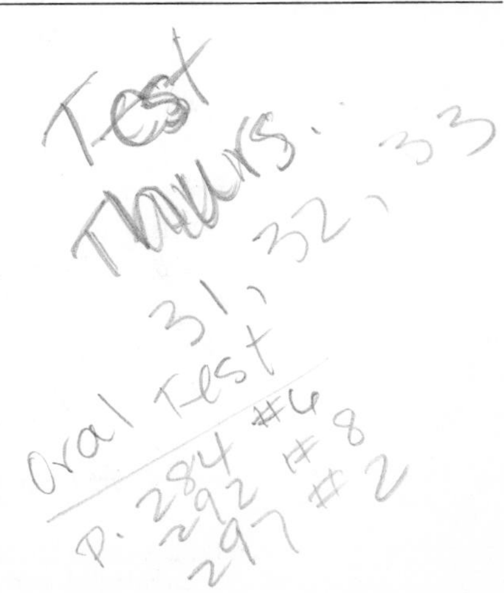

Le son /ɥ/

The sound /ɥ/ introduces a vowel sound. It is similar to the vowel /y/, but it is pronounced more rapidly and with greater tension. Keep your lips rounded and your tongue against your lower front teeth when pronouncing /ɥ/. *Note*: The sound /ɥ/ is written: **u** + vowel.

Mot-clé: **nuit**
Répétez: **lui**, **suis**, **bruit**, **juin**, **juillet**, **aujourd'hui**, **minuit**, **Suisse**

Aujourd'hui, je suis avec lui.
Le huit juillet, je vais en Suisse.

DOCUMENT

Une affiche pacifiste

INSTANTANÉ

Barbara

Le poème que vous allez lire a été publié° en 1947, deux ans après la Deuxième Guerre Mondiale°. C'est un poème pacifiste.

Dans la première partie (lignes 1 à 36), Jacques Prévert, l'auteur de ce poème, évoque la vision d'un bonheur° simple. Il pleut sur Brest[1] . . . Une jeune femme va à la rencontre° de l'homme qu'elle aime. Ils sont heureux de se retrouver. . . . L'auteur partage° cette joie fugitive.

Dans la deuxième partie (lignes 37 à 44), Prévert décrit les horreurs de la guerre. La ville de Brest est bombardée.[2] La pluie° se transforme en un déluge de feu° et de fer°. Les amants° ont disparu°. Que sont-ils devenus?

La troisième partie (lignes 45 à 58) est marquée par une grande nostalgie. La guerre est finie, mais la pluie qui tombe sur la ville en ruines rappelle° le terrible bombardement qui a détruit° Brest.

- publié: *published*
- Guerre Mondiale: *World War*
- bonheur: état heureux
- rencontre: dans la direction
- partage: *shares*
- pluie: *rain*
- feu / fer / amants / disparu: *fire* / *iron* / personnes qui s'aiment / *disappeared*
- rappelle: *recalls*
- détruit: *destroyed*

Avant de lire le poème, étudiez les MOTS UTILES, *page 304.*

1 Brest est un port important sur l'Atlantique.
2 A cause de son port, la ville de Brest a été l'une des villes de France les plus bombardées pendant la guerre.

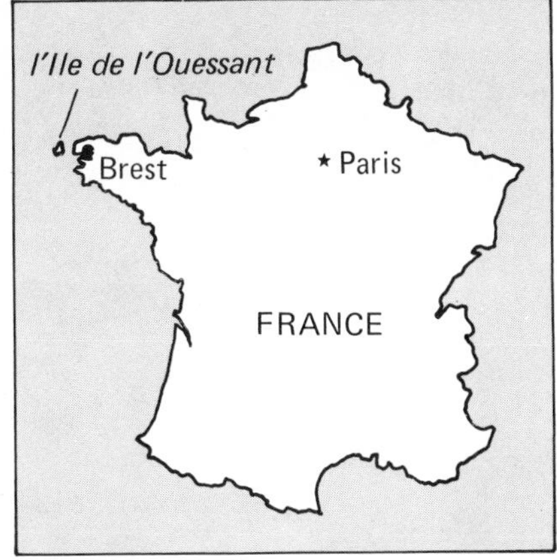

Barbara

Rappelle-toi° Barbara
Il pleuvait sans cesse° sur Brest ce jour-là
Et tu marchais souriante°
Epanouie° ravie° ruisselante°
Sous la pluie
Rappelle-toi Barbara
Il pleuvait sans cesse sur Brest
Et je t'ai croisée° rue de Siam°
Tu souriais°
Et moi je souriais de même°
Rappelle-toi Barbara
Toi que je ne connaissais pas
Toi qui ne me connaissais pas
Rappelle-toi
Rappelle-toi quand même° ce jour-là
N'oublie pas
Un homme sous° un porche s'abritait°
Et il a crié ton nom°
Barbara
Et tu as couru° vers lui° sous la pluie
Ruisselante ravie épanouie
Et tu t'es jetée° dans ses bras
Rappelle-toi cela Barbara
Et ne m'en veux pas° si je te tutoie°
Je dis tu à tous ceux° que j'aime
Même si je ne les ai vus qu'°une seule fois
Je dis tu à tous ceux qui s'aiment
Même si je ne les connais pas
Rappelle-toi Barbara
N'oublie pas
Cette pluie sage° et heureuse
Sur ton visage° heureux
Sur cette ville heureuse
Cette pluie sur la mer
Sur l'arsenal
Sur le bateau d'Ouessant
Oh Barbara
Quelle connerie° la guerre
Qu'es-tu devenue maintenant
Sous cette pluie de fer°
De feu° d'acier° de sang°
Et celui° qui te serrait° dans ses bras
Amoureusement
Est-il mort disparu° ou bien° encore vivant°
Oh Barbara

souviens-toi
continuellement
smiling
beaming / heureuse / *dripping wet*
je suis passé en face de toi / une rue de Brest
were smiling
aussi
all the same
under / trouvait refuge
il t'a appelée
ran / dans sa direction
précipitée
don't be angry with me / dis "tu"
aux personnes
seulement
tranquille
figure
stupidité (expression vulgaire)
iron
fire / *steel* / *blood*
l'homme / tenait
has he died and disappeared / ou / *alive*

Il pleut sans cesse sur Brest	
Comme il pleuvait avant	
Mais ce n'est plus pareil° et tout est abîmé°	comme avant / en ruines
C'est une pluie de deuil° terrible et désolée	*mourning*
Ce n'est même plus l'orage	
De fer d'acier de sang	
Tout simplement des nuages	
Qui crèvent° comme des chiens°	*die / dogs*
Des chiens qui disparaissent°	*disappear*
Au fil de° l'eau sur Brest	*along*
Et vont pourrir° au loin°	*rot / far away*
Au loin très loin de Brest	
Dont il ne reste rien°.	qui a été totalement détruit

Jacques Prévert, PAROLES

Questions sur le texte

Première partie (*lignes* 1–36)

1. Où se passe la scène?
2. Quel temps fait-il?
3. Comment s'appelle la jeune fille?
4. Où l'auteur l'a-t-il vue?
5. Qui a appelé la jeune fille?
6. Pourquoi l'auteur tutoie-t-il la jeune fille?

Deuxième partie (*lignes* 37–44)

7. A quoi le bombardement de Brest est-il comparé?
8. Que pense l'auteur de la guerre?

Troisième partie (*lignes* 45–58)

9. A quelle époque la scène a-t-elle lieu?
10. Quel temps fait-il?
11. Comment l'auteur décrit-il les nuages?

Questions générales

1. Etes-vous pacifiste? Pourquoi ou pourquoi pas?
2. A quels conflits les Etats-Unis ont-ils participé au vingtième siècle?

Débats

1. Aujourd'hui y a-t-il un danger de guerre mondiale?
2. Etes-vous pour ou contre le désarmement?

MOTS UTILES: **Le temps**

le ciel	*sky*	la pluie	*rain*
un nuage	*cloud*	sous la pluie	*in the rain*
un orage	*storm*		
le soleil	*sun*		
il pleut	*it's raining*		
il pleuvait	*it was raining*		

XII LE BIEN-ETRE

Leçon 34: La qualité de la vie

Leçon 35: Avez-vous assez de loisirs?

Leçon 36: Si vous aviez plus d'argent...?

Document: Sport en fête

Instantané: Les Français et le sport

Objectives

Culture Is France a socialistic or a capitalistic country? The question is open to debate. It is certain, however, that the French benefit from a social umbrella greater than that which protects Americans. Education is free and so is medical care of all types. Large families, the unemployed, the sick, the elderly receive financial aid from the government. Sheltered by these various protections against adversity, the French have developed a relatively carefree **art de vivre** that emphasizes leisure activities. What forms do these leisure activities take? What do sports represent to a French person: physical exertion, a form of entertainment, or an outlet for chauvinistic feelings? How would the French spend their money if they had more to spend? These questions are explored in this unit.

Structure In this unit, the first theme deals with the concept of the present tense. The second theme is concerned with the use of a new pronoun, **en**, which has no real equivalent in English. The third theme introduces the conditional form of the verb.

Vocabulary The vocabulary contents of this chapter reflect the cultural themes: leisure activities, daily life, and the government protection that the French enjoy.

Communication Besides discussing your leisure activities with greater accuracy, you will be able to express wishes and to formulate hypotheses and conditional statements.

Leçon trente-quatre: La qualité de la vie

Langue et culture

Depuis 1974, il y a en France un ministère de "la qualité de la vie". Assurer la qualité de la vie, qu'est-ce que c'est? C'est peut-être protéger° l'environnement ou lutter contre° les différentes formes de pollution. . . . C'est aussi et surtout assurer à l'individu un minimum de confort, de loisirs, d'éducation. C'est le protéger contre° les hasards de l'existence, la maladie, par exemple. Dans ce domaine, la législation française garantit une certaine "qualité de la vie" depuis longtemps. Voici quelques dates importantes:

protéger° *to protect*
lutter contre° attaquer
contre° *against*

Depuis 1881, l'enseignement est gratuit. Cela s'applique à l'enseignement élémentaire, à l'enseignement secondaire et à l'enseignement universitaire.

Depuis 1932, les familles reçoivent une aide financière de l'Etat. (Par exemple, les familles qui ont deux enfants, ou plus, reçoivent chaque mois une certaine somme d'argent pour chaque enfant.)

Depuis 1936, la majorité des Français bénéficient° de la médecine gratuite. Ils sont aussi protégés contre le chômage et la vieillesse par un système d'assurances sociales.

bénéficient° *benefit*

Depuis 1969, les employés ont un minimum de 4 semaines de congés payés par an (deux semaines depuis 1936, trois semaines depuis 1956).

Depuis 1971, les Français ont droit° à un congé payé pour continuer leur formation professionnelle.

droit° *right*

Renseignements culturels: La France, un pays social

Entre le capitalisme et le socialisme pur, la France a choisi une formule intermédiaire, la formule "sociale". Par cette formule, l'Etat assiste les citoyens[1] aux moments critiques de l'existence. C'est ainsi que[2] les Français bénéficient:

- de l'instruction gratuite
- de la Sécurité Sociale (qui rembourse les dépenses médicales et pharmaceutiques)
- des Allocations Familiales (qui sont payées aux familles qui ont au moins deux enfants).

1 *citizens* 2 *in this way*

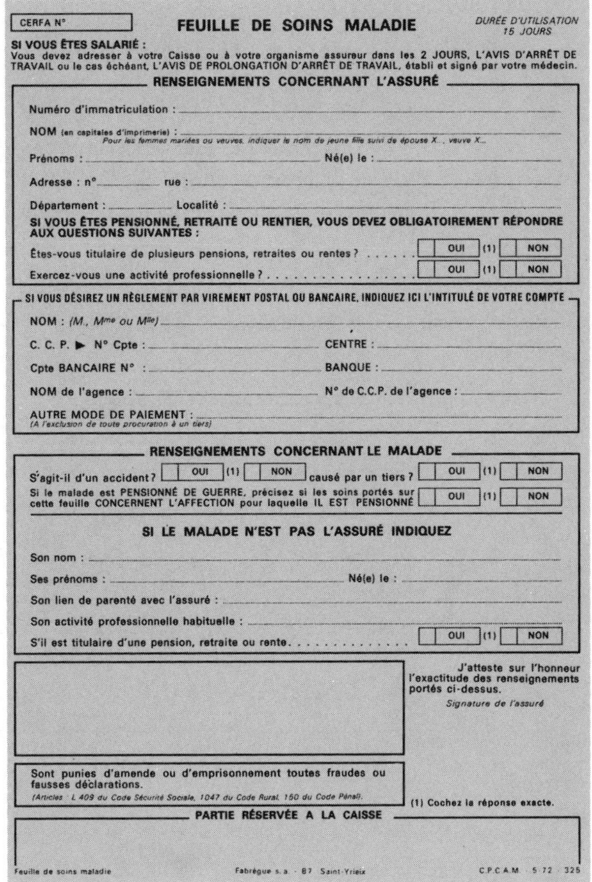

CERFA N°

FEUILLE DE SOINS MALADIE

DURÉE D'UTILISATION 15 JOURS

SI VOUS ÊTES SALARIÉ :
Vous devez adresser à votre Caisse ou à votre organisme assureur dans les 2 JOURS, L'AVIS D'ARRÊT DE TRAVAIL ou le cas échéant, L'AVIS DE PROLONGATION D'ARRÊT DE TRAVAIL, établi et signé par votre médecin.

RENSEIGNEMENTS CONCERNANT L'ASSURÉ

Numéro d'immatriculation : ______

NOM (en capitales d'imprimerie) : ______
Pour les femmes mariées ou veuves, indiquer le nom de jeune fille suivi de épouse X..., veuve X...

Prénoms : ______ Né(e) le : ______

Adresse : n° ______ rue : ______

Département : ______ Localité : ______

SI VOUS ÊTES PENSIONNÉ, RETRAITÉ OU RENTIER, VOUS DEVEZ OBLIGATOIREMENT RÉPONDRE AUX QUESTIONS SUIVANTES :

Êtes-vous titulaire de plusieurs pensions, retraites ou rentes ? . . . . . . ☐ OUI (1) ☐ NON

Exercez-vous une activité professionnelle ? . . . . ☐ OUI (1) ☐ NON

SI VOUS DÉSIREZ UN RÈGLEMENT PAR VIREMENT POSTAL OU BANCAIRE, INDIQUEZ ICI L'INTITULÉ DE VOTRE COMPTE

NOM : *(M., Mme ou Mlle)* ______

C. C. P. ▶ N° Cpte : ______ CENTRE : ______

Cpte BANCAIRE N° : ______ BANQUE : ______

NOM de l'agence : ______ N° de C.C.P. de l'agence : ______

AUTRE MODE DE PAIEMENT : ______
(A l'exclusion de toute procuration à un tiers)

RENSEIGNEMENTS CONCERNANT LE MALADE

S'agit-il d'un accident ? ☐ OUI (1) ☐ NON causé par un tiers ? ☐ OUI (1) ☐ NON

Si le malade est PENSIONNÉ DE GUERRE, précisez si les soins portés sur cette feuille CONCERNENT L'AFFECTION pour laquelle IL EST PENSIONNÉ ☐ OUI (1) ☐ NON

SI LE MALADE N'EST PAS L'ASSURÉ INDIQUEZ

Son nom : ______

Ses prénoms : ______ Né(e) le : ______

Son lien de parenté avec l'assuré : ______

Son activité professionnelle habituelle : ______

S'il est titulaire d'une pension, retraite ou rente. . . . . ☐ OUI (1) ☐ NON

J'atteste sur l'honneur l'exactitude des renseignements portés ci-dessus.

Signature de l'assuré

Sont punies d'amende ou d'emprisonnement toutes fraudes ou fausses déclarations.
(Articles L 409 du Code Sécurité Sociale, 1047 du Code Rural, 150 du Code Pénal).

(1) Cochez la réponse exacte.

PARTIE RÉSERVÉE A LA CAISSE

Feuille de soins maladie Fabrègue s. a. - 87 Saint-Yrieix C.P.C.A.M. 5 72 325

Structure et vocabulaire

MOTS UTILES: **Les problèmes de l'existence**

l'emploi (*m.*)	*employment*	↔	le chômage	*unemployment*
la santé	*health*	↔	la maladie	*sickness*
le bien-être	*comfort, well-being*	↔	le besoin	*want, need*
les loisirs	*leisure*			
les vacances	*vacation*	↔	le travail	*work*
un congé	*holiday, leave*			
la jeunesse	*youth*	↔	la vieillesse	*old age*
une subvention	*subsidy, grant*	↔	un impôt	*tax*

1. Questions personnelles

Comparez les choses suivantes à l'aide des adjectifs entre parenthèses.

▻ la santé / l'emploi (important) *La santé est plus (moins, aussi) importante que l'emploi.*

1. la santé / le bien-être (important)
2. le besoin / la maladie (grave)
3. les loisirs / le travail (nécessaire)
4. la jeunesse / les personnes âgées (conservateur)
5. la maladie / le chômage (dangereux)
6. une subvention / un impôt (agréable)

A. Le verbe vivre

The verb **vivre** (*to live*) is irregular. Note especially the past participle.

infinitive	**vivre**	
present	Je **vis** en France. Tu **vis** à Paris. Il / Elle **vit** en Italie.	Nous **vivons** bien. Vous **vivez** mal. Ils / Elles **vivent** confortablement.
imperfect	Je **vivais** assez mal quand j'étais au collège.	
future	Je **vivrai** mieux quand j'aurai de l'argent.	
passé composé	J'**ai vécu** trois ans en France.	

▶ **Habiter** and **vivre** both mean *to live.*

Habiter means *to live* or *to dwell in a place.*
Vivre means *to live* in a general sense.
The expression **être vivant** means *to be living, to be alive.*

Proverbe Qui vivra verra. *He who lives will see.*

2. Questions personnelles

1. Vivez-vous bien ou mal? Vivez-vous confortablement?
2. Vivez-vous seul(e) ou avec d'autres étudiant(e)s?
3. Où habitiez-vous avant d'aller à l'université?
4. Avez-vous toujours vécu dans la même ville? Où viviez-vous avant?
5. Avez-vous vécu à l'étranger? en Europe? en France?
6. Est-ce que vos grands-parents sont encore vivants?
7. Où habiterez-vous quand vous aurez votre diplôme universitaire?

B. Le verbe **recevoir**

The verb **recevoir** (*to receive, to get*) is irregular.

infinitive	**recevoir**	
present	Je **reçois** une lettre. Tu **reçois** un télégramme. Il / Elle **reçoit** un diplôme.	Nous **recevons** une subvention. Vous **recevez** un bon salaire. Ils / Elles **reçoivent** une rémunération importante.
imperfect	Je **recevais** mon argent de poche le dimanche.	
future	Je **recevrai** un paquet demain.	
passé composé	J'**ai reçu** une bourse pour mes études.	

▶ **a. Recevoir** has several meanings:

to receive, to get (something)	J'**ai reçu** mon diplôme l'année dernière.
to receive, entertain (people)	Je **reçois** mes amis chez moi.

▶ **b.** The following verbs are conjugated like **recevoir**:

décevoir	*to disappoint*	Ne **décevez** pas vos parents!
apercevoir	*to see, to catch a glimpse of*	**Avez**-vous **aperçu** vos amis?
s'apercevoir (de)	*to realize*	Je **me suis aperçu de** mon erreur.

3. Situation: De la Tour Eiffel

Un groupe de touristes se trouve sur la Tour Eiffel. Dites ce que chacun aperçoit.

▻ Jacques (un monument) *Jacques aperçoit un monument.*

1. Paul (une église)
2. Suzanne (Notre-Dame)
3. Michèle et Françoise (l'Arc de Triomphe)
4. Marc et Philippe (un bus)
5. Nous (des voitures)
6. Vous (le Musée d'Art Moderne)
7. Moi (les Invalides)
8. Toi (le Louvre)

4. Questions personnelles

1. Recevez-vous souvent des lettres? De qui?
2. Quand avez-vous reçu votre diplôme de high school?
3. Quand recevrez-vous votre diplôme de l'université?
4. Recevez-vous de bonnes notes en français?
5. Décevez-vous parfois vos parents? vos professeurs? vos amis? vos amies?

C. *L'emploi des temps: le passé composé et le présent*

The sentences on the left describe actions that took place in the past. The sentences on the right describe actions or states that began in the past, but that are still continuing. Compare the use of tenses in the two sets of sentences.

Je **suis arrivé** à Paris en 1974.	J'**habite** à Paris **depuis 1974**.
Jacques **a reçu** son diplôme en avril.	**Depuis avril**, il **travaille** dans une banque.
Monsieur Moreau **a eu** un accident samedi.	**Depuis samedi**, il **est** à l'hôpital.
Nous **avons acheté** une voiture en été.	**Depuis ce moment-là**, nous **passons** les week-ends à la campagne.
Vous **avez arrêté** de fumer (*smoke*) l'année dernière.	Vous ne **fumez** plus **depuis l'année dernière**.

The **passé composé** is used to describe actions that took place and ended in the past.

The present is used to describe actions or states which began in the past and which are still going on. Compare the French and English tenses.

J'**apprends** le français depuis un an.	*I **have been learning** French for one year.*
Eric **habite** à Paris depuis 1970.	*Eric **has been living** in Paris since* 1970.
Depuis quand **allez**-vous à l'université?	*Since when **have you been going** to the university?*

▶ To indicate the beginning of an action that is still in progress, several expressions can be used:

depuis, depuis que, il y a . . . que	**Il y a** 6 mois **que** j'habite à Paris.
	Depuis que j'habite à Paris, je parle français.

5. *Situation: A Paris*

Des étudiants américains font leurs études à Paris. Dites depuis quand chacun habite cette ville.

▻ Robert: septembre *Robert habite à Paris depuis septembre.*

1. Lynne (mai)
2. Paul (octobre)
3. David (le 2 avril)
4. Marc (l'été dernier)
5. Linda (l'automne)
6. Jeffrey (1975)
7. Denise (un an)
8. Annette (deux ans)

6. *Situation: La mononucléose*

A cause de la mononucléose, Jacques a arrêté certaines activités. Dites qu'il ne fait plus ces choses depuis sa maladie.

▻ Il a arrêté de travailler. *Il ne travaille plus depuis sa maladie.*

1. Il a arrêté d'étudier.
2. Il a arrêté d'aller à l'université.
3. Il a arrêté de faire du sport.
4. Il a arrêté de sortir.
5. Il a arrêté de manger beaucoup.
6. Il a arrêté de jouer au tennis.

7. *Dramatisation: A l'Alliance Française*

Un journaliste interviewe des étudiants de l'Alliance Française à Paris. Il leur demande quand ils sont arrivés à Paris et s'ils étudient le français depuis cette date. Jouez le rôle du journaliste et des étudiants.

▻ Linda (en septembre)

LE JOURNALISTE: *Quand êtes-vous arrivée à Paris?*
LINDA: *Je suis arrivée en septembre.*
LE JOURNALISTE: *Depuis quand étudiez-vous le français?*
LINDA: *J'étudie le français depuis septembre.*

1. Marc (en octobre)
2. Carl (en décembre)
3. Susie (le 3 janvier)
4. Michael (la semaine dernière)
5. Patrick (en janvier)
6. Laura (en mars)
7. Nancy (en avril)
8. Max (en juin)

MOTS UTILES: **Expressions de temps**

to ask when an ongoing action began		
depuis quand?	*since when?*	**Depuis quand** êtes-vous à l'université?
depuis combien de temps?	*for how long?*	**Depuis combien de temps** étudiez-vous le français?
to indicate the beginning of an ongoing action		
depuis (+ time of occurrence)	*since*	J'habite à Paris **depuis 1975.**
depuis (+ length of time)	*for*	Je suis à l'université **depuis deux ans.**
depuis que (+ clause)	*since*	Je travaille **depuis que** je suis étudiant.
il y a (+ length of time) + que (+ clause)	*for*	**Il y a** un mois **que** je travaille ici.
to indicate when an action took place		
il y a (+ elapsed time)	*ago*	**Il y a** deux ans, je suis allé en France. **Il y a** trois ans, j'étais en high school.
to indicate duration		
pendant	*during, for*	J'ai étudié le français **pendant** un an.
pendant que (+ clause)	*while*	**Pendant que** j'étais à l'université, j'ai fait beaucoup de sport.

8. *Questions personnelles*

1. Depuis combien de temps êtes-vous à l'université?
2. Depuis quand habitez-vous dans la ville où vous êtes aujourd'hui?
3. Depuis combien de temps vos parents sont-ils mariés (divorcés)?
4. Depuis combien de temps étudiez-vous le français? les maths? les sciences sociales? l'histoire américaine?
5. Depuis quand avez-vous une voiture? une moto? le permis de conduire (*driver's license*)? l'âge de voter?

9. Expression personnelle

Dites où vous étiez aux moments suivants et ce que vous faisiez.

▻ il y a une heure *Il y a une heure, j'étais chez moi. J'étudiais.*

1. il y a deux heures
2. il y a deux jours
3. il y a une semaine
4. il y a un mois
5. il y a six mois
6. il y a un an
7. il y a deux ans
8. il y a dix ans

10. Situation: Evénements historiques

Voici certains événements historiques. Dites à peu près (*about*) depuis combien de temps ces événements ont eu lieu. Utilisez l'expression **il y a.**

▻ Les Etats-Unis sont devenus indépendants en 1776. *Les Etats-Unis sont devenus indépendants il y a à peu près* 200 *ans.*

1. Lindbergh a traversé (*crossed*) l'Atlantique en 1927.
2. Le premier astronaute a marché sur la lune (*moon*) en 1969.
3. Les Américains ont libéré la France en 1944.
4. Les Français ont pris la Bastille en 1789.
5. Les frères Lumière ont inventé le cinéma en 1895.
6. Martin Luther King a été assassiné en 1968.

VOUS AVEZ LA PAROLE: ***Compositions***

Composez un paragraphe sur l'un des thèmes suivants.

1. Vos résidences. Dites où vous avez habité dans votre vie et pendant combien de temps.
2. Autobiographie. Quelles sont vos activités principales? vos loisirs? vos études? Depuis combien de temps participez-vous à ces activités?

Phonétique

Le son /ɲ/

The French sound /ɲ/ is similar to the sound of *ny* in *canyon*, but with more tension. *Note*: The sound /ɲ/ is written **gn.**

Mot-clé: renseig**n**ement

Répétez: Ag**n**ès, enseig**n**ement, ig**n**ore, mag**n**ifique, champag**n**e, espag**n**ol, Allemag**n**e, compag**n**ie

J'ignore si Agnès est en Espagne.

Leçon trente-cinq: Avez-vous assez de loisirs?

Langue et culture

Voici comment quatre Français, âgés de moins de trente ans, ont répondu à la question: "Avez-vous assez de loisirs?"

JEAN-FRANÇOIS (27 ans, ingénieur): Oui, j'en ai assez. Il y a le sport, par exemple. J'en fais régulièrement le week-end pour garder la forme°. J'en fais aussi pendant les vacances. En hiver, je fais du ski et en été, je fais de la voile°.

to keep in shape
sailing

MONIQUE (25 ans, journaliste): Des loisirs? On n'en a jamais assez! Il y a beaucoup de choses que je voudrais faire. Du théâtre, par exemple. J'en faisais quand j'étais étudiante. Maintenant, je n'en fais plus parce que je n'ai pas le temps. Quand j'ai un peu de temps, je fais du tennis. Je n'en fais qu'une heure ou deux par semaine.... Ce n'est pas beaucoup.

HENRI (19 ans, étudiant): Les loisirs? Il en faut si on ne veut pas devenir fou°. Mes loisirs dépendent de l'état de mes finances. Quand j'ai de l'argent, je vais au cinéma. Quand je n'en ai pas, j'écoute mes disques. J'en ai une collection importante°. J'aime la musique. L'année dernière, je me suis acheté une guitare. J'en joue souvent. Pour mes amis ou pour moi seul.

to go crazy
grande

JOSIANE (29 ans, ouvrière): En semaine, je travaille dans une usine°. Le week-end, il y a les enfants. Nous en avons quatre. Il y a aussi les travaux domestiques°, les courses°, etc.... Les loisirs? Ne m'en parlez pas! Mon mari en a quand il va au café avec ses copains. Moi, je n'en ai jamais!

factory / *housework | shopping*

Renseignements culturels: La civilisation des loisirs

En France, on parle beaucoup de la "civilisation des loisirs." Dans la société mécanisée d'aujourd'hui, les loisirs réhumanisent l'existence. Ils sont considérés comme un droit[1] par la majorité des Français.

En quoi consistent ces loisirs? Cela dépend des préférences et des finances de chacun. Les habitants des villes prendront leur voiture et iront passer le week-end à la campagne. Les habitants de la campagne, eux, viendront en ville. Le cinéma, la musique, la télévision, les spectacles sportifs constituent des distractions importantes. La pratique du sport, elle, est moins généralisée.... En développant des "Maisons de Jeunes" et des "Maisons de la Culture," le gouvernement français a compris l'importance des loisirs dans la société contemporaine.

1 *right*

Structure et vocabulaire

MOTS UTILES: **Les loisirs**

un loisir	*leisure activity, leisure time*	la détente	*relaxation*
un passe-temps	*hobby*	une distraction	*amusement, entertainment*
le repos	*rest*	la lecture	*reading*
un spectacle	*show*	la musique	
le sport	*sports (generally)*		
faire du sport	*to participate in sports (generally)*		
pratiquer un sport	*to engage in, to play a sport*		
se détendre	*to relax*		
se reposer	*to rest*		

1. Questions personnelles

1. Selon vous, les loisirs sont-ils nécessaires? Pourquoi? Pourquoi pas?
2. Quels sont vos loisirs préférés?
3. Avez-vous des passe-temps? Quels passe-temps?
4. Selon vous, quelle est la meilleure forme de détente?
5. Quels sports pratiquez-vous?
6. Comment et quand vous détendez-vous?
7. Quand vous reposez-vous?
8. Que faites-vous pendant vos heures de loisirs?
9. Aimez-vous la musique? Quelle sorte de musique?
10. Aimez-vous la lecture? Quels livres lisez-vous?

A. L'expression négative ne . . . que

The sentences on the right indicate a limitation. Note how this limitation is expressed.

Mes amis étudient l'espagnol et l'anglais.	Je **n'**étudie **que** l'anglais.
Mon frère joue au tennis et au golf.	Moi, je **ne** joue **qu'**au tennis.
Paul a cinq semaines de vacances.	Henri **n'a que** trois semaines.

The construction **ne . . . que** is the equivalent of *only*. It is used more frequently than **seulement**, which has the same meaning.

▶ **a.** In the construction **ne . . . que**:

ne comes before the verb;
que comes before the word which the expression is modifying.

Compare:	Je ne parle **que** français en classe.	*I speak* ***only French*** *in class.*
	Je ne parle français **qu'**en classe.	*I speak French* ***only in class.***

b. The expression **ne faire que** means *to do nothing but* (*except*).

Pierre **ne fait que** jouer au tennis. — *Pierre* ***does nothing but*** *play tennis.*

2. Situation: Obsession

Les personnes suivantes ne pensent qu'à certaines choses. Expliquez l'obsession de chacun.

▻ Henri (à ses études) *Henri ne pense qu'à ses études.*

1. Paul (à son avenir)
2. Marc (à l'argent)
3. Michèle (à la musique)
4. François (au sport)
5. Jean-Paul (aux vacances)
6. Annie (à elle)
7. Robert (à lui)
8. Philippe (à s'amuser)
9. Isabelle (à sortir avec des garçons)
10. Christophe (à sortir avec des filles)

3. Situation: Jacqueline et Henri

Jacqueline fait plusieurs choses. Henri ne fait que la première de ces choses. Expliquez ce que fait Henri d'après le modèle.

▻ Jacqueline fait du tennis et du ping-pong. *Henri ne fait que du tennis.*

1. Elle parle français et anglais.
2. Elle s'intéresse à la politique et à la musique.
3. Elle aime le jazz et la musique classique.
4. Elle voyage en Italie et en Espagne.
5. Elle a une bicyclette et une moto.
6. Elle prend des vacances en août et en mars.

B. Le pronom **en** *remplaçant* **du, de la, des** + *nom*

partative & un(e), & de l'

In reading the answers below, note the pronoun that replaces the nouns in heavy print.

Prenez-vous **des vacances**?	Oui, j'**en** prends.
Avez-vous **des loisirs**?	Oui, j'**en** ai.
Faites-vous **du sport**?	Oui, j'**en** fais.
Faites-vous **de la gymnastique**?	Non, je n'**en** fais pas.

The pronoun **en** replaces a direct object introduced by **du, de la, des.**

▶ **a.** Like other object pronouns, **en** comes before the verb, except in affirmative commands.

Vous mangez du pain?	N'**en** mangez pas!
Vous ne faites pas de sport?	Faites-**en.**

b. In sentences of the above type, **en** is the equivalent of the English pronouns *some* and *any* (or *none*, in negative sentences). While these pronouns may sometimes be omitted in English, **en** must always be expressed in French.

Est-ce que Paul a des loisirs?	*Does Paul have leisure activities?*
Oui, il **en** a.	*Yes, he does (have* ***some****).*
Non, il n'**en** a pas.	*No, he doesn't (have* ***any****).*

● There is always liaison after **en** when the next word begins with a vowel sound.

4. Dialogue

Demandez à un(e) camarade s'il (si elle) fait les choses suivantes.

▻ du sport — VOUS: *Fais-tu du sport?*
VOTRE CAMARADE: *Oui, j'en fais.* (*Non, je n'en fais pas.*)

1. du théâtre
2. de la politique
3. du judo
4. du karaté
5. de la danse moderne
6. de la danse classique
7. du tennis
8. du ping-pong
9. du golf
10. du basketball
11. du volleyball
12. de la gymnastique

5. Situation: Interview

Le chef du personnel interviewe plusieurs candidats. Il leur demande s'ils possèdent les qualités suivantes. Chaque candidat répond affirmativement. Jouez le rôle du chef du personnel et des candidats d'après le modèle.

▻ de la patience — LE CHEF DU PERSONNEL: *Avez-vous de la patience?*
LE (LA) CANDIDAT(E): *Oui, Monsieur, j'en ai.*

1. de l'ambition
2. du tact
3. de la discipline
4. des idées
5. de bonnes recommandations
6. des références
7. de l'énergie
8. du courage

6. Questions personnelles

1. Jouez-vous du piano? de la clarinette? de la guitare? de la trompette?
2. Faites-vous du camping? de l'auto-stop (*hitchhiking*)? du ski? du ski nautique?
3. Avez-vous des projets professionnels? des projets de vacances? des loisirs?
4. Lisez-vous des journaux français? des magazines? des revues de sports?

C. Le pronom en *remplaçant un nom introduit par une expression de quantité*

Note the use of the pronoun **en** in the answers below.

Avez-vous une auto?	Oui, j'**en** ai **une.**
Avez-vous un vélo?	Oui, j'**en** ai **un.**
Combien de mois de vacances prenez-vous?	J'**en** prends **quatre.**
Combien de frères avez-vous?	J'**en** ai **trois.**
Avez-vous beaucoup de loisirs?	Non, je n'**en** ai pas **beaucoup.**
Avez-vous trop d'examens?	Oui, nous **en** avons **trop.**
Est-ce qu'il y a une piscine à l'université?	Non, il n'y **en** a **pas,** mais il y **en** a **une** en ville.

The pronoun **en** replaces a direct object introduced by **un, une,** a number, or an expression of quantity.

▶ **a.** In sentences of the above type, **en** corresponds to the English *of it, of them.* Although these expressions are rarely used in English, **en** must be expressed in French.

Avez-vous beaucoup de patience?	Oui, j'**en** ai beaucoup.	*Yes, I have a lot* (***of it***).
Avez-vous des sœurs?	Oui, j'**en** ai trois.	*Yes, I have three* (***of them***).

b. In affirmative sentences, the number **un (une)** must be used with **en** if a single object is referred to.

As-tu une guitare?	Oui, j'**en** ai **une.**	*Yes, I do. Yes, I have* (*one*).
but:	Non, je n'**en** ai **pas.**	*No, I don't* (*have one*).

7. Dialogue

Demandez à un(e) camarade s'il (si elle) a les choses suivantes.

▻ une guitare VOUS: *As-tu une guitare?*
VOTRE CAMARADE: *Oui, j'en ai une.* (*Non, je n'en ai pas.*)

1. un vélo
2. une auto
3. une caméra
4. un appareil-photo
5. une télévision
6. une radio
7. un banjo
8. une clarinette

8. Dialogue

Demandez à un(e) camarade s'il (si elle) a les choses suivantes. Utilisez l'expression **beaucoup** dans les questions et les réponses.

▻ de l'argent VOUS: *As-tu beaucoup d'argent?*
VOTRE CAMARADE: *Oui, j'en ai beaucoup.* (*Non, je n'en ai pas beaucoup.*)

1. de l'ambition
2. de l'imagination
3. des idées
4. des projets
5. des problèmes
6. des disques
7. des livres
8. des vacances

9. Expression personnelle: Vrai ou faux

Dites si les phrases suivantes sont correctes ou non. Si elles sont incorrectes, rectifiez-les.

▻ Il y a dix filles dans la classe. *Oui, il y en a dix.*
ou: *Non, il n'y en a pas dix. Il y en a . . .*

1. Il y a cinq garçons dans la classe.
2. Il y a trois livres sur le bureau du professeur.
3. J'ai trois frères.
4. J'ai quatre sœurs.
5. J'ai six mois de vacances par an.
6. Mes parents ont deux voitures.

MOTS UTILES: **Expressions de quantité**

adjectifs	**pronoms**
quelques *some*	quelques-uns (quelques-unes) *some*
Connaissez-vous **quelques** Français?	Oui, j'en connais **quelques-uns.**
Connaissez-vous **quelques** Françaises?	Oui, j'en connais **quelques-unes.**
plusieurs *several*	plusieurs *several*
Avez-vous **plusieurs** amis à Paris?	Oui, j'en ai **plusieurs.**
d'autres *other*	d'autres *others*
Avez-vous **d'autres** amis en France?	Oui, j'en ai **d'autres.**

10. *Questions personnelles*

Si vous répondez affirmativement, utilisez les pronoms **quelques-uns**, **quelques-unes** ou **plusieurs.**

1. Connaissez-vous des étudiants français?
2. Connaissez-vous des étudiantes françaises?
3. Avez-vous des disques français?
4. Avez-vous lu des romans français? des magazines français? des poèmes français?

D. *Le pronom* en *remplaçant un nom ou une expression introduit par* de

Note the use of **en** in the following sentences.

Venez-vous **de Lyon**?	Oui, j'**en** viens.
Sortez-vous **de l'université**?	Oui, j'**en** sors.
Parlez-vous **de politique** avec vos amis?	Non, je n'**en** parle jamais.
Avez-vous l'intention **d'aller à Paris**?	Non, je n'**en** ai pas l'intention.

The pronoun **en** replaces a prepositional phrase introduced by **de.**

11. *Dialogue*

Demandez à un(e) camarade s'il (si elle) parle des choses suivantes avec ses amis.

▻ sport
VOUS: *Parles-tu de sport avec tes amis?*
VOTRE CAMARADE: *Oui, j'en parle.*
ou: *Non, je n'en parle pas.*

1. littérature	3. politique	5. argent	7. philosophie
2. cinéma	4. vacances	6. avenir	8. sexe

VOUS AVEZ LA PAROLE: ***Opinions personnelles***

Composez un paragraphe sur l'un des thèmes suivants.

1. Avez-vous assez de loisirs?
2. Avez-vous assez d'argent?
3. Y a-t-il trop de monde sur notre planète?

Phonétique

Révision: les consonnes /ʒ/ et /g/

The consonant sound /ʒ/ can be written as follows:

j	**J**ean, **J**acques
g + e, i, y	man**ge**r, **Gi**gi, **gy**roscope
ge + a, o, u	man**geo**ns, man**gea**it, coura**geu**x

Be sure not to pronounce a /d/ before the /ʒ/, unless a **d** occurs in the written word.

Répétez: Gigi n'a jamais assez d'argent.
Jean-Jacques joue avec Georges et Gilbert.
Je mangeais du fromage.

The consonant sound /g/ can be written as follows:

g + a, o, u + consonant	**ga**rage, Mar**go**t, ai**gu**, **gr**and
gu + e, i, y	Hu**gue**s, **Gui**llaume, **Guy**

Répétez: Hugues regarde la guitare de Guy.
Guillaume va dans un grand magasin avec Margot.

Leçon trente-six: Si vous aviez plus d'argent...?

Langue et culture

Quatre Français d'origines diverses répondent à la question: Que feriez-vous si vous aviez plus d'argent?

PAUL (32 ans): Je m'achèterais une voiture de sport. J'achèterais aussi une résidence secondaire, une villa en Normandie, par exemple, où je passerais mes week-ends.

JEAN-CLAUDE (22 ans): Je viens de me marier. Si j'avais plus d'argent, je n'aurais aucun° problème à le dépenser. Nous commencerions à payer nos dettes°. Ensuite, nous équiperions notre appartement. Nous achèterions une télé en couleur, une machine à laver.... Notre existence ne changerait pas tellement°, mais elle serait plus confortable.

aucun: pas de
dettes: *debts*
tellement: *that much*

JACQUELINE (19 ans): Je suis secrétaire. Je préférerais faire autre chose°. Si j'avais plus d'argent, je crois que je changerais totalement d'existence. Je ne travaillerais plus. Je prendrais des vacances éternelles. Je commencerais par quitter Paris. Je voyagerais beaucoup. Un jour, peut-être, je m'installerais à Tahiti... parce que c'est au bout° du monde.

autre chose: *something else*
bout: *end*

MARIE-FRANCE (35 ans): Mon mari est architecte. Il gagne bien sa vie. Nous ne sommes pas malheureux. Que ferions-nous avec plus d'argent? Je ne sais pas. Ce serait un problème. Nous ferions probablement des dépenses inutiles. Nous achèterions un plus grand appartement. Nous aurions une plus grosse° voiture. Nous consommerions davantage . . . et, bien sûr, nous paierions plus d'impôts! Non, vraiment, je ne crois pas que nous serions plus heureux qu'aujourd'hui.

° grande

Questions personnelles: Et vous?

Feriez-vous les choses suivantes si vous aviez plus d'argent?

1. Achèteriez-vous une voiture?
2. Achèteriez-vous une maison?
3. Achèteriez-vous une télé en couleur?
4. Paieriez-vous vos dettes?
5. Prendriez-vous des vacances?
6. Consommeriez-vous davantage?
7. Voyageriez-vous?
8. Vous marieriez-vous?

Renseignements culturels: La résidence secondaire

Quand on se marie, on rêve[1] d'acheter un logement. En France, on rêve aussi d'avoir une seconde maison, loin de la première.

Aujourd'hui, beaucoup de Français réalisent ce rêve[2] et achètent une "résidence secondaire". Cette résidence secondaire est souvent une villa à la mer, un chalet à la montagne, une petite ferme[3]. . . . Elle est généralement simple et rustique. On y va le week-end. On y passe les vacances. C'est là qu'on oublie les problèmes professionnels . . . .

La résidence secondaire ne représente donc pas uniquement un bien[4] matériel. Elle concrétise aussi la distinction fondamentale que les Français établissent entre le travail et le repos.

1 *dreams* 2 *make this dream come true* 3 *farm* 4 possession

Structure et vocabulaire

MOTS UTILES: **Contrastes**

adjectifs

riche — pauvre	*rich — poor*	Je ne suis pas **pauvre,** mais je ne suis pas **riche** non plus.
utile — inutile	*useful — useless*	L'argent est très **utile**!
facile — difficile	*easy — difficult, hard*	La vie à Tahiti est **facile.**
simple — compliqué	*simple — complicated*	J'aime la vie **simple.**

prépositions

pour — contre	*for — against*	Je suis **contre** la pollution.
entre — parmi	*between — among*	Choisis **entre** le repos et le travail.

A. La construction si + *imparfait*

In the sentences on the left, a fact is expressed. In the sentences on the right, a wish or suggestion is made. Note the tense used in the expressions in heavy type.

Mon frère a une voiture de sport.	**Si j'avais** aussi une voiture de sport!
Vous achetez des romans policiers.	**Si vous achetiez** des livres plus sérieux!
Nous n'allons jamais au cinéma.	**Si nous allions** au cinéma ce soir!
Je ne gagne pas beaucoup d'argent.	**Si** seulement **je gagnais** plus d'argent!
Vous invitez vos amis.	Et **si vous m'invitiez** aussi?

In general, the imperfect is used as a past tense. However, in a short sentence introduced by **si**, the imperfect is used to express a wish, a supposition, or a hypothesis.

Si j'**étais** riche! *If I were rich!*

In conversation, the construction **si** + imperfect is also used to make a suggestion.

Si nous **sortions** ce soir! ***What about going out*** *tonight?*

Note: For all verbs (except **être**), the stem of the imperfect is the **nous**-form of the present minus **-ons.** The stem of **être** is **ét-**.
For all verbs, the endings of the imperfect are:

-ais, -ais, -ait, -ions, -iez, -aient.

1. Dramatisation: Week-end

Madame Moreau se plaint (*complains*) qu'elle ne fait jamais les choses suivantes. Monsieur Moreau propose de les faire ce week-end. Jouez les deux rôles.

▻ aller à la campagne — MADAME MOREAU: *Nous n'allons jamais à la campagne.*
MONSIEUR MOREAU: *Si nous allions à la campagne ce week-end!*

1. sortir
2. dîner au restaurant
3. aller au théâtre
4. se promener
5. inviter nos amis
6. jouer au tennis
7. rendre visite à mes parents
8. jouer au bridge

2. Situation: L'anniversaire de Paul

C'est l'anniversaire de Paul demain. Vous proposez à ses amis quels cadeaux (*gifts*) lui acheter. Utilisez l'imparfait d'**acheter**, d'après le modèle.

▻ Jacques (un disque) *Si Jacques lui achetait un disque!*

1. Henri (un livre)
2. Ses cousins (un album de jazz)
3. Moi (des posters)
4. Toi (une cassette)
5. Vous (un pull-over)
6. Nous (un transistor)
7. Chantal (une cravate)
8. Roger et André (du chocolat)

B. *Le conditionnel: formation*

The sentences below express the results of a condition (**Si c'était les vacances**). In these sentences the verbs are in a new mood: the present conditional. Note the endings of the verbs.

Si c'était les vacances . . . . . . je **voyagerais.**
. . . tu **visiterais** le Canada.
. . . Michèle **achèterait** un bikini.
. . . Nous ne **travaillerions** pas.
. . . Vous n'**étudieriez** pas.
. . . Paul et Louis **sortiraient** avec leurs amis.

The forms of the present conditional consist of one word. Note the English equivalents:

Je **voyagerais.** { ***I would travel.*** / ***I would be travelling.*** }

For all verbs, the forms of the conditional can be derived as follows:

future stem + endings of the imperfect

Observe this pattern in the conditional of **voyager** and **rester**, which have regular future stems, and of **aller**, which has an irregular future stem.

voyager	rester	aller
Je **voyagerais.**	Je ne **resterais** pas ici.	Où est-ce que j'**irais**?
Tu **voyagerais.**	Tu ne **resterais** pas ici.	Où **irais**-tu?
Il / Elle **voyagerait.**	Il / Elle ne **resterait** pas ici.	Où **irait**-il / elle?
Nous **voyagerions.**	Nous ne **resterions** pas ici.	Où **irions**-nous?
Vous **voyageriez.**	Vous ne **resteriez** pas ici.	Où **iriez**-vous?
Ils / Elles **voyageraient.**	Ils / Elles ne **resteraient** pas ici.	Où **iraient**-ils / elles?

Questions and negative sentences using the present conditional follow the same patterns as the other simple tenses (present, future, imperfect).

Note : For most verbs, the future (and conditional) stem is the infinitive up to and including the last **r.**

A few verbs have irregular future (and conditional) stems:

aller	**ir-**	. . . j'**irais** à Paris.
avoir	**aur-**	. . . tu **aurais** du temps.
devoir	**devr-**	. . . vous **devriez** voyager.
envoyer	**enverr-**	. . . nous **enverrions** un télégramme.
être	**ser-**	. . . je **serais** de bonne humeur.
faire	**fer-**	. . . nous **ferions** du tennis.
il faut	**faudr-**	. . . il **faudrait** prendre des photos.
pouvoir	**pourr-**	. . . vous **pourriez** venir avec nous.
recevoir	**recevr-**	. . . nous **recevrions** nos amis.
savoir	**saur-**	. . . nos amis **sauraient** la date.
venir	**viendr-**	. . . ils **viendraient** avec nous.
voir	**verr-**	. . . vous **verriez** Paris.
vouloir	**voudr-**	. . . je **voudrais** sortir.

3. Situation: Projets de week-end

Un groupe de jeunes disent ce qu'ils aimeraient faire ce week-end. Exprimez le désir de chacun en utilisant le conditionnel d'**aimer.**

▻ Paul (aller à la campagne) *Paul aimerait aller à la campagne.*

1. François (se promener)
2. Jeannette (danser)
3. Robert (jouer au tennis)
4. Nathalie (voir un film)
5. Françoise et Marc (sortir)
6. Alain (faire du sport)
7. Christine (prendre des photos)
8. Philippe et Anne (jouer au golf)
9. Nous (inviter des amis)
10. Vous (organiser un pique-nique)
11. Moi (organiser une surprise-partie)
12. Toi (rester à la maison)

4. *Dialogue: Avec plus d'argent*

Demandez à un(e) camarade s'il (si elle) ferait les choses suivantes s'il (si elle) avait plus d'argent.

▻ voyager	VOUS:	*Est-ce que tu voyagerais?*
	VOTRE CAMARADE:	*Oui, je voyagerais.*
	OU:	*Non, je ne voyagerais pas.*

1. acheter une guitare
2. acheter une voiture
3. travailler pendant les vacances
4. quitter l'université
5. rester aux Etats-Unis
6. aller en Europe
7. faire des économies
8. être généreux (généreuse)

5. *Situation: Avec plus de temps*

Des étudiants parlent de ce qu'ils aiment faire. Dites qu'ils feraient ces choses-là s'ils avaient plus de temps.

▻ Paul aime jouer au tennis. *S'il avait plus de temps, il jouerait au tennis.*

1. Françoise aime jouer de la guitare.
2. Suzanne aime étudier le piano.
3. Nathalie aime sortir.
4. Philippe aime lire.
5. Roger aime rendre visite à ses amis.
6. Bernard aime faire du camping.
7. Antoine aime aller à la piscine.
8. Annie aime faire de la photo.

C. *L'emploi du conditionnel*

The uses of the conditional are generally similar in French and English.

▶ **a.** The conditional is used to express what *would happen* if a condition were met.

Si j'étais riche, j'**achèterais** une voiture.	*If I were rich, I* ***would buy*** *a car.*
Si tu n'étais pas étudiant, qu'est-ce que tu **ferais**?	*If you were not a student, what* ***would*** *you* ***do****?*
Si vous aviez de l'argent, **iriez**-vous en Europe?	*If you had money,* ***would*** *you* ***go*** *to Europe?*

When the condition is expressed by the construction **si** + imperfect, the result is expressed in the conditional.

b. The conditional is used to express a future action in relation to a past action.

Compare the use of tenses in the following sentences:

present	*future*	
Je **dis** que	je **voyagerai.**	*I* ***say*** *that I* ***will travel.***
Vous **pensez** que	nous **réussirons.**	*You* ***think*** *we* ***will succeed.***
past	*conditional*	
J'**ai dit** que	je **voyagerais.**	*I* ***said*** *I* ***would travel.***
Vous **avez pensé** que	nous **réussirions.**	*You* ***thought*** *that we* ***would succeed.***

c. In conversation, the conditional is used instead of the present to make a wish or a request sound more polite.

Compare:	Je **veux** de l'argent.	*I **want** some money.*
	Je **voudrais** de l'argent.	*I **would like** some money.*
	Pouvez-vous me prêter 100 francs?	***Can** you lend me* 100 *francs?*
	Pourriez-vous me prêter 100 francs?	***Could** you lend me* 100 *francs?*
	Vous **devez** travailler.	*You **must** work.*
	Vous **devriez** travailler.	*You **should** work.*

6. Situation: Suppositions

Des étudiants et des étudiantes discutent de ce qu'ils feraient s'ils n'étaient pas étudiants (ou étudiantes). Exprimez le choix de chacun en utilisant le conditionnel du verbe **être**.

▻ Renée (photographe) *Si elle n'était pas étudiante, Renée serait photographe.*

1. Paul (journaliste)
2. Philippe (chanteur)
3. Nathalie (artiste)
4. Brigitte (pianiste)
5. François et Marc (acteurs)
6. Nous (reporters)
7. Vous (secrétaire)
8. Moi (pilote)
9. Toi (interprète)

7. Dialogue: Le choix (*Choice*)

Demandez à vos camarades de choisir, d'après le modèle.

▻ être professeur ou médecin
VOUS: *Si tu avais le choix, serais-tu professeur ou médecin?*
VOTRE CAMARADE: *Si j'avais le choix, je serais professeur.*
ou: *Si j'avais le choix, je serais médecin.*

1. être riche ou heureux (heureuse)
2. travailler dans une banque ou dans un hôpital
3. avoir de l'argent ou des amis
4. acheter une voiture ou une moto
5. aller en France ou au Canada
6. habiter une grande ville ou une petite ville
7. faire de la politique ou du sport
8. lire un livre d'histoire ou un roman policier
9. avoir de l'imagination ou du courage
10. voir un film ou une pièce de théâtre
11. écouter de la musique pop ou du jazz
12. jouer au tennis ou au ping-pong

8. Situation: La voyante (*Fortune-teller*)

Des amis ont été chez une voyante. Elle a prédit à certains qu'ils se marieraient et à d'autres qu'ils ne se marieraient pas. Expliquez chaque prédiction.

▻ Paul (oui) *Elle a prédit que Paul se marierait.*
▻ Annette (non) *Elle a prédit qu'Annette ne se marierait pas.*

1. Henri (oui)
2. Martine (non)
3. Hélène (oui)
4. Moi (oui)
5. Françoise et Denise (oui)
6. Toi (non)
7. Nous (oui)
8. Vous (non)

9. Dramatisation: Le pique-nique

Suzanne et Paul ont organisé un pique-nique avec des amis. Suzanne vérifie certains renseignements avec Paul. Jouez les deux rôles d'après le modèle.

▻ Jacques viendra? SUZANNE: Est-ce que Jacques viendra?
PAUL: Oui, il a dit qu'il viendrait.

1. Henri et François viendront?
2. Isabelle fera les sandwiches?
3. Albert achètera du coca-cola?
4. Martine amènera sa voiture?
5. Roger prendra des photos?
6. Antoine amènera sa guitare?
7. Sylvie amènera son banjo?
8. Marc aura sa mini-cassette?

D. *L'emploi des temps après* si *(révision)*

The sentences below express a condition and its consequence. Note the tenses that are used in both sets of sentences.

Si je **travaille** cet été, je **gagnerai** de l'argent.

Si nous n'**allons** pas au cinéma cet après-midi, nous **irons** à la plage.

Si vous **êtes** attentif, vous **parlerez** bien français.

Si je **travaillais**, je **gagnerais** ma vie.

Si nous n'**allions** pas à l'université, nous **irions** en France.

Si vous **étiez** français, vous **parleriez** français.

Conditions are frequently expressed in sentences that contain two clauses:

— an if-clause introduced by **si**, which indicates the condition;
— a main clause, which expresses the action resulting from the condition.

Observe the following sequence of tenses:

condition	*result*
si + present	future
si + imperfect	conditional

▶ The conditional is *never* used after **si.**

10. Situation: Conditions

Les personnes suivantes espèrent aller en France si certaines conditions sont réalisées. Pour exprimer cela, complétez les phrases par **ira en France** ou **irait en France.**

1. Si elle a de l'argent, Hélène . . .
2. Si elle réussit à ses examens, Suzanne . . .
3. Si elle avait du temps, Renée . . .
4. S'il parlait français, Paul . . .
5. S'il avait des amis à Paris, Gérard . . .
6. S'il gagne de l'argent cet été, André . . .
7. Si sa mère lui donne de l'argent, Martine . . .
8. S'il va en Europe, Albert . . .

11. Situation: Obstacles

Les personnes suivantes aimeraient voyager. Dites que chacune voyagerait s'il n'y avait pas un certain obstacle. Utilisez la construction **si** + imparfait.

▻ Jacqueline est mariée. *Si elle n'était pas mariée, elle voyagerait.*

1. Paul travaille.
2. Jacques est étudiant.
3. François a un job.
4. Georges aide ses parents.
5. Brigitte prépare un concours.
6. Sylvie n'a pas de passeport.
7. Martine n'a pas le temps.
8. Isabelle n'a pas d'argent.

VOUS AVEZ LA PAROLE: ***Si . . .***

Composez un petit paragraphe sur l'un des thèmes suivants.

1. Si j'étais riche . . .
2. Si j'habitais en France . . .
3. Si je n'étais pas étudiant(e) . . .
4. Si j'étais président(e) des Etats-Unis . . .

Phonétique

***Le son* /j/**

The sound /j/ introduces a vowel sound. It is pronounced rapidly, with much tension. It is usually written **i** + vowel, or **y** + vowel.

Mot-clé: **bien**
Répétez: **pia**no, an**cien**, av**ion**, sc**ie**nce, **yo**ga.

Fabienne vient de se marier.
Pierre croyait que vous vouliez étudier.
Que feriez-vous si vous alliez à Lyon?
Si nous avions la télévision, nous resterions à la maison.

DOCUMENT

Sport en fête

INSTANTANÉ

Les Français et le sport

Entre le stade et la télévision, les Français n'hésitent pas. C'est devant le petit écran° qu'ils s'informent de l'actualité° sportive. Ce sont, il est vrai, des spectateurs assidus°. Cinquante pour cent (50%) des Français déclarent regarder régulièrement les émissions sportives. Et dans un sens, ces téléspectateurs sont des sportifs. Après tout, le fait de saisir° une chaise° et de ne pas la quitter pendant les deux heures de l'émission "Sports-Dimanche" constitue une belle performance°, surtout quand elle est répétée 52 fois par an.

Les sportifs de la télévision s'enthousiasment facilement. Pour le football° et pour le rugby, par exemple, ou pour le cyclisme et le ski. L'intérêt du

TV screen / les nouvelles
diligents
prendre / *chair*
showing
soccer

téléspectateur augmente surtout avec les dimensions géographiques de l'événement. Si cet événement est une rencontre° internationale, toute la France est là, anxieuse, devant le petit écran. Les téléspectateurs les plus placides et les plus tolérants se transforment soudain en super-patriotes fanatiques. Quand l'équipe° nationale est sur le terrain°, l'honneur du pays est engagé°. Un but° pour l'adversaire, c'est un désastre! Un but pour la France, l'espoir° renaît°. Deux buts, c'est du délire . . . , trois buts, de la frénésie . . . , une victoire, la preuve° irréfutable que la civilisation française est supérieure à toute autre.

meet — *team* / *field* — *at stake* / *goal* — *hope* / réapparaît — *proof*

Hélas, il y a loin° entre les désirs et la réalité. Bien sûr, il y a eu les grands moments du sport français: les trois médailles d'or° de Jean-Claude Killy aux Jeux Olympiques d'Hiver en 1968, le triomphe d'Alain Mimoun au Marathon de Melbourne en 1956. . . . Il y a eu aussi les succès en Coupe Davis de Cochet, de Lacoste et de Borotra, les "trois mousquetaires" du tennis français. Mais c'était il y a bien longtemps, avant la guerre°, pour ainsi dire° avant le déluge°. . . .

une grande distance — *gold* — *war* / *i.e.* — *the flood* (*Noah's flood*)

Et aujourd'hui? Aujourd'hui les victoires sont modestes et les défaites plus régulières° que les succès. Ce n'est pas souvent que les athlètes français montent sur le podium olympique, ou que le Quinze de France° triomphe dans le Tournoi des Nations.[1] Ignominie° suprême, depuis quelques années, les coureurs° belges ou italiens ont pris la mauvaise habitude d'inscrire leurs noms au palmarès° du Tour de France.[2]

fréquentes — l'équipe nationale de rugby — *disgrace* — *bicycle racers* — de gagner le

On peut toujours adoucir° ou camoufler une défaite avec des mots. Si l'équipe nationale n'a pas gagné, c'est qu'elle n'a pas eu de chance, que les adversaires ont profité des circonstances ou que les conditions atmosphériques n'étaient pas favorables. En somme, la France ne perd pas, c'est la victoire qui lui échappe°. On ne peut cependant pas transformer les scores, et une victoire de l'adversaire n'est pas une victoire de la France.

soften — *escapes*

Ce n'est cependant pas la bonne volonté° qui manque°! Le Gouvernement a, par exemple, créé un Ministère de la Jeunesse et des Sports. Ce Ministère patronne° les équipes nationales. Il donne des subventions aux clubs sportifs. Il facilite la construction de stades et de piscines. Pourtant, le fait demeure°. Si les Français veulent bien applaudir leurs champions, ils refusent obstinément de descendre dans le stade. Quatre-vingt-sept pour cent (87%) d'entre eux déclarent ne pratiquer aucun° sport. Hélas, il faut choisir: on ne peut pas être à la fois° devant sa télévision et à l'entraînement°. Si l'on veut des champions, il faut quitter ses pantoufles° et mettre un survêtement°.

good will / *is lacking* — donne des subventions aux — reste — pas de — *at the same time* / *training* — *slippers* / *sweat suit*

Heureusement le téléspectateur français manifeste un joyeux optimisme. Sa patience est inépuisable° et ses illusions persistent. "D'ici° les prochains Jeux Olympiques, nos athlètes ont tout le temps de s'entraîner et s'ils n'obtiennent pas quelques médailles de bronze, ou même d'or (pourquoi pas?), il y aura toujours 1980, 1984, . . . et même les Jeux Olympiques de l'an 2000."

éternelle / *between now and*

1 Un tournoi entre la France, l'Angleterre, l'Irlande, l'Ecosse (*Scotland*) et le Pays de Galles (*Wales*).
2 Course (*race*) cycliste qui a lieu au mois de juillet et qui dure (*lasts*) vingt jours.

Questions sur la lecture

1. Comment les Français s'informent-ils de l'actualité sportive?
2. Qu'est-ce que c'est qu'un téléspectateur?
3. Qu'est-ce que c'est que "Sports-Dimanche"?
4. Quels sont les sports préférés des Français?
5. Les Français sont-ils chauvins (*chauvinist*)? Expliquez.
6. Qui est Jean-Claude Killy?
7. Qu'est-ce que le Tour de France?
8. Les Français sont-ils souvent victorieux dans les compétitions sportives?
9. Comment le gouvernement français encourage-t-il les sports?
10. Est-ce que les Français sont sportifs? Expliquez.

Questions générales

1. Etes-vous sportif (sportive)?
2. Quels sont les sports que vous pratiquez?
3. Quels sports regardez-vous à la télévision?
4. Qui sont vos champions préférés?
5. Dans quels sports les Américains excellent-ils?
6. Quelles sont vos équipes préférées en football? en basketball? en baseball?

Débats

1. Pour ou contre les sports violents (comme la boxe).
2. Les Jeux Olympiques favorisent le nationalisme sportif.

ENRICHISSEZ VOTRE VOCABULAIRE: **Etude de contexte**

When you read, you often make educated guesses about the meanings of unfamiliar words by studying the words in context. The INSTANTANÉ deals with French attitudes towards sports. You can therefore expect that many words you do not know are related to sports.

The list below contains some of the unfamiliar words from the text. Try to deduce their meanings from the context in which they occur.

1. une émission sportive	Allez-vous regarder cette émission sportive?
2. une rencontre	J'ai vu la rencontre France-Allemagne à la télévision.
3. une équipe	Il y a cinq joueurs dans une équipe de basketball.
4. un but	En football américain, un but compte six points.
5. un survêtement	J'ai mis un survêtement pour faire du sport.
6. un tournoi	Qui a gagné le tournoi de ping-pong de votre université?

XIII VIE POLITIQUE

Leçon 37: Etes-vous fait(e) pour la politique?

Leçon 38: Pourquoi faites-vous de la politique?

Leçon 39: Comment transformer la société?

Document: Elections présidentielles de 1974

Instantané: Un candidat parle

Objectives

Culture To many outsiders, French politics is puzzling, and may even seem erratic. To the French, politics is relatively predictable, for as the saying goes, **Plus ça change, plus c'est la même chose!** Are French students politically active? What about the rest of the nation? What are the principal parties? Do the Communists command a large share of the electorate? What reforms do the French advocate? Is revolution seriously considered? These questions are explored in the presentations and the interviews of this unit.

Structure Often English speakers have a choice in the constructions they use. You could, for instance, say *I like to be involved in politics* or *I like being involved in politics* without altering the basic meaning of what you say. The choice here is between the gerund (*being involved*) and the infinitive (*to be involved*). If the French wish to convey the same idea, they do not have a choice: they must use the infinitive construction. The infinitive and its uses constitute the main theme of this unit.

Vocabulary In this unit you will learn words related to politics. You will also review many verbs, paying attention this time to the infinitive constructions with which they are used.

Communication Mastering infinitive constructions will help you improve your style since you will be able to handle more complex sentences. You will also be able to make general statements and to express personal feelings about many of the things you do. You will also be able to talk about your own attitudes towards politics and personal political involvement.

Leçon trente-sept: Etes-vous fait(e) pour la politique?

Langue et culture

Répondez aux questions suivantes.

	OUI	NON	
1. Faites-vous partie° d'un club politique?	☐	☐	êtes-vous membre
2. Aimez-vous parler en public?	☐	☐	
3. Allez-vous voter aux prochaines élections?	☐	☐	
4. Allez-vous participer à la prochaine campagne électorale?	☐	☐	
5. Avez-vous l'intention d'aider financièrement votre candidat?	☐	☐	
6. Etes-vous prêt(e) à donner de votre temps pour une grande cause?	☐	☐	
7. Selon vous, est-il utile d'être inscrit à° un parti politique?	☐	☐	membre de
8. Selon vous, est-il possible de réformer la société?	☐	☐	
9. Selon vous, les gens ont-ils le devoir de voter?	☐	☐	
10. Avez-vous envie d'être un jour candidat(e)?	☐	☐	

Marquez un point par° réponse positive. Faites le total de vos points. *for each*

Si vous avez de 8 à 10 points, vous pouvez faire une brillante carrière politique.

Si vous avez de 5 à 7 points, vous vous intéressez sérieusement à la politique.

Si vous avez de 2 à 4 points, vous vous sentez° un peu concerné(e), mais pas assez pour faire carrière dans la politique. *feel*

Si vous avez moins de 2 points, vous négligez° vos responsabilités. Etes-vous totalement indifférent(e)? ne pensez pas à

Renseignements culturels: Les étudiants et la politique

Depuis 1974, les Français ont le droit de vote à l'âge de 18 ans. Dans leur majorité, les étudiants sont donc des électeurs. Ces jeunes électeurs s'intéressent à la politique. Beaucoup font partie[1] de groupements de jeunes à tendance politique (jeunes gaullistes, jeunes communistes, etc. . .). Certains militent[2] dans des "groupuscules"[3] extrémistes peu importants par le nombre mais très actifs (groupuscules d'extrême-gauche, trotskyistes ou maoïstes; groupuscules d'extrême-droite ultranationalistes).

En dehors de[4] la politique électorale, les étudiants français s'enthousiasment facilement pour certaines grandes causes nationales ou internationales (réforme de l'université, réformes sociales, suppression du service militaire, protection de l'environnement, lutte[5] pour la paix[6] dans le monde, arrêt des expériences[7] nucléaires, etc. . .). Des étudiants descendent parfois dans la rue pour manifester[8] en faveur de ces causes. Leurs manifestations sont généralement non-violentes. Certaines manifestations ont cependant dégénéré en véritables insurrections, comme en mai 1968.

1 sont membres 2 sont actifs 3 petits groupes 4 *aside from*
5 combat 6 *peace* 7 *experiments* 8 *demonstrate*

Structure et vocabulaire

MOTS UTILES: **Les élections**

un candidat		une candidate	
un électeur	*voter*	une électrice	
un devoir	*duty*	une campagne électorale	*campaign*
un droit	*right*	une élection	
un parti (politique)		une manifestation	*demonstration*
le vote			
élire*	*to elect*	prêt (à)	*ready (to)*
voter		actuel (actuelle)	*of today, current*

***élire** is conjugated like **lire**

1. *Questions personnelles*

1. Avez-vous le droit de vote?
2. Avez-vous déjà voté? Où? Quand? Pour qui?
3. Aux dernières élections, qui étaient les candidats pour le Congrès? Qui a été élu? Et vous, avez-vous voté? Pour qui?
4. Qui sont les sénateurs de votre état?
5. Quand auront lieu les prochaines élections sénatoriales? présidentielles?
6. Etes-vous politiquement actif (active)? Comment?
7. Avez-vous déjà participé à une campagne électorale? Quand? Comment? Où? Pourquoi?
8. Avez-vous déjà participé à une manifestation politique? Quand? Où? Pourquoi?
9. Selon vous, quelles sont les grandes causes actuelles?

A. L'infinitif (*révision*)

Note the use of the infinitive in the following sentences.

Je désire **voter**.
Je veux **réfléchir** à ce problème.
Jacques va **participer** à la campagne.
Henri préfère ne pas **faire** de politique.

▶ **a.** In French, the infinitive consists of one word.

Mes parents vont **voter**. *My parents are going* ***to vote.***

b. In French, the infinitive ends in **-er**, **-ir**, or **-re**.

c. In the negative form, both the **ne** and the second negative expression (**pas**, **jamais**, **rien**, but *not* **personne**) come before the infinitive.

Jacques aime discuter. — Henri préfère **ne pas** discuter.
Il désire faire de la politique. — Il désire **ne rien** faire.
Il aime parler. — *but:* Il préfère **ne** parler à **personne**.

Citation célèbre Etre ou ne pas être: voilà la question.

---

2. *Dialogue*

Demandez à un(e) camarade s'il (si elle) préfère faire ou ne pas faire les choses suivantes.

▻ voter

VOUS: *Préfères-tu voter ou ne pas voter?*
VOTRE CAMARADE: *Je préfère voter.*
OU: *Je préfère ne pas voter.*

1. parler de politique
2. étudier le week-end
3. parler en public
4. prendre des risques
5. réfléchir aux grands problèmes
6. être politiquement actif (active)
7. travailler pendant les vacances
8. parler français en classe

B. *La construction verbe + infinitif*

Note the use of the infinitive after the main verb in the sentences below.

Il faut **voter.**
Je déteste **prendre** des décisions.

Jacques a hésité **à voter** pour ce candidat.
Finalement il a renoncé **à voter** pour lui.

Hélène a décidé **de se présenter** aux élections.
Elle accepte **de prendre** des responsabilités.

When one verb follows another, the second verb is in the infinitive. The construction *verb + infinitive* follows one of three patterns:

— main verb + infinitive;
— main verb + **à** + infinitive;
— main verb + **de** + infinitive.

The choice of the pattern depends on the main verb.

▶ In English, certain verbs can be followed by an infinitive or a verbal form in *-ing*. In French, the second verb must be an infinitive.

J'aime **parler** de politique.	*I like* ***to talk*** *about politics.* *I like* ***talking*** *about politics.*
Le candidat a commencé à **parler.**	*The candidate began* ***to speak.*** *The candidate began* ***speaking.***

MOTS UTILES: **Verbes suivis par l'infinitif**

verbes suivis immédiatement par l'infinitif

aimer	devoir		préférer	
aller	espérer	*to hope*	savoir	*to know how to*
désirer	penser	*to intend to*	vouloir	
détester	pouvoir		il faut	

Exemples: Je **déteste parler** de politique. Je ne **veux** pas **voter.**

verbes suivis de *à* + infinitif

apprendre à	*to learn; to teach*	hésiter à	
chercher à	*to try*	penser à	*to think about*
commencer à	*to begin*	renoncer à	*to give up the idea of*
continuer à		réussir à	*to manage to; to succeed in*

aider (quelqu'un) à	*to help (someone)*
obliger (quelqu'un) à	*to force (someone)*

Exemples: **J'ai réussi à parler** au candidat.
J'aiderai le candidat **à organiser** un débat.

MOTS UTILES: **Verbes suivis par l'infinitif (suite)**

verbes suivis de *de* + infinitif

accepter de	*to be willing to*	décider de		oublier de	*to forget*
cesser de	*to stop*	essayer de	*to try*	refuser de	
choisir de		finir de	*to stop*	regretter de	*to be sorry about; to regret*

conseiller (à quelqu'un) de	*to advise (someone)*
défendre (à quelqu'un) de	*to forbid (someone)*
demander (à quelqu'un) de	*to ask (someone)*
dire (à quelqu'un) de	*to tell (someone)*
permettre (à quelqu'un) de	*to allow, permit (someone)*
promettre (à quelqu'un) de	*to promise (someone)*
proposer (à quelqu'un) de	*to suggest (to someone)*

Exemples: J'**ai décidé de faire** de la politique.
J'**ai promis** au candidat **de voter** pour lui.

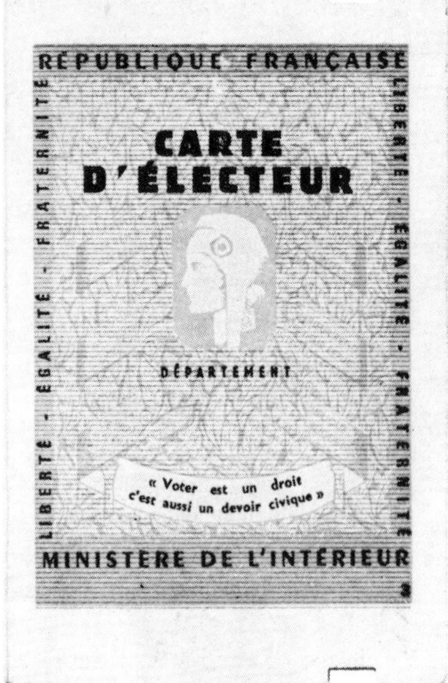

NOTE DE VOCABULAIRE

Verbal expressions consisting of **avoir** + noun are followed by **de** + infinitive.

avoir besoin de	*to need to*	**Avez**-vous **besoin de travailler**?
avoir envie de	*to wish to*	Je n'**ai** pas **envie d'étudier**.
avoir peur de	*to be afraid to*	J'**ai peur de** ne pas **réussir**.
avoir raison de	*to be right to*	Vous **avez raison de voter**.
avoir tort de	*to be wrong to*	Marc **a tort d'être** indifférent.
avoir l'intention de	*to intend to*	Pour qui **as**-tu **l'intention de voter**?
avoir le temps de	*to have the time to*	Je n'**ai** pas **le temps de** vous **aider**.

3. *Dialogue: Les prochaines élections*

Demandez à un(e) camarade s'il (si elle) accepterait de faire les choses suivantes pour les prochaines élections.

▻ participer à la campagne électorale

VOUS: *Accepterais-tu de participer à la campagne?*
VOTRE CAMARADE: *Oui, j'accepterais de participer à la campagne.*
ou: *Non, je n'accepterais pas de participer à la campagne.*

1. être candidat(e)
2. travailler pour le candidat démocrate
3. travailler pour le candidat républicain
4. téléphoner aux électeurs
5. solliciter des contributions
6. distribuer des tracts (*campaign literature*)
7. parler en public
8. travailler dans un bureau de vote

4. Expression personnelle

Dites si vous chercherez à réaliser les objectifs suivants après l'université.

▻ faire de la politique — *Oui, je chercherai à faire de la politique.*
ou: *Non, je ne chercherai pas à faire de la politique.*

1. avoir une profession intéressante
2. gagner de l'argent
3. faire fortune
4. avoir une activité politique
5. réformer la société
6. être célèbre (*famous*)
7. rester honnête
8. être heureux (heureuse)

5. Situation: Le vote

C'est l'époque des élections. Chacun a une idée différente sur ce qu'il doit faire. Pour exprimer cela, complétez les phrases avec **voter**. N'oubliez pas les prépositions **à** et **de** quand elles sont nécessaires.

1. Jacques veut . . .
2. Paul ne veut pas . . .
3. Martine peut . . .
4. Charles déteste . . .
5. Chantal hésite . . .
6. Anne n'a pas cherché . . .
7. Sylvie n'a pas réussi . . .
8. Philippe a décidé . . .
9. Robert a oublié . . .
10. Claude refuse . . .
11. Marc espère . . .
12. Albert a dit à ses amis . . .
13. Le candidat a demandé aux électeurs . . .
14. Roger n'a pas voulu . . .
15. Isabelle a promis à ses parents . . .
16. Yves désire . . .
17. Nathalie conseille à ses cousins . . .
18. Pierre va . . .
19. Georges n'a pas l'intention . . .
20. Alain a envie . . .
21. François a raison . . .
22. Brigitte n'a pas le temps . . .

6. Questions personnelles

1. Apprenez-vous à jouer de la guitare? à jouer du piano? à faire du ski? à faire du tennis? à parler en public?
2. Après l'université, continuerez-vous à étudier? à parler français? à vous intéresser à la politique? à vous intéresser aux grandes causes?
3. Avez-vous décidé de vous marier? de faire de la politique? d'aller en France?
4. Oubliez-vous parfois de préparer vos leçons? de téléphoner à vos parents? de faire vos devoirs? d'être à l'heure? d'aider vos amis?
5. Regrettez-vous d'être à l'université? d'étudier le français?
6. Conseilleriez-vous à votre meilleur(e) ami(e) de faire de la politique? de voyager? d'aller en Europe? de continuer ses études?
7. Après l'université, avez-vous l'intention de voyager? de travailler? de faire de la politique?
8. A l'université, avez-vous le temps de sortir souvent? de faire du sport? de vous intéresser à la politique?
9. Plus tard, chercherez-vous à être utile dans la société? à être riche? à être indépendant(e)?

C. *La construction adjectif* + **de** + *infinitif*

Note the use of the infinitive in the following sentences.

Il n'est pas **nécessaire de faire** de la politique, mais il est **important de voter.**
Je suis **heureux de parler** français, mais je suis **obligé de travailler.**

Adjectives are frequently followed by an infinitive. The most common pattern is:

adjective + **de** + infinitive

▶ **a.** The above construction is used after impersonal expressions introduced with **il est** + adjective.

Il est **important de voter.** { *It is important* ***to vote.*** / ***Voting*** *is important.* }

b. Note the use of **à** after the adjective **prêt.**

Etes-vous **prêt à voter** pour moi? ready to vote

7. *Expression personnelle*

Dites s'il est utile (*useful*) ou inutile (*useless*) de faire les choses suivantes.

▻ parler français — *Il est utile de parler français.*
ou: *Il est inutile dè parler français.*

1. voyager
2. avoir des diplômes
3. aller à l'université
4. être honnête
5. respecter la loi (*law*)
6. choisir des candidats libéraux
7. choisir des candidats conservateurs
8. s'intéresser à la politique
9. réfléchir aux grands problèmes
10. vouloir des réformes
11. faire la révolution
12. être extrémiste

8. *Dialogue*

Demandez à un(e) camarade s'il (si elle) est heureux (heureuse) de faire les choses suivantes.

▻ aller à l'université
VOUS: *Es-tu heureux (heureuse) d'aller à l'université?*
VOTRE CAMARADE: *Oui, je suis heureux (heureuse) d'aller à l'université.*
ou: *Non, je ne suis pas heureux (heureuse) d'aller à l'université.*

1. étudier
2. étudier le français
3. être américain(e)
4. pouvoir voter
5. travailler pendant les vacances
6. habiter aux Etats-Unis

9. *Situation: La politique*

Est-il utile de s'intéresser à la politique? Chacun a une idée différente. Donnez l'opinion de chacun, d'après le modèle.

▷ Paul (absurde) *Selon Paul, il est absurde de s'intéresser à la politique.*

1. Jacqueline (normal)
2. Henri (idiot)
3. Georges (naturel)
4. Stéphanie (stupide)
5. Brigitte (essentiel)
6. Michèle (indispensable)
7. Robert (important)
8. Jacques (superflu)

VOUS AVEZ LA PAROLE: ***Vie politique***

1. Avez-vous des ambitions politiques? Pourquoi? Pourquoi pas? (Utilisez au moins 8 verbes ou expressions des pages 337 et 338.)
2. Quelles sont les différentes activités politiques qui ont lieu sur le campus? Y participez-vous? Pourquoi? Pourquoi pas? (Utilisez le vocabulaire contenu dans les RENSEIGNEMENTS CULTURELS à la page 335.)

Phonétique

Les consonnes initiales /p/, /t/, /k/ *(révision)*

In French, the initial consonants /p/, /t/, and /k/ are pronounced without the puff of air which characterizes their English counterparts.

Répétez: Paul aime parler en public.
Quand est-ce que le candidat commence sa campagne?
Caroline a promis de participer à la campagne.
Thomas n'a pas le temps de téléphoner.

Leçon trente-huit: Pourquoi faites-vous de la politique?

Langue et culture

Pourquoi faites-vous de la politique?

Voilà la réponse de trois Français qui, manifestement°, ont des opinions différentes. — évidemment

ROBERT SÉNÉCHAL (65 ans): Je suis retraité°, mais je ne suis pas inactif. Oui, je fais de la politique ... Je vote à droite ... Pour maintenir les traditions françaises ... Pour assurer la liberté à mes enfants, et surtout à mes petits-enfants°! — *retired* / *grandchildren*

BRIGITTE LAFFORGUE (21 ans): J'ai une voiture, de l'argent, des parents généreux. Plus tard, j'aurai une bonne situation°. J'ai tout pour être heureuse.... Oui, mais seulement, le bonheur°, ce n'est pas de gagner de l'argent et de le dépenser.... Moi, je veux comprendre ... Quand je vois des gens persécutés pour leurs idées politiques, quand je vois des gens souffrir°, quand je vois des gens mourir de faim°, je me révolte! Voilà pourquoi je fais de la politique ... Voilà pourquoi je suis communiste! — *job* / état d'être heureux / *suffer* / *die of hunger*

ALBERT VERGNE (35 ans): Je suis journaliste, marié et père de deux enfants. Pour moi aussi, le monde actuel n'est pas parfait°. . . . Les injustices me font réfléchir. . . . Seulement, avant de tout changer, au lieu de faire exploser la société, on peut réformer les institutions. Je crois que c'est possible . . . Il faut essayer . . . Voilà pourquoi je suis un membre actif du parti réformateur.

perfect

Avez-vous compris?

1. Selon vous, qui est la personne la plus conservatrice?
2. Qui est la personne la plus idéaliste?
3. Qui est la personne la plus réaliste?
4. Des trois personnes, avec qui avez-vous le plus de points communs?

Renseignements culturels: Les partis politiques

Il y a en France 6 ou 7 grands partis politiques. Ces partis ne sont pas toujours uniformes. Souvent ils comprennent[1] plusieurs tendances. On peut grouper les partis français en partis de droite, partis du centre et partis de gauche.

Voici les principaux partis français:

droite
- U.D.R.: Union des Démocrates pour la République
- R.I.: Républicains indépendants (parti de Valéry Giscard d'Estaing, élu président de la République française en 1974)

centre
- Réformateurs

gauche
- P.S.: Parti socialiste
- P.S.U.: Parti socialiste unifié
- Radicaux de gauche
- P.C.F.: Parti communiste français

Voici, à droite, comment les Français ont voté aux élections législatives de mars 1973.

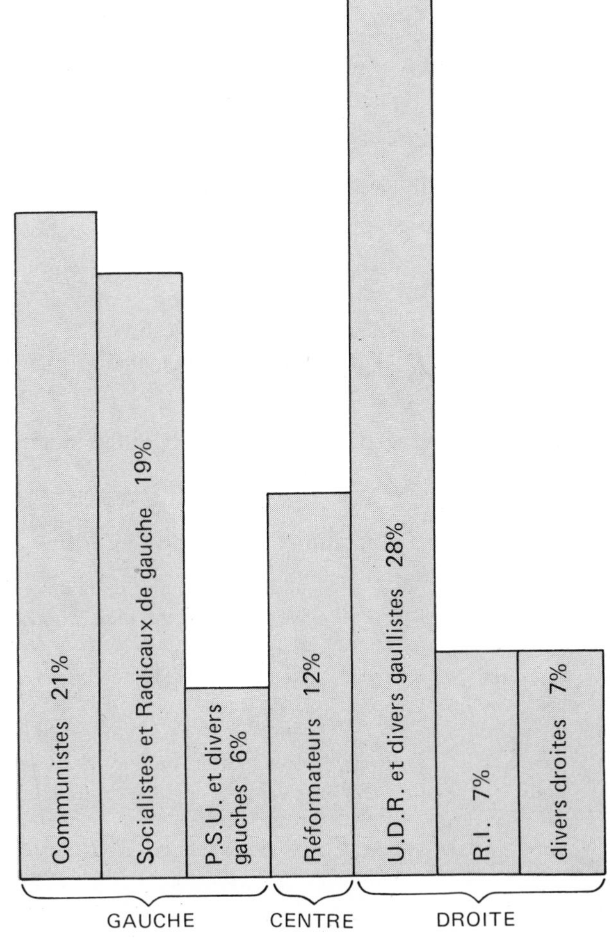

1 *include*

Structure et vocabulaire

MOTS UTILES: **La politique**

la droite	*right*
l'extrême droite	
la gauche	*left*
l'extrême gauche	
libéral (*pl.* libéraux)	
conservateur (conservatrice)	

1. Opinions personnelles

1. Etes-vous partisan de la droite? de l'extrême droite? de la gauche? de l'extrême gauche?
2. Etes-vous libéral(e) ou conservateur (conservatrice)?
3. Selon vous, qui est le sénateur le plus libéral? le plus conservateur?
4. Selon vous, est-ce que le gouvernement actuel est libéral ou conservateur? Expliquez.

A. La construction préposition + infinitif

Note the use of the infinitive after the prepositions in heavy type:

Quel âge faut-il avoir **pour** voter?	*What age do you have to be* **(in order) to** *vote?*
Au lieu d'aller à l'université aujourd'hui, je vais à un meeting politique.	***Instead of*** *going to the university today, I'm going to a political meeting.*
Avant de voter, réfléchissez!	*Think* ***before*** *voting.*
J'ai voté . . . **sans** demander l'opinion de mes amis.	*I voted . . .* ***without*** *asking my friends their opinions.*

Verbs that follow prepositions are usually in the infinitive form.

MOTS UTILES: **Prépositions suivies de l'infinitif**

à		Nous sommes prêts **à** voter.
au lieu de	*instead of*	**Au lieu de** dîner, nous sommes allés au cinéma.
avant de	*before*	**Avant d'**aller au cinéma, nous avons pris un café.
de		Nous étions heureux **de** nous retrouver.
par	*by, through*	On finit toujours **par** s'amuser.
pour	*(in order) to*	Après le film, nous sommes rentrés **pour** étudier.
sans	*without*	**Sans** étudier, nous ne réussirons pas à nos examens.

▶ **a.** While the expression *in order* is often omitted in English, the preposition **pour** must be expressed in French.

Pour voter, il faut avoir 18 ans. (*In order*) *to vote, one must be 18.*

b. In English, most prepositions are followed by a verbal form in *-ing*. In French, all prepositions (except **en**) are followed by the infinitive.

Réfléchissez {avant de **parler**. / au lieu de **parler**. — *Think* {*before* ***talking.*** / *instead of* ***talking.***

2. Situation: Chacun a ses raisons

Des étudiants expliquent qu'ils vont à l'université pour faire ce qu'ils veulent faire. Donnez la raison de chacun.

▷ Paul veut faire de la politique. *Paul va à l'université pour faire de la politique.*

1. Jacques veut étudier l'anglais.
2. Henri veut faire du sport.
3. Marc veut s'amuser.
4. Jacqueline veut être indépendante.
5. Françoise veut apprendre l'anglais.
6. Monique veut avoir un diplôme.
7. Charles veut être médecin.
8. Isabelle veut être ingénieur.

3. Dramatisation

Un professeur a des élèves qui ne sont pas très studieux. Il leur demande d'étudier au lieu de faire ce qu'ils font. Jouez le rôle du professeur.

▷ Charles joue au tennis. *Etudiez au lieu de jouer au tennis!*

1. Jacqueline regarde la télé.
2. Michèle écoute des disques.
3. Thérèse pense aux vacances.
4. Françoise lit le journal.
5. Henri organise une surprise-partie.
6. Paul discute de politique.
7. Georges sort.
8. Isabelle va au cinéma.

4. Dramatisation

Jacques veut faire certaines choses. Son père lui demande de réfléchir avant de les faire. Jouez le rôle de Jacques et de son père.

▷ Jacques veut voyager. JACQUES: *Je voudrais voyager.*
LE PÈRE: *Réfléchis avant de voyager.*

1. Jacques veut quitter l'université.
2. Il veut choisir une profession.
3. Il veut voter.
4. Il veut se marier.
5. Il veut acheter une voiture.
6. Il veut aller au Canada.

5. Expression personnelle

Complétez les phrases suivantes en exprimant votre opinion.

1. Je vais à l'université pour . . .
2. Je voudrais aller en France pour . . .
3. Je voudrais avoir de l'argent pour . . .
4. Je voudrais travailler pour . . .
5. Je voudrais avoir mon diplôme pour . . .
6. J'étudie le français pour . . .

B. La construction faire *+ infinitif*

The construction **faire** + infinitive is often used in French to express a causative action. Note this construction in the following sentences.

Le professeur **fait travailler** les élèves.	*The teacher **makes** the students **work**.*
Le temps **fait changer** les institutions.	*Time **makes** institutions **change**.*
Le sénateur **a fait voter** cette loi.	*The senator **had** this law **passed**.*
Les juges **font respecter** la Constitution.	*Judges **have** the Constitution **respected** (make everyone respect the Constitution).*
J'ai fait réparer ma voiture.	*I **had** my car **fixed**.*
Anne **a fait faire** une nouvelle robe.	*Anne **had** a new dress **made**.*

The causative construction **faire** + infinitive has several English equivalents:
— to make someone do something;
— to have something done;
— to cause something to happen.

▶ **a.** The construction **faire** + infinitive constitutes a block which is usually not broken (except by a negative word, an adverb, or a pronoun in an affirmative command). The word order is:

object pronouns (if any) + **faire** + infinitive + object nouns (if any)

Paul travaille.	Le professeur **fait travailler** Paul. Son père le **fait travailler** aussi. *but:* **Faites**-le **travailler**!
Ma voiture est réparée.	**J'ai fait réparer** ma voiture. Je l'**ai fait réparer**. *but:* Vous ne **faites** pas **réparer** votre voiture. **Faites**-la **réparer**!
Jacqueline réfléchit.	Ce problème **fait réfléchir** Jacqueline. *but:* Ce problème la **fait** beaucoup **réfléchir**.

b. The construction **faire** + infinitive is used in many idiomatic expressions that correspond to active verbs in English.

faire voir	*to show*	Je **fais voir** mes photos.
faire cuire	*to cook*	**Faites cuire** cette omelette.
faire marcher	*to operate*	**J'ai fait marcher** cette machine.

6. *Expression personnelle*

Est-ce que les choses suivantes sont responsables de l'évolution de la société? Exprimez votre opinion d'après le modèle, en utilisant la construction **faire évoluer.**

▻ le progrès technique *Oui, le progrès technique fait évoluer la société.*
ou: *Non, le progrès technique ne fait pas évoluer la société.*

1. les guerres (*wars*)
2. les réformes
3. le progrès économique
4. les découvertes scientifiques
5. la révolution
6. la justice

7. *Situation: Le responsable*

Les amis de Jacques font certaines choses. Dites que c'est Jacques qui leur fait faire ces choses. Utilisez la construction **faire** + infinitif.

▻ Hélène travaille. *C'est Jacques qui fait travailler Hélène.*

1. Henri étudie.
2. Paul réfléchit.
3. Marc téléphone.
4. Isabelle danse.
5. Martine chante (*sings*).
6. Nathalie lit.

8. *Situation: Installation*

Jacqueline vient de se marier. Elle demande à son mari de faire certaines choses ou de les faire faire. Jouez le rôle de Jacqueline en complétant les phrases d'après le modèle.

▻ Répare ta montre. *Répare ta montre . . . ou fais-la réparer!*

1. Répare ta moto.
2. Lave ta voiture.
3. Lave tes vêtements.
4. Répare ta guitare.
5. Installe la télévision.
6. Décore la chambre.
7. Change la lampe.
8. Remplace le radiateur.

VOUS AVEZ LA PAROLE: ***Description***

1. Décrivez votre journée dans le sens chronologique inversé. Commencez par vos activités présentes et terminez par vos activités du matin. Commencez vos phrases par **avant de.**

   Exemple: Je suis en classe. Avant d'aller en classe . . .

2. Décrivez plusieurs de vos activités et expliquez pourquoi vous faites cela.

   Exemple: J'étudie le français pour . . .
   Je fais du sport pour . . .

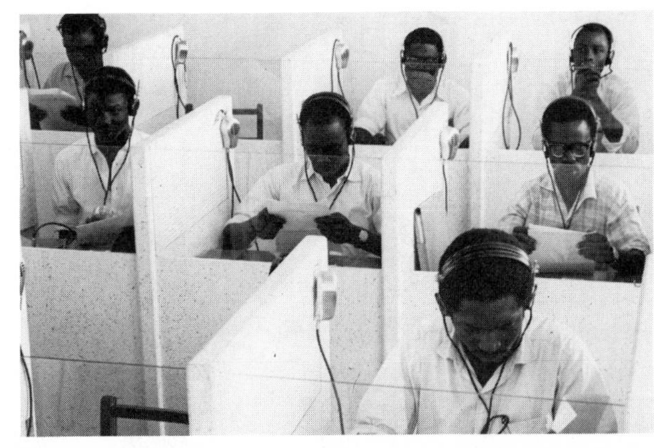

Phonétique

Les consonnes finales (révision)

When a word ends on a consonant sound, that consonant sound is distinctly released. Frequently in spoken French it is this consonant sound which lets the listener distinguish between masculine and feminine, or singular and plural.

Compare:	*final vowel sound*	*final consonant sound*
	américain	américaine
	français	française
	grand	grande
	petit	petite
	long	longue
	il boit	ils boivent
	il finit	ils finissent
	elle vend	elles vendent
	elle dit	elles disent

Leçon trente-neuf: Comment transformer la société?

Langue et culture

Comment réformer la société? Voici les solutions offertes° par huit Français (quatre femmes et quatre hommes) d'origines très différentes.

offertes: proposées

JACQUELINE LACHMANN (18 ans, étudiante)
— En faisant la révolution!

PHILIPPE JANELLE (19 ans, étudiant)
— En réformant radicalement l'université! ... En supprimant° les diplômes qui maintiennent le système des castes sociales! ... En donnant plus de responsabilités aux jeunes!

supprimant: éliminant

ROGER MICHAUD (26 ans, syndicaliste)°
— En limitant les grosses° fortunes. En nationalisant les grandes entreprises françaises ou en donnant aux ouvriers un plus grand rôle dans la société.

syndicaliste: membre d'un syndicat (*union*)
grosses: grandes

PAUL DUCLERC (45 ans, chef d'entreprise)
— En respectant l'individu.... En encourageant l'effort et l'initiative personnels.

MICHÈLE IMBERT (23 ans, secrétaire)
— En supprimant les inégalités choquantes qui existent entre les sexes! ... En libérant vraiment la femme.

SIMONE MARAIS (32 ans, mère de famille)

— En donnant plus de poids° à la famille. . . . En encourageant la femme à rester chez elle! — importance

ALBERT ROCHAS (35 ans, ingénieur)

— En favorisant l'expansion économique . . . En récompensant l'efficacité°! En enrichissant les Français qui contribuent au progrès de la nation. — *efficiency*

SYLVIE MALTERNE (52 ans, médecin)

— En réorientant nos priorités personnelles. . . . En mettant moins l'accent sur l'argent, et plus sur la qualité de la vie. . . . En réfléchissant sur le sens du progrès. Peut-être en arrêtant le progrès!

Avez-vous compris?

1. Avec quelle(s) opinion(s) êtes-vous le plus d'accord? Expliquez pourquoi.
2. Avec quelle(s) opinion(s) êtes-vous le moins d'accord? Expliquez pourquoi.

Renseignements culturels
Les révolutions françaises

En moins de 100 ans, la France a connu quatre grandes révolutions. Voici ces révolutions et leurs conséquences.

1789–1799 C'est la grande "Révolution française". Pendant cette période généreuse[1] mais confuse de l'histoire de France, d'importantes réformes ont été adoptées. C'est ainsi[2] que la Révolution a aboli l'esclavage[3] et la monarchie. Elle a instauré[4] la République. Elle a proclamé les principes de Liberté, d'Egalité et de Fraternité. Elle a autorisé le divorce. Elle a aussi institué l'usage du système métrique. Un grand nombre de ces réformes ont été provisoirement[5] suspendues sous[6] Napoléon.

1830 Cette révolution qui a duré trois jours a remplacé un gouvernement monarchique autoritaire par un gouvernement monarchique plus libéral.

1848 Une nouvelle révolution abolit la monarchie.

1871 Pendant la guerre[7] franco-prussienne, le peuple de Paris s'est révolté contre le gouvernement. Cette révolution, qu'on appelle "la Commune", a fait de nombreuses victimes.

1 riche 2 de cette manière 3 *slavery* 4 fondé 5 temporairement 6 *under* 7 *war*

Structure et vocabulaire

MOTS UTILES: **Quelques verbes apparentés**

verbes en -er

arrêter	*to stop*	limiter	
autoriser	*to allow*	provoquer	
choquer	*to shock*	récompenser	*to reward*
encourager		réformer	
exprimer	*to express*	remplacer	*to replace*
favoriser	*to favor*	supprimer	*to eliminate; to suppress*

verbes en -ir

abolir	*to abolish*
enrichir	
réfléchir	*to think*

1. Opinions personnelles

Exprimez votre opinion en répondant aux questions suivantes.

1. Faut-il arrêter le progrès? les expériences (*experiments*) nucléaires? la pollution?
2. Faut-il limiter les armements? la population? la richesse?
3. Faut-il supprimer les diplômes? les impôts? les classes sociales? le capitalisme? les inégalités?
4. Faut-il interdire l'alcool? la marijuana? les autres drogues?
5. Faut-il réformer l'université? la société? la constitution?
6. Faut-il récompenser les artistes? les poètes? les athlètes?

A. L'adjectif verbal en -ant

In each of the following sentences, the adjective in heavy print is derived from the italicized verb. Note the endings (last 3 letters) of these adjectives.

Un travail qui *irrite* est un travail **irritant.**
Un problème qui *trouble* est un problème **troublant.**
Un résultat qui *embarrasse* est un résultat **embarrassant.**
Un remède qui *calme* est un remède **calmant.**

Many French adjectives end in –**ant.** These adjectives are derived from the corresponding verbs as follows:

nous-form of the present *minus* **-ons** + **-ant**

irriter	**irrit**[ons]	+	**-ant**	=	**irritant**
amuser	**amus**[ons]	+	**-ant**	=	**amusant**
encourager	**encourage**[ons]	+	**-ant**	=	**encourageant**
décevoir	**décev**[ons]	+	**-ant**	=	**décevant**

▶ **a.** Adjectives in **-ant** are regular and have four forms:

un problème troubl**ant**	des faits troubl**ants**
une coïncidence troubl**ante**	des énigmes troubl**antes**

b. Most, but not all, adjectives in **-ant** have English cognates in *-ing*.

	amus**ant**	*amus**ing***
	troubl**ant**	*troubl**ing***
but:	brill**ant**	*brill**iant***
	obéiss**ant**	*obed**ient***

2. *Situation: Equivalences*

Complétez les phrases par une expression équivalente. Pour cela, utilisez un adjectif verbal en **-ant.**

▻ une remarque qui choque *Une remarque qui choque est une remarque choquante.*

1. un livre qui amuse
2. un remède qui stimule
3. un film qui intéresse
4. une remarque qui vexe
5. une injustice qui choque
6. une histoire qui alarme
7. des garçons qui obéissent
8. des filles qui désobéissent

B. *La formation du participe présent*

The sentences on the left describe two actions that occur simultaneously or that are causally related. The sentences on the right make the relationship between the two actions more explicit. Note the construction **en** + present participle, paying particular attention to the form of the present participle.

Je travaille et j'écoute la radio.	Je travaille **en écoutant** la radio. *I work **while listening** to the radio.*
Je travaille et je vais réussir à mes examens.	**En travaillant**, je vais réussir à mes examens. ***By working**, I will manage to pass my exams.*
On fait des réformes et on change la société.	**En faisant** des réformes, on change la société. ***Through carrying out** reforms, one changes society.*

▶ **a.** Like the verbal adjective in **-ant**, the present participle is derived as follows:

nous-form of the present *minus* **-ons** + **-ant**

b. There are three irregular present participles:

avoir	**ayant**	En **ayant** de l'ambition, vous réussirez dans vos projets.
être	**étant**	En **étant** riche, vous ne serez pas nécessairement heureux.
savoir	**sachant**	En **sachant** parler français, vous aimerez votre visite à Paris.

c. Unlike the verbal adjective in **-ant**, the present participle has only one form. It never takes adjective endings.

3. Situation: Questions d'argent

Expliquez comment chacun gagne son argent d'après le modèle.

▻ Marc (dans un supermarché) *Marc gagne de l'argent en travaillant dans un supermarché.*

1. Isabelle (dans une banque)
2. Paul (dans un hôpital)
3. Toi (dans un café)
4. Vous (chez un dentiste)
5. Françoise et André (dans un laboratoire)
6. Nous (chez un médecin)
7. Monique et Michèle (dans une discothèque)
8. Moi (dans une station-service)

4. Situation: Occupations

Les étudiants suivants n'étudient pas tout le temps. Dites comment chacun s'occupe. Suivez le modèle.

▻ Anne regarde la télé. *Anne s'occupe en regardant la télé.*

1. Marc joue au tennis.
2. Philippe joue au ping-pong.
3. Nous allons au cinéma.
4. Vous faites de la politique.
5. Paul fait du sport.
6. Jean-François joue de la guitare.
7. Jean-Michel téléphone à ses amis.
8. Nous lisons des romans policiers.
9. Vous écoutez vos disques.
10. Jacques et Claude lisent le journal.

Proverbe C'est en forgeant qu'on devient forgeron.
Practice makes perfect. (*Literally: It is by forging that one becomes a blacksmith.*)

---

5. Situation: Proverbes

Faites des proverbes d'après le modèle.

▻ On étudie et on réussit à ses examens. *C'est en étudiant qu'on réussit à ses examens.*

1. On travaille et on se fatigue.
2. On vote et on exprime son opinion.
3. On regarde et on voit.
4. On réfléchit et on comprend.
5. On est tolérant et on est respecté.
6. On parle trop et on dit des bêtises (*stupid things*).
7. On fait du sport et on reste en forme (*in shape*).
8. On sait ses leçons et on obtient de bonnes notes.

C. L'usage du participe présent

Note the uses of the present participle in the following sentences.

En votant, vous exprimez votre opinion.	***By voting***, *you express your opinion.*
En arrivant à l'université, j'ai vu une manifestation.	***Upon arriving*** *at the university, I saw a demonstration.*
J'ai appris cela **en écoutant** la radio.	*I learned this* ***while*** (or **by**) ***listening*** *to the radio.*
En rentrant, j'ai acheté le journal.	***While*** (*I was*) ***going*** *home, I brought the paper.*
N'ayant pas 18 ans, je n'ai pas voté.	***Not being*** *18, I did not vote.*

The present participle usually expresses a relationship of cause or (near) simultaneity between two actions. It is frequently, but not always, introduced by **en**. In this usage, **en** corresponds to *while*, *upon*, *by*, *immediately after*.

▶ The French present participle in **-ant** is used much less frequently than the English counterpart in *-ing*.

a. It is never used as a verbal noun. The infinitive is used instead.

Voter est un droit.	***Voting** is a right.*
J'aime **parler** français.	*I like **speaking** French.*

b. It is never used after a preposition, other than **en**. The infinitive is used instead.

J'ai parlé **sans réfléchir.**	*I spoke **without thinking**.*

c. It is not used to express a progressive action.

J'étudie.	*I am studying.*
J'étudiais.	*I was studying.*

6. Situation: Chacun a sa méthode

Des étudiants français disent comment ils apprennent l'anglais. Expliquez la méthode de chacun d'après le modèle.

▻ Jacques sort avec une Américaine. *Jacques apprend l'anglais en sortant avec une Américaine.*

1. Robert sort avec une Anglaise.
2. Nathalie sort avec des Américains.
3. Paul regarde la télévision anglaise.
4. Michèle prend des cours particuliers (*private lessons*).
5. Isabelle écoute des disques américains.
6. Robert achète des magazines américains.
7. Louis lit des livres anglais.
8. Françoise correspond avec un ami australien.

7. Situation: Les résultats de l'élection

C'est le moment des élections. Dites quand ou comment chacun a appris les résultats.

▻ Jacques (quand il a écouté la radio) *Jacques a appris les résultats en écoutant la radio.*

1. Martine (quand elle a regardé la télé)
2. Sylvie (quand elle a acheté le journal)
3. Brigitte (quand elle a parlé à ses amis)
4. François (quand il est rentré chez lui)
5. Paul (quand il est allé à l'université)
6. Marc (quand il a téléphoné à ses parents)
7. Nous (quand nous avons lu le journal)
8. Vous (quand vous êtes allé en ville)

8. Situation: Le jour du vote

Expliquez ce qui est arrivé le jour du vote. Complétez les phrases par **voter** ou **votant.**

1. Jacques n'a pas voté car il n'a pas l'âge de . . .
2. Au lieu de . . . pour le candidat libéral, François a voté pour le candidat conservateur.
3. En . . ., j'ai exprimé mon opinion.
4. En ne . . . pas, Albert a aussi exprimé son opinion.
5. Charles a pris le bus pour . . .
6. Sylvie pense qu'il est très important de . . .
7. En . . . pour ce candidat, Sylvie a voté pour les réformes.
8. Pour Marc, . . . c'est perdre son temps.

VOUS AVEZ LA PAROLE: ***Réformes***

Selon vous, comment peut-on réformer la société américaine?

Phonétique

Les voyelles nasales /ɑ̃/ ***et*** /ɔ̃/ ***(révision)***

Review the contrast between:

/ɑ̃/ an, sans, blanc, temps, vend, Yvan, ciment
/ɔ̃/ on, son, blond, ton, vont, Yvon, Simon

Now contrast the vowels /ɑ̃/ and /ɔ̃/ in the following sentences:

/ɑ̃/	/ɔ̃/
En réformant l'université,	réformons-nous la société?
En supprimant les examens,	supprimons-nous les diplômes?
En arrêtant le progrès,	arrêtons-nous l'expansion?
En acceptant les réformes,	acceptons-nous le changement?

DOCUMENT

Elections présidentielles de 1974

V. GISCARD D'ESTAING **François Mitterrand**

En principe, le Président de la République française est élu pour sept ans. Des élections anticipées° ont eu lieu en 1974, à la suite de° la mort° du président Georges Pompidou. Ces élections ont opposé deux candidats partisans du° "changement".

earlier than planned / après / *death*
believers in

Valéry Giscard d'Estaing, candidat de la droite conservatrice et modérée, proposait d'améliorer° "la qualité de la vie" par une réforme profonde mais prudente de la société française.

rendre meilleure

François Mitterand, candidat de la gauche et de l'alliance socialo-communiste, voulait réformer les structures économiques du pays, en nationalisant, par exemple, certaines grandes sociétés°.

firmes commerciales

Ce n'est pas sans hésiter que les Français ont voté. Si Giscard d'Estaing a été élu°, c'est seulement avec une majorité de 51% des suffrages°. Avec 49% des votes, la gauche s'est approchée de très près du pouvoir°.

elected / *votes*
power

Le dimanche 12 mai 1974, les Français ont voté en utilisant l'un des bulletins° suivants:

ballots

Valéry GISCARD D'ESTAING	François MITTERRAND

Un candidat parle

V. Giscard d'Estaing

Paris, le 21 Avril 1974

Madame, Mademoiselle, Monsieur,

Pour succéder au° Président Georges POMPIDOU, vous allez choisir un nouveau Président. C'est lui qui dirigera° la France à l'intérieur°, et qui la représentera à l'extérieur°.

follow
will direct / en France / dans les autres pays

Votre choix n'est pas un choix entre de vieux partis politiques, mais la désignation de l'homme qui donnera l'image de la France.

Je vous demande de me confier° cette mission.

donner

Si vous m'élisez, chaque Française et chaque Français de toute condition° sera écouté et traité avec la considération à laquelle il a droit°.

riche ou pauvre
which he deserves

Je serai un Président qui vous informera.

Je vous propose comme objectifs, à l'intérieur, la sécurité et le changement:

— la sécurité face à° la vieillesse, face aux accidents de la vie, face aux risques de l'économie, face à la maladie, face aux charges° de famille.

with respect to
expenses

— le changement, en rajeunissant° la politique française, en la rendant plus ouverte° et plus libre°, en faisant de notre société un modèle de justice sociale, en assurant une expansion à dimension humaine, qui favorise les travailleurs manuels et soutienne° les travailleurs indépendants, en assurant le plein° exercice des responsabilités et des droits de la femme, en organisant l'égalité des chances° pour les jeunes, en tirant parti° de la richesse agricole de notre sol°, en protégeant l'environnement.

rendant plus jeune / *open*
free
supports
full / *opportunities*
deriving profit / *soil*

A l'extérieur, nous assurerons les deux indépendances: l'indépendance de la France, et l'indépendance de l'Europe unie°; nous serons des partenaires égaux° de l'alliance atlantique; nous maintiendrons la coopération avec les pays de l'Est; nous accentuerons notre soutien aux pays démunis du monde. Je défendrai scrupuleusement les intérêts de la France dans les négociations internationales.

united / *equal*

Si vous me choisissez, je serai fier° de parler en votre nom et de vous représenter. Je réunirai° autour de° moi les hommes les plus compétents et les plus sûrs, pour constituer l'équipe° de la France.

proud
assemblerai / *around* / *team*

Vous devez avoir confiance dans votre Président. Il doit être capable d'assurer la sécurité et la dignité du pays.

Je compte sur votre soutien. Vous pourrez compter sur moi.

V. Giscard d'Estaing

Questions sur la lecture

1. A qui Giscard d'Estaing a-t-il succédé?
2. Que demande-t-il aux électeurs?
3. Sur le plan de la politique intérieure, quels objectifs propose-t-il?
4. Quelles sécurités veut-il offrir aux Français?
5. Comment veut-il réformer la politique française?
6. Que promet-il aux femmes?
7. Que promet-il aux jeunes?
8. Quels autres changements promet-il?
9. Que propose-t-il sur le plan de la politique internationale?
10. Quelle est sa politique envers (*towards*) l'alliance atlantique?

Questions générales

1. Quand ont eu lieu les dernières élections présidentielles américaines?
2. Qui était le candidat démocrate à la présidence?
3. Quel était son programme politique?
4. Qui était le candidat républicain à la présidence?
5. Quel était son programme politique?
6. Qui a été élu? avec quel pourcentage des votes?
7. Quel a été le pourcentage des abstentions?
8. Avez-vous voté?
9. Avez-vous participé à la campagne électorale? Comment?

Débats

1. Les Américains sont-ils conservateurs? Pourquoi ou pourquoi pas?
2. Pour ou contre une femme à la présidence des Etats-Unis.
3. Faut-il réformer la constitution américaine? Comment?
4. Pour ou contre l'alliance atlantique.
5. Pour ou contre la coopération avec les pays de l'Est.
6. Pour ou contre l'aide aux pays sous-développés.

ENRICHISSEZ VOTRE VOCABULAIRE:

Mots apparentés *-or* ↔ -eur

Many English words ending in *-or* have French equivalents ending in **-eur**.

exterior	extéri**eur**
interior	intéri**eur**

EXERCICE DE VOCABULAIRE

Complétez les mots suivants. Avec chacun de ces mots, faites une phrase de votre choix.

1. un ambassad______
2. un act______
3. un mot______
4. un réact______
5. un réfrigérat______
6. l'horr______
7. un invent______
8. un visit______
9. supéri______
10. inféri______

XIV LA FRANCE DANS LE MONDE D'AUJOURD'HUI

Objectives

Culture The French-speaking community extends well beyond the geographical borders of France. One of its outstanding characteristics, and maybe its main asset, is the ethnic and cultural variety of the people which it includes. Has this unity of language created special cultural, political or even economic ties among the French-speaking groups? Does speaking French imply a pro-French attitude? How do the non-French speakers of Canada, Africa, and Europe view the French? The interviews presented in this chapter show the attitudes that foreigners, especially French speakers, have developed toward France and the French.

Structure There are various ways of considering a fact. For instance, when you say *Lynn speaks French*, you are talking about a fact in an *objective* manner. On the other hand, when you say *I am happy that Lynn speaks French*, you are expressing your personal feelings about this fact. You are talking about it in a *subjective* manner. In such cases, the French would use a verb form called the *subjunctive*. The forms of the subjunctive and its uses constitute the main grammatical theme of this unit.

Vocabulary In support of the grammatical contents of this chapter, you will learn the many expressions which require the use of the subjunctive, especially verbs of volition and expressions of feeling. You will also learn terms used to discuss international affairs.

Communication In this unit, you will learn how to formulate a wish or a doubt, to give an order, and to express your feelings of anger, happiness or surprise regarding outside facts and events.

Leçon quarante: Interview avec un Québécois

Langue et culture

Aujourd'hui, 30% des Canadiens sont francophones, c'est-à-dire d'expression française. Les Canadiens français se trouvent principalement dans les provinces du Québec, de l'Ontario et du Nouveau-Brunswick. Voici une interview avec un jeune Québécois.

— Comment t'appelles-tu?

— Paul Lavoie.

— Tu es québécois?

— Oui, à 100 pour cent! Je suis né à Québec et j'habite à Québec.

— Es-tu pour le "Québec libre"?

— Non, c'est une idée trop extrémiste! Pourtant, je suis fier° d'être canadien français. . . . Il est normal et naturel que nous conservions notre identité et notre culture. Pour cela, il est essentiel que nous maintenions nos traditions. . . . En particulier, il faut absolument que nous continuions à parler français qui est notre langue nationale!

proud

— Dans ce domaine, penses-tu que la France puisse° vous aider, en vous envoyant, par exemple, des professeurs?

subjonctif de **pouvoir**

— Non! Ce serait dangereux. Il faut que nous fassions° nous-mêmes° cet effort de préservation. Il ne faut pas que ce soit° la France. Il est utile, cependant, que nous gardions° de bons rapports° avec la France.

subjonctif de **faire** / *ourselves*
cela ne doit pas être
maintenions / *relations*

— Comment?

— Il faudrait, par exemple, qu'il y ait° plus d'échanges culturels entre nos deux pays. Des échanges qui soient° de véritables échanges.

subjonctif d'**il y a**
subjonctif d'**être**

— Veux-tu aller en France?

— Bien sûr! J'ai des cousins en Normandie. J'aimerais qu'ils m'invitent. . . .

Renseignements culturels: Les Canadiens français

La présence française au Canada est très ancienne. Elle remonte[1] au voyage historique de Jacques Cartier, le premier homme blanc qui ait[2] exploré le Saint-Laurent (en 1536). Cinquante ans plus tard, les premiers colons[3] français arrivent au Canada. Ils viennent principalement de Bretagne et de Normandie. Ce sont des agriculteurs, des pêcheurs[4], mais aussi des "coureurs des bois"[5], c'est-à-dire des trappeurs et des chasseurs[6].

En 1608, Samuel de Champlain fonde Québec et devient Gouverneur de la nouvelle colonie en 1633. Cette colonie, qu'on appelle alors la "Nouvelle France", devient très prospère[7]. Les Français qui n'étaient que quelques[8] familles en 1600 sont 70.000 en 1750.

Malheureusement la rivalité franco-anglaise menace[9] la colonie. En 1713, les Anglais occupent l'Acadie (aujourd'hui le Nouveau-Brunswick et la Nouvelle-Ecosse[10]) et déportent un grand nombre de colons français (les Acadiens ou "Cajuns") en Louisiane. L'exode de ces malheureux Acadiens sera immortalisé plus tard par Longfellow dans son célèbre poème "Evangeline".

De nouvelles batailles opposent Français et Anglais et leurs alliés indiens. En 1763, le Canada devient colonie anglaise. Malgré[11] cet événement, les colons français restent dans leur pays d'adoption où ils maintiennent leur langue et leur culture.

Aujourd'hui on assiste à[12] un renouveau[13] de la langue française au Canada, particulièrement au Québec. En 1974, cette province est devenue unilingue et le français y est maintenant la seule langue officielle. Certains Canadiens français, peu nombreux mais très militants, vont plus loin et voudraient obtenir l'autonomie[14] du Québec.

1 *goes back* 2 subjonctif de **avoir** 3 personnes qui colonisent 4 *fishermen* 5 personnes qui voyagent dans la forêt 6 *hunters* 7 riche 8 *a few* 9 *threatens* 10 *Nova Scotia* 11 *in spite of* 12 voit 13 *rebirth* 14 indépendance

Structure et vocabulaire

A. La formation du subjonctif

The sentences on the left express *facts*. The verbs are in the *indicative* mood. The sentences on the right express *obligations*. The verbs are in the *subjunctive* mood. Compare the verbs in each set of sentences.

Vous **parlez** anglais.	Il faut que vous **parliez** français aussi.
Nous **visitons** Montréal.	Il faut que nous **visitions** Québec ensuite.
Vous **lisez** des magazines américains.	Il faut que vous **lisiez** des magazines français.
Tu **connais** des Américains.	Il faut que tu **connaisses** des Français.

The subjunctive mood is frequently used in French. It occurs in subordinate clauses and is practically always introduced by **que**.

For all regular verbs, and most irregular verbs, the subjunctive is formed according to the following pattern.

	subjunctive stem	+	*ending*
je tu il / elle ils / elles	**ils**-stem of the present indicative	+	**-e** **-es** **-e** **-ent**
nous vous	**nous**-stem of the present indicative	+	**-ions** **-iez**

Note how the subjunctive of three regular verbs **(parler, finir, vendre)** and one irregular verb **(venir)** illustrates this pattern.

	parler	**finir**	**vendre**	**venir**
present indicative	ils **parl**ent nous **parl**ons	ils **finiss**ent nous **finiss**ons	ils **vend**ent nous **vend**ons	ils **vienn**ent nous **ven**ons
present subjunctive	que je **parle** que tu **parles** qu'il **parle** qu'ils **parlent**	que je **finisse** que tu **finisses** qu'il **finisse** qu'ils **finissent**	que je **vende** que tu **vendes** qu'il **vende** qu'ils **vendent**	que je **vienne** que tu **viennes** qu'il **vienne** qu'ils **viennent**
	que nous **parlions** que vous **parliez**	que nous **finissions** que vous **finissiez**	que nous **vendions** que vous **vendiez**	que nous **venions** que vous **veniez**

▶ **a.** All verbs except **être** and **avoir** have the same subjunctive endings.

b. For most French verbs, the **ils**-stem and the **nous**-stem of the present indicative are the same; therefore, in effect, these verbs have one subjunctive stem. On the other hand, verbs like **venir**, which have different stems in the **nous**- and **ils**-forms of the indicative, have two subjunctive stems. Here are a few more examples of such verbs.

	indicative	*subjunctive*
acheter	ils **achèt**ent nous **achet**ons	que j'**achèt**e que nous **achet**ions
prendre	ils **prenn**ent nous **pren**ons	que je **prenn**e que nous **pren**ions
recevoir	ils **reçoiv**ent nous **recev**ons	que je **reçoiv**e que nous **recev**ions
voir	ils **voi**ent nous **voy**ons	que je **voi**e que nous **voy**ions

1. Situation: Au Québec

Imaginez que vous travaillez pour le Bureau du Tourisme de Québec. Vous conseillez à des touristes français de visiter certaines choses de la province. Pour chaque personne, faites une phrase commençant par **Il faut que**. Utilisez le subjonctif de **visiter**.

▻ Paul (Québec) *Il faut que Paul visite Québec.*

1. Georges (Montréal)
2. Nathalie (l'université de Laval)
3. Pierre (Expo)
4. Isabelle (l'université McGill)
5. Michèle et Françoise (le vieux Montréal)
6. Marc et Philippe (la Gaspésie)
7. Vous (Trois-Rivières)
8. Nous (les musées)
9. Toi (la citadelle de Québec)
10. Max (la Place des Arts)

2. Situation: A l'école de commerce (*In business school*)

Imaginez que vous êtes conseiller d'éducation (*student adviser*) dans une école de commerce. Vous suggérez aux étudiants d'apprendre l'anglais.

▻ Charles *Il faut que Charles apprenne l'anglais.*

1. Vous
2. Charles
3. Henri
4. Jean-Paul
5. Michèle
6. Christine et Brigitte
7. François et Alain
8. Marc

NOTE LINGUISTIQUE: **Temps et modes**

The verb of a sentence identifies an action. The verb is characterized by its tense and its mood.

The *tense* of a verb indicates the time of the action. For example, the present, the imperfect, the future and the **passé composé** are all tenses.

The *mood* of a verb reflects the manner in which the speaker considers the action. The imperative, conditional, indicative, and subjunctive are moods.

The *imperative* is used to give orders.
The *conditional* is used to express a hypothetical situation.
The *indicative* is used to state a fact or a concrete reality.
The *subjunctive* is used to express an attitude toward an idea or fact.

NOTE LINGUISTIQUE: **Le subjonctif**

Compare the following sentences:

Indicative: Je sais que / Je suis sûr que } vous **parlez** français.

Subjunctive: Je suis content que / Je veux que } vous **parliez** français.

When you tell someone: **Vous parlez français** or **Je sais que vous parlez français**, you state a fact or you express your knowledge of this fact. Therefore, you use the *indicative*.

When you say: **Je veux que . . .** or **Je suis content que . . . ,** you express an attitude (a wish, a feeling). After such expressions, French uses the *subjunctive*.

In English, the subjunctive mood is commonly used in a few contexts:

I wish I **were** French.
It is essential that I **be** in Quebec this summer.
My father insists that Paul **come** to our house.

In French, the subjunctive is used after many expressions, especially those reflecting a wish, a doubt, or a feeling. The following sections present some of the most frequent uses of the subjunctive.

B. *L'usage du subjonctif après les verbes de volonté*

In each of the following sentences, the subject expresses a wish that concerns someone other than himself. Note the use of the subjunctive.

Je veux que tu **apprennes** le français.
J'aimerais que vous **veniez** au Canada avec nous.
Mon père voudrait que je **réussisse** à mes examens.
Mon professeur ne veut pas que nous **parlions** français en classe.

▲ After verbs expressing wish, will, or desire (such as **vouloir, désirer, souhaiter**), . . .

. . . the *infinitive* is used if the wish concerns the subject:	. . . the *subjunctive* is used if the wish concerns not the subject but someone or something else:
Je veux **apprendre** le français. *I want to learn French.*	Je veux **que tu apprennes** le français. *I want you to learn French.*
Je souhaite **visiter** le Canada. *I wish to visit Canada.*	Je souhaite **que vous visitiez** le Canada. *I wish that you would visit Canada.*

MOTS UTILES: **Verbes de volonté**

accepter	*to agree*	J'**accepte** que	vous parliez français.
désirer	*to wish*	Je **désire** que	
exiger	*to demand, to require*	J'**exige** que	
permettre	*to allow*	Je **permets** que	
souhaiter	*to wish*	Je **souhaite** que	
vouloir	*to want*	Je **veux** que	
vouloir bien	*to allow; to agree; to be willing*	Je **veux bien** que	

3. *Dramatisation: Souhaits*

Un professeur souhaite que chacun de ses élèves réussisse à l'examen. Jouez le rôle du professeur.

▻ Charles — *Je souhaite que Charles réussisse.*

1. David
2. Henri
3. Paul
4. Toi
5. Vous
6. Ces élèves
7. Hélène et Claire
8. Marc et Simon

4. *Dramatisation: Rébellion*

Le père de Marc voudrait que son fils fasse certaines choses. Marc n'est pas d'accord. Jouez les deux rôles, d'après le modèle.

▻ étudier — LE PÈRE: *Je voudrais que tu étudies.*
MARC: *Je ne veux pas étudier.*

1. travailler pendant les vacances
2. voyager
3. respecter la discipline
4. acheter des livres sérieux
5. sortir moins souvent
6. apprendre le russe
7. réussir aux examens
8. obtenir des diplômes
9. obéir
10. réfléchir à l'avenir

C. L'usage du subjonctif après certaines expressions d'opinion

In the following sentences, certain opinions are expressed. Note the use of the subjunctive after **il est** + adjective + **que.**

> Il est important que nous **conservions** nos traditions.
> Il est normal que les Canadiens français **parlent** français.
> Il est essentiel qu'ils **maintiennent** leurs coutumes.
> Il est possible que nous **visitions** le Canada cet été.

▶ **a.** After expressions of opinion (such as **il est important, il est utile**), French uses the construction . . .

. . . **de** + infinitive, if the opinion is a general one:	. . . **que** + subjunctive, if the opinion concerns someone or something specific:
Généralement,	En particulier,
. . . il est utile **de voyager.**	. . . il est utile **que je voyage.**
. . . il est important **de maintenir** les traditions.	. . . il est important **que les peuples maintiennent** leurs traditions.

b. Similar constructions are used after **il faut** and **il vaut mieux** (*it is better*):

Il faut parler français en classe.	**Il faut que** vous parliez anglais.
Il vaut mieux ne pas parler anglais.	**Il vaut mieux que** nous ne parlions pas anglais.

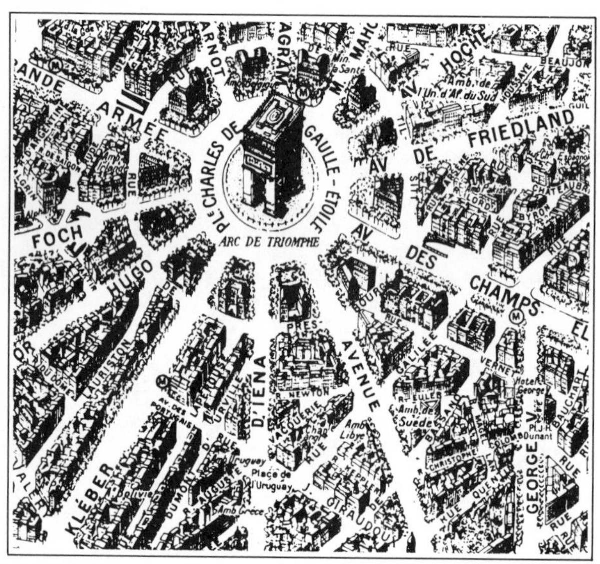

MOTS UTILES: **Expressions d'opinion**

Il est dommage (*too bad*) que
Il est essentiel que
Il est important que
Il est indispensable que
Il est inutile que
Il est juste (*fair*) que
Il est nécessaire que
} vous passiez les vacances en France.

Il est normal (*to be expected*) que
Il est possible que
Il est préférable que
Il est utile que
} vous visitiez Paris.

Il faut que
Il vaut mieux (*it is better*) que
} vous parliez français.

5. Expression personnelle

Selon vous, est-il normal que les étudiants fassent les choses suivantes? Répondez d'après le modèle.

▻ parler français en classe *Il est normal que nous parlions français en classe.*
ou: *Il n'est pas normal que nous parlions français en classe.*

1. étudier pendant la semaine
2. étudier le week-end
3. travailler pendant les vacances
4. obéir
5. passer des examens
6. voter
7. respecter les professeurs
8. payer notre scolarité (*tuition*)
9. apprendre une langue

6. Expression personnelle

Pensez-vous que les Américains doivent faire les choses suivantes? Exprimez votre opinion personnelle en utilisant les expressions des MOTS UTILES.

▻ respecter la loi (*law*) *Il est (indispensable, important, inutile) que les Américains respectent la loi.*

1. préserver leurs traditions
2. respecter les minorités
3. aider les autres nations
4. rester unis
5. développer de bonnes relations avec la France
6. s'intéresser à la politique
7. voter aux élections
8. développer leurs relations avec la Chine
9. respecter la Constitution
10. négocier avec les Russes
11. arrêter les expériences nucléaires
12. développer leur armée

VOUS AVEZ LA PAROLE: ***Souhaits et réformes***

1. Formulez cinq souhaits pour vous et pour vos amis. Utilisez les verbes **vouloir, désirer, souhaiter.**
2. Formulez cinq façons de réformer la société. Utilisez l'expression **il est important que** ou **il faut que.**

Phonétique

Le son /l/

In French, the consonant /l/ is pronounced with the tip of the tongue touching the upper front teeth.

Mot-clé: elle
Répétez: il, quel, belle, Paul, essentiel, national, normal, naturel, culturel

Il s'appelle Paul Laval.
Il est normal qu'il parle anglais.

Leçon quarante et un: Interview avec une Allemande

Langue et culture

Autrefois la France et l'Allemagne étaient des nations ennemies. Aujourd'hui, ce sont des alliées, politiquement, économiquement et militairement. Voici une interview avec une jeune Allemande.

— Vous vous appelez Karin Hofmann et vous êtes allemande, je crois?

— Exact!

— Vous parlez bien français. Est-ce que vous allez souvent en France?

— Très souvent! J'habite à Fribourg. C'est très près de la frontière.

— Pensez-vous qu'il y ait de l'animosité entre les Français et les Allemands à l'heure actuelle?° — maintenant

— Au contraire! Je pense qu'il y a beaucoup de respect mutuel et de compréhension. Si les guerres nous ont appris quelque chose, c'est le respect des autres.

— Croyez-vous que l'unité politique de l'Europe soit possible?

— Personnellement, je suis une Européenne convaincue°. Je crois donc que c'est possible. — de conviction

— Pour cela, il faut que les Français soient d'accord. Etes-vous sûre que les Français veuillent° vraiment une Europe politiquement unie? — subjonctif de **vouloir**

— Je ne suis pas sûre que le gouvernement français veuille immédiatement cette unité, mais je suis persuadée que la majorité des Français la désire. D'ailleurs°, l'unité économique existe déjà. Vous connaissez le Marché Commun? — *besides*

— Oui. Mais est-ce que cela correspond à une réalité?

— Bien sûr! Les Allemands mangent des fromages français et conduisent° des Renault et des Citroën, et les Français achètent des caméras allemandes et conduisent des Volkswagen et des Mercédès. *drive*

— Mais, il y a encore des frontières et des douanes! Croyez-vous qu'elles disparaissent° un jour? *disappear*

— J'en suis convaincue!

Renseignements culturels: Le Marché Commun

Si la France, et l'Europe, sont aujourd'hui prospères, c'est en partie à cause du[1] Marché Commun. Le Marché Commun (officiellement, la Communauté Economique Européenne) a été créé par le traité de Rome en 1957. A l'origine, il groupait six nations: la Belgique, la Hollande, le Luxembourg, l'Italie, et surtout l'Allemagne et la France, dont[2] l'animosité passée avait provoqué deux grandes guerres mondiales[3]. Le premier janvier 1973, trois autres pays, la Grande Bretagne, l'Irlande et le Danemark se sont joints à cette institution.

Le Marché Commun est d'abord un fait économique. Son premier objectif a été l'expansion continue et équilibrée[4]. Pour réaliser cet objectif, les pays-membres ont adopté une politique commune de libre[5] circulation des capitaux[6] et des personnes et de suppression progressive des barrières douanières. Malgré[7] certains problèmes (la réalisation d'un Marché Commun agricole, par exemple), cette intégration économique a été une réussite.

Aujourd'hui, les objectifs du Marché Commun s'étendent[8] à d'autres domaines[9]: politique sociale commune, coopération industrielle, technologique et scientifique, protection de l'environnement, aide aux pays sous-développés, etc.... L'ultime objectif est de réaliser l'intégration politique de l'Europe. Cet ambitieux projet pose des problèmes conceptuels et pratiques qui n'ont pas encore été résolus[10]. Cependant chaque pays travaille pour cette solution. Une Europe politiquement unie serait en effet un facteur de paix et de prospérité pour le monde.

LE MARCHE COMMUN

1 LA FRANCE 2 LE LUXEMBOURG 3 LA BELGIQUE
4 LES PAYS-BAS (LA HOLLANDE) 5 L'ITALIE
6 LE DANEMARK 7 LA GRANDE BRETAGNE
8 L'IRELANDE 9 L'ALLEMAGNE DE L'OUEST

1 *because of* 2 *whose* 3 du monde 4 *balanced* 5 *free* 6 de l'argent 7 *despite* 8 *extend* 9 *areas* 10 *resolved*

Structure et vocabulaire

MOTS UTILES: **La politique internationale**			
un allié	*ally*	la guerre	*war*
un ennemi	*enemy*	la paix	*peace*
		la détente	
un accord	*agreement*		
un traité	*treaty*	une loi	*law*
le monde	*world*	la douane	*customs*
un pays	*country*	la frontière	*border*

1. Opinions personnelles

1. A l'heure actuelle, est-on dans une période de paix?
2. Quels sont les dangers qui menacent la paix aujourd'hui?
3. Selon vous, y a-t-il des guerres justes? Donnez des exemples.
4. Selon vous, y a-t-il des guerres injustes? Donnez des exemples.
5. Etes-vous pour ou contre la détente avec l'Union Soviétique? Pourquoi?
6. Etes-vous pour ou contre la détente avec la Chine? Pourquoi?
7. Etes-vous pour ou contre la suppression des barrières douanières? Pourquoi?
8. Selon vous, quels sont les alliés les plus sûrs des Etats-Unis?

*A. Le subjonctif d'*être *et d'*avoir

The subjunctive forms of **être** and **avoir** have irregular stems and endings. Note these forms in the following sentences.

Il faut que je **sois** énergique.	Il faut que j'**aie** de l'énergie.
Il faut que tu **sois** patient.	Il faut que tu **aies** de la patience.
Il faut qu'il **soit** riche.	Il faut qu'il **ait** de l'argent.
Il faut que nous **soyons** ambitieux.	Il faut que nous **ayons** de l'ambition.
Il faut que vous **soyez** courageux.	Il faut que vous **ayez** du courage.
Il faut qu'ils **soient** persévérants.	Il faut qu'ils **aient** de la persévérance.

2. Situation: Passeports

Imaginez que vous organisez un voyage en Europe. Vous dites que chacune des personnes suivantes doit avoir un passeport.

▷ Jacques *Il faut que Jacques ait un passeport.*

1. Toi	3. Suzanne	5. Marc et Denis	7. Nous
2. Vous	4. Paul	6. Jeanne et Renée	8. Henri

3. Situation: Exactitude (*Being on time*)

C'est demain le jour du départ pour Munich. Dites que chaque personne de l'exercice précédent doit être à l'heure à l'aéroport.

▻ Jacques *Il faut que Jacques soit à l'heure.*

Proverbe Il faut qu'une porte soit ouverte ou fermée.
A door must be open or closed.

B. Le subjonctif après les expressions de doute

In the sentences on the left, a fact is expressed as being certain. In the sentences on the right, a fact is expressed as being doubtful. Compare the verbs in each set of sentences.

Certitude	*Doute*
Je sais que vous **parlez** français.	Je doute que vous **parliez** français.
Je pense que vous **êtes** français.	Je ne pense pas que vous **soyez** américain.
Je suis sûr que les Français **sont** généralement tolérants.	Je ne suis pas sûr qu'ils **soient** toujours tolérants.
Je crois que vous **habitez** à Paris.	Je ne crois pas que vous **habitiez** en Allemagne.

The subjunctive is used after expressions of doubt.

▶ An expression of certainty may become an expression of doubt when it is used in the negative or interrogative forms. In that case, the subjunctive can be used.

Certainty: **Je crois que** Paul **est** ambitieux.
Je suis sûr qu'il **est** ambitieux.

Doubt: **Croyez-vous qu'**il **soit** courageux?
Je ne crois pas qu'il **soit** très intelligent.
Es-tu sûr qu'il **ait** beaucoup d'amis?
Je ne suis pas sûr qu'il **ait** beaucoup de patience.

MOTS UTILES: **Le doute**

Je doute que
Il est douteux (*doubtful*) que
Il est possible que
Il n'est pas sûr que
Il n'est pas vrai que
Je ne pense pas que
Je ne crois pas que

} le français soit une langue facile.

4. *Dramatisation: Différences d'opinion*

Sylvie et Jacques discutent de l'Europe. Ils ne sont pas d'accord. Jouez le rôle de Sylvie en utilisant la construction **Je pense que** + l'indicatif. Jouez le rôle de Jacques en utilisant la construction **Je doute que** + le subjonctif.

▻ Les universités européennes sont excellentes.
SYLVIE: *Je pense que les universités européennes sont excellentes.*
JACQUES: *Je doute que les universités européennes soient excellentes.*

1. Les Européens sont heureux.
2. Les Européens sont indépendants.
3. L'Europe est riche.
4. Les journaux européens sont intéressants.
5. Le cinéma italien est excellent.
6. La littérature anglaise est riche.
7. La politique allemande est remarquable.
8. La cuisine française est excellente.

5. *Expression personnelle*

Exprimez votre opinion sur les déclarations suivantes. Commencez vos phrases par **Je suis sûr(e) que** + l'indicatif ou **Je ne suis pas sûr(e) que** + le subjonctif.

▻ La France est une nation très importante.
Je suis sûr(e) que la France est une nation très importante.
ou: *Je ne suis pas sûr(e) que la France soit une nation très importante.*

1. Les relations franco-américaines sont très cordiales.
2. Les Français sont nationalistes.
3. Les Français sont anti-américains.
4. Les Français et les Allemands sont toujours d'accord.
5. Le français est une langue utile.
6. La France est un pays moderne.
7. La France est une nation riche.
8. Les Français sont prétentieux.

6. *Dialogue*

Est-ce que les choses suivantes sont indispensables? Demandez l'opinion de vos camarades. Pour cela, commencez vos questions par **Crois-tu que . . .**

▻ les diplômes
VOUS: *Crois-tu que les diplômes soient indispensables?*
VOTRE CAMARADE: *Oui, je crois que les diplômes sont indispensables.*
ou: *Non, je ne crois pas que les diplômes soient indispensables.*

1. l'argent
2. l'amitié
3. la religion
4. les examens
5. la santé
6. les vacances
7. la liberté
8. le succès

C. *Le subjonctif après les expressions d'émotion*

In the sentences on the left, the subject expresses his feelings (happiness, sadness) about his own actions. In the sentences on the right, the subject expresses his feelings about the actions of someone else.

Je suis content **d'être** à Paris.	Je suis content **que mes amis soient** à Paris.
Je suis heureux **de visiter** la France.	Je suis heureux **que vous visitiez** la France.
Je suis triste **de partir.**	Je suis triste **que vous partiez.**

To express the subject's feelings about his own actions, the following construction is used:

expression of emotion + **de** + infinitive

To express the subject's feelings about the actions of someone else, the following construction is used:

expression of emotion + **que** + subjunctive

7. Situation: Invitations

Imaginez que vous organisez une surprise-partie. Les personnes suivantes ont dit qu'elles viendraient. Exprimez votre satisfaction en utilisant le subjonctif de **venir.**

▻ Paul *Je suis content(e) que Paul vienne.*

1. Henri
2. Christine
3. Isabelle
4. Nos amis
5. Toi
6. Vous
7. Marc et Etienne
8. Les amis de mes cousins

8. Expression personnelle

Dites comment vous réagiriez (*would react*) dans les circonstances suivantes. Commencez vos phrases par **Je suis content(e) que** ou **Je regrette que . . .**

▻ Votre meilleur ami est malade. *Je regrette que mon meilleur ami soit malade.*

1. Les vacances commencent aujourd'hui.
2. Les examens sont faciles.
3. Le professeur est malade.
4. Le professeur met des mauvaises notes.
5. Vos amis organisent une surprise-partie.
6. Vos amis ne vous invitent pas.
7. Vos parents partent en vacances.
8. Vos parents vous achètent une voiture.

9. Situation: Satisfaction

Les événements suivants concernent Jacques ou certaines personnes qu'il connaît. Exprimez la satisfaction de Jacques. Commencez vos phrases par **Jacques est heureux de . . .**, quand l'événement le concerne personnellement. Commencez vos phrases par **Jacques est heureux que . . .**, quand l'événement concerne quelqu'un d'autre.

▻ Jacques part en vacances. *Jacques est heureux de partir en vacances.*
▻ Sa sœur part en vacances. *Jacques est heureux que sa sœur parte en vacances.*

1. Ses amis réussissent à leurs examens.
2. Jacques réussit à ses examens.
3. Son père achète une voiture.
4. Jacques achète une guitare.
5. Son frère passe une année à Fribourg.
6. Jacques passe un mois au Canada.
7. Ses parents voyagent.
8. Jacques voyage.
9. Ses amis trouvent un job intéressant.
10. Jacques trouve un job bien payé.

MOTS UTILES: **Expressions d'émotion**

la satisfaction
être content — *to be happy*
être heureux — *to be happy*
être ravi — *to be very happy*

la tristesse — *sadness*
être désolé — *to be sorry*
être triste — *to be sad*
regretter — *to regret*
déplorer — *to deplore*

la surprise
être supris — *to be surprised*
être étonné — *to be astonished*

la peur — *fear*
avoir peur — *to be afraid*

la fierté — *pride*
être fier (fière) — *to be proud*

la colère — *anger*
être furieux — *to be mad, furious*

10. Situation: La décision de Jacques

Jacques a décidé de quitter l'université. Cette décision provoque des réactions différentes. Expliquez ces réactions.

▷ Hélène est triste. *Hélène est triste qu'il quitte l'université.*

1. Paul est désolé.
2. Martine regrette.
3. Richard déplore.
4. Ses professeurs sont surpris.
5. Ses amies sont étonnées.
6. Ses parents sont furieux.
7. Robert est heureux.
8. Michel est ravi.

11. Situation: Sentiments

Expliquez les sentiments des personnes suivantes. Pour cela, transformez chaque paire de phrases en une seule phrase, en utilisant la construction **que** + subjonctif, ou **de** + infinitif.

▷ Jacqueline est contente. Elle voyage. — *Jacqueline est contente de voyager.*
▷ Jacqueline est contente. Ses amies l'accompagnent. — *Jacqueline est contente que ses amies l'accompagnent.*

1. Marc est étonné. Il rencontre ses amis.
2. Marc est étonné. Ses amis ne le reconnaissent pas.
3. Paul est furieux. Il attend un ami.
4. Paul est furieux. Ses amis ne l'attendent jamais.
5. Nathalie est heureuse. Elle a des vacances.
6. Nathalie est heureuse. Paul passe les vacances avec elle.
7. Isabelle est triste. Elle reste chez elle.
8. Isabelle est triste. Ses amies partent en vacances.
9. J'ai peur. Je rate mes examens.
10. J'ai peur. Mes amis ratent leurs examens.
11. M. Moreau est fier. Il a une fille intelligente.
12. M. Moreau est fier. Sa fille réussit à ses examens.

Fri

D. *Le verbe* conduire

The verb **conduire** (*to drive*) is irregular.

infinitive	**conduire**	
present	je conduis tu conduis il / elle conduit	nous conduisons vous conduisez ils / elles conduisent
imperfect	je conduisais	
future	je conduirai	
passé composé	j'ai conduit	

Verbs conjugated like **conduire** are:

construire	*to build, to construct*
détruire	*to destroy*
produire	*to produce, to create*
se produire	*to happen*
se conduire (bien)	*to behave (properly)*
se conduire (mal)	*to misbehave*

12. *Questions personnelles*

1. Quelle voiture conduisez-vous? Et vos parents?
2. Avez-vous conduit d'autres voitures? quelles voitures?
3. Est-ce que vous vous conduisez bien à l'université? chez vous?
4. Quels événements importants se sont produits depuis que vous êtes à l'université?

13. *Situation: Economies d'essence* (*Fuel saving*)

Paul et ses amis ont acheté des voitures économiques. Dites quelle voiture chacun conduit.

▻ Paul: une Renault 5   *Paul conduit une Renault 5.*

1. Martine: une Chevette
2. Nous: une Pinto
3. Vous: une Simca
4. Toi: une Toyota
5. Charles et Henri: une Fiat
6. Moi: une Volkswagen
7. Les cousines de Paul: une Deux Chevaux Citroën

VOUS AVEZ LA PAROLE: ***Interview et critique***

1. Interview. Imaginez qu'un groupe d'étudiants français visitent votre université. Demandez-leur leurs impressions sur les Etats-Unis. Pour cela, composez plusieurs questions commençant par: **Croyez-vous que . . .**

2. Critique. Etes-vous satisfait(e) ou non de votre existence actuelle? Exprimez vos sentiments dans des phrases commençant par:

Je suis heureux (heureuse) que . . .
Je déplore que . . . , etc.

Phonétique

***Les lettres* oi, oy**

The letter group **oi** represents the sound /wa/.

v**oi**ci, t**oi**, pourqu**oi**, s**oi**s

The letter group **oy** + vowel represents the sounds /waj/.

cr**oy**ons, s**oy**ons, v**oy**ons

The letter group **oin** represents the sound /wɛ̃/, unless it is followed by a vowel.

l**oin**, m**oin**s

Répétez: Voici Antoine Lavoie.
Toi et moi, il faut que nous soyons à l'heure.
Pourquoi veux-tu que je voyage avec toi?

Leçon quarante-deux: Pour ou contre la "Coopération"*

Langue et culture

Aujourd'hui, le français est la langue officielle dans dix-neuf pays africains. Ces pays africains sont d'anciennes° colonies françaises (comme le Sénégal, la Côte d'Ivoire, le Mali, la République Malgache — anciennement Madagascar) ou belges (comme le Zaïre) qui sont devenues indépendantes après 1960. Depuis l'indépendance, la France a signé de nombreux accords de coopération avec ces pays. Quelle est l'attitude des Africains envers° ces accords? Voici deux opinions contraires:

former / *towards*

ABDOU KOUADIO (étudiant en médecine à l'université d'Abidjan, en Côte d'Ivoire): Je suis heureux qu'il y ait une coopération franco-africaine. Pour que notre pays se développe, pour qu'il se modernise, il est indispensable que nous puissions compter sur° le support non seulement moral, mais aussi financier, de grandes nations. Dans ce domaine, la France est notre alliée naturelle. Elle a un grand rôle à jouer en Afrique. A condition, bien sûr, qu'elle respecte notre indépendance politique et qu'elle soit toujours sincère avec nous. Je pense que c'est le cas . . .

rely on

* La "Coopération" représente l'ensemble des (*all the*) programmes d'assistance économique et technique que la France maintient avec certains pays africains.

RASOHERINA RALAIMONGO (étudiante en lettres à l'université de Tananarive, en République Malgache): Je ne suis pas contre le principe de coopération, mais je suis contre les accords actuels. Je doute en effet que ces accords soient sincères. Avant que mon pays soit indépendant, il y avait 30.000 Français à Madagascar. Maintenant il y en a 50.000. Et que font-ils? Ils enseignent leur langue, leur culture et leur histoire à notre peuple. J'ai peur que la "Coopération" ne soit une forme de néo-colonialisme. Pour cette raison, je souhaite que les Français quittent notre pays. A moins°, bien sûr, qu'ils changent radicalement d'attitude. Pour cela, il faut qu'ils acceptent le fait que nous sommes des Africains et non pas des Européens! *unless*

Renseignements culturels: Littérature noire d'expression française

Conséquence secondaire de la colonisation, une abondante littérature d'expression française mais d'inspiration indigène[1] s'est développée en Afrique et dans les autres territoires anciennement occupés par la France. La littérature noire est particulièrement intéressante. Bien que[2] récente, cette littérature a déjà connu plusieurs phases.

A l'origine (c'est-à-dire entre 1930 et 1945), les écrivains noirs ont manifesté leur nostalgie pour la culture et la civilisation africaines. Avec le concept de "négritude", deux grands poètes, Aimé Césaire et Léopold Senghor, ont affirmé l'existence d'une personnalité et surtout d'une sensibilité[3] noires. La négritude, c'est précisément la manière de penser et de sentir[4] propre à[5] la race noire. C'est aussi le patrimoine[6] culturel, les valeurs[7] et surtout l'esprit[8] de la civilisation négro-africaine.

Après 1945, c'est-à-dire avec les progrès de la décolonisation, la littérature noire est devenue très militante, très anti-colonialiste et naturellement anti-française. Le grand représentant de cette littérature engagée[9] est Frantz Fanon qui dans son livre *Les Damnés de la Terre* incite les noirs et tous les colonisés, à la révolte.*

Après l'acquisition de l'indépendance (c'est-à-dire après 1960), la littérature noire a perdu son caractère politique et combatif. Les écrivains d'aujourd'hui n'écrivent plus pour un public international, mais pour leur public national africain. Le thème principal de la littérature noire est donc l'Afrique avec son folklore, ses légendes, sa culture.... Les genres[10] adoptés sont des genres populaires: le récit, le roman, la nouvelle, le théâtre. Les écrivains contemporains sont nombreux: Bernard Dadié (Côte d'Ivoire), Sembène Ousmane (Sénégal), Camara Laye (Guinée), Birago Diop (Sénégal), etc....

L'ETRANGE FASCINATION DES ARTS NEGRES.

DAKAR

festival des Arts Nègres 1 / 24 Avril par

une grande compagnie dans un grand continent

1 locale 2 *although* 3 *sensitivity* 4 *to feel* 5 qui appartient à 6 héritage 7 *values* 8 *spirit* 9 militante 10 *forms*

* Ce livre, traduit en anglais sous le titre *The Wretched of the Earth*, a connu un grand succès aux Etats-Unis dans les années '60.

Structure et vocabulaire

MOTS UTILES: **La littérature**			
un écrivain	*writer*		
un romancier	*novelist*	une romancière	
un poète	*poet*	une poétesse	
		une nouvelle	*short story*
un poème			
un récit	*story, narrative*		
un roman	*novel*		

Les succès de la semaine

TITRES	AUTEURS	ÉDITEURS
1 **Monsieur le Consul**	Lucien Bodard	Grasset
2 **Quand la Chine s'éveillera**	Alain Peyrefitte	Fayard
3 **La Terrasse des Bernardini**	Suzanne Prou	Calmann-Lévy
4 **L'Ogre**	Jacques Chessex	Grasset
5 **Hommes libres**	Arthur Conte	Plon
6 **Un sac de billes**	Joseph Joffo	J.-C. Lattès Edition Spéciale
7 **Les Huit Péchés capitaux de notre civilisation**	Konrad Lorenz	Flammarion
8 **La vie est ailleurs**	Milan Kundera	Gallimard
9 **Un taxi mauve**	Michel Déon	Gallimard
10 **La Salamandre**	Morris West	Fayard

1. Questions personnelles

1. Qui est votre romancier (romancière) préféré(e)?
2. Qui est votre poète (poétesse) préféré(e)?
3. Quel est votre roman préféré?
4. Quel est votre poème préféré?

A. Subjonctifs irréguliers

The following verbs have irregular subjunctive stems, but regular endings.

verbs with 1 subjunctive stem			*verbs with 2 subjunctive stems*	
faire	**pouvoir**	**savoir**	**aller**	**vouloir**
que je fasse	que je puisse	que je sache	que j' aille	que je veuille
que tu fasses	que tu puisses	que tu saches	que tu ailles	que tu veuilles
qu'il fasse	qu'il puisse	qu'il sache	qu'il aille	qu'il veuille
qu'ils fassent	qu'ils puissent	qu'ils sachent	qu'ils aillent	qu'ils veuillent
que nous fassions	que nous puissions	que nous sachions	que nous allions	que nous voulions
que vous fassiez	que vous puissiez	que vous sachiez	que vous alliez	que vous vouliez

2. Situation: En Afrique

Imaginez que les personnes suivantes vont passer les vacances en Afrique francophone. Vous leur suggérez d'aller dans certains pays, d'après le modèle.

▻ Vous (au Sénégal) *Il faut que vous alliez au Sénégal.*

1. Yves (au Zaïre)
2. Babette (au Mali)
3. Toi (en Côte d'Ivoire)
4. Nous (au Gabon)
5. Pierre et François (au Congo)
6. Sylvie et Claire (au Tchad)
7. Vous (en République Malgache)
8. Jean-Pierre et Anne (au Dahomey)

3. *Situation: Avant l'examen de français*

Vous souhaitez que les candidats réussissent à leur examen. Commencez vos phrases par **Je souhaite que . . .**

▻ Paul sait la réponse. *Je souhaite que Paul sache la réponse.*

1. Jacques fait attention.
2. Nous ne faisons pas d'erreur.
3. Je peux répondre aux questions.
4. Chantal peut utiliser son dictionnaire.
5. Vous savez les réponses.
6. Nous savons les verbes irréguliers.
7. Mes amis veulent m'aider.
8. Le professeur veut être indulgent.

B. Le subjonctif après certaines conjonctions

In each of the sentences below, note the form of the verbs that follow the conjunctions in heavy print.

Cet été, je voyagerai **à condition que** je **sois reçu** à mes examens.	*This summer, I will travel* **on condition** *that I pass my exams.*
J'irai en Afrique **à moins que** je n'**obtienne** pas les visas nécessaires.	*I will go to Africa* **unless** *I do not get the necessary visas.*
Je resterai là-bas **jusqu'à ce que** je n'**aie** plus d'argent.	*I will stay over there* **until** *I am out of money.*

▶ The subjunctive is always used after certain conjunctions, which introduce conditions under which an action may occur.

MOTS UTILES: **Conjonctions suivies du subjonctif**

à condition que	*on condition that*	Charles ira en Afrique **à condition qu'**il ait de l'argent.
à moins que	*unless*	Paul ira à Dakar **à moins qu'**il préfère aller à Abidjan.
avant que	*before*	Je lui téléphonerai **avant qu'**il parte.
jusqu'à ce que	*until*	Je resterai chez moi **jusqu'à ce que** vous téléphoniez.
pour que	*so that*	Je vous donne ma caméra **pour que** vous preniez des films en couleur.
pourvu que	*provided that, let's hope that*	Je passerai de bonnes vacances **pourvu que** j'aie assez d'argent. **Pourvu que** vous soyez heureux!
sans que	*without*	Quelle surprise! Mes parents m'ont donné de l'argent **sans que** je le demande.

NOTE DE VOCABULAIRE

The constructions **avant que, pour que, sans que** + subjunctive are replaced by the constructions **avant, pour, sans** + infinitive when the subjects of the main clause and the dependent clause are the same.

Hélène est venue . . .	Hélène est venue . . .
. . . **pour parler** de votre voyage.	. . . **pour que vous** lui **parliez** de votre voyage.
. . . **avant de partir** en Afrique.	. . . **avant que vous partiez** en France.
. . . **sans être invitée.**	. . . **sans que vous** l'**invitiez.**

4. Dramatisation: Changement d'attitude

Imaginez que vous êtes professeur de français. Vos élèves ne sont pas très sérieux. Vous dites qu'ils réussiront pourvu qu'ils changent leurs attitudes. Exprimez cela d'après le modèle.

▻ Vous ne travaillez pas. *Vous réussirez pourvu que vous travailliez.*

1. Paul n'étudie pas.
2. Vous ne parlez pas français.
3. Chantal ne fait pas attention.
4. Eric ne va pas au laboratoire.
5. Jacques ne sait pas ses verbes.
6. Suzanne n'apprend pas ses leçons.

5. Dramatisation: Efficacité

Imaginez que vous travaillez dans un bureau de tourisme. Vous vous arrangez pour satisfaire les désirs de vos clients. Exprimez cela en commençant vos phrases par **Je m'arrangerai pour que** + subjonctif.

▻ Paul veut visiter la ville. *Je m'arrangerai pour qu'il visite la ville.*

1. Ces personnes veulent aller au théâtre.
2. Monsieur Dupont veut aller à une exposition (*exhibit*).
3. Ce touriste veut être logé dans un hôtel confortable.
4. Cette personne veut aller dans un bon restaurant.
5. Ces gens veulent visiter le musée.
6. Chantal veut rencontrer des étudiants.
7. Henri veut prendre le train de dix heures.
8. Ces gens veulent changer de l'argent français.
9. Ces étudiants veulent voir l'université.
10. Ces touristes allemands veulent aller au concert.
11. Ces touristes américains veulent acheter du bon vin.

6. Situation: Conditions

Cet été, Jacqueline et ses amies voyageront, si certaines conditions sont réalisées. Expliquez ces conditions.

▻ Jacqueline (elle a de l'argent) *Jacqueline voyagera à condition qu'elle ait de l'argent.*

1. Paul (il a une voiture)
2. Albert (il est reçu à ses examens)
3. Nicole (elle a un job pendant l'année)
4. Michèle (elle fait des économies)
5. Catherine (elle obtient son diplôme)
6. Robert (il n'a pas la grippe)

7. Dramatisation: Enthousiasme

Imaginez que vous êtes en voyage en France. Vous êtes si enthousiasmé(e) par votre voyage que vous désirez rester plus longtemps que prévu (*planned*). Commencez vos phrases par **Je resterai jusqu'à ce que** + subjonctif.

▻ Je n'ai plus d'argent. *Je resterai en France jusqu'à ce que je n'aie plus d'argent.*

1. Mon visa expire.
2. Mon passeport n'est plus valable.
3. Mes parents veulent que je rentre.
4. Mes amis partent.
5. Mes vacances sont finies.
6. Mes cours recommencent.
7. Je sais parler parfaitement français.
8. J'ai trente ans.

8. Expression personnelle

Complétez les phrases suivantes.

1. Je resterai à l'université jusqu'à ce que . . .
2. J'aurai mon diplôme à condition que . . .
3. Après l'université, je chercherai une situation (*job*) à moins que . . .
4. Le week-end prochain, je sortirai à moins que . . .
5. Plus tard, je voyagerai à condition que . . .
6. Je travaillerai jusqu'à ce que . . .

9. Situation: D'accord

Pierre est d'accord avec les actions suivantes. Exprimez cela avec des phrases commençant par **Pierre est d'accord pour** + infinitif ou **Pierre est d'accord pour que** + subjonctif. Etudiez les modèles.

▻ Il veut travailler. *Pierre est d'accord pour travailler.*
▻ Ses amis veulent travailler. *Pierre est d'accord pour que ses amis travaillent.*

1. Il veut écouter ce disque.
2. Vous voulez écouter ses disques.
3. Il veut regarder ce programme.
4. Je veux regarder ses photos.
5. Il veut inviter des amis.
6. Nous voulons inviter nos amis.
7. Il veut aller au théâtre.
8. Nous voulons aller au théâtre avec lui.
9. Il veut venir chez nous.
10. Ses amis veulent venir aussi.

VOUS AVEZ LA PAROLE: ***Conditions***

Composez un petit paragraphe sur l'un des sujets suivants.

1. Je serai heureux (heureuse) pourvu que . . .
2. Les études universitaires sont utiles à condition que . . .
3. Le progrès est bénéfique à condition que . . .
4. L'argent est utile à condition que . . .

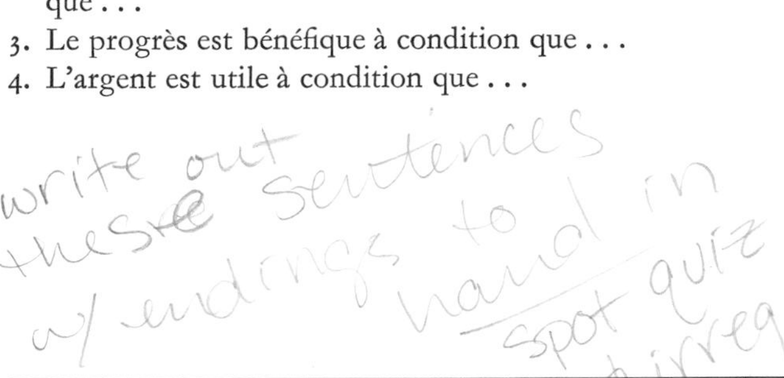

Phonétique

La lettre o *(révision)*

The letter **o** usually represents the sound:

/o/ at the end of a word, before a silent final consonant, and in the ending **–ose.**

Répétez: pian**o**, radi**o**, n**o**s, v**o**s, ch**o**se, r**o**se

Léo écoute quelque chose à la radio.
Vos amis se reposent trop.

/ɔ/ in other positions.

Répétez: n**o**tre, v**o**tre, m**o**ral, M**o**nique, m**o**derne, m**o**dèle, **o**fficiel, **o**pinion, c**o**l**o**nie, s**o**mmes

Notre pays n'a pas de colonie.
Votre opinion sur ce problème est immorale.

The letter **ô** almost always represents the sound /o/.

Répétez: r**ô**le, p**ô**le, c**ô**te, h**ô**tel, h**ô**tesse

Paule a son diplôme d'hôtesse.
Allons à l'hôtel de la Côte.

DOCUMENT

L'Afrique noire

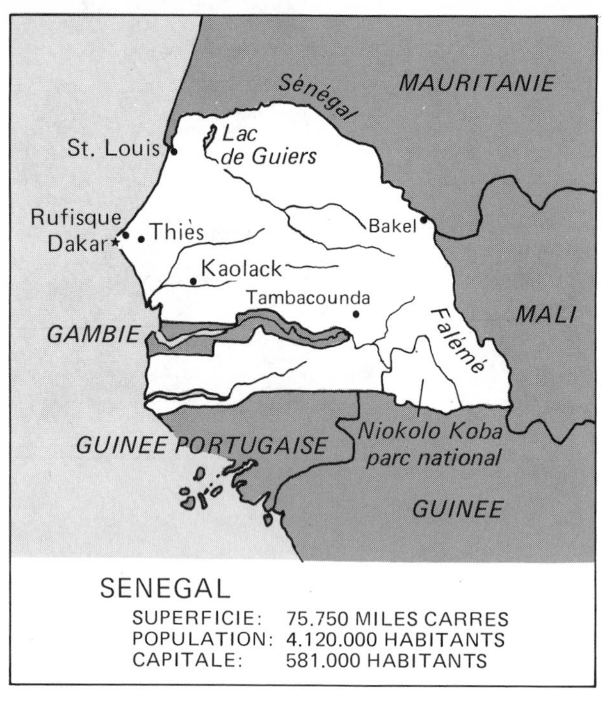

INSTANTANE

Interview avec L. Senghor

C'est en août 1960 que le Sénégal a acquis° son indépendance. Quelques semaines plus tard, la jeune république africaine a élu comme président un homme exceptionnel, Léopold Sédar Senghor. Senghor n'est pas seulement un très grand homme politique. C'est aussi l'un des grands poètes contemporains d'expression française. Dans sa poésie, Senghor concilie° son héritage africain et son éducation française. Comme il l'explique dans l'interview que vous allez lire, il considère en effet que ce métissage° culturel entre la sensibilité africaine et la lucidité française représente un équilibre enrichissant.

Senghor est aussi à l'origine d'un concept très important dans l'histoire des idées, le concept de la "négritude". Selon lui, la négritude n'est pas seulement une affaire° de couleur. C'est surtout "l'ensemble des valeurs culturelles des Négro-Africains" où l'émotion physique ou mystique joue un rôle cognitif fondamental.

acquis: obtenu
concilie: *reconciles*
métissage: *mix*
affaire: *question*

Dialogue avec Léopold Sédar Senghor[1]

Guibert: L'Afrique d'aujourd'hui tend à se moderniser au rythme des autres continents. . . . Est-ce que les racines° de la tradition terrienne°, les légendes, le folklore, l'esprit de communion — en un mot, la magie° africaine — ne vont pas disparaître°?

> la base / du pays
> *magic*
> cesser d'exister

Senghor: En effet, l'irruption de la civilisation européenne du vingtième siècle, de la civilisation de la machine et de l'atome, va bouleverser° non seulement la vie matérielle des peuples noirs — ce qui est un bien° — mais encore° leur vie spirituelle. Cette civilisation risque de désacraliser° et, partant°, de déspiritualiser l'âme° noire.

Mais ce n'est pas là une évolution fatale°. En effet, l'évolution de l'Histoire n'est pas un mécanisme aveugle°. Elle peut être guidée par la volonté° consciente des hommes. C'est ce que nous essayons de faire au Sénégal. . . . L'un de nos soucis° essentiels est de retourner aux sources de la Négritude en maintenant° les valeurs° de celle-ci°.

> changer brusquement
> un avantage / aussi
> supprimer le caractère sacré / par conséquent / *soul*
> obligatoire
> *blind*
> *will*
> préoccupations
> préservant / *values* / la Négritude

Guibert: Votre lecteur° a tendance à oublier que le français est pour vous une langue d'adoption. Avez-vous personnellement conscience°, lorsque° vous l'employez, d'avoir recours à° un véhicule° étranger°?

> la personne qui lit vos livres
> pensez-vous / quand
> utiliser / *means of expression* / *foreign*

Senghor: Il est vrai que le français n'est pas ma langue maternelle°. J'ai commencé de l'apprendre à sept ans, par des mots comme confiture° et chocolat. Aujourd'hui, je pense naturellement en français, et je comprends le français — faut-il en avoir honte°? — mieux qu'aucune° autre langue. C'est dire° que le français n'est plus pour moi un "véhicule étranger," mais la forme d'expression naturelle de ma pensée°.

> première
> *jam*
> *should I be ashamed of it* / *any* / cela veut dire
> façon de penser

Guibert: Je serais particulièrement curieux de savoir dans quel sens°, maintenant que sa période militante est close°, va évoluer votre œuvre° poétique. Avez-vous en projet° des poèmes, des essais . . .?

> *direction*
> finie / production
> préparation

Senghor: Il n'y a pas d'opposition, comme on le croit, entre la politique et la culture, dont la Poésie n'est que la forme la plus accomplie°. Au Sénégal, nous considérons que la culture est le fondement° et, à la fois, le but° ultime de la politique.

Actuellement°, j'ai interrompu° mon activité poétique. Je suis en train d'écrire°, lentement°, un essai sur la civilisation négro-africaine. Je pense que c'est là l'œuvre la plus urgente, pour donner, justement, à notre politique un fondement° culturel.

> *of which poetry represents the most perfect form*
> la base / l'objectif
> maintenant / arrêté
> j'écris / *slowly*
> une base

1 This adapted and abridged extract is taken from Armand Guibert's *Léopold Sédar Senghor* published by Présence-Africaine, Paris (1962), and reproduced by permission of the publisher.

Questions sur le texte

1. Comment s'appelle le premier président du Sénégal?
2. Est-ce que Senghor est uniquement un homme politique?
3. Qu'est-ce que Senghor cherche à concilier dans sa poésie?
4. Que signifie le terme "négritude"?
5. Quel danger le progrès économique crée-t-il pour la civilisation noire?
6. Est-ce que Senghor considère le français comme une langue étrangère?
7. Selon Senghor, quel est le but ultime de la politique?

Questions générales

1. Aux Etats-Unis, y a-t-il une littérature noire?
2. Qui sont les représentants de cette littérature?
3. Qu'avez-vous lu de ces auteurs?
4. Quels sont les thèmes de la littérature noire américaine?
5. Quels sont les grands musiciens noirs américains? Quelle musique ont-ils créée?
6. Selon vous, est-ce que le jazz et le blues représentent un "métissage culturel" entre l'Afrique et les Etats-Unis? Expliquez.

Débats

1. L'anglais est-il une langue universelle?
2. Est-il utile d'apprendre le français?

ENRICHISSEZ VOTRE VOCABULAIRE:

Adjectifs apparentés -*al* ↔ -el, -al

Many English adjectives ending in *-al* have French equivalents ending in **-el** (**-elle** in the feminine) or **-al** (**-aux** in the masculine plural).

-el	-al
un homme **exceptionnel**	un homme **original**
une revue **culturelle**	une culture **nationale**
l'existence **matérielle**	des objets **spéciaux**
un objet **personnel**	un ami **loyal**

EXERCICE DE VOCABULAIRE

Complétez les adjectifs français suivants. (Les six premiers adjectifs se terminent en **-el**; les six derniers se terminent en **-al.**) Utilisez chaque adjectif dans une phrase de votre choix.

1. ré______
2. manu______
3. intellectu______
4. offici______
5. spiritu______
6. étern______
7. norm______
8. idé______
9. région______
10. roy______
11. génér______
12. radic______

XV VALEURS ET ATTITUDES

Objectives

Culture What are your feelings towards today's world? What intrigues you about it? What shocks you? What worries you? What comforts you? Are you an idealist or a realist? An optimist or a pessimist? Are you a gregarious person or a loner? What does friendship mean for you? Your outlook on life reflects your own personality and tastes, but, to a large extent, these are influenced by the set of values of the society in which you live. In this chapter, you will learn more about the attitudes of the French — how they value their privacy, how they feel about organized groups and what friendship means to them.

Structure There are two basic ways of asking a question. You may formulate it directly (*What do you think of the French?*) or indirectly (*I would like to know what you think of the French.*). Both types of questions, especially the direct ones, constitute the grammatical theme of this unit. You will also learn new interrogative expressions and the word order which is used with them.

Vocabulary To ask your friends how they feel about certain things, you need to know specific verbs and expressions which are presented in this unit.

Communication This unit will enable you to improve your general conversation skills. In particular, you will be able to conduct intelligent dialogues with French people, for you will know how to ask meaningful and well-articulated questions.

Leçon quarante-trois: Etes-vous idéaliste?

Langue et culture

Répondez aux questions suivantes, en choisissant l'une des options *a*, *b* ou *c*.

1. Selon vous, quelle est la principale qualité chez un ami?
   a. l'intelligence
   b. la sincérité
   c. l'ambition
2. Quels sont les gens pour qui vous avez le plus de respect?
   a. les gens honnêtes
   b. les gens travailleurs
   c. les gens qui ont réussi
3. Quelles sont les personnes que vous tolérez le plus difficilement?
   a. les snobs
   b. les hypocrites
   c. les imbéciles
4. Voici trois souhaits. Lequel voudriez-vous réaliser?
   a. être riche
   b. être célèbre° — *famous*
   c. être indépendant(e)

5. Voici trois professions. Laquelle vous semble° la plus intéressante? *seems*
    a. banquier° *banker*
    b. journaliste
    c. poète
6. Voici trois grands problèmes contemporains. Auquel doit-on donner priorité?
    a. la pollution
    b. l'inflation
    c. l'injustice

Marquez un point pour les réponses suivantes: 1-b, 2-a, 3-b, 4-c, 5-c, 6-c. Comptez vos points.

Si vous avez 5 ou 6 points, vous êtes généreux (généreuse) et sans doute trop idéaliste. Ne soyez pas déçu(e) si la réalité ne correspond pas toujours à vos aspirations.

Si vous avez de 2 à 4 points, vous êtes idéaliste, mais vous avez aussi le sens pratique. Vous réussirez dans vos entreprises car° vous connaissez les limites de ce qui est possible. parce que

Si vous avez 1 ou 0 point, vous êtes réaliste, mais vous êtes peut-être trop préoccupé(e) par les questions matérielles.

Renseignements culturels
La personnalité française

Y a-t-il une personnalité française distincte, un caractère national typiquement français? A ce sujet, les opinions sont nombreuses et différentes. Selon certains[1], les Français sont des gens distants, chauvins[2], matérialistes, logiques et calculateurs. Selon d'autres, les Français sont des êtres[3] sociables, ouverts[4], idéalistes, généreux et romantiques.

La vérité[5] est ambiguë. S'il y a une personnalité française, cette personnalité est faite[6] de paradoxes et de contradictions. Les défauts des Français sont l'opposé[7] de leurs qualités. Ainsi, un Français peut être chauvin, mais aussi totalement irrespectueux[8] de l'autorité. Quelqu'un a dit avec ironie que "La France est un pays divisé en 50 millions de Français". Cette remarque insiste sur le caractère individualiste des Français. Si les Français sont des individus, il est impossible de généraliser. L'essentiel est donc qu'il n'y a pas de Français typique, pas plus qu'il n'y a d'Américain typique.

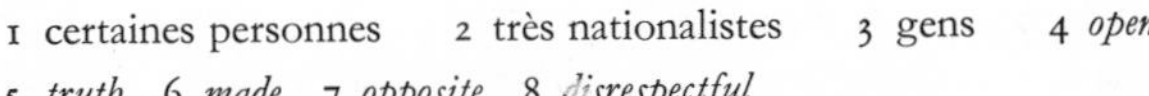

1 certaines personnes 2 très nationalistes 3 gens 4 *open* 5 *truth* 6 *made* 7 *opposite* 8 *disrespectful*

Structure et vocabulaire

A. Adjectifs et pronoms interrogatifs

In the following questions, note the words in heavy print. These words, which replace the expressions in parentheses, are interrogative pronouns.

Claire lit un journal.	**Lequel?**	(= Quel journal?)
Paul a une question.	**Laquelle?**	(= Quelle question?)
Nous avons des projets.	**Lesquels?**	(= Quels projets?)
Marc invite des amies.	**Lesquelles?**	(= Quelles amies?)

The interrogative pronoun **lequel** and the interrogative adjective **quel** agree in gender and number with the nouns they introduce or replace.

	adjective	*pronoun*
singular		
masculine	**quel** garçon?	**lequel?**
feminine	**quelle** fille?	**laquelle?**
plural		
masculine	**quels** garçons?	**lesquels?**
feminine	**quelles** filles?	**lesquelles?**

- There is liaison after **quels** and **quelles** when the next word begins with a vowel sound.

  Quels‿hommes? Quelles‿amies?

▶ a. **Lequel** consists of two parts: **le** + **quel**. Both parts must be of the same gender and number as the noun they replace.

b. **Lequel** is a pronoun and refers to a noun that has already been expressed. It corresponds to the English *which one?* It is never followed by a noun. Contrast the use of **quel** and **lequel**.

Tu as beaucoup de livres.	
Quels livres sont en français?	***Which** books are in French?*
Lesquels sont en anglais?	***Which ones** are in English?*
Voici des revues françaises.	
Quelles revues lisez-vous d'habitude?	***Which** magazines do you usually read?*
Lesquelles préférez-vous?	***Which ones** do you prefer?*

1. Situation: Recensement (*Census*)

Imaginez que vous travaillez pour le Bureau de Recensement (*Census Bureau*). Demandez aux personnes que vous interrogez les renseignements suivants.

▻ le nom (*last name*) *Quel est votre nom?*

1. le prénom (*first name*)
2. la date de naissance (*birth*)
3. le lieu (*place*) de naissance
4. l'adresse complète
5. le numéro de téléphone
6. la profession
7. les revenus principaux
8. les revenus secondaires
9. les passe-temps préférés
10. les distractions préférées

2. Dramatisation: La visite de Paris

Un touriste américain a visité Paris. Une Parisienne lui demande quels endroits (*places*) il a visités. Jouez les deux rôles d'après le modèle.

▻ un musée LE TOURISTE: *J'ai visité un musée.*
LA PARISIENNE: *Lequel?*

1. une église
2. un théâtre
3. un immeuble moderne
4. une chapelle
5. des magasins
6. des monuments anciens
7. des vieilles maisons
8. des constructions modernes

3. Dialogue

Demandez à un(e) camarade quelles sont les personnes ou les choses qu'il (elle) connaît et lesquelles il (elle) préfère.

▻ les magazines français VOUS: *Est-ce que tu connais des magazines français?*
VOTRE CAMARADE: *Oui.*
VOUS: *Lesquels?*
VOTRE CAMARADE: *Je connais l'Express, Paris-Match et Elle.*
VOUS: *Lequel préfères-tu?*
VOTRE CAMARADE: *Je préfère . . .*

1. les acteurs
2. les actrices
3. les chanteurs
4. les chanteuses
5. les artistes
6. les écrivains français
7. les voitures françaises
8. les vins français

B. Les pronoms **auquel** *et* **duquel**

Note the forms of the interrogative pronoun **lequel** when it is introduced by the prepositions **à** and **de.**

	parler à	**parler de**
J'ai deux frères.	**Auquel** as-tu parlé?	**Duquel** parles-tu?
J'ai deux sœurs.	**A laquelle** as-tu parlé?	**De laquelle** parles-tu?
J'ai beaucoup d'amis.	**Auxquels** as-tu parlé?	**Desquels** parles-tu?
J'ai beaucoup d'amies.	**Auxquelles** as-tu parlé?	**Desquelles** parles-tu?

▶ The forms of **auquel** and **duquel** follow the same pattern as the forms of **à** and **de** plus the definite article.

à + le → au	à + lequel →	auquel
à + la → à la	à + laquelle →	à laquelle
à + les → aux	à + lesquels →	auxquels
	à + lesquelles →	auxquelles
de + le → du	de + lequel →	duquel
de + la → de la	de + laquelle →	de laquelle
de + les → des	de + lesquels →	desquels
	de + lesquelles →	desquelles

4. Dramatisation: Absence

Marcelle parle des sujets qui ont été discutés en classe. Georges, qui était absent, veut avoir des précisions. Jouez les deux rôles d'après le modèle.

▻ un film récent MARCELLE: *Nous avons discuté d'un film récent.*
GEORGES: *Ah oui? Duquel?*

1. un livre
2. un artiste moderne
3. une pièce de théâtre
4. une émission de télé
5. certains problèmes
6. certaines idées

5. Dramatisation: Interview

Un journaliste veut interviewer plusieurs membres d'une troupe musicale. Il parle à l'imprésario. L'imprésario demande des précisions. Jouez les deux rôles d'après le modèle.

▻ les acteurs principaux LE JOURNALISTE: *Je voudrais parler aux acteurs principaux.*
L'IMPRÉSARIO: *Auxquels voulez-vous parler?*

1. les acteurs secondaires
2. les actrices
3. les danseurs
4. les danseuses
5. les chanteurs
6. les chanteuses
7. les musiciens
8. les violonistes

—thurs.

C. *L'inversion (révision)*

Compare the following statements and questions.

statements	*questions*
Vous avez de l'ambition.	Avez-**vous** aussi du courage?
Il a des amis intelligents.	A-t-**il** aussi des amis sincères?
Elle connaît un poète.	Quel poète connaît-**elle?**
Elles veulent être journalistes.	Pourquoi veulent-**elles** être journalistes?
Jacques est travailleur.	Jacques est-**il** aussi ambitieux?
Françoise va à l'université.	Pourquoi Françoise va-t-**elle** à l'université?
Nos amis veulent être indépendants.	Pourquoi nos amis veulent-**ils** être indépendants?
Nos filles ont des projets.	Quels projets ces filles ont-**elles?**

Questions, especially in written French, are often formed by inversion. In an inverted question, the subject pronoun comes after the verb and is linked to it by a hyphen.

If the subject of the question is a noun, the subject pronoun comes after the verb and agrees in gender and number with the noun subject.

▶ There is a /t/ liaison between the verb and all third person pronouns. With **il**, **elle**, or **on**, this liaison sound is represented by the insertion of **-t-** when the verb does not already end in **-d** or **-t.**

Connaît-elle notre adresse?	A-**t-**elle une sœur?
Prend-il des vacances?	Mange-**t-**il au restaurant?

In the **passé composé**, the subject pronoun comes immediately after the auxiliary verb **avoir** or **être.**

Isabelle est allée en vacances.	Où est-**elle** allée?
Il est allé à l'université.	Quand est-**il** allé à l'université?
Elle a rencontré un ami.	Quel ami a-t-**elle** rencontré?
Paul a répondu à un questionnaire.	A quel questionnaire Paul a-t-**il** répondu?

6. Dialogue

Demandez à un(e) camarade si les personnes suivantes ont une voiture.

▻ ton frère — VOUS: *Ton frère a-t-il une voiture?*
VOTRE CAMARADE: *Oui, il a une voiture.*
OU: *Non, il n'a pas de voiture.*

1. ta sœur
2. tes parents
3. ton meilleur ami
4. ta meilleure amie
5. tes cousins
6. tes grands-parents
7. ton professeur de français
8. l'élève qui est à côté de toi

7. Situation: Pourquoi

Vous voulez connaître la raison des faits suivants. Posez les questions nécessaires.

▻ La famille française est stable. *Pourquoi la famille française est-elle stable?*

1. Les institutions françaises sont stables.
2. Le gouvernement français est centralisé.
3. La France est membre du Marché Commun.
4. Les Français prennent de longues vacances.
5. Les Français ne sont pas très sportifs.
6. La télévision est un passe-temps important.
7. La cuisine française est excellente.
8. La France est un pays touristique.
9. La littérature française est riche.
10. Sartre et Camus sont des écrivains célèbres.

8. Situation: Le sondage (*Opinion poll*)

Vous êtes chargé(e) de faire un sondage et vous voulez savoir si les personnes suivantes ont répondu au questionnaire.

▻ Jacques *Jacques a-t-il répondu au questionnaire?*

1. Paul
2. Marcelle
3. Chantal et Françoise
4. Suzanne et Renée
5. Jean et Paul
6. Robert et André
7. Vous
8. Toi
9. Robert
10. Alain et Christine

VOUS AVEZ LA PAROLE: ***Questions***

Posez six questions sur l'un des sujets suivants:
1. la politique française
2. les institutions françaises
3. le rôle des femmes en France
4. l'histoire de France

Phonétique

La liaison sujet-verbe (révision)

Many words in French end in a silent final consonant. In some instances this consonant is pronounced when the next word begins with a vowel sound. The two words are then connected by **liaison.** Liaison occurs only between words that are grammatically linked. Liaison is required, for instance, in the sequence: subject pronoun + verb.

nous	Nous admirons l'honnêteté.
vous	Vous aimez les gens indépendants.
ils	Ils écoutent le professeur.
elles	Elles ont beaucoup d'amis.
on	On est comme on est.

Liaison also occurs in inverted questions where the subject pronoun follows the verb.

Sont-ils ambitieux?
Sont-elles généreuses?
Que répond-il?
Que fait-elle?

Note: In liaison, the letter **d** represents the sound /t/.

Leçon quarante-quatre: Etes-vous sociable?

Langue et culture

Répondez aux questions suivantes, en choisissant l'une des options *a*, *b* ou *c*.

1. A qui parlez-vous de vos problèmes sentimentaux?
   a. à vos parents
   b. à vos amis
   c. à personne° — *no one*
2. Avec qui voudriez-vous faire le tour du monde°? — *world tour*
   a. avec un club de vacances
   b. avec votre meilleur(e) ami(e)
   c. seul(e)
3. De quoi parlez-vous le plus avec vos amis?
   a. de sport
   b. de vos études
   c. de vos sorties
4. De quoi avez-vous le plus besoin?
   a. d'argent
   b. de vacances
   c. d'affection
5. Quand vous avez un problème, sur qui comptez-vous principalement?
   a. sur vos amis
   b. sur vos parents
   c. sur vous-même

6. A quoi jugez-vous quelqu'un?
   a. à ses manières
   b. à ses idées
   c. à sa générosité
7. Si vous aviez le choix, à quoi appartiendriez-vous d'abord?
   a. à une association sportive
   b. à un club littéraire
   c. à une "fraternity" ("sorority")
8. Par quoi vous sentez-vous° le plus concerné(e)? *do you feel*
   a. par la politique
   b. par les grandes questions métaphysiques
   c. par les problèmes de vos amis

Marquez un point pour les réponses suivantes: 1–b, 2–a, 3–c, 4–c, 5–a, 6–a, 7–c, 8–c. Comptez vos points.

Si vous avez 7 ou 8 points, vous êtes très sociable, mais vous comptez un peu trop sur les autres. Ayez plus de personnalité!

Si vous avez de 3 à 6 points, vous aimez la compagnie des autres, mais vous n'en êtes pas l'esclave°. Vous avez une personnalité équilibrée. *slave*

Si vous avez 2 points ou moins, vous êtes ou° très sûr(e) de vous, ou° très timide. *either / or*

Renseignements culturels: Individualisme, amitié, sociabilité

Pour la majorité des Français, l'existence est une affaire essentiellement personnelle. Ceci[1] explique pourquoi les groupes constitués[2] n'ont pas le succès qu'ils connaissent aux Etats-Unis. Peu d'étudiants, par exemple, appartiennent à un club sportif, à une association religieuse, politique, culturelle . . . L'équivalent de la "fraternity" ou de la "sorority" n'existe pas.

Si le Français reste un individualiste, cela ne signifie pas qu'il soit un solitaire[3]. Au contraire! Il a une très haute conception de l'amitié et préfère la compagnie des gens qu'il choisit à celle des gens qui lui sont imposés par son milieu social ou professionnel. L'amitié est en effet un lien[4] profond et durable, jamais une association passagère[5] et superficielle.

Le Français est aussi un être[6] sociable qui attache une grande importance à la politesse, à l'étiquette, au savoir-vivre . . . Il aime parler, discuter, argumenter, débattre. Pour lui, la conversation est un art, art qui consiste souvent à parler de tout et de rien, mais avec virtuosité.

1 ce fait 2 organisés 3 une personne qui cherche la solitude 4 une attache 5 temporaire 6 une personne

Structure et vocabulaire

MOTS UTILES: **La conversation**

penser à	*to think about*
rêver de	*to dream of*
s'intéresser à	*to be interested in*
se passionner pour	*to be enthusiastic about*
parler de	*to talk about*
discuter de	*to discuss, to talk over*

A. Les pronoms interrogatifs après une préposition

The questions below begin with prepositions. Note the interrogative pronouns that follow these prepositions.

A qui penses-tu?	Je pense **à un ami.**
A quoi penses-tu?	Je pense **à mes examens.**
De qui parles-tu?	Je parle **de mon professeur de français.**
De quoi parles-tu?	Je parle **de politique.**

After a preposition:
— the interrogative pronoun **qui** refers to persons;
— the interrogative pronoun **quoi** refers to things.

▶ In French, prepositions always come *before* the words they introduce. In questions, they usually come at the beginning of a sentence, never at the end.

A qui parles-tu?	***To whom** are you speaking?*
	***Who(m)** are you talking **to**?* (*colloquial*)
Avec qui sors-tu?	***With whom** are you going out?*
	***Who(m)** are you going out **with**?* (*colloquial*)

1. Situation: Au téléphone

Marc et Claire se téléphonent. Claire entend mal ce que Marc dit (entre parenthèses). Elle demande à Marc de répéter. Jouez le rôle de Claire.

▷ Je sors avec (un ami américain). *Avec qui sors-tu?*
▷ Je joue au (tennis). *A quoi joues-tu?*

1. Je parle à (Paul).
2. Je parle souvent de (mes classes).
3. Je parle de (Francine).
4. Je parle des (vacances).
5. Je vais chez (un ami).
6. Je pense aux (vacances).
7. Je pense à (mes amis de Paris).
8. J'ai besoin d'(argent).
9. J'ai envie d'(une moto).
10. J'ai téléphoné à (Christine).

2. *Situation: Et toi?*

Claire parle de ce qui l'intéresse, puis elle pose des questions à Marc. Jouez le rôle de Claire d'après le modèle.

▷ Je rêve d'aller en Europe. *Et toi, de quoi rêves-tu?*

1. Je m'intéresse au cinéma.
2. Je me passionne pour les films d'aventure.
3. Je rêve d'être actrice.
4. Je pense à Jean-Paul Belmondo.
5. Je parle souvent de ses films.
6. Je me passionne aussi pour les westerns.

3. *Questions personnelles*

1. De qui parlez-vous avec vos amis? avec vos parents?
2. De quoi parlez-vous avec votre meilleur ami? avec votre meilleure amie? avec vos parents?
3. De quoi discutez-vous en classe de français? en classe d'histoire? en classe d'anglais? en classe de sciences sociales?
4. Chez qui allez-vous le week-end? pendant les vacances?
5. De quoi avez-vous le plus besoin actuellement?
6. A quoi aimez-vous jouer?
7. A quoi vous intéressez-vous?
8. Pour quoi vous passionnez-vous?

B. *Les pronoms accentués* + même

Read the following sentences, paying attention to the words in heavy print:

Je prends mes décisions **moi-même.** — *I make my decisions **myself**.*
Moi-même, je suis très individualiste. — *I **myself** am very much an individualist.*

Etes-vous sûrs de **vous-mêmes?** — *Are you sure of **yourselves**?*
Nous avons fait cela **nous-mêmes.** — *We did that **ourselves**.*

The adjective **même** ordinarily means *same*. It may be used after a stress pronoun to reinforce its meaning. The combination stress pronoun + **même(s)** corresponds to the English words *myself*, *yourself*, etc.

▶ In the above combination, the adjective **même** agrees in number with the stress pronoun.

4. *Situation: L'esprit d'initiative*

Dites que les personnes suivantes aiment prendre leurs décisions elles-mêmes.

▷ Paul *Paul aime prendre ses décisions lui-même.*

1. Moi
2. Toi
3. Vous (pluriel)
4. Vous (singulier)
5. Jacques
6. Sylvie
7. Pierre et André
8. Nathalie et Béatrice
9. Nous
10. Anne
11. Mes amis
12. Mes amies

5. *Situation: Egoïsme*

Exprimez l'égoïsme des personnes suivantes d'après le modèle.

▻ Charles *Charles ne pense qu'à lui-même.*

1. Paul
2. Sylvie
3. Marc et Yves
4. Renée et Danièle
5. Vous (singulier)
6. Vous (pluriel)
7. Moi
8. Nous
9. Toi
10. Mes cousins

C. *Le verbe* sentir

like partir

The verb **sentir** (*to feel, to sense; to smell*) is irregular.

infinitive	**sentir**	
present	je sens tu sens il / elle sent	nous sentons vous sentez ils / elles sentent
imperfect	je sentais	
future	je sentirai	
passé composé	j' ai senti	

▶ In the present, the conjugation of **sentir** is like that of **sortir**: the last letter of the stem is dropped in the singular forms. The **passé composé** of **sentir**, however, is conjugated with **avoir**.

MOTS UTILES: **Verbes conjugués comme *sentir***

dormir	*to sleep*	Paul **dort.**
s'endormir	*to fall asleep*	Il **s'est endormi** à dix heures.
se sentir	*to feel*	Je ne **me sens** pas concerné par vos problèmes.
servir	*to serve*	**Servez** le dessert!
se servir de	*to use*	Je **me sers de** ce livre.

6. *Situation: Problèmes*

Dites par quoi les personnes suivantes se sentent concernées.

▻ Jacqueline (la politique) *Jacqueline se sent concernée par la politique.*

1. Nous (nos études)
2. Vous (l'avenir)
3. Toi (la justice)
4. Moi (les réformes)
5. Paul (ses études)
6. Sylvie (la libération de la femme)
7. Mes parents (l'inflation)
8. Mes cousins (leur travail)

7. *Questions personnelles*

1. Dormez-vous bien ou mal? Vous servez-vous de somnifères (*sleeping pills*)?
2. Combien d'heures dormez-vous en semaine? le week-end?
3. Vous endormez-vous facilement?
4. Vous sentez-vous malade? fatigué(e)? en bonne forme?
5. De quels livres vous servez-vous en classe de français? d'anglais? dans vos autres classes?
6. Vous sentez-vous concerné(e) par la politique? la justice? les grandes causes?

VOUS AVEZ LA PAROLE: ***Séjour en France***

Imaginez qu'un ami revient de France après un séjour d'un an. Posez-lui six questions commençant par une préposition (**à**, **avec**, **chez**, **de**, **pour**, etc.).

Phonétique

La liaison déterminatif + nom *(révision)*

Liaison is required in the following sequences:
- — determiner + noun
- — determiner + adjective + noun

un	un‿ami	un bon‿étudiant
mon, ton, son	mon‿ami, ton‿idée	mon‿excellent‿ami
les, mes, tes, ses, ces	les‿étudiants, mes‿amis, ces‿idées	mes meilleurs‿amis
nos, vos	nos‿amis, vos‿amies	nos chers‿amis
quels, quelles	quels‿étudiants? quelles‿étudiantes?	quelles bonnes‿idées
cet	cet‿homme, cet‿étudiant	cet‿excellent‿ami
aux	aux‿étudiants	aux‿autres‿étudiants

La liaison sujet + objet + verbe

Liaison is required in the following sequence:
- — subject pronoun + object pronoun + verb

en	On‿en‿a parlé.
	Nous‿en‿avons discuté.
les	Je les‿ai vus.

Leçon quarante-cinq: Avez-vous l'esprit d'initiative?

Langue et culture

Répondez aux questions suivantes, en choisissant l'une des options *a*, *b* ou *c*.

1. Qui est-ce qui vous exaspère le plus?
   a. les gens prétentieux
   b. les gens avares° — *penny-pinchers*
   c. les gens indécis° — qui ne savent pas prendre une décision
2. Qui est-ce que vous admirez le plus?
   a. les artistes
   b. les poètes
   c. les personnalités politiques
3. Dans une profession, qu'est-ce qui constitue l'élément le plus important?
   a. la rémunération
   b. les responsabilités
   c. la sécurité de l'emploi
4. Qu'est-ce que vous estimez le plus chez une personnalité politique?
   a. l'indépendance
   b. le dynamisme
   c. l'honnêteté
5. Qu'est-ce qui vous préoccupe le plus actuellement?
   a. vos relations familiales° — contacts avec votre famille
   b. vos rapports avec vos amis
   c. l'avenir

6. Qu'est-ce qui vous fascine le plus?
   a. ce qui est dangereux
   b. ce qui est difficile
   c. ce qui est mystérieux
7. Pour vous, qu'est-ce que c'est que la liberté?
   a. faire ce qu'on veut
   b. dire ce qu'on pense
   c. faire le contraire de ce que veulent les autres

Marquez un point pour les réponses suivantes: 1–c, 2–c, 3–b, 4–b, 5–c, 6–b, 7–a. Comptez vos points.

Si vous avez 4 points ou plus, vous êtes une personne dynamique.

Si vous avez moins de 4 points, vous avez certainement beaucoup de qualités, mais l'énergie n'est pas votre qualité principale.

Renseignements culturels: La théorie et la pratique

On reproche aux Français d'être des penseurs[1], rarement des réalisateurs[2]. Le jugement est assez juste. Prenons un exemple en politique. C'est un philosophe français qui a exprimé, le premier, le principe de la séparation des pouvoirs[3] (entre la branche exécutive, la branche législative et la branche judiciaire).* C'est la Constitution américaine qui, la première, a mis en pratique ce principe.

Considérons le domaine des sciences. Là aussi, les savants[4] français s'intéressent plus à la théorie qu'à la pratique et brillent[5] plus par l'esprit d'invention que par le sens des affaires[6]. Ce sont des Français qui ont inventé le moteur à explosion, la photographie, le télégraphe, le téléphone, le cinéma . . .† Ce sont des sociétés étrangères[7] qui ont assuré le succès commercial de ces inventions.

Cela ne signifie pas que les réalisations[8] techniques n'existent pas en France. Au contraire, les Français ont joué un rôle de pionniers dans le développement de l'industrie automobile et de l'aviation. Dans de nombreux domaines (aéronautique, transports, électronique, optique . . .) la technologie française est aujourd'hui parmi les plus avancées du monde.

1 *thinkers* 2 *doers* 3 *powers* 4 *scientists* 5 se distinguent 6 commercial 7 d'autres pays 8 créations

* C'est le philosophe Montesquieu (1689–1755) qui a exprimé cette doctrine dans "L'Esprit des Lois".

† On doit le moteur à explosion à l'ingénieur Beau de Rochas (1862), la photographie à Niepce (1827), le télégraphe à Ampère (1820), le téléphone à Bourseul (1854), le cinéma aux frères Lumière (1895).

Structure et vocabulaire

A. Les pronoms interrogatifs sujets

The words in heavy print are the subjects of the questions below. Which words are used when the questions concern a person? a thing?

Qui est venu?	C'est mon père.
Qui est-ce qui a téléphoné?	C'est un ami?
Qu'est-ce qui compte le plus pour toi?	C'est mon indépendance.
Qu'est-ce qui compte le moins?	Ce sont mes études.

In asking about the subject of a sentence, the following interrogative pronouns are used:

to identify people:	**qui** **qui est-ce qui** (= quelle est la personne qui)	*who*
to identify things:	**qu'est-ce qui** (= quelle est la chose qui)	*what*

▶ The above pronouns are followed by singular verbs.

Qu'est-ce qui vous **trouble?**	Mes examens.
Qui est-ce qui vous **amuse?**	Mes amis.

Exception: **Qui** may be followed by the plural of **être.**

Qui sont ces gens?

These pronouns are modified by masculine singular adjectives.

Qu'est-ce qui est très **important** pour vous?

MOTS UTILES: **Les réactions**

choquer	*to shock*	Le racisme me **choque.**
embarrasser	*to embarrass, to perplex*	L'injustice m'**embarrasse.**
ennuyer	*to bore, to bother*	Mes classes m'**ennuient.**
étonner	*to astonish*	Mes amis m'**étonnent** parfois.
inquiéter	*to worry*	L'avenir ne m'**inquiète** pas.
intéresser	*to interest*	Le théâtre m'**intéresse.**
passionner	*to excite*	La musique me **passionne.**
tourmenter	*to torment, to worry*	Mon prof de français me **tourmente.**

Qu'est-ce qui se passe?	*What's going on?*
Qu'est-ce qui est arrivé?	*What happened?*
Qu'est-ce qui ne va pas?	*What's wrong?*

DEUX OPERAS

Mozart à Toulouse
« Les Noces de Figaro », de Mozart, avec H. Sié, I. Garcisanz, L. Robson, S. Dean, R. Creffield, J. Collard, R. Corazza, A.M. Rodde, décors de Pace, mise en scène de D. Leveugle, dir. Michel Plasson.

Dans la production si réussie de la maison de la culture de Grenoble.
Théâtre du Capitole de Toulouse, les 15 et 17.

Verdi à Lyon
« Don Carlos », de Verdi, mise en scène de Gaston Benhaïm, dir. Serge Baudo.

Ce devrait être l'une des grandes réalisations de la saison lyonnaise de Louis Erlo.

1. Situation: Le retour d'Eric

Eric est parti pendant le week-end. Quand il revient, son frère Marc lui explique ce qui s'est passé pendant son absence. Eric veut avoir des précisions. Jouez le rôle d'Eric. Commencez vos phrases par **Qui est-ce qui**.

▻ Quelqu'un a téléphoné. *Qui est-ce qui a téléphoné?*

1. Quelqu'un est venu.
2. Quelqu'un est entré dans ta chambre.
3. Quelqu'un a pris ta guitare.
4. Quelqu'un a utilisé ta moto.
5. Quelqu'un a écouté tes disques.
6. Quelqu'un s'est servi de ta caméra.

2. Situation: Un test psychologique

Imaginez que vous êtes l'assistant(e) d'un professeur de psychologie. Vous allez interviewer plusieurs personnes pour connaître les choses suivantes. Préparez vos questions. Commencez chaque question par **Qu'est-ce qui**.

▻ les choses qui les troublent *Qu'est-ce qui vous trouble?*

1. les choses qui les amusent
2. les choses qui les intéressent
3. les choses qui les passionnent
4. les choses qui les embarrassent
5. les choses qui les tourmentent
6. les choses qui leur causent des problèmes
7. les choses qui les choquent
8. les choses qui ne les intéressent pas

3. Questions personnelles

1. Qu'est-ce qui vous intéresse?
2. Qu'est-ce qui vous passionne?
3. Qu'est-ce qui vous choque à l'université? dans la société américaine?
4. Qu'est-ce qui compte le plus pour vous? le moins?
5. Qu'est-ce qui vous tourmente?
6. Qu'est-ce qui vous inquiète?

B. Les pronoms interrogatifs objets directs

In the following questions, the words in heavy print are direct objects. Which words are used when the questions concern a person? a thing?

Qui regardez-vous?	Je regarde Paul.
Qui est-ce que vous écoutez?	J'écoute une amie.
Que regardez-vous?	Je regarde un livre.
Qu'est-ce que vous écoutez?	J'écoute un disque de musique pop.

In asking about the direct object of a sentence, the following interrogative pronouns are used:

to identify people:	**qui** **qui est-ce que** (= quelle est la personne que)	*who(m)*
to identify things:	**que** **qu'est-ce que** (= quelle est la chose que)	*what*

▶ **Que** and **qui** are followed by an inverted construction.

Que faites-**vous**?
Que font **vos amis** aujourd'hui?
Qui as-**tu** vu?

To ask someone to identify something or to describe it, French uses the expression: **Qu'est-ce que c'est que . . .** (*What is / are . . .*)

Selon vous, **qu'est-ce que c'est que** l'honnêteté?
Qu'est-ce que c'est que cette maison là-bas?

4. Situation: Interview

Supposez qu'un ami français visite les Etats-Unis. Demandez-lui son opinion sur les sujets suivants.

▷ les Américains *Qu'est-ce que tu penses des Américains?*

1. les Américaines
2. les villes américaines
3. la politique américaine
4. la cuisine américaine
5. le baseball
6. les universités
7. les journaux
8. les voitures

5. Situation: Curiosité

Paul explique à Caroline ce qu'il a fait le week-end dernier. Caroline veut avoir des précisions. Jouez le rôle de Caroline.

▷ J'ai vu quelqu'un. CAROLINE: *Qui est-ce que tu as vu?*
ou: *Qui as-tu vu?*
▷ J'ai vu quelque chose. CAROLINE: *Qu'est-ce que tu as vu?*
ou: *Qu'as-tu vu?*

1. J'ai rencontré quelqu'un.
2. J'ai fait quelque chose.
3. J'ai invité quelqu'un.
4. J'ai acheté quelque chose.
5. J'ai aidé quelqu'un.
6. J'ai vendu quelque chose.
7. J'ai surpris quelqu'un.
8. J'ai perdu quelque chose.

6. Dialogue

Demandez à un(e) camarade de vous expliquer ce que sont les choses suivantes.

▷ l'Arc de Triomphe VOUS: *Qu'est-ce que c'est que l'Arc de Triomphe?*
VOTRE CAMARADE: *C'est un monument parisien.*

1. la Normandie
2. les Alpes
3. Strasbourg
4. une Renault
5. un vélomoteur
6. un snob
7. un écrivain
8. le Sénégal

C. *Les pronoms interrogatifs: récapitulation*

The following chart gives a summary of the French interrogative pronouns.

	question concerning people	*question concerning things*	*exemples: people*	*things*
subject	qui qui est-ce qui	qu'est-ce qui	**Qui** parle? **Qui est-ce qui** vient?	**Qu'est-ce qui** vous trouble?
direct object	qui + *inversion* qui est-ce que	que + *inversion* qu'est-ce que	**Qui as-tu** rencontré **Qui est-ce qu'**il cherche?	**Que mangez-vous?** **Qu'est-ce que** tu fais?
object of preposition	qui	quoi	A **qui** parlez-vous?	De **quoi** parlez-vous?

7. *Situation: Les vacances de Jacques*

Voici certains événements qui ont marqué les vacances de Jacques. Posez des questions sur ces événements en utilisant le pronom qui convient.

▻ Jacques a voulu voir quelque chose. *Qu'est-ce qu'il a voulu voir?*

1. Jacques a rencontré quelqu'un.
2. Jacques est sorti avec quelqu'un.
3. Jacques est allé à Paris avec quelqu'un.
4. Quelqu'un a rendu visite à Jacques.
5. Jacques a rendu visite à quelqu'un.
6. Jacques a fait quelque chose.
7. Quelque chose a irrité Jacques.
8. Jacques a acheté quelque chose.
9. Quelque chose a amusé Jacques.
10. Jacques a eu envie de quelque chose.

D. *Les pronoms* ce qui, ce que

The sentences on the left are direct questions. The sentences on the right are indirect questions. Note the expressions in indirect speech that correspond to the interrogative pronouns **qu'est-ce qui** and **qu'est-ce que.**

direct speech	*indirect speech*
Qu'est-ce qui est arrivé?	Dis-moi **ce qui** est arrivé.
Qu'est-ce qui vous amuse?	Je vous demande **ce qui** vous amuse.
Qu'est-ce que tu fais?	Je voudrais savoir **ce que** tu fais.
Qu'est-ce que Pierre pense de ce livre?	Dites-moi **ce que** Pierre pense de ce livre.

Both **ce qui** and **ce que** correspond to the English pronoun *what.*

Dites-moi **ce qui** vous intéresse. *Tell me **what** interests you.*
Dites-moi **ce que** vous voulez. *Tell me **what** you want.*

Ce qui means **la chose qui** or **les choses qui,** and corresponds to the subject pronoun **qu'est-ce qui.**

Ce que means **la chose que** or **les choses que**, and corresponds to the direct object pronoun **qu'est-ce que.**

▶ **Ce qui** is followed by a singular verb and is modified by a masculine adjective.

J'aime les choses belles.	J'aime **ce qui** est **beau.**
Je déteste les choses compliquées.	Je déteste **ce qui** est **compliqué.**

In indirect style, the expression **ce que c'est que** corresponds to the interrogative expression **qu'est-ce que c'est que.**

Qu'est-ce que c'est que l'impressionnisme? Dites-moi **ce que c'est que** l'impressionnisme.

8. Situation: L'examen de civilisation française

Le professeur veut connaître l'opinion de ses élèves sur certains sujets. Dites ce qu'il demande à ses élèves, d'après le modèle.

▻ la littérature française *Dites-moi ce que vous pensez de la littérature française.*

1. l'histoire française
2. la politique française
3. la société française
4. les institutions françaises
5. les Français
6. les Françaises

9. Dramatisation: Questions sans réponses

Supposez que quelqu'un vous pose des questions sur votre meilleur ami. Vous ne voulez pas lui répondre. Répondez d'après le modèle.

▻ Qu'est-ce que votre meilleur ami fait? *Je ne sais pas ce qu'il fait.*
▻ Qu'est-ce qui l'amuse? *Je ne sais pas ce qui l'amuse.*

1. Qu'est-ce qu'il veut faire?
2. Qu'est-ce qu'il aime?
3. Qu'est-ce qui le tourmente?
4. Qu'est-ce qu'il lit?
5. Qu'est-ce qu'il pense de la politique?
6. Qu'est-ce qu'il fait le week-end?
7. Qu'est-ce qui l'intrigue?
8. Qu'est-ce qui l'intéresse?
9. Qu'est-ce qui le choque?
10. Qu'est-ce qui le passionne?

10. Situation: Imitations

Un maître (*master*) demande à ses disciples de faire ce qu'il fait. Jouez le rôle de ce maître en complétant les phrases d'après le modèle.

▻ Faites *Faites ce que je fais.*

1. Dites
2. Demandez
3. Regardez
4. Ecoutez
5. Tolérez
6. Admirez
7. Respectez
8. Critiquez

11. Situation: Impressions d'Amérique

Yves a été aux Etats-Unis cet été. Son amie Lili veut connaître ses impressions sur les sujets suivants. Jouez le rôle de Lili, d'après les modèles.

▷ les choses que tu as vues *Dis-moi ce que tu as vu.*
▷ les choses qui t'ont choqué *Dis-moi ce qui t'a choqué.*

1. les choses que tu as faites
2. les choses que tu as aimées
3. les choses qui t'ont intéressé
4. les choses qui t'ont ennuyé
5. les choses qui t'ont surpris
6. les choses que tu as trouvées intéressantes

12. Expression personnelle: Préférences

Dites ce que vous préférez. Utilisez l'expression **ce qui est** + adjectif masculin singulier.

▷ les choses belles ou les choses utiles *Je préfère ce qui est beau. (Je préfère ce qui est utile.)*

1. les choses faciles ou les choses difficiles
2. les choses simples ou les choses compliquées
3. les choses normales ou les choses anormales
4. les choses sérieuses ou les choses amusantes

VOUS AVEZ LA PAROLE: ***Interview***

Supposez que des étudiants français en voyage aux Etats-Unis visitent votre campus. Posez-leur 10 questions (sur ce qu'ils ont fait, ce qu'ils ont aimé, ce qu'ils n'ont pas aimé, ce qu'ils vont faire, etc.).

Phonétique

Autres liaisons

Liaison may occur after certain short words.

en	Habitez-vous en‿Italie ou en‿Espagne?
dans	Il vient dans‿une minute, dans‿un moment.
quand	Quand‿il arrive, il nous dit bonjour.
très	Pierre est très‿intelligent mais très‿indécis.
chez	Es-tu chez‿Anne ou chez‿Antoine?

DOCUMENT

Musique pour les jeunes

INSTANTANÉ

Les jeunes d'aujourd'hui

Les jeunes sont-ils libéraux ou conservateurs? idéalistes ou réalistes? De nombreuses enquêtes° sur la jeunesse française ont essayé d'établir ce qu'elle est, ce qu'elle pense, ce qu'elle désire, ce qu'elle ne veut pas, ce qui la motive°.

enquêtes: investigation
motive: *motivates*

Voici le résultat de plusieurs questionnaires adressés à des jeunes Français âgés de 15 à 23 ans.

Adapté de "La jeunesse française," *Paris-Match*, 7 mars 1970, et "Les jeunes Français et l'argent," *L'Express*, 4 octobre 1972.

1. Qu'est-ce que vous pensez de la révolution comme solution politique?

pour	10%	contre	90%	

2. Qu'est-ce que vous pensez de l'église?

opinion favorable	41%	opinion hostile	14%	
indifférence	45%			

3. Qu'est-ce que vous pensez de l'armée?

elle est utile	67%	elle est inutile	33%	

4. Qu'est-ce que vous pensez de la drogue°? *drugs*

il faut l'interdire° absolument	85%	il faut la limiter mais la tolérer	11%	condamner
il ne faut pas s'en occuper°	4%			préoccuper

5. Qu'est-ce qui constitue le principal attrait° de l'argent pour vous? *attraction*

la possibilité de loisirs	57%	la sécurité	22%	
l'indépendance	19%	le pouvoir°	2%	*power*

6. Selon vous, qu'est-ce qui constitue le facteur décisif dans le choix d'une profession?

l'intérêt du travail	57%	la sécurité de l'emploi	23%	
la rémunération	9%	la possibilité de loisirs	7%	
les responsabilités	4%			

7. Actuellement, qu'est-ce qui compte le plus pour vous?

trouver un métier° intéressant	22%	l'amour	20%	profession
la famille	14%	l'argent	14%	
les loisirs	11%	la culture	8%	
l'iniative personnelle	8%	la justice sociale	3%	

8. Qu'est-ce que vous pensez des "hippies"?

Ils ont le droit de vivre mais personnellement je ne comprends pas leur style de vie.	50%	Ils ont raison de profiter de° leur jeunesse avant d'être obligés de vivre comme tout le monde.	17%	*enjoy*
Ils ont raison d'être différents.	13%	Ils donnent le mauvais exemple.	20%	

Questions sur le texte

1. Qu'est-ce que la jeunesse française pense de l'armée en général?
2. Quelle est son attitude à l'égard de (*toward*) l'église?
3. Qu'est-ce qu'elle pense de la drogue?
4. Quelle est son attitude à l'égard de l'argent?
5. Pour les jeunes, qu'est-ce qui compte le plus dans une profession?
6. Quelle est l'attitude des jeunes français envers les "hippies"?

Questions personnelles

1. Appartenez-vous à une église? Etes-vous pratiquant(e)?
2. Appartenez-vous à un parti politique? quel parti politique?
3. Quels sont vos loisirs?
4. Est-ce que les loisirs ont une place importante dans votre existence? Comment?
5. Qu'est-ce que l'argent représente pour vous?
6. Qu'est-ce qui vous attire (*attracts*) dans une profession?
7. Qu'est-ce qui compte le plus pour vous actuellement?
8. Est-ce que la jeunesse américaine actuelle est libérale? Expliquez.
9. Est-ce que la jeunesse américaine est idéaliste? Expliquez.
10. D'après le sondage (*poll*), que pensez-vous de la jeunesse française?
11. Qu'est-ce que vous aimez dans la jeunesse française actuelle?
12. Qu'est-ce que vous n'aimez pas?

Débats

1. Pour ou contre la légalisation de la marijuana.
2. Pour ou contre l'armée.

ENRICHISSEZ VOTRE VOCABULAIRE

1. Mots apparentés: *-ist* ↔ -iste

Most English adjectives ending in *-ist* have French cognates which end in **-iste**.

idealist	idéal**iste**
realist	réal**iste**

2. Mots apparentés: *-ism* ↔ -isme

Most English nouns ending in *-ism* have French cognates that end in **-isme**. These French nouns are masculine. Pay special attention to the pronunciation of the French equivalents: the accent of the word always falls on the last syllable which is pronounced /ismə/.

socialism	le social**isme**

EXERCICES DE VOCABULAIRE

Complétez les adjectifs suivants. Dites si ces adjectifs s'appliquent à vos opinions ou à votre personnalité.

1. national______
2. social______
3. commun______
4. rac______
5. idéal______
6. anarch______

Complétez les noms suivants. Ces noms indiquent des doctrines. Dites si vous êtes pour ou contre ces doctrines.

1. le national______
2. le commun______
3. le capital______
4. le libéral______
5. le protectionn______
6. l'isolationn______

XVI POINTS DE VUE

Leçon 46: A propos du journal
Leçon 47: Réflexions sur l'Amérique
Leçon 48: Relations familiales
Document: La France et l'américanisation
Instantané: Américanoscopie

Objectives

Culture In the course of this year, you have most likely formed an opinion, presumably favorable, about the French way of life. But you may wonder what America looks like when viewed through French eyes. Do the French tend to have pro- or anti-American feelings? How do they judge our society? What do they like in us and what do they criticize? In which ways is France becoming "Americanized" and in which ways is it resisting "Americanization"? There are obviously no single answers to these questions. This unit will present the impressions of a student and those of a middle-aged Frenchman. You will also read about the French press and the views of French students on various problems such as those created by current events and those stemming from family relationships.

Structure The grammatical contents of this unit focus on the demonstrative and relative pronouns. Demonstrative pronouns, such as *this one*, offer flexibility in expression. Relative pronouns, such as *whose* (*I have a friend whose parents are French*), are used frequently in contemporary French.

Vocabulary The main purpose of this unit is to provide you practice in using the vocabulary you have already acquired. This unit does introduce some new words, mostly related to the press.

Communication The mastery of demonstrative and relative pronouns will allow you to build longer and more complex sentences, thereby improving your style in both written and spoken French.

Leçon quarante-six: A propos du journal

Langue et culture

Comme la télévision ou la radio, la presse écrite présente l'information. Mieux que la télévision ou que la radio, elle permet de réfléchir aux grands problèmes contemporains. Deux étudiants discutent de leurs journaux préférés.

— Tu lis le journal?

— De temps en temps.

— Est-ce que tu lis "Le Monde"? C'est un journal qui a la réputation d'être impartial et sérieux.

— Justement! C'est un journal que je trouve trop sérieux et un peu triste. Personnellement, je préfère les journaux qui offrent une certaine variété de contenu°. J'achète "France-Soir". *content*

— Qu'est-ce que tu penses de l'"Express"?

— C'est un magazine qui a des idées assez justes sur les problèmes actuels.

— D'après toi, quels sont les grands problèmes français en ce moment?

— Il y a ceux qui sont communs aux nations industrialisées: celui de la pollution et celui de l'énergie. . . . Il y a aussi des problèmes plus spécifiques, en particulier ceux qui concernent la jeunesse française.

— Par exemple?

— Le problème des réformes!

— Quelles réformes?

— Celles des institutions en général, celle de l'université, celle du service militaire. Pour moi, qui ai vingt ans, c'est particulièrement celle-ci° qui m'intéresse.

la réforme du service militaire

Renseignements culturels: La presse en France

En France, la radio et la télévision constituent un monopole d'état. Les organismes[1] qui les dirigent[2] sont en effet sous[3] le contrôle plus ou moins direct du gouvernement. Cette situation pose le problème de l'objectivité et de l'impartialité de la presse parlée.

La presse écrite, elle, est libre. Les journaux reflètent donc les différentes tendances de l'opinion française. Voici quelques-uns des principaux journaux et magazines français.

1 agences   2 contrôlent   3 *under*

Titre	*Contenu*	*Tendance politique*
journaux		
France-Soir	informations générales, faits divers*, sports, petites annonces, horoscope	neutre
Le Monde	informations générales et politiques	centre-gauche
Le Figaro	informations générales et politiques, faits divers	droite
L'Humanité	informations générales et politiques	communiste
magazines		
L'Express	informations générales, politiques et économiques, publicité	centre-gauche
Paris-Match	photos, reportages, publicité	neutre
Jours de France	photos, mode, publicité	neutre
Le Nouvel Observateur	informations générales, politiques et économiques	gauche

* *local news items: accidents, crimes, etc.*

Structure et vocabulaire

MOTS UTILES: **La presse**

la presse écrite:	les journaux, les magazines	
la presse parlée:	la télévision, la radio	
un article		
un reportage	*report; article on a given topic; documentary*	
libre	*free*	Dans une société **libre**, la liberté de la presse doit être respectée.

1. Opinions personnelles

1. Quel est le meilleur journal américain? Pourquoi?
2. Quel est le meilleur magazine américain? Pourquoi?
3. Votre campus a-t-il un journal quotidien (*daily*)? Comment s'appelle-t-il? un journal hebdomadaire (*weekly*)? Comment s'appelle-t-il? Que pensez-vous du journal de votre campus?
4. Pensez-vous que la presse soit nécessairement partiale? Expliquez.
5. Y a-t-il des pays où la presse n'est pas libre? Lesquels?

A. Le verbe **offrir**

The verb **offrir** (*to offer*, *to give*) is irregular.

infinitive	**offrir**	
present	j' offre tu offres il / elle offre	nous offrons vous offrez ils / elles offrent
imperfect	j' offrais	
future	j' offrirai	
passé composé	j' ai offert	

▶ In the present, **offrir** is conjugated like a regular **-er** verb. The following verbs are conjugated like **offrir**.

couvrir	*to cover*	Cet article **couvre** un sujet important.
découvrir	*to discover*	Il a **découvert** un article intéressant dans ce journal.
ouvrir	*to open*	**Ouvrez** le journal à la page 2.

2. Substitutions

Remplacez l'expression en italique par les mots entre parenthèses. Faites tous les changements nécessaires.

1. *Christophe Colomb* a découvert l'Amérique. (les Vikings; les Indiens; je ne sais pas qui)
2. *Marc* offre un beau livre à sa mère. (je; nous; les enfants; tu; vous)
3. *J'*ouvre le journal à la page de l'horoscope. (vous; Marie; mon père; mes sœurs; nous)
4. *Maman* a couvert le bébé. (Papa; je; vous; ma tante; tu)
5. Nous *avons offert* cette boîte (*box*) de chocolats. (découvrir; ouvrir)

B. Les pronoms relatifs qui *et* que *(révision)*

Note the uses of the relative pronouns **qui** and **que** in the following sentences:

Voici un journal **qui** est intéressant. Voici un journaliste **qui** est intéressant.
Voici un journal **que** je trouve idiot. Voici un journaliste **que** je trouve idiot.

The choice between **qui** and **que** depends on the function of the relative pronoun in the clause.

Qui (*who*, *that*, *which*) is a subject pronoun. It may refer either to people or to things.
Qui is usually followed by the verb of the clause: ... qui **est** ...

Que (*who(m)*, *that*, *which*) is a direct object pronoun. It may refer either to people or things.
Que is followed by the subject of the clause: ... que **je** trouve ...

▶ Although the direct object relative pronoun (*who(m)*, *that*, *which*) is often omitted in English, **que** must be expressed in French.

Où est le journal **que** je lisais? *Where is the paper* (***that***) *I was reading?*
Qui est la personne **que** vous admirez le plus? *Who is the person* (***whom***) *you admire the most?*

3. Situation: En ville

Jacques est en ville. Il décrit ce qu'il fait. Jouez le rôle de Jacques d'après le modèle.

▷ Je parle à une fille. Elle s'appelle Jeanne. *Je parle à une fille qui s'appelle Jeanne.*

1. Je lis un journal. Il s'appelle "France-Soir".
2. Je regarde une revue. Elle s'appelle l'"Express".
3. Je discute avec des étudiants. Ils sont américains.
4. Je vois des personnes. Elles se promènent.
5. Je regarde des voitures. Elles passent dans la rue.
6. J'achète un livre. Il coûte 20 francs.

4. Situation: Commentaires

Henri est à la librairie (*bookstore*). Il fait des commentaires sur certaines choses ou certaines personnes. Jouez le rôle d'Henri d'après les modèles.

▷ Voici un vendeur. Il est sympathique. *Voici un vendeur qui est sympathique.*
▷ Voici un vendeur. Je le trouve idiot. *Voici un vendeur que je trouve idiot.*

1. Voici une vendeuse. Elle est intelligente.
2. Voici une vendeuse. Mes amis ne la trouvent pas sympathique.
3. Voici un magazine. Il a de belles photos.
4. Voici un roman. Il est intéressant.
5. Voici un livre. Je l'ai lu.
6. Voici une revue. Je l'achète souvent.
7. Voici des cassettes. Je les aime.
8. Voici des disques. Ils sont très chers.

5. Expression personnelle

Complétez les phrases suivantes en exprimant une opinion personnelle.

1. Je lis les journaux qui . . .
2. Je ne lis pas les journaux qui . . .
3. J'achète des livres qui . . .
4. Je n'achète pas de livres que . . .
5. J'ai des amis qui . . .
6. J'ai des amis que . . .
7. J'ai des professeurs qui . . .
8. J'ai des professeurs que . . .

C. Le pronom celui-ci

The words in heavy print are demonstrative pronouns. Note their forms.

Quel journal lisez-vous?	**Celui-ci** ou **celui-là?**
Quelle revue achetez-vous?	**Celle-ci** ou **celle-là?**
Quels livres préférez-vous?	**Ceux-ci** ou **ceux-là?**
Quelles cassettes avez-vous écoutées?	**Celles-ci** ou **celles-là?**

The demonstrative pronoun **celui** replaces **ce** + a noun with which it agrees.

	masculine	*feminine*
singular	celui	celle
plural	ceux	celles

▶ **Celui** cannot stand alone. It must be followed by **-ci** or **-là**, by **de**, or by a relative pronoun.

Celui-ci usually means *this one* (or *these*, in the plural).
Celui-là usually means *that one* (or *those*, in the plural).

6. Dramatisation: Dans une librairie française

Imaginez que vous êtes dans une librairie (*bookstore*) française. Les clients demandent certaines choses. Le libraire (*book salesman*) leur offre un choix. Jouez le rôle des clients et du libraire.

▷ un journal — LE CLIENT: *Je voudrais un journal.*
LE LIBRAIRE: *Celui-ci ou celui-là?*

1. une revue
2. un magazine
3. un livre
4. un roman policier
5. des journaux anglais
6. des revues américaines
7. des disques américains
8. des cassettes anglaises

D. Le pronom **celui + de**

Note the use of the demonstrative pronoun in the following sentences.

Le problème de la pollution est sérieux.	**Celui de** l'injustice est plus sérieux. ***That of*** *injustice is more serious.*
Voici une photo.	C'est **celle de** Paul. *It is Paul****'s*** *(the one belonging to Paul).*
Aimez-vous les romans de Sartre?	Je préfère **ceux de** Camus. *I prefer* ***the ones by*** *(those of) Camus.*
Voici le train de Paris.	Non, c'est **celui de** Lyon. *No, it's* ***the one from*** *Lyon.*

The pronoun **celui** may be followed by **de** + noun.

▶ The preposition **de** has several English equivalents (*of*, *from*, *by*). It may also indicate possession.

Est-ce que c'est le livre de Paul?	*Is it Paul's book?*
Non, c'est **celui d'Yves.**	*No, it's* ***Yves'.***

Note that although the equivalent construction in English does not use a pronoun, the pronoun **celui** must be expressed in French.

7. Dramatisation: Objets trouvés

Paul a trouvé certains objets. Il demande à Hélène si ces objets sont à elle. Hélène dit que non et elle identifie leurs propriétaires. Jouez les deux rôles.

▷ une bicyclette (Henri) — PAUL: *C'est ta bicyclette?*
HÉLÈNE: *Non, c'est celle d'Henri.*

1. un journal (Jacques)
2. une montre (Sylvie)
3. une radio (Marc)
4. des livres (Philippe)
5. des disques (Martin)
6. une caméra (Michèle)
7. une revue (Roger)
8. des photos (Albert)

8. *Dialogue*

Demandez à un(e) camarade ses préférences d'après le modèle.

▻ les livres (Hemingway / Steinbeck)

VOUS: *Préfères-tu les livres d'Hemingway ou ceux de Steinbeck?*
VOTRE CAMARADE: *Je préfère ceux d'Hemingway.*
OU: *Je préfère ceux de Steinbeck.*

1. la poésie (Robert Frost / T. S. Eliot)
2. les romans (Faulkner / Hesse)
3. les articles ("Time" / "Ms.")
4. les pièces (Shakespeare / O'Neill)
5. les disques (musique pop / musique classique)
6. la personnalité (Nixon / Kennedy)
7. la politique (les démocrates / les républicains)
8. les gens (le Nord / le Sud)

E. Le pronom celui + qui *ou* que

Note the use of **celui** in the following sentences.

Voici un journal.	C'est **celui qui** parle de politique. C'est **celui que** je trouve idiot.
Voici un garçon.	C'est **celui qui** parle toujours de ses études. C'est **celui que** tu n'aimes pas.

The pronoun **celui** can be followed by a relative pronoun.

▶ **Celui qui** and **celui que** both correspond to the English expressions *the one who, the one that.*

Celui qui is usually followed by the verb of the clause: . . . celui qui **parle** . . .
Celui que is usually followed by the subject of the clause: . . . celui que **je** trouve . . .

In English, the pronouns *who(m)* and *that* are often omitted. In French the pronoun **que** must be expressed.

Voici un journal. Est-ce que c'est **celui que** tu cherches? *Is it **the one** (**that**) you are looking for?*

9. *Situation: Conformités*

Jacques fait tout ce que fait Hélène. Jouez le rôle de Jacques d'après le modèle.

▻ Voici le livre que je lis. *C'est celui que je lis aussi.*

1. Voici la revue que je lis.
2. Voici la leçon que j'étudie.
3. Voici la revue que j'achète.
4. Voici les magazines que j'achète.
5. Voici les articles que je préfère.
6. Voici le professeur que je préfère.

10. Dramatisation: Contradictions

Pierre et Jeanne ne sont pas d'accord. Pierre dit ce qu'il aime. Jeanne déclare des préférences opposées. Jouez les deux rôles.

▻ les journaux qui parlent de politique — PIERRE: *J'aime les journaux qui parlent de politique.*
JEANNE: *Je préfère ceux qui ne parlent pas de politique.*

1. les revues qui ont des articles sérieux
2. les garçons qui s'intéressent à la politique
3. les filles qui s'intéressent à la musique
4. les problèmes qui sont simples
5. les voitures qui sont grandes
6. les professeurs qui sont sévères
7. les classes qui sont difficiles
8. les personnes qui pensent comme moi

VOUS AVEZ LA PAROLE: ***Préférences***

1. Exprimez vos préférences en matière littéraire ou artistique, d'après l'exemple. Vous pouvez utiliser les mots suivants: romans, poèmes, articles, disques, pièces, opéras, comédies musicales, films . . .
Exemple: J'aime les romans. J'aime surtout ceux de Steinbeck et . . .
2. Avec un(e) camarade, composez un dialogue semblable au dialogue intitulé "A propos du journal" où vous exposerez votre opinion personnelle.

Phonétique

Les lettres **-ti-** + *voyelle*

The letter **t** is usually pronounced /s/ when followed by **i** + vowel.

Mot-clé: na**ti**on
Répétez: par**ti**el, par**ti**al, impar**ti**al, informa**ti**ons, ambi**ti**eux

Ces informations sont impartiales.
Cette solution est très ambitieuse.

Leçon quarante-sept: Réflexions sur l'Amérique

Langue et culture

Les Français, surtout les jeunes, ne sont pas indifférents à l'égard des Etats-Unis et des Américains. Un sondage° d'opinion a révélé que les jeunes Français considèrent les Américains comme les meilleurs amis de la France. Cette admiration n'est cependant pas inconditionnelle°. Voici une interview avec une étudiante française.

sondage: *poll*
inconditionnelle: absolue

— Pour toi, l'Amérique qu'est-ce que c'est?

— C'est une société à laquelle je trouve énormément° de qualités, mais dans laquelle je n'aimerais pas vivre.

énormément: beaucoup

— Pourquoi pas?

— Parce que c'est une société trop intense! D'un côté°, j'admire l'ardeur° avec laquelle les Américains tentent° de résoudre° les problèmes auxquels ils sont exposés. D'un autre côté, je ne comprends pas la violence continuelle dans laquelle ils vivent . . .

D'un côté: *on the one hand* / ardeur: énergie
tentent: essayent / résoudre: *solve*

— Tu généralises! Tous les Américains ne sont pas violents!

— Bien sûr, tous les Américains ne sont pas des gens violents. Je crois cependant que l'Amérique est un pays d'extrêmes dans le bien° et dans le mal°. Il n'y a pas d'équilibre, de "juste milieu"°, comme en France.

bien: ce qui est bon
mal: ce qui est mauvais / juste milieu: *happy medium*

— Y a-t-il des Américains pour qui tu as une admiration particulière?

— Bien sûr. Kennedy, Steinbeck, Dos Passos, par exemple. J'aime aussi Louis Armstrong et Duke Ellington.

— Pourquoi?

— Ils ont créé une musique à laquelle on ne peut pas rester insensible.

Renseignements culturels: Le jazz en France

Les jeunes Français ont une prédilection[1] marquée pour la musique populaire d'origine américaine. Le jazz, par exemple, a de nombreux adeptes[2], surtout chez les étudiants qui semblent en préférer les formes traditionnelles: style Nouvelle-Orléans, Dixieland, blues. . . . Les grands noms[3] du jazz américain, Duke Ellington, Louis Armstrong, sont très connus en France et les concerts qu'ils ont donnés à Paris ont toujours eu un énorme succès. Il n'est donc pas surprenant que certains grands musiciens, comme Sidney Béchet, aient choisi la France comme pays d'adoption.

1 préférence 2 *fans* 3 représentants

Structure et vocabulaire

MOTS UTILES: **Prépositions et locutions prépositives**

après	*after*	d'après	*according to*
pendant	*during*	selon	*according to*
avant	*before*		
		loin de	*far from*
avec	*with*	près de	*near*
sans	*without*	à côté de	*next to*
pour	*for*	en face de	*across from, opposite*
contre	*against*		
		au bord de	*on the edge of*
devant	*in front of*	au milieu de	*in the middle of*
derrière	*in back of, behind*	autour de	*around*
dans	*in*	à l'intérieur de	*inside*
sur	*on*	à l'extérieur de	*outside*
sous	*under*		
		à cause de	*because of*
chez	*at . . .'s house*	à l'égard de	*with respect to*
entre	*between*	à partir de	*as of*
parmi	*among*		
		grâce à	*thanks to*
vers	*towards*	malgré	*in spite of*
par	*through, by*		

A. Le pronom relatif lequel

The relative pronouns in heavy print are introduced by a preposition. Note the forms of these pronouns.

Voici une personne. J'ai beaucoup d'admiration pour cette personne.	Voici une personne **pour laquelle** j'ai beaucoup d'admiration. *Here is a person* ***for whom*** *I have a lot of admiration.*
Voici des idées. Je ne suis pas d'accord avec ces idées.	Voici des idées **avec lesquelles** je ne suis pas d'accord. *Here are ideas* ***with which*** *I do not agree.*
Il y a des problèmes. Il faut s'intéresser à ces problèmes.	Il y a des problèmes **auxquels** il faut s'intéresser. *There are problems* ***in which*** *one has to take an interest.*
Voilà le devoir. Je suis resté chez moi à cause de ce devoir.	Voilà le devoir **à cause duquel** je suis resté chez moi. *Here is the assignment* ***because of which*** *I stayed home.*

Forms The relative pronoun **lequel** has the same simple and contracted forms as the interrogative pronoun **lequel** (see Leçon 43).

Uses **Lequel** is used after prepositions to refer to things. **Lequel** can also be used to refer to people, but **qui** is preferred.

Voici la compagnie **pour laquelle** je travaille.
Voici le directeur **pour qui** je travaille.

▶ With **lequel** and **qui**, the word order is:

antecedent + preposition + {**lequel** / **qui**}

Note that in French, the preposition never comes at the end of a sentence.

Voici une idée **avec laquelle** je ne suis pas d'accord. { *Here is an idea* ***with which I*** *do not agree.* / *Here is an idea (****that****) I do not agree* ***with.*** }

The contracted form **duquel** is used mainly with prepositional phrases ending in **de**.

Comment s'appelle le monument **à côté duquel** nous sommes passés?

1. Expression personnelle: D'accord?

Etes-vous d'accord avec les choses suivantes? Exprimez votre opinion personnelle. Pour cela, complétez les phrases en utilisant l'expression **avec lequel je (ne) suis (pas) d'accord.** Faites attention à l'accord de **lequel** avec son antécedent.

▻ Le programme des Démocrates est un programme . . . *Le programme des Démocrates est un programme avec lequel je suis d'accord.*
ou: *Le programme des Démocrates est un programme avec lequel je ne suis pas d'accord.*

1. Le programme des Républicains est un programme . . .
2. La politique actuelle est une politique . . .
3. Le marxisme est une philosophie . . .
4. La révolution est une méthode . . .
5. Le christianisme est une religion . . .
6. Le pacifisme est une méthode . . .
7. La violence et la force sont des méthodes . . .
8. Les partis extrémistes sont des partis . . .
9. La tolérance et la patience sont des qualités . . .

2. *Situation: Au travail*

Anne montre à un ami l'endroit (*place*) où elle travaille. Complétez ses phrases.

▻ Voici le bureau dans . . . *Voici le bureau dans lequel je travaille.*

1. Voici le laboratoire dans . . .
2. Voici le projet sur . . .
3. Voici les problèmes sur . . .
4. Voici la compagnie pour . . .
5. Voici les nouveaux instruments avec . . .
6. Voici l'objectif principal pour . . .
7. Comprends-tu la raison pour . . .
8. Comprends-tu les nouvelles méthodes avec . . .

3. *Situation: La classe de français*

Le professeur insiste sur les aspects de la langue auxquels les élèves doivent faire attention. Jouez le rôle du professeur d'après le modèle.

▻ un verbe *Voici un verbe auquel vous devez faire attention.*

1. une construction
2. une remarque
3. un problème
4. une préposition
5. des verbes
6. des expressions

4. *Dialogue*

Demandez à un(e) camarade s'il (si elle) a aimé le dernier spectacle ou le dernier événement auquel il (elle) a assisté. (Note: **assister à** = *to attend.*)

▻ le dernier match de football

VOUS: *As-tu aimé le dernier match de football auquel tu as assisté?*

VOTRE CAMARADE: *Oui, j'ai aimé le dernier match de football auquel j'ai assisté.*

ou: *Non, je n'ai pas aimé le dernier match de football auquel j'ai assisté.*

1. le dernier match de basketball
2. le dernier concert
3. la dernière pièce de théâtre
4. le dernier film
5. la dernière manifestation (*demonstration*)
6. la dernière classe

5. Situation: Photos de voyage

Vincent commente les photos de son voyage aux Etats-Unis. Complétez ses phrases avec **qui** ou **lequel** + **je suis resté.**

▻ Voici un hôtel dans . . . *Voici un hôtel dans lequel je suis resté.*
▻ Voici une personne avec . . . *Voici une personne avec qui je suis resté.*

1. Voici une ville dans . . .
2. Voici un ami chez . . .
3. Voici une amie chez . . .
4. Voici un motel dans . . .
5. Voici des cousins chez . . .
6. Voici une maison dans . . .

B. *Le déterminatif* tout

Note the forms of the determiner **tout** in the following sentences.

Vous avez lu ce livre sur l'Amérique? Oui, j'ai lu **tout** ce livre.
La classe a compris? Oui, **toute** la classe a compris.
Les Américains sont violents? Non, **tous** les Américains ne sont pas violents.
Les Françaises sont élégantes? Non, **toutes** les Françaises ne sont pas élégantes.

The determiner **tout** agrees in gender and number with the noun it introduces. It has four forms.

	masculine	*feminine*
singular	**tout** (le, mon, ce)	**toute** (la, ma, cette)
plural	**tous** (les, mes, ces)	**toutes** (les, mes, ces)

▶ In the singular, **tout (le)** and **toute (la)** are the equivalent of *all (the)* or *the whole.*

Toute la classe a écouté ce disque de jazz. ***The whole class*** *listened to that jazz record.*

In the plural, **tous (les)** and **toutes (les)** are the equivalent of:

— *all (the)* + plural noun: **Tous mes amis** aiment le jazz. ***All my friends*** *like jazz.*
— *every* + singular noun: J'écoute une émission de jazz **tous les vendredis.** *I listen to a jazz program* ***every Friday.***

6. Situation: A la bibliothèque

Jacques a passé toute la journée à la bibliothèque (*library*) et a lu toutes les choses suivantes. Exprimez cela en utilisant la forme appropriée de **tout.**

▻ cette revue *Il a lu toute cette revue.*

1. ce roman
2. cette critique
3. cette biographie
4. cette histoire
5. ces articles
6. les journaux français
7. les revues américaines
8. ces magazines
9. ce journal canadien

7. *Dialogue: Généralisations*

Faites des généralisations sur les sujets suivants et demandez l'opinion de vos camarades.

▻ Les hommes sont libres.

VOUS: *Est-ce que tous les hommes sont libres?*
VOTRE CAMARADE: *Oui, tous les hommes sont libres.*
OU: *Non, tous les hommes ne sont pas libres.*

1. Les gens aiment la liberté.
2. Les professeurs sont intelligents.
3. Les étudiants sont libéraux.
4. Les personnes âgées sont conservatrices.
5. Les Français sont sympathiques.
6. Les Françaises sont intelligentes.
7. Les Américains sont riches.
8. Les généralisations sont stupides.

VOUS AVEZ LA PAROLE: ***Réflexions sur la France***

Imaginez un dialogue semblable à celui de "Réflexions sur l'Amérique", mais intitulé "Réflexions sur la France".

Phonétique

La terminaison consonne + -le, consonne + -re *(révision)*

In words ending in consonant + **-le**, the last two consonants are pronounced together. Thus, the consonants **bl** represent the same sound in **probable** and **probablement.**

Compare: dou**ble** / dou**ble**ment — sim**ple** / sim**ple**ment
sensi**ble** / sensi**ble**ment — terri**ble** / terri**ble**ment
no**ble** / no**ble**ment — proba**ble** / proba**ble**ment

In words ending in consonant + **-re**, the last two consonants are pronounced together.

let**tre**, mè**tre**, permet**tre**, promet**tre**, som**bre**, résou**dre**, équili**bre**

Leçon quarante-huit: Relations familiales

Langue et culture

Une étudiante discute de sa famille et de ses projets avec un ami.

— Tu es étudiante maintenant! Est-ce que tu habites toujours avec tes parents?

— Oui, j'habite avec eux.

— Comment sont vos rapports°? (relations)

— Relativement bons, dans l'ensemble°. (*on the whole*)

— Quelles sont les choses dont vous parlez en famille?

— Nous parlons de mille choses, plus ou moins insignifiantes: des événements de la journée, des vacances, du week-end, de mes cours, de la mode . . .

— Et la politique?

— C'est un sujet dont nous ne discutons jamais! Pour préserver la paix familiale!

— Qui te donne l'argent dont tu as besoin?

— Pendant l'été, je travaille dans une agence de voyages, mais ce n'est pas assez! De temps en temps°, je dois faire appel° à la générosité familiale. C'est une chose dont j'ai horreur°!

occasionnellement / *appeal*
que je déteste

— Quelle est la chose dont tu as le plus envie actuellement?

— Je voudrais terminer mes études! Pour avoir une situation et pour être indépendante.

— Quelle est la profession dont tu rêves?

— Je voudrais être journaliste.

— Pour une fille, ce n'est pas trop difficile de trouver une situation de journaliste?

— Non, pas trop . . . Il y a beaucoup de femmes-journalistes en France!

— Est-ce qu'il y a d'autres sujets dont tu ne discutes pas avec tes parents?

— Je leur parle rarement de mes amis et je ne leur parle pas de ma vie sentimentale. Ils ne comprendraient pas!

Renseignements culturels
Les rapports familiaux en France

En France, la famille est généralement plus structurée et les rôles mieux définis qu'aux Etats-Unis. Le père représente l'autorité. La mère, même si elle travaille, a la charge[1] du bon fonctionnement de la maison.

Les jeunes Français restent plus longtemps que les jeunes Américains sous la tutelle[2] morale, intellectuelle et économique de leur famille. Ce sont les parents qui pendant seize ans prennent toutes les décisions, importantes ou non. Ce sont eux qui décident à quelle école leurs enfants vont aller, quelles études ils vont faire, où et comment ils vont passer leurs vacances et même quels amis ils doivent fréquenter[3]. A l'adolescence, c'est-à-dire à l'âge de l'indépendance, cette situation provoque souvent des conflits familiaux très violents. Les points de vue semblent[4] alors irréconciliables et le "fossé[5] entre les générations" insurmontable.

L'âge de la révolte passe et les familles restent généralement beaucoup plus unies qu'aux Etats-Unis. Beaucoup d'enfants, par exemple, considèrent comme leur devoir de s'occuper financièrement de leurs parents âgés et, si nécessaire, de les accueillir[6] chez eux.

1 est responsable 2 l'autorité 3 sortir avec 4 *seem* 5 *gap*
6 inviter à vivre

Structure et vocabulaire

A. Le pronom dont

Note the use of the relative pronoun **dont** in the following sentences.

Voici le jeune homme. Je vous ai parlé **de ce jeune homme.**	Voici le jeune homme **dont** je vous ai parlé. *This is the young man I spoke to you about.*
La politique est un sujet. Je ne discute jamais **de ce sujet.**	La politique est un sujet **dont** je ne discute jamais. *Politics is a subject I never discuss.*
Avez-vous le livre? J'ai besoin **de ce livre.**	Avez-vous le livre **dont** j'ai besoin? *Do you have the book I need?*

The relative pronoun **dont** replaces **de** + noun (or noun phrase). It is therefore used with verbs and verbal expressions that are followed by **de**: **discuter de, parler de, se souvenir de, avoir besoin de, avoir envie de,** etc.

Dont is invariable. It may refer to people or things. Like other relative pronouns, **dont** comes immediately after its antecedent.

The corresponding English expressions (*of whom*, *of which*, *about whom*, *about which*) are frequently omitted in conversational speech. In French, however, the pronoun **dont** may never be left out.

1. Dramatisation: Lèche-vitrines (*Window-shopping*)

Eric et Jeanne se promènent en ville. Eric voit les choses suivantes dans la vitrine des magasins. Il dit à Jeanne qu'il a envie de ces choses. Jouez le rôle d'Eric d'après le modèle.

▻ une moto — *Voilà la moto dont j'ai envie.*

1. les disques
2. la radio
3. la télé
4. les livres
5. la guitare
6. la chemise
7. la lampe
8. les chaussures
9. les skis

2. Expression personnelle

Voici certains sujets de discussion. Dites si ce sont des sujets dont vous discutez avec vos amis.

▻ la politique — *La politique est un sujet dont je discute souvent* (*rarement, etc.*) *avec mes amis.*
ou: *La politique est un sujet dont je ne discute jamais avec mes amis.*

1. le sport
2. le théâtre
3. la philosophie
4. la religion
5. la musique
6. mes études
7. mes relations familiales
8. mes problèmes d'argent

B. L'ordre des mots avec **dont**

Since **dont** replaces **de** + noun (or noun phrase), it often expresses a relationship of possession that is rendered in English by *whose* or *of which*. Note, however, that the word order may be different in French and English.

Compare the following sentences.

Voici le garçon. Le père de ce garçon est médecin.	Voici le garçon **dont le père** est médecin. *Here is the boy **whose father** is a doctor.*
Voici le garçon. Vous connaissez le père de ce garçon.	Voici le garçon **dont** vous connaissez **le père.** *Here is the boy **whose father** you know.*
Voilà la boutique. Vous connaissez le propriétaire de cette boutique.	Voilà la boutique **dont** vous connaissez **le propriétaire.** *There is the shop, **the owner of which** you know.*

With **dont**, the word order is always:

antecedent + **dont** + subject + verb (+ rest of sentence)

3. Dramatisation: Commentaires

Robert fait des commentaires sur les personnes ou sur les choses suivantes. Jouez le rôle de Robert d'après le modèle. Pour cela, transformez chaque paire de phrases en une seule phrase.

▻ Suzanne est une amie. J'apprécie sa bonne humeur. *Suzanne est une amie dont j'apprécie la bonne humeur.*

1. Henri est un garçon. Je déteste ses manières (*stuck-up ways*).
2. Marc est un ami. Je ne comprends pas ses idées.
3. Isabelle est une amie. Je connais ses qualités.
4. Sylvie est une fille. J'apprécie sa compagnie.
5. Paul Newman est un acteur. J'admire son talent.
6. Picasso est un artiste. J'aime son originalité.
7. La Provence est une province. J'aime son climat.
8. Paris est une ville. J'admire ses monuments.

4. Dramatisation: Marc

Suzanne parle de son nouvel ami Marc. Jouez le rôle de Suzanne d'après le modèle.

▻ Le père de Marc est médecin. *Marc est un ami dont le père est médecin.*

1. Le frère de Marc est pilote.
2. Les parents de Marc sont américains.
3. Les idées de Marc sont brillantes.
4. La vie sentimentale de Marc est très compliquée.
5. Les talents de Marc sont remarquables.
6. La sœur de Marc est avocate.
7. Les cousins de Marc habitent à Paris.
8. L'oncle de Marc travaille à Dakar.

VOUS AVEZ LA PAROLE: ***Connaissances***

1. Décrivez huit personnes que vous connaissez (ou huit personnes célèbres). Pour chacune de ces personnes, faites une phrase qui contiendra le pronom **dont**. *Exemple:* Monsieur X est une personne dont . . .
2. Avec un(e) camarade, composez un dialogue semblable à "Relations familiales", dans lequel vous parlerez de votre famille et de vos projets d'avenir.

Phonétique

Les lettres -ill-

The letters **ill** usually represent the sound:

/j/ after a vowel
Répétez: je trava**ille**, Marse**ille**, Mire**ille**

/ij/ after a consonant
Répétez: f**ille**, fam**ille**

Note: In a few nouns, **ill** represents the sounds /il/:
v**ill**e, m**ill**e, tranqu**ill**e

Répétez: Il faut que Mireille aille à Marseille avec sa famille.
Crois-tu que cette fille veuille travailler?

DOCUMENT

La France et l'Américanisation

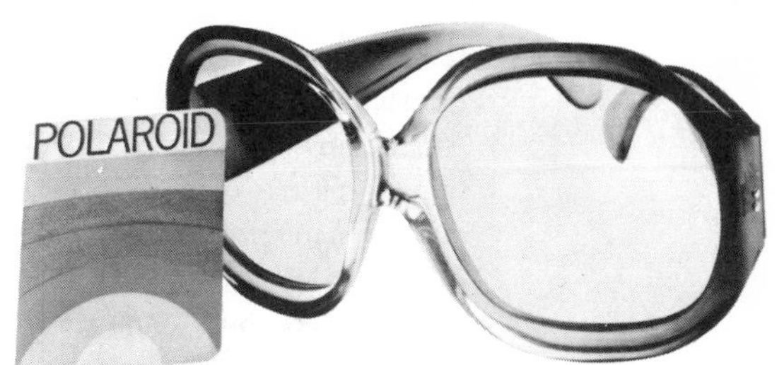

Seules les lunettes Polaroid portent la marque Polaroid.

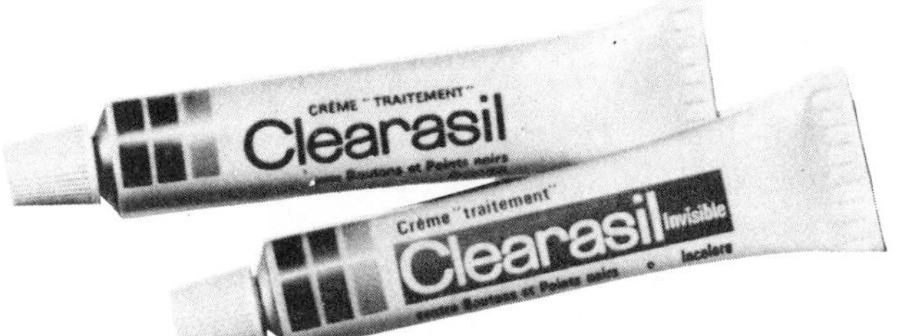

Crème "traitement" Clearasil. Pour être bien dans sa peau.

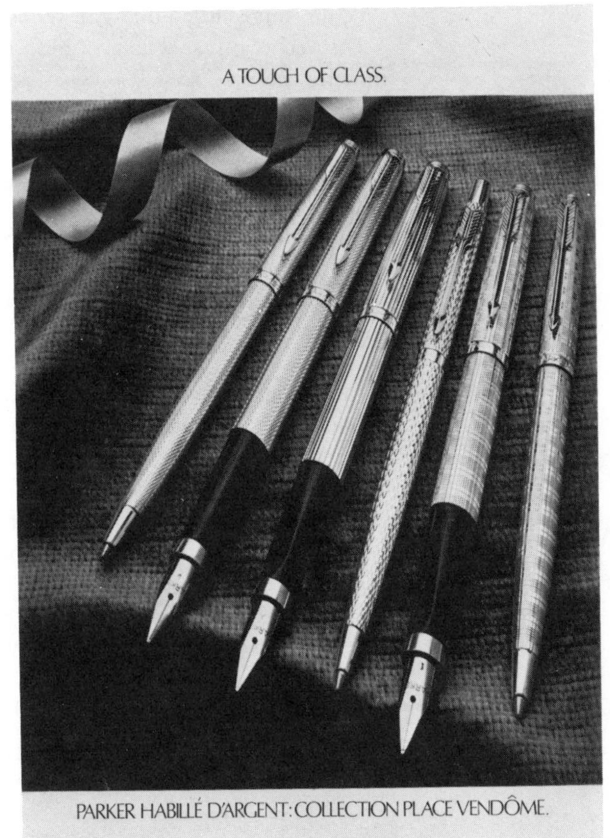

INSTANTANÉ

*Américanoscopie**

Avant de commencer votre lecture, lisez la section "Comment mieux lire" à la page 436.

Est-ce que Monsieur Martin est anti-américain? Non, pas spécialement. Pourtant, il n'est pas souvent tendre ni° pour les Etats-Unis, ni° pour les Américains. Qu'est-ce qu'il reproche exactement à ceux-ci? Monsieur Martin n'a pas d'explication fondamentale à donner, mais il a pourtant des raisons bien° précises de se sentir supérieur!

neither / nor
très

"Regardez ces Américains! Ils sont toujours pressés°. Pas un instant de détente. Toujours dans un taxi, un avion ou un ascenseur. Croyez-vous que des gens qui ne savent que travailler soient vraiment des êtres° civilisés? Et puis, ils sont tous faits sur le même modèle, pensent de la même façon°, regardent les mêmes programmes de télévision. Aucune° individualité chez ces gens-là. Et puis, s'ils ont inventé la bombe atomique et s'ils ont mis un homme sur la lune°, ils ne savent toujours pas ce que c'est que la cuisine.... Et ces Américaines. Elles ne savent pas s'habiller. Elles mettent du bleu avec du rouge et de l'orange! Quel goût°! Et puis ... et puis...."

in a hurry
personnes
manière
Il n'y a pas d'
moon
taste

Un peu d'introspection et Monsieur Martin s'apercevrait qu'il commet tous les méfaits° dont il accuse les Américains. C'est bien° lui qui court° après son bus chaque matin de peur de° ne pas être à l'heure à son bureau. C'est bien lui qui a réduit d'°une heure la pause du déjeuner pour s'occuper de ses dossiers°! C'est bien sa femme qui se met en blue-jeans le week-end parce que c'est ce que son journal de mode lui a conseillé°. Et regardez-le au café commander un coca-cola! Vous comprenez, le coca-cola, ça fait° chic, ça fait jeune! Mais le vin? la boisson nationale? Jamais il n'oserait° en commander dans un café. Et admirez la fierté° avec laquelle il offre le whisky à ses amis, un whisky dont il précise° l'origine: un bourbon du Kentucky, chers amis.

misdeeds / indeed / runs
for fear of
by
documents
suggéré
est considéré comme
he would never dare
pride
spécifie

Regardons la France dans laquelle vit Monsieur Martin. On dit que cette nouvelle France dans laquelle il vit s'américanise. Qu'est-ce que c'est que cette "américanisation" dont on parle tant°? En quoi consiste ce phénomène et existe-t-il même vraiment? Hâtons-nous° de dire que la France n'est pas et ne sera jamais l'Amérique. Demandez donc aux Américains qui visitent Paris, Bordeaux et Grenoble s'ils ont l'impression d'être à Washington, à San Francisco ou à Denver! Il est pourtant exact que la France se transforme et que les modèles dont elle s'inspire viennent souvent d'outre°-Atlantique. Des exemples? Regardez autour de vous. Les villes se couvrent de nouvelles constructions aux dimensions de gratte-ciels°. Dans la banlieue°, l'habitat° se disperse, un peu à la façon° des Levittown.

so much
dépêchons-nous
de l'autre côté de
sky scrapers / suburbs / les maisons
comme

* Analyse de l'Amérique.

Voici la maison de Monsieur Martin. Elle a un étage. Une haie° d'arbustes° la sépare des autres maisons. Pénétrons° à l'intérieur. La maison est simple, aérée°, pratique, confortable. Moins de portes° et plus d'espace. La salle de séjour s'est agrandie° au détriment° de la cuisine qui s'est modernisée. Dans cette cuisine, Madame Martin dispose° maintenant d'un réfrigérateur, d'un lave-vaisselle°, d'une rôtisserie électrique, luxes ignorés° il y a vingt ans. Elle fait ses achats° dans un centre commercial géant, semblable aux centres commerciaux américains. Son mari travaille dans un grand immeuble de béton° et de verre° dont l'architecture pourrait rappeler° New York ou Chicago.

hedge
petits arbres / entrons
où l'air circule / *doors*
devenue plus grande / désavantage
a
dish washer
qu'on ne connaissait pas / courses
concrete / glass
faire penser à

Voici quelques exemples de cette américanisation de surface qui n'est pas encore universelle, mais à laquelle beaucoup de Français voudraient bien participer.

L'américanisation ne se limite évidemment pas à la vie extérieure. Les attitudes aussi changent. On est davantage conscient° de la valeur° du temps. On parle d'efficacité°, de rendement°, et même . . . d'argent et de travail. On travaille moins longtemps mais plus efficacement. Et quand on a bien travaillé, il faut se reposer, prendre des vacances, partir . . . On voyage et on voyage loin.

se rend plus compte
importance
efficiency / profit

Est-ce à dire que les valeurs françaises disparaissent? Non, certainement pas. Les Français savent encore respecter l'individualisme, admirer la beauté et manipuler adroitement la critique . . . Mais ils savent aussi adapter ces valeurs au monde contemporain. Voilà sans doute la signification du mot° "américanisation". Il n'y a pas copie servile° du modèle américain, il y a seulement désir d'évoluer, de marcher avec le progrès. Ce progrès vient des Etats-Unis? Pourquoi ne pas y aller chercher des idées nouvelles! Après tout, n'est-ce pas un bon signe que la France se modernise et que les Français acceptent de se renouveler°?

word
slavish
renew

Questions sur le texte

1. Est-ce que Monsieur Martin est fondamentalement anti-américain?
2. Qu'est-ce qu'il pense des Américains? des Américaines?
3. Qu'est-ce qu'il commande au café?
4. Qu'est-ce qu'il sert à ses amis?
5. Comment les villes françaises se modernisent-elles?
6. Décrivez l'aspect extérieur de la maison de Monsieur Martin.
7. Décrivez l'aspect intérieur de cette maison.
8. Qu'y a-t-il dans la cuisine?
9. De quoi parle-t-on maintenant en France?
10. Qu'est-ce qui ne change pas en France?

Questions générales

1. Est-ce que vous êtes plutôt (*rather*) francophile ou francophobe? Expliquez. (Un francophile est une personne qui aime la France et les Français. Un francophobe est une personne qui déteste la France et les Français.)
2. Pensez-vous que les Français soient des gens civilisés? Expliquez.
3. Pensez-vous que les Françaises soient plus élégantes que les Américaines? Expliquez.
4. Pensez-vous que les Américains soient des gens pressés? Expliquez.
5. Est-ce que les Etats-Unis sont le pays de l'uniformité? Expliquez.
6. Avez-vous des amis qui ont été en France? Quelle est leur opinion de la France? des Français?
7. En ce moment, est-ce que l'opinion américaine est favorable, indifférente ou défavorable à l'égard de la France? Expliquez pourquoi.

Débats

1. Faites le portrait type du Français et de la Française vus par les Américains.
2. L'américanisation du monde: est-ce un bien ou un mal?

ENRICHISSEZ VOTRE VOCABULAIRE: **Comment mieux lire**

When you meet an unfamiliar text, you should first skim it quickly to determine its main theme. "Américanoscopie," the text that concludes this book, describes how France is changing under the influence of America. This theme is introduced by Monsieur Martin, a typical Frenchman who expresses his ambivalent feelings toward the United States.

Once you have established the general context, you will be able to understand expressions whose meanings escaped you on the first reading. You may, for instance, be able to guess the meanings of words such as **gratte-ciel**, **banlieue**, **immeuble**, words used in a paragraph dealing with U.S. urban architecture.

You should also consider the general tone of the passage since this tone determines the author's style. Although "Américanoscopie" is not a dialogue, the style is that of a conversation. This style is characterized by several features:

— the presence of "conversational fillers," words or expressions that add emphasis rather than meaning to the sentence.
— short sentences, often without subject or verb.
— variations in word order so that the speaker's voice falls on the words which are to be emphasized.

By watching for cognates, by learning from context, and by paying attention to questions of style, you will find that you are able to read a great variety of French texts on any subject that interests you.

APPENDICES

I Les sons français

	Son	Orthographe	Exemples
Voyelles orales	/a/	**a, à, â**	banane
	/i/	**i, î**	Mimi, Philippe, Nîmes
		y	Sylvie
	/e/	**é**	Léa
		e (devant un **z, t** ou **r** final et non-prononcé)	chez, chalet, dîner
		ai	français
	/ɛ/	**è**	chère, Michèle
		ei	Marseille
		ê	tête
		e (devant 2 consonnes)	Isabelle
		e (devant une consonne finale prononcée)	cher
		ai (devant une consonne finale prononcée)	française
	/u/	**ou, où, oû**	Loulou
	/y/	**u, û**	Lulu
	/o/	**o**	auto
		au, eau	beau
		ô	rôle
	/ɔ/	**o**	Nicole
		au	Paul
	/ø/	**eu, œu**	neveu
		eu (devant la terminaison **-se**)	sérieuse
	/œ/	**eu, œu** (devant une consonne finale prononcée excepté /**z**/)	moteur, sœur
	/ə/	**e**	le, René
Voyelles nasales	/ɑ̃/	**an, am**	André, Adam
		en, em	ensemble, emblème
	/ɛ̃/	**in, im**	instant, important
		yn, ym	synthèse, symphonie
		ain	américain
		en (dans la terminaison **-ien**)	bien, Julien

	Son	Orthographe	Exemples
	/ɔ̃/	**on, om**	on, salon, bombe
	/œ̃/	**un, um**	brun, humble
Semivoyelles	/ɥ/	**u** (devant une voyelle)	suave, Suisse
	/j/	**i, y** (devant une voyelle)	piano, Yolande, payer
		il, ill (après une voyelle)	travail, travailler
	/w/	**ou** (devant une voyelle)	oui
	/wa/	**oi** (devant une consonne)	noir
		oy	voyage
	/wɛ̃/	**oin**	loin
Consonnes	/b/	**b**	barbare
	/ʃ/	**ch**	machine
	/d/	**d**	David
	/f/	**f, ph**	Fifi, photo
	/g/	**g** (devant **a, o, u** ou consonne)	garçon, Margot, Gustave
		gu (devant **e, i, y**)	guerre, guitare, Guy
	/ʒ/	**j, je** (devant **a**)	Jacques, Jean
		g (devant **e, i, y**)	danger, Gigi
		ge (devant **a, o, u**)	changeant, Georges, courageux
	/ɲ/	**gn**	espagnol
	/l/	**l**	Lili, il
	/m/	**m**	maman
	/n/	**n**	ananas
	/p/	**p**	papa
	/r/	**r**	Robert
	/k/	**c** (devant **a, o, u** ou consonne)	cacao, Corinne, Hercule
		ch (devant **r**)	Christine
		qu	qualité
		k	kilo
	/s/	**c** (devant **e, i, y**)	Cécile
		ç (devant **a, o, u**)	garçon
		s (au début d'un mot ou avant une consonne)	Suzanne, reste
		ss	masse
		t (devant **i** + voyelle)	solution
	/z/	**s** (entre deux voyelles)	rose
		z	Elizabeth
	/t/	**t, th**	tante, théâtre
	/v/	**v**	Victor
	/gz/	**x** (devant **a, o, u**)	examiner
	/ks/	**x** (devant **e, i**)	taxi

II Les verbes réguliers

A. Conjugaison régulière

	Verbes en **-er** parl**er**	*Verbes en* **-ir** fin**ir**	*Verbes en* **-re** répond**re**	*Verbes pronominaux* se laver
Indicatif *présent*	je parl**e** tu parl**es** il parl**e** nous parl**ons** vous parl**ez** ils parl**ent**	je fin**is** tu fin**is** il fin**it** nous fin**issons** vous fin**issez** ils fin**issent**	je répond**s** tu répond**s** il répond nous répond**ons** vous répond**ez** ils répond**ent**	je me lave tu te laves il se lave nous nous lavons vous vous lavez ils se lavent
imparfait	je parl**ais** tu parl**ais** il parl**ait** nous parl**ions** vous parl**iez** ils parl**aient**	je finiss**ais** tu finiss**ais** il finiss**ait** nous finiss**ions** vous finiss**iez** ils finiss**aient**	je répond**ais** tu répond**ais** il répond**ait** nous répond**ions** vous répond**iez** ils répond**aient**	je me lavais tu te lavais il se lavait nous nous lavions vous vous laviez ils se lavaient
futur	je parler**ai** tu parler**as** il parler**a** nous parler**ons** vous parler**ez** ils parler**ont**	je finir**ai** tu finir**as** il finir**a** nous finir**ons** vous finir**ez** ils finir**ont**	je répondr**ai** tu répondr**as** il répondr**a** nous répondr**ons** vous répondr**ez** ils répondr**ont**	je me laverai tu te laveras il se lavera nous nous laverons vous vous laverez ils se laveront
passé composé	j'**ai** parlé tu **as** parlé il **a** parlé nous **avons** parlé vous **avez** parlé ils **ont** parlé	j'**ai** fini tu **as** fini il **a** fini nous **avons** fini vous **avez** fini ils **ont** fini	j'**ai** répond**u** tu **as** répond**u** il **a** répond**u** nous **avons** répond**u** vous **avez** répond**u** ils **ont** répond**u**	je me **suis** lavé tu t'**es** lavé il s'**est** lavé nous nous **sommes** lavés vous vous **êtes** lavés ils se **sont** lavés
plus-que-parfait	j'**avais** parlé tu **avais** parlé il **avait** parlé nous **avions** parlé vous **aviez** parlé ils **avaient** parlé	j'**avais** fini tu **avais** fini il **avait** fini nous **avions** fini vous **aviez** fini ils **avaient** fini	j'**avais** répond**u** tu **avais** répond**u** il **avait** répond**u** nous **avions** répond**u** vous **aviez** répond**u** ils **avaient** répond**u**	je m'**étais** lavé tu t'**étais** lavé il s'**était** lavé nous nous **étions** lavés vous vous **étiez** lavés ils s'**étaient** lavés
impératif	parl**e** parl**ons** parl**ez**	fin**is** fin**issons** fin**issez**	répond**s** répond**ons** répond**ez**	lave-toi lavons-nous lavez-vous

	Verbes en **-er** parl**er**	*Verbes en* **-ir** fin**ir**	*Verbes en* **-re** répond**re**	*Verbes pronominaux* se laver
Conditionnel *présent*	je parler**ais** tu parler**ais** il parler**ait** nous parler**ions** vous parler**iez** ils parler**aient**	je finir**ais** tu finir**ais** il finir**ait** nous finir**ions** vous finir**iez** ils finir**aient**	je répondr**ais** tu répondr**ais** il répondr**ait** nous répondr**ions** vous répondr**iez** ils répondr**aient**	je me laverais tu te laverais il se laverait nous nous laverions vous vous laveriez ils se laveraient
Subjonctif *présent*	que je parl**e** que tu parl**es** qu'il parl**e** que nous parl**ions** que vous parl**iez** qu'ils parl**ent**	que je fin**isse** que tu fin**isses** qu'il fin**isse** que nous fin**issions** que vous fin**issiez** qu'ils fin**issent**	que je répond**e** que tu répond**es** qu'il répond**e** que nous répond**ions** que vous répond**iez** qu'ils répond**ent**	que je me lave que tu te laves qu'il se lave que nous nous lavions que vous vous laviez qu'ils se lavent
Participe *présent*	parl**ant**	fin**issant**	répond**ant**	se lavant
passé	parl**é**	fin**i**	répond**u**	lavé

B. Verbes à modification orthographique

	ach**e**ter	préf**é**rer	pa**y**er	appe**l**er
Indicatif *présent*	j'ach**è**te tu ach**è**tes il ach**è**te nous ach**e**tons vous ach**e**tez ils ach**è**tent	je préf**è**re tu préf**è**res il préf**è**re nous préf**é**rons vous préf**é**rez ils préf**è**rent	je pa**i**e tu pa**i**es il pa**i**e nous pa**y**ons vous pa**y**ez ils pa**i**ent	j'appe**ll**e tu appe**ll**es il appe**ll**e nous appe**l**ons vous appe**l**ez ils appe**ll**ent
imparfait	j'ach**e**tais	je préf**é**rais	je pa**y**ais	j'appe**l**ais
futur	j'ach**è**terai	je préf**é**rerai	je pa**i**erai	j'appe**ll**erai
passé composé	j'ai ach**e**té	j'ai préf**é**ré	j'ai pa**y**é	j'ai appe**l**é
plus-que-parfait	j'avais ach**e**té	j'avais préf**é**ré	j'avais pa**y**é	j'avais appe**l**é
impératif	ach**è**te ach**e**tons ach**e**tez	préf**è**re préf**é**rons préf**é**rez	pa**i**e pa**y**ons pa**y**ez	appe**ll**e appe**l**ons appe**l**ez

	acheter	préférer	payer	appeler
Conditionnel *présent*	j'achèterais	je préférerais	je paierais	j'appellerais
Subjonctif *présent*	que j'achète que tu achètes qu'il achète que nous achetions que vous achetiez qu'ils achètent	que je préfère que tu préfères qu'il préfère que nous préférions que vous préfériez qu'ils préfèrent	que je paie que tu paies qu'il paie que nous payions que vous payiez qu'ils paient	que j'appelle que tu appelles qu'il appelle que nous appelions que vous appeliez qu'ils appellent
Participe *présent*	achetant	préférant	payant	appelant
passé	acheté	préféré	payé	appelé

III Les Verbes Auxiliaires

Etre et avoir

Indicatif Présent	*Imparfait*	*Futur*	*Passé Composé*	*Impératif*	*Subjonctif Présent*	*Participe Présent*	*Participe Passé*
Etre							
je suis	j'étais	je serai	j'ai été		que je sois	étant	été
tu es				sois	que tu sois		
il est					qu'il soit		
nous sommes				soyons	que nous soyons		
vous êtes				soyez	que vous soyez		
ils sont					qu'ils soient		
Avoir							
j'ai	j'avais	j'aurai	j'ai eu		que j'aie	ayant	eu
tu as				aie	que tu aies		
il a					qu'il ait		
nous avons				ayons	que nous ayons		
vous avez				ayez	que vous ayez		
ils ont					qu'ils aient		

IV Les Verbes Irréguliers

Infinitif	*Indicatif Présent*		*Imparfait*	*Futur*
aller	je vais tu vas il va	nous allons vous allez ils vont	j'allais	j'irai
apercevoir	j'aperçois tu aperçois il aperçoit	nous apercevons vous apercevez ils aperçoivent	j'apercevais	j'apercevrai
boire	je bois tu bois il boit	nous buvons vous buvez ils boivent	je buvais	je boirai
conduire	je conduis tu conduis il conduit	nous conduisons vous conduisez ils conduisent	je conduisais	je conduirai
connaître	je connais tu connais il connaît	nous connaissons vous connaissez ils connaissent	je connaissais	je connaîtrai
croire	je crois tu crois il croit	nous croyons vous croyez ils croient	je croyais	je croirai
devoir	je dois tu dois il doit	nous devons vous devez ils doivent	je devais	je devrai
dire	je dis tu dis il dit	nous disons vous dites ils disent	je disais	je dirai
écrire	j'écris tu écris il écrit	nous écrivons vous écrivez ils écrivent	j'écrivais	j'écrirai
faire	je fais tu fais il fait	nous faisons vous faites ils font	je faisais	je ferai
falloir	il faut		il fallait	il faudra

Passé composé	*Subjonctif Présent*	*Participe Présent*	*Autres verbes ayant une conjugaison semblable*
je suis allé	que j'aille que nous allions	allant	
j'ai aperçu	que j'aperçoive que nous apercevions	apercevant	décevoir recevoir
j'ai bu	que je boive que nous buvions	buvant	
j'ai conduit	que je conduise que nous conduisions	conduisant	construire détruire produire
j'ai connu	que je connaisse que nous connaissions	connaissant	reconnaître
j'ai cru	que je croie que nous croyions	croyant	
j'ai dû	que je doive que nous devions	devant	
j'ai dit	que je dise que nous disions	disant	contredire (vous contredisez) interdire (vous interdisez) prédire (vous prédisez)
j'ai écrit	que j'écrive que nous écrivions	écrivant	décrire
j'ai fait	que je fasse que nous fassions	faisant	
il a fallu	qu'il faille		

Infinitif	*Indicatif Présent*		*Imparfait*	*Futur*
lire	je lis tu lis il lit	nous lisons vous lisez ils lisent	je lisais	je lirai
mettre	je mets tu mets il met	nous mettons vous mettez ils mettent	je mettais	je mettrai
ouvrir	j'ouvre tu ouvres il ouvre	nous ouvrons vous ouvrez ils ouvrent	j'ouvrais	j'ouvrirai
partir	je pars tu pars il part	nous partons vous partez ils partent	je partais	je partirai
pouvoir	je peux tu peux il peut	nous pouvons vous pouvez ils peuvent	je pouvais	je pourrai
prendre	je prends tu prends il prend	nous prenons vous prenez ils prennent	je prenais	je prendrai
savoir	je sais tu sais il sait	nous savons vous savez ils savent	je savais	je saurai
venir	je viens tu viens il vient	nous venons vous venez ils viennent	je venais	je viendrai
vivre	je vis tu vis il vit	nous vivons vous vivez ils vivent	je vivais	je vivrai
voir	je vois tu vois il voit	nous voyons vous voyez ils voient	je voyais	je verrai
vouloir	je veux tu veux il veut	nous voulons vous voulez ils veulent	je voulais	je voudrai

Passé composé	*Subjonctif Présent*	*Participe Présent*	*Autres verbes ayant une conjugaison semblable*
j'ai lu	que je lise que nous lisions	lisant	élire
j'ai mis	que je mette que nous mettions	mettant	admettre permettre promettre
j'ai ouvert	que j'ouvre que nous ouvrions	ouvrant	couvrir découvrir offrir
je suis parti	que je parte que nous partions	partant	dormir (j'ai dormi) sortir (je suis sorti) servir (j'ai servi)
j'ai pu	que je puisse que nous puissions	pouvant	
j'ai pris	que je prenne que nous prenions	prenant	apprendre comprendre
j'ai su	que je sache que nous sachions	sachant	
je suis venu	que je vienne que nous venions	venant	appartenir (j'ai appartenu) devenir (je suis devenu) tenir (j'ai tenu)
j'ai vécu	que je vive que nous vivions	vivant	
j'ai vu	que je voie que nous voyions	voyant	prévoir
j'ai voulu	que je veuille que nous voulions	voulant	

V English Equivalents

This appendix contains English equivalents of the opening texts of the first twenty lessons. Some of the English may sound a bit stilted, for we have tried to remain close to the French vocabulary and structures. The French text, however, sounds very natural to speakers of French, and the occasional awkward exchanges sound awkward only in the English version.

If English omits a word or phrase that French uses, these extra words are set off in parentheses.

Do you speak French? *Yes, I do (speak French).*

If the English text would normally use a word or phrase that has no direct equivalent in the French version, these words are set off in square brackets.

J'aime beaucoup. *I like [it] a lot.*

When the English translation is not at all parallel to the French text, a literal or word-for-word equivalent is given in parentheses, introduced by the abbreviation *lit.*

Je m'appelle Philippe. *My name is Philippe.* (*lit.: I call myself Philippe.*)

These translations are included as an aid to introduce you to the French language. You may not want to use them at all, and prefer to attack the French directly. That's fine. Or you may want to read the French text, and then go over the English to make sure you understood everything. Or you may want to read the English first, and then approach the French. There are many different ways of learning a foreign language: choose the system that works best for you!

Lesson One: In Canada
Hello!
My name is Paul Dumas. (*lit.* I call myself Paul Dumas.)
I live in Quebec [City].
And you, where do you live?
Here is Monique and there is Michèle.
They live in Montreal.
Monique speaks only French, but Michèle is bilingual.
She speaks French.
She speaks English too.
And you, do you speak French or do you speak English?

Lesson Two: In Senegal
Hamadi:
Hi!
I speak French, but I am not French.
I am Senegalese.
I live in Dakar where I am a (college) student.
We work hard (*lit.* a lot) at the university!
And you, do you work hard?
Akissi:
I am not a student.
I am an interpreter.
I work at Air Afrique.
I am quite active.
I like sports and I like to dance.
I don't dance with Hamadi very often.
He does not dance well.
In fact, he dances very badly.
Poor Hamadi! He doesn't like to dance.
And you, do you like to dance?

Lesson Three: At the Alliance Française

Tao: Hello. My name is Tao Van Lee. I am Vietnamese.
Isabelle: Hello. *My* name is Isabelle Dufour (*lit.* Me, I call myself . . .)
Tao: You speak French with an accent. Are you Belgian?
Isabelle: Why, no. I am Swiss.
Tao: Where do you live?
Isabelle: In Geneva.
Tao: You're a student at the Alliance Française?
Isabelle: Yes, indeed!
Tao: Do you plan to stay in France?
Isabelle: No, I intend to return to Geneva.
Tao: When?
Isabelle: In October . . . I would like to work at the United Nations as an interpreter. I would also like to travel.
Tao: So would I! (*lit.* Me too.)

Lesson Four: The Motorbike

Linda: Do you have a car?
Philippe: No, I don't have a car. I have a motorbike.
Linda: A motorbike? What's that?
Philippe: It's a bike with a motor. It's a vehicle [that is] very economical and very practical when there is a lot of traffic.
Linda: And when you want to spend a weekend in the country?
Philippe: No problem! I have friends who have cars.

Lesson Five: A Nice Guy

Philippe: Hey, Alain. Do you have the time?
Alain: Yes, it's ten after two (*lit.* two-ten).
Philippe: Ten after two? Already?
Alain: Yes, why?
Philippe: I have a date with Michèle at two-thirty . . .
Alain: So?
Philippe: We're meeting (*lit.* we have our meeting)in the Latin Quarter! [It's] impossible to get there in twenty minutes.
Alain: And if you are not on time, Michèle will be furious!
Philippe: Exactly.
Alain: Listen, my car is here. If you want . . .
Philippe: Oh, thanks, Alain. You're a great guy!

Lesson Six: A Test

Are you a good driver?
1. Are you careful?
2. Are you patient?
3. Are you calm?
4. Are you sure of your reflexes?
5. Do you have quick reflexes?
6. Do you have good vision?

Now take the test yourself (*lit.* you, too).
Answer the six questions. Mark one point for each "yes" answer.
Count your points.
If you have six points, you are an excellent driver.
If you have three points or less, take the bus!

Lesson Seven: Movies

Look at the five films above.
There is a psychological drama, a comedy, a detective movie, a musical comedy and a western.
The psychological drama is called "Last Tango in Paris".
The comedy is called "Frankenstein Jr.".
What is the name of the detective movie?
What is the name of the musical comedy?
What is the name of the western?
What are the names of the actors?

Lesson Eight: Theater

Do you prefer the movies or the theater? Philippe and Hélène are discussing this question.
Philippe: Do you often go to the movies?
Hélène: That depends! When there is a good movie, yes! Otherwise, I prefer to go to the theater.
Philippe: What do you think of modern theater?
Hélène: I like [it] a lot.
Philippe: Well, it just happens that there is an Ionesco play in the Latin Quarter . . .
Hélène: At the Théâtre de la Huchette?
Philippe: Yes, of course!
Hélène: Let's go, if you want.
Philippe: All right! Let's go.

Lesson Nine: Up-in-the-Air Plans

Hélène and Marie-Noëlle are at the Cité Universitaire. They are looking at the bulletin board (*lit.* notices).
Marie-Noëlle: Hey, Hélène. Look at this notice.
Hélène: Which notice?
Marie-Noëlle: That notice over there about trips abroad.
Hélène: Oh yes . . . Vacation in Spain, vacation in Portugal, vacation in the Balearic Islands . . . Very interesting indeed!
Marie-Noëlle: Spain, Portugal, the Balearic Islands, sea, sunshine . . . Don't you find that tempting?
Hélène: Yes, of course.
Marie-Noëlle: Well, let's go there this summer!
Hélène: There's one major problem.
Marie-Noëlle: What problem?
Hélène: Don't forget that you are broke . . . and I am too.

Lesson Ten: A Matter of Tradition
Louise, an American student, is talking with Philippe.
Louise: Where do you usually go after class?
Philippe: That depends! I go back to my place . . . or I go to the movies . . . or to a café.
Louise: Alone?
Philippe: Generally with friends.
Louise: Say, Philippe, when you go to the café with a girl, are you the one who pays for her?
Philippe: Oh no! I pay for myself, and that's enough!
Louise: Each one pays his or her check (*lit.* his or her food and/or drink), then?
Philippe: Of course! That's the French student tradition. And in America (*lit.* where you live)?
Louise: In America, too, often.

Lesson Eleven: Dream and Reality
Michèle's room is comfortable, roomy, modern, with a large bathroom.
Is it the ideal room (*lit.* lodging) for a university student?
"Yes" think Michèle's parents.
"No" thinks Michèle, "because after all this room doesn't belong to me."
Actually Michèle lives with her parents, and in her parents' home she is not exactly in her own place.
Michèle would like to be totally independent.
That is why she dreams of renting a small apartment that would really be hers.
Michèle buys the paper and looks at the classified ads.
Here, in fact, is an interesting ad:
Latin Quarter. Studio apartment with kitchen and bathroom.
(Yes) But the price? 450 francs per month!
That is too much for Michèle's modest budget. Moreover, right now Michèle is saving money for summer vacation.
So? So Michèle folds the paper. After all, the room that she's in (*lit.* occupies) isn't that bad!

Lesson Twelve: Student Budget
Do you often make out a (*lit.* do your) budget?
Philippe does his budget every month. He has to! (*lit.* He is well obliged to!) His expenses have an irresistible tendency to exceed his income. Philippe's income is limited: 900 francs per month. He has a scholarship of 500 francs per month from the Ministry of National Education. His parents pay the rest.
900 francs is not a lot of money (*lit.* is not enormous), but with that Philippe pays for his room, his board, gas for his motorbike, his books . . .

Lesson Thirteen: Hunger Strike
It is noon. Classes are over. Outside, the weather is beautiful. Jacques is (very) happy. After lunch he is going to the Luxembourg Garden with his friends . . .
Jacques takes the bus and goes to the university restaurant. He looks at the menu. Now Jacques is no longer happy. He is furious!
"Fish, more fish, always fish! This is the third time this week that we are having (*lit.* that there is) fish . . . They are overdoing [it]!"
Is Jacques going to go on a hunger strike? No, because there is ice cream for dessert. Jacques loves ice cream! So, Jacques hesitates for a minute or two. Then he takes his tray and goes patiently to await his turn.

Lesson Fourteen: The Gourmet Test
Do you plan (*lit.* Do you have the intention) to go to a French restaurant?
Are you tempted by French cooking?
If so, answer these questions:
1. Do you like bread?
2. Do you like wine?
3. Do you like appetizers?
4. Do you like Coca-Cola?
5. Do you like ketchup?
6. Do you have a good appetite?
7. Are you patient? (*lit.* Do you have patience?)
8. Do you have money?

So much the better if you like bread, wine, and appetizers! There are always bread, wine, and delicious appetizers on the menu in French restaurants.
Too bad if you like Coca-Cola and ketchup. French restaurants rarely serve Coca-Cola or ketchup with meals. (In France, do as the French do. Don't order Coca-Cola with a meat course!)
Patience is not absolutely necessary, but it is useful. In French restaurants, waiters are not in too much of a hurry.
Money is indispensable. French cuisine is often extraordinary. It is rarely inexpensive.

Lesson Fifteen: Are You a "Bon Vivant"?
Answer the following questions.
1. How much money do you devote to leisure [activities]?
   a. a lot of money
   b. a little money
   c. no money (at all)
2. How much time do you devote to leisure activities?
   a. a lot of time
   b. a little time
   c. no time (at all)
3. What place does good cooking have in your life?
   a. a very important place
   b. a rather important place
   c. a place of little importance
4. Do you like wine?
   a. a lot
   b. a little
   c. not at all

5. Are you on a diet?
   a. no
   b. from time to time
   c. yes

Mark two points for each *a* answer, one point for each *b* answer and zero points for each *c* answer. Total up your points.
If you have 9 or 10 points, you are a "bon vivant", but be careful! You should watch over your health!
If you have between 3 and 8 points, you love life.
If you have between 0 and 2 points, you are much too serious. You have to put a little fantasy into your life.

Lesson Sixteen: Departure
It is July 3. (*lit.* We are July 3.) There are many people at the international airport in New York. It is a day when many people are leaving on vacation (*lit.* a day of many departures). Someone is calling together a group of tourists. Their plane is going to leave in twenty minutes. . . . [What is] the destination of these travellers? Paris! Why are they going there? Here are their reasons:
Jim: I am a college student. Later I plan to be a French teacher. That's why I am going to France.
Jane: I am eighteen (years old). I am also a college student. In a small college! During the (school) year, my horizons are limited. And so, during the vacation I want to meet people. They say that the French are individualistic people, but (that they are) pleasant and cultured. Why not go to France?
Linda: I have an uncle who lives in Paris. Therefore I have the opportunity to spend a vacation abroad inexpensively. I'm lucky, I suppose.
Monsieur Morrison: This is my first trip to France since 1945. I have many memories over there. Good, happy memories, and less happy memories. I plan to visit the beach in Normandy where I landed on June 6, 1944!

Lesson Seventeen: A week in Paris
Lynne has spent a week in Paris. With an organized tour! One week in Paris (that) is not very much. Yes, but in a week, Lynne did a great many things.
She visited Notre-Dame. She visited the Louvre and the Museum of Modern Art. She spent a day in Versailles. She bought several souvenirs. And of course, she took a lot of pictures.
Did she meet any French people? Uh . . . no. She didn't have the time!
Did she speak a little bit of French at least? Unfortunately no, she didn't speak French. She didn't have the chance to. Nevertheless, Lynne has kept excellent memories of her trip . . . Excellent, but somewhat fleeting.

Lesson Eighteen: Return from France
In the Paris–New York plane, Pierre meets Bob and Barbara, two American college students who have just spent a number of months in France.
Pierre: You are coming back from France, aren't you?
Barbara: That's right (*lit.* that's it). I have just spent a year in Montpellier.
Pierre: And you, Bob?
Bob: I've just spent six months in Grenoble.
Pierre: Did you stay there the whole time?
Bob: Yes, except for one week when I went to Switzerland.
Pierre: And you, Barbara? Did you stay in Montpellier?
Barbara: Not at all! In fact, I often took trips (*lit.* travelled).
Pierre: Where did you go?
Barbara: At Easter I went to Alsace and at Pentecost I went to Provence.
Pierre: Did you like your stay in France?
Barbara: Yes, I really did (like it)!

Lesson Nineteen: The Diploma Race
Are you very nervous when you take an exam?
It's a matter of temperament and habit! When you are a student in a French university, you are accustomed to exams. The exams at the end of the year are especially important. If you fail these exams in June, you have to start [the year] over again in September or you have to wait until the next year [to take the exams over again] . . . or you lose courage and give up. If you pass the exams, you obtain a certificate, and with several certificates, you obtain a diploma. And what do you do with that diploma? Well, often you continue your studies. That is to say, you obtain new certificates and new diplomas . . . This procedure rather resembles an obstacle race. In France, we call it the diploma race!

Lesson Twenty: Success and Failure
Philippe meets Michèle at a party. They are talking about their studies.
Philippe: Do you have your "licence"?
Michèle: No, I don't (have it). I am working for it.
Philippe: When did you take your baccalaureat exam?
Michèle: I took it last year. And you?
Philippe: I took it last year too. But unfortunately I failed it!
Michèle: Are you going to take it again in June?
Philippe: No. I have decided to give up.
Michèle: So what are you going to do?
Philippe: I would like to work in a travel agency. But without a diploma it's not easy.

VOCABULAIRE

Français-Anglais

à at, in, to; belonging to; **à cause de** because of; **à l'heure** on time; **à nouveau** again; **à partir de** as of, beginning in; **à la suite** following; **être à** to belong to
abandonner to give up
abîmer to ruin, to wreck
abolir to abolish
abondant abundant, plentiful
d'abord first, at first; first of all
s'abriter to take refuge; to find shelter
une absence absence
absent absent
absolu absolute
absolument absolutely
absorber to absorb
une abstention abstention
abstrait abstract
absurde absurd
un accent accent; **mettre l'accent sur** to stress, to emphasize
accentuer to stress, to emphasize; **pronom accentué** stress pronoun
accepter to accept; to be willing; to agree
un accès access; entrance
un accident accident
accompagner to accompany
accomplir to accomplish; **la forme la plus accomplie** the most perfect form
un accord agreement; **d'accord** okay, OK; **être d'accord** to agree; **en accord** in agreement
un accueil welcome
accueillir to invite; to welcome
un achat purchase
acheter to buy
l'acier (*m.*) steel
acquérir to acquire; to obtain
une acquisition acquisition
un acteur actor
actif (active) active, lively
une action action, deed; **passer à l'action** to go on the offensive
activement actively
une activité activity
une actrice actress
l'actualité (*f.*) news; news item
actuel (actuelle) of today, current; present; **à l'heure actuelle** now
actuellement now, presently
adapter to adapt; **s'adapter à** to adapt oneself to
additionner to add
un adepte fan
adéquat adequate; sufficient
un adjectif adjective
admettre to admit
administratif (administrative) administrative
une administration administration; government service
une admiration admiration
admirer to admire
une adolescence adolescence
adopter to adopt
une adoption adoption; **pays d'adoption** adoptive country
adoucir to soften
une adresse address
adorer to adore; to love, to like very much
un adverbe adverb
un adversaire opponent; adversary
adverse adverse, contrary
l'aéronautique (*f.*) aeronautics industry
un aéroport airport
une affaire business, matter, concern; **être affaire de** to be a matter of; **les affaires** business; **le sens des affaires** business sense
affecter to affect
une affection affection
une affiche poster; sign
affirmatif (affirmative) affirmative
affirmer to affirm; to assert
affreux (affreuse) awful; horrible
africain African; from Africa
l'Afrique (*f.*) Africa
un âge age; **quel âge avez-vous?** how old are you?
âgé old
une agence agency; **une agence de voyages** travel agency
agile agile
une agitation agitation; movement
agité restless
agréable pleasant; fun; agreeable
agressif (agressive) aggressive
agricole agricultural
un agriculteur farmer
l'agronomie (*f.*) agronomy; **un collège d'agronomie** agricultural school
ah! oh!; **ah bon!** oh really!
une aide assistance, help
aider to help
aigu acute; sharp
ailleurs elsewhere; **d'ailleurs** besides
aimable pleasant, nice
aimer to like; to love
ainsi therefore, thus; in this manner; **c'est ainsi que** in this way; **pour ainsi dire** so to speak
l'air (*m.*) air; **en l'air** up in the air
Air France a French airline
alarmant alarming, startling
alarmer to alarm, to startle

un album album
un alcool alcohol
aller to go; to be going to; **s'en aller** to leave, to go away; **qu'est-ce qui ne va pas?** what's wrong?
une alliance union; alliance
un allié ally
une allocation allowance; grant; **les Allocations familiales** family allowance (given by the government)
alors then; so; at that moment; **et alors?** so what?
un amant lover
un amateur fan; enthusiast
un ambassadeur ambassador
ambigu (ambiguë) ambiguous
ambitieux (ambitieuse) ambitious
une ambition ambition
une âme soul
améliorer to improve, to better
amener to bring (along)
américain American
un Américain American (person)
l'américanisation **(*f.*)** americanization
l'Amérique **(*f.*)** America; **l'Amérique du Sud** South America; **l'Amérique du Nord** North America
un ami friend (male); boyfriend; **un faux ami** false cognate; **une amie** friend (female); girlfriend
un amiral admiral
une amitié friendship
une amnistie amnesty
l'amour **(*m.*)** love; **un film d'amour** romantic movie about love; **une histoire d'amour** love story
amoureusement lovingly
amoureux (amoureuse) in love; loving; **être amoureux** to be in love
un amphi = **un amphitéâtre**
un amphitéâtre university lecture hall
amusant amusing, funny
amuser to amuse; **s'amuser** to have fun
un an year; **avoir . . . ans** to be . . (years old); **par an** per year; yearly
une analyse analysis; study
analyser to analyze
ancien (ancienne) old; ancient; former
anciennement formerly
un ange angel
anglais English; **un Anglais** Englishman
l'Angleterre **(*f.*)** England
une angoisse agony; anguish
une animation animation; life
animer to animate; to enliven
l'animosité **(*f.*)** animosity; hostility
une année year; **une année scolaire** school year
un anniversaire birthday; anniversary
une annonce announcement; ad; **une petite annonce** classified ad
annoncer to announce; to advertise
un anorak (ski) parka
anormal **(*pl.* anormaux)** out of the ordinary
une antenne antenna; aerial
anti-américain anti-American
anticipé advanced, early
un antiquaire antique dealer
anxieux (anxieuse) anxious
août **(*m.*)** August
l'apaisement **(*m.*)** appeasement
apercevoir to see; to glimpse; **s'apercevoir de** to realize
un apéritif aperitif (before-dinner) wine
un appareil-photo camera
une apparence appearance; **l'apparence extérieure** personal appearance
apparenté related; **un mot apparenté** cognate
un appartement apartment
appartenir à to belong to
un appel call; **faire appel à** to appeal to
appeler to call; **je m'appelle** my name is
un appétit appetite
applaudir to applaud; to encourage
appliquer to apply; **s'appliquer** to apply oneself; to work
apporter to bring
appréciable important, sizeable
une appréciation appreciation
apprécier to appreciate; to like
apprendre to learn
s'approcher (de) to approach
approprié appropriate; suitable
approximativement approximately; about
après after; afterward; **d'après** according to
un après-midi afternoon
arabe Arabic, Arab
un arbre tree
l'Arc **(*m.*)** **de Triomphe** Arch of Triumph (*monument in Paris*)
archaïque archaic; old-fashioned; old
un architecte architect
l'ardeur **(*f.*)** ardor; vigor
l'argent **(*m.*)** money; **l'argent de poche** pocket money; allowance
argumenter to argue; to discuss
une armée army
arranger to arrange; **s'arranger** to get better; to arrange one's appearance
une arrestation arrest
un arrêt stop; end
arrêter to arrest; **s'arrêter** to stop
arrière back; **en arrière** back; backwards
arriver to arrive, to come; to happen; **j'arrive . . .** I'm coming . . .; **qu'est-ce qui est arrivé?** what happened?
un arsenal arsenal
un art art; **l'art moderne** modern art
un article article; item
un artiste artist
artistique artistic
un ascenseur elevator
l'Asie **(*f.*)** Asia
asocial **(*pl.* asociaux)** asocial
un aspect aspect
une aspiration aspiration, wish, dream
assassiner to assassinate; to murder
assez rather, pretty; **assez de** enough
assidu diligent; hard-working
un assistant assistant; **une assistante sociale** social worker
assister to assist; to help; **assister à** to attend; to witness
une association association, club; **une association sportive** sport club
un associé associate; colleague
s'associer à to join
une assurance insurance; **les assurances sociales** social security
assurer to assure; to insure
l'astrologie **(*f.*)** astrology
un astronaute astronaut
un atelier workshop; (assembly) shop
un athlète (une athlète) athlete
l'Atlantique **(*m.*)** Atlantic (Ocean)
l'atmosphère **(*f.*)** atmosphere; air
atmosphérique atmospheric
un atome atom
attacher to fasten; to tie; to attach; **attacher de l'importance à** to stress

attaquer to attack
attendre to wait; to wait for; **s'attendre à** to expect
une attente wait, waiting, waiting period
attentif (attentive) attentive, careful
une attention attention; care; **attention!** careful! watch out! **faire attention** to watch out, to be careful, to pay attention
attentivement carefully
une attitude attitude
une attraction attraction
au = contraction **à** + **le**
aucun no; not . . . any
audacieux (audacieuse) bold
augmenter to increase
aujourd'hui today
auquel = contraction **à** + **lequel**
aussi also; too; therefore; **aussi . . . que** as . . . as
autant as much, as many; **autant de . . . que** as much (many) . . . as
un auteur author
une auto car, automobile
une autobiographie autobiography
un autobus bus
automatique automatic
un automne fall, autumn
une automobile automobile, car
un automobiliste (une automobiliste) driver
une autonomie autonomy; self-government; independence
un autoportrait self-portrait
autoriser to authorize, to allow, to permit
autoritaire bossy; authoritarian
une autorité authority; **les autorités** established powers
une autoroute superhighway; expressway
l'autostop (*m.*) hitchhiking; **faire de l'autostop** to hitchhike
autour de around
autre other; **autre chose** something else; **d'autres** other, others; **tout autre** any other; **un autre** another; **les autres** other people
autrefois before; in the past
autrement otherwise
aux = contraction **à** + **les**
avancé advanced; foremost
un avancement advancement; promotion
avancer to advance, to progress
avant before; **avant que** before
un avantage advantage; benefit
l'avant-garde (*f.*) forerunners; **d'avant-garde** ahead of its time; **le théâtre d'avant-garde** avant-garde theater
avare miserly, stingy
avec with
un avenir future
une aventure adventure; experience
une avenue avenue
aveugle blind
l'aviation (*f.*) aviation
avide eager, avid
un avion plane, airplane
un avis opinion; **à mon avis** in my opinion
un avocat (une avocate) lawyer
avoir to have, to own, to possess; **avoir . . . ans** to be . . . years old; **avoir besoin de** to need; **avoir de la chance** to be lucky; **avoir chaud** to be hot; **avoir droit à** to have a right to, to deserve; **avoir envie de** to want to, to desire; **avoir faim** to be hungry; **avoir froid** to be cold; **avoir l'habitude de** to be used to, to be accustomed to; **avoir l'heure** to have the time; **avoir l'intention de** to intend to; **avoir lieu** to take place; **avoir mal** to be in pain; **avoir du mal à** to have difficulty with; **avoir l'occasion de** to have the opportunity to; **avoir peur** to be afraid; **avoir raison** to be right; **avoir rendez-vous** to have a date or appointment; **avoir soif** to be thirsty; **avoir tendance à** to tend to
un avortement abortion
avril (*m.*) April

le bac = **le baccalauréat** French secondary school diploma
badiner to joke
le badminton badminton
une bagarre fight
un bain bath; **une salle de bains** bathroom
un bal dance
une banane banana
une bande strip; **une bande dessinée** comic strip
un banjo banjo
une banque bank
un banquier banker
les bans (*m.*) public notice of intent to marry
un bar bar, barroom
une barbe beard; **porter la barbe** to have a beard
barbu bearded; with a beard
une barricade barricade
une barrière barrier, obstacle
bas (basse) low
le baseball baseball
basé based
le basketball basketball
une bataille battle
un bateau (*pl.* **bateaux**) boat; **faire du bateau** to go boating
un bâtiment building
beau (bel; belle; beaux, belles) handsome, beautiful; **il fait beau** the weather is nice
beaucoup (de) much, many, a lot (of); **beaucoup trop (de)** much too much, many too many (of)
un bébé baby
belge Belgian; from Belgium
un bélier ram
bénéficier to profit from; to enjoy
bénéfique beneficial
un besoin need; want; **avoir besoin (de)** to need
une bête animal; beast
une bêtise something stupid
le beurre butter
une bibliothèque library
une bicyclette bicycle
bien well; good; indeed; really; **bien sûr** of course; **bien sûr que non** of course not; **eh bien!** well!; **ou bien** or; **vouloir bien** to be willing, to consent, to accept; **bien que** although
le bien good; advantage; good thing; asset; **un bien matériel** material asset; **le bien-être** well-being; quality of life; **le bien-vivre** good life, good living
bientôt soon; **à bientôt** see you soon
une bière beer
un bifteck steak; minute steak
un bikini bikini
bilingue bilingual
un billard billiards; **un billard électrique** pinball machine
un billet ticket; banknote; **un billet de banque** banknote
une biographie biography
la biologie biology

un bistrot small café, pub; **le bistrot du coin** the local pub
bizarre strange
blanc (blanche) white
un blazer blazer
blessé injured, hurt, wounded
bleu blue
blond blond
bloquer to block
une blouse smock; blouse
des blue-jeans (*m.*) blue jeans
le blues blues (*music*)
un bœuf ox; **le bœuf** beef
boire to drink
un bois forest; **un coureur des bois** trapper
une boisson drink; beverage
une boîte box
bombarder to bomb
bon (bonne) good; **ah bon!** oh really!; **bon marché** cheap; inexpensive; **en bonne forme** in good shape; **il fait bon** the weather is nice; **le bon sens** common sense; **un bon vivant** one who appreciates the good life
un bonbon candy
le bonheur happiness
bonjour hello
le bord edge; border; **au bord de** on the edge of
une bouche mouth
un boulanger baker
une boulangerie bakery; baker's shop
une boule ball; **une boule de cristal** crystal ball; **les boules** French lawn bowling
un boulevard boulevard
bouleverser to upset; to change radically
un bourgeois (une bourgeoise) middle-class person, bourgeois
une bourse scholarship
un bout end, extremity; **au bout de** at the end of
une boutique shop
la boxe boxing
une branche branch
un bras arm
bref (brève) brief, short
le bridge bridge (card game)
brillant brilliant
briller to shine
une brochure brochure
une brosse brush; **une brosse à cheveux** hairbrush; **une brosse à dents** toothbrush
brosser to brush
se brosser to brush
un bruit noise; **faire du bruit** to be noisy; loud
brun (dark) brown; dark-haired
brutal (*pl.* brutaux) brutal, brutish
la brutalité brutality
un budget budget; **faire un budget** to prepare a budget
un buffet buffet
un bulletin bulletin; **un bulletin de vote** ballot
un bureau (*pl.* bureaux) office; desk; **un bureau de change** bank which exchanges foreign currency; **un bureau de recensement** census bureau; **un bureau de vote** polling place
la bureaucratie bureaucracy; red tape
un bus bus
un but goal; purpose

c' = ce
ça this; that; it; **ça dépend** it depends; **ça suffit** that's enough; **ça va?** hi, how's everything?
un cabinet de toilette bathroom
un cadeau (*pl.* cadeaux) gift, present
un cadre (une femme-cadre) executive
le café coffee
un café café; coffee shop
une cafétéria cafeteria
le calcul calculation, arithmetic; calculus
calculateur (calculatrice) calculating; motivated by self-interest
un calendrier calendar
calmant soothing, calming
calme calm
calmement calmly
calmer to calm (down); to soothe
un camarade (une camarade) friend; fellow student; comrade; **un camarade de chambre** roommate
un cambriolage burglary; robbery
une caméra movie camera
camoufler to hide; to camouflage
la campagne country; political campaign; **à la campagne** in the country
le camping camping; **faire du camping** to go camping
un campus campus
un canard duck; (*familiar*) rag, newspaper of low repute; **le Canard Enchaîné** a French satirical newspaper
un cancre dunce
un candidat candidate
une cantine cafeteria (in a school or factory)
capable able, competent; capable
capital (*pl.* capitaux) principal; main; capital; **un capital** money, capital; **une capitale** capital city
le capitalisme capitalism
capricieux (capricieuse) capricious; whimsical
car because, for
le caractère character, personality; **avoir bon caractère** to have a pleasant personality; **avoir mauvais caractère** to have a bad temper
une carcasse hulk (of a car)
un carnet notebook; **un carnet de chèques** checkbook
une carrière career
une carte card; map; **une carte d'étudiant** student ID card; **une carte postale** postcard; **jouer aux cartes** to play cards
un cas case; **suivant le cas** depending on the situation
un casino casino; gambling spot
le casse-croûte snack; sandwich lunch
casser to break
une cassette cassette
une caste caste
un catalogue catalog
une catastrophe catastrophe
une catégorie category
une cause cause, reason; **à cause de** because of; **une grande cause** important issue
causer to cause, to create, to provoke; to chat
ce he, she, it, that; **c'est-à-dire** that is to say; **c'est ça!** that's it!; **ce que** what, which; **ce qui** what, which
ce (cet, cette, ces) this, that; these, those; **ces jours-là** those days
ceci this, that
cela this, that
célèbre famous, well-known
célébrer to celebrate
le céleri celery
celui (celle, ceux, celles) this one, that one, these, those; **celui-ci** this one; the latter; **celui-là** that one; the former
cent hundred; **pour cent** per cent

une centaine a hundred; about a hundred
un centime 1/100 of a franc
central (*pl.* **centraux**) central; **un gouvernement central** centralized government
la centralisation centralization
centraliser to centralize
un centre center; middle; **au centre de** in the center of; **un centre nerveux** nerve center
cependant however; nevertheless
certain certain; **certains** a few people; certain people; **certainement** obviously, certainly; **certainement!** sure!
un certificat certificate
une certitude certainty
la cesse ceasing; **sans cesse** endlessly; continually
cesser to cease; to end; to stop
chacun each; each one
une chaise chair
un chalet chalet; country cottage
une chambre room; **un camarade de chambre** roommate
un champ field
le champagne Champagne
un champion (une championne) champion
une chance luck; opportunity; **avoir de la chance** to be lucky
le change exchange of currency; **un bureau de change** bank which exchanges foreign currency
changeant changing
un changement change; transformation
chanter to sing
un chanteur (une chanteuse) singer, vocalist
un chapeau hat
une chapelle chapel
chaque each, every
une charge expense; **avoir la charge de** to be responsible for
chargé (de) in charge of
un charter charter flight
la chasse hunting
chasser to hunt; to chase; to drive away
un chasseur hunter; **poulet chasseur** chicken cacciatore
chaud warm, hot; **avoir chaud** to be warm/hot; **il fait chaud** it is warm, hot
une chaussette sock
une chaussure shoe
chauvin chauvinist, super-patriot
un chef chief, boss; leader; **un chef d'œuvre** masterpiece; **le chef du personnel** chief of personnel
une chemise shirt
un chèque check; **un carnet de chèques** checkbook
cher (chère) dear; expensive
chercher to look for; to try; to get
un cheveu (*pl.* **cheveux**) hair
chez at (to) the house of, at (to) the office of; **chez le dentiste** at (to) the dentist's office; **chez le docteur** at (to) the doctor's office; **chez les étudiants** among students; **chez mes parents** at (to) my parent's house; **chez moi** at (my) home; home; **chez nous** at (our) home; home; with us
chic elegant, chic; **un chic type** nice guy
le chic elegance
un chien dog
le Chili Chile
la chimie chemistry
un chimiste (une chimiste) chemist
la Chine China
chinois Chinese; **le chinois** Chinese (language)
le chocolat chocolate; cocoa, hot chocolate
choisir to choose, to select; to pick out
un choix choice; possibility of choice; **au choix!** your pick!
le chômage unemployment
choquant shocking
choquer to shock
une chose thing; **autre chose** something else
chronologique chronological
le christianisme Christianity
ci-dessous below
ci-dessus above
le ciel sky; heaven
une cigarette cigarette
le ciment cement
un cinéaste movie maker
un cinéma cinema; movie house; **le cinéma** movies
cinq five
cinquante fifty
une circonstance circumstance
la circulation traffic; circulation
circuler to circulate; to move around
les ciseaux (*m.*) scissors
une citadelle citadel; fortress
une citation quotation
une cité city; **Cité Universitaire** dorm complex
citer to quote, to mention
un citoyen (une citoyenne) citizen
la civilisation civilization
clandestin clandestine, secret
la clarinette clarinet
une classe class, classroom
classer to classify; to sort; to rank; **se classer** to be ranked
classique classic, classical; **la musique classique** classical music
un classique classic
un client (une cliente) client, customer
un climat climate
clos closed; finished, over
un club club
le Coca-cola Coca-cola
un cocktail cocktail; cocktail party
cognitif (cognitive) cognitive
se coiffer to fix one's hair
un coiffeur barber; hairdresser
un coin corner
une coïncidence coincidence
la colère anger; **en colère** angry; **se mettre en colère** to become angry
des collants (*m.*) pantyhose; tights
un collège high school; technical high school; (American) college
un colon colonist
une colonie colony; **une colonie de vacances** summer camp
colonisé colonized
un combat fight; battle
combatif (combative) combative
combien (de) how much; how many
une comédie comedy; **une comédie musicale** musical
un comédien (une comédienne) comedian; actor (actress)
un comité committee
commander to command; to order (food)
comme as; like; such as; **comme tu veux** as you like
le commencement beginning
commencer to begin; to start
comment how; **comment trouves-tu . . .?** what do you think of . . .?
un commentaire comment; commentary
un commentateur reporter

commenter to comment (about)
un commérage gossip
le commerce business; commerce
commercial (*pl.* **commerciaux**) commercial
commun common; in common; ordinary; **le Marché Commun** Common Market; **un point commun** similarity
une communauté community; **la Communauté Economique Européenne** Common Market
la Commune the French revolution of 1871
la communion communion; togetherness
le communisme communism
un communiste communist
une compagnie company
comparable comparable
comparer to compare
compenser to compensate
compétent competent; capable
un complément complement; **un complément d'objet** object (of a verb)
complet (complète) complete, extensive
compléter to finish; to complete
compliqué complicated; complex
le comportement behavior
composer to compose; to make up; to write; **être composé de** to consist of
un compositeur composer
une composition composition; written exam
la compréhension understanding
comprendre to understand, to comprehend; to include
un compte account; count; **un compte en banque** bank account; **se rendre compte** to realize
compter to count; **compter sur quelqu'un** to rely on someone
un concept concept, idea
une conception conception
conceptuel (conceptuelle) conceptualized
concerné concerned
concerner to concern; to have to do with
un concert concert
une concession concession
concilier to reconcile; to bring together
une conclusion conclusion
un concours competitive examination; **un concours d'entrée** entrance exam
concrétiser to put into concrete form
une condition condition; standing, status; state; **à condition que** on condition that; **la condition féminine** status of women
le conditionnel conditional
un conducteur (une conductrice) driver
conduire to drive; to conduct; **un permis de conduire** driver's licence; **se conduire** to behave; **se conduire bien** to behave; **se conduire mal** to misbehave
la confection ready-made clothing industry
une conférence conference; lecture
une confidence secret; **faire une confidence** to tell a secret
confier to entrust
la confiture jam
un conflit conflict
la conformité conformity, agreement
conformiste conformist
le confort comfort
confortable comfortable
une confrontation confrontation
confus confused; embarrassed
un congé holiday; leave; vacation; **les congés payés** paid vacation
un congrès congress
une conjonction conjunction
une connaissance acquaintance; knowledge; **faire la connaissance de** to meet; to get acquainted with
connaître to know
une connerie (*slang*) something idiotic; a stupidity
connu famous; well-known
une conquête conquest
consacrer to devote, to consecrate
conscient conscious, aware
la conscience conscience; consciousness; **prendre conscience** to become aware
un conseil (piece of) advice; opinion
conseiller to advise
un conseiller (une conseillère) advisor; **un conseiller d'éducation** guidance counsellor; **un conseiller d'étude** student advisor
une conséquence consequence; outcome
conséquent: par conséquent consequently; therefore
conservateur (conservatrice) conservative
conserver to preserve; to maintain
considérable large, sizeable
considérablement considerably
une considération consideration
consister à to consist of
une consommation drink (at a café)
consommer to consume; to drink, to eat
constituer to form; to constitute; **être constitué de** to be made up of; **un groupe constitué** organized body
la constitution constitution
une construction construction; building
construire to build; to construct
consulter to consult; to read
un contact contact; meeting; **un contact humain** human relationship; **prendre contact** to make contact; to meet or get in touch with
un conte short story
contemporain contemporary
contenir to contain; to include
content happy; satisfied
se contenter (de) to be satisfied (with)
le contenu contents
un contestataire protester; one who challenges society
la contestation (social and political) protest; dispute; **un sujet de contestation** matter of dispute
un continent continent
continental (*pl.* **continentaux**) continental
continu regular, continuing
continuel (continuelle) continual, unending
continuellement continually
continuer to keep on; to go on with
un contraceptif contraceptive
une contradiction contradiction
contradictoire contradictory
une contrainte restraint; constraint
le contraire contrary; opposite; **au contraire** on the contrary
une contravention traffic ticket
contre against; **pour et contre** pro and con
contredire to contradict

contribuer to contribute
une contribution contribution
le contrôle control, management
convaincu convinced
convenir to suit, to fit
une convention convention, tradition; **une question de convention** matter of tradition
une conversation conversation
la coopération cooperation, assistance
un copain (une copine) pal; friend
coquet (coquette) fashion-conscious; stylish
un corps body
correspondant corresponding, matching
correspondre to agree with; to match
la corruption corruption
un costume (man's) suit
le côté side; **à côté de** next to; **d'un côté** on the one hand; **de l'autre côté** on the other hand
un cou neck
coucher to put to bed; **se coucher** to go to bed
une couleur color; **une télévision en couleur** color TV
un coup blow, knock; **un coup de téléphone** phone call
une coupe cup; trophy
couper to cut
le courage courage; **avoir du courage** to be courageous
courageux (courageuse) courageous
courant current; running; **l'eau courante** running water; **la vie courante** day-to-day life
un coureur runner, racer; **un coureur des bois** trapper
courir to run
le courrier mail
un cours class; course; **aller en cours** to go to class; **avoir cours** to have classes; **un cours particulier** private lesson; **suivre un cours** to take a course
une course race; errand; **faire les courses** to go shopping; **une liste des courses** shopping list
court short
un cousin (une cousine) cousin
le coût cost; **le coût de la vie** cost of living
coûter to cost
coûteux (coûteuse) expensive; costly
une coutume custom
un couturier (une couturière) fashion designer
couvrir to cover
une cravate tie
une création creation
la créativité creativity
créer to create, to produce
la crème cream
créole Creole
une crêpe crepe; thin pancake
crever to burst; (*slang*) to die
crier to scream; to call out
le cristal crystal; **une boule de cristal** crystal ball
critique critical
une critique critical review; criticism
critiquer to criticize
croire to think; to believe
croiser to cross; **croiser quelqu'un** to pass in front of someone
cruel (cruelle) cruel
une cuisine kitchen; **la cuisine** cooking; cuisine; **faire la cuisine** to cook
culinaire culinary, about cooking or food
cultivé cultured
une culture culture; civilization
culturel (culturelle) cultural
la curiosité curiosity
un cycle cycle
le cyclisme bicycling
un cyclomoteur motorbike

d' = de
une dame lady
la damnation damnation
un damné damned person, condemned person
un danger danger, risk
dangereux (dangereuse) dangerous
dans in, within
la danse dance
danser to dance
un danseur (une danseuse) dancer
une date date
la date de naissance birthdate
dater (de) to date (back to)
davantage more
de of; from; some; **de même** also; **pas de** no; not any
débarquer to land
un débat debate
débattre to debate; to argue
le début beginning
décembre (*m.*) December
décevant deceiving; disappointing
décevoir to deceive; to disappoint
décider to decide
une décision decision
déclarer to state; to assert
la décolonisation decolonization
le décor decor, setting
un décorateur (une décoratrice) interior decorator
décorer to decorate
une découverte discovery
découvrir to discover, to find
décrire to describe
une défaite defeat
un défaut drawback, weakness; flaw
défendre to protect; to defend; to forbid
la défense defense
défiler to march, to parade
défini definite; clearly defined
définir to define
dégénérer to degenerate
dehors outside; **en dehors de** aside from
déjà already
déjeuner to have lunch or breakfast; **un déjeuner** lunch; breakfast; **le petit déjeuner** breakfast
délicieux (délicieuse) delicious
un délire frenzy, delirium
un déluge flood
demain tomorrow
une demande request
demander to ask (for); **se demander** to wonder
demeurer to stay; to live
demi half
démocrate Democrat; democratic
démocratique democratic
démonstratif (démonstrative) demonstrative
le démon devil; demon
démuni underprivileged
une dent tooth; **une brosse à dents** toothbrush; **une dent de sagesse** wisdom tooth
un dentiste (une dentiste) dentist; **chez le dentiste** at (to) the dentist's
un départ departure
dépasser to exceed, to go above
se dépêcher to hurry
dépendre (de) to depend (on); **ça dépend** it depends
une dépense expense; expenditure; **dépenses diverses** miscellaneous expenditures
dépenser to spend (money)

se déplacer to move around
déplorer to deplore
déporter to deport
depuis since
dernier (dernière) last
derrière behind, in back of
dès que as soon as
un désaccord disagreement
désacraliser to suppress the sacred character of
désagréable unpleasant
le désarmement disarmament
un désastre disaster
un désavantage disadvantage; inconvenience; drawback
désavantagé disadvantaged; at a disadvantage
descendre to go down; to get off
une description description
un déshonneur disgrace
la désignation designation
désigner to designate
un désir wish; desire
désirer to want, to wish
désobéir to disobey
désobéissant disobedient
désolé sorry; desolate, dreary
déspiritualiser to despiritualize
un dessert dessert; **au dessert** for dessert
dessiner to draw; **une bande dessinée** comic strip
la destination destination; **à destination de** in the direction of
destructeur (destructrice) destructive
un détail detail
se détendre to relax
la détente relaxation; détente
détériorer to make something worse; **se détériorer** to deteriorate
détester to hate; to detest
détruire to destroy
une dette debt
le deuil mourning
deux two; **une Deux Chevaux** small French Citroën car; **un Deux Roues** bicycle, motorcycle or other two-wheeled vehicle
deuxième second
devant in front of
le développement development, growth
développer to develop; to expand, to improve; **se développer** to grow; to spread
devenir to become
une devise motto
devoir to have to; to be supposed to; must; to owe
un devoir (written) assignment; duty; **les devoirs** homework
un dialecte dialect
un dialogue dialog
dialoguer to speak with
un dicton saying
un dictionnaire dictionary
différemment differently
une différence difference
différent different, varied
difficile difficult
difficilement with difficulty
une difficulté difficulty; problem
la dignité dignity
dimanche (*m.*) Sunday
une dimension dimension
diminuer to diminish; to decrease
dîner to dine; to eat supper
le dîner dinner; supper
un diplomate diplomat
un diplôme degree; diploma
dire to say; to tell; **c'est-à-dire** that is to say; **pour ainsi dire** i.e.; that is; **vouloir dire** to mean
direct direct
directement directly
un directeur (une directrice) director
la direction direction; administration; management
diriger to direct; to manage
un disciple disciple
la discipline discipline
discipliné disciplined
une discothèque discotheque
discret (discrète) discreet
la discrimination discrimination
une discussion talk
discuter to discuss; **discuter de** to talk about
disparaître to disappear
une disponibilité availability; **les disponibilités** what is available
se disputer to argue; to fight over
un disque record
distant distant
distinct distinct
une distinction distinction, difference; **faire la distinction** to make a distinction; to distinguish
distinguer to distinguish; **se distinguer** to become famous; to distinguish oneself
une distraction pastime; entertainment; **des distractions** leisure activities
une divergence difference
divers diverse, various; miscellaneous; **dépenses diverses** miscellaneous expenditures; **un fait divers** minor news item
la diversité diversity
diviser to divide
une division division
un divorce divorce
divorcer to divorce
dix ten
dix-huit eighteen
dix-neuf nineteen
dix-sept seventeen
un docteur doctor
un doctorat Ph.D.; doctoral degree
une doctrine doctrine
un document document
un doigt finger
un dollar dollar
un domaine domain, area; field; **dans ce domaine** in this area
domestique domestic; of the home; **les travaux domestiques** housework
un domicile home; domicile; **à domicile** at home
une domination domination
dominer to dominate
dommage! too bad!
donc thus; therefore; hence; well
donner to give; **donner rendez-vous** to make a date or appointment; to arrange to meet; **donner de son temps** to volunteer one's time; **donner une pièce** to put on a play
dont whose; of whom; of which
dormir to sleep
un dortoir dormitory
un dos back
la douane customs
douanier (douanière) referring to customs
un doute doubt; **sans doute** probably
douter to doubt
doux (douce) sweet
douze twelve
dramatique dramatic; **une représentation dramatique** play
une dramatisation dramatization; role play
un drame drama

une drogue drug
un droit right; law; **avoir droit à** to deserve; to have a right to; to be entitled to
la droite right (wing)
drôle funny
une D.S. large French Citroën car
du = contraction **de** + **le**
duquel = contraction **de** + **lequel**
durable lasting, durable
durer to last
dynamique dynamic
le dynamisme dynamism

l'eau (*f.*) water; **l'eau courante** running water; **l'eau de cologne** cologne; toilet water; **l'eau minérale** mineral water; spring water
écarlate scarlet red
un échange exchange
échanger to exchange
échapper to escape
un échec failure
une école school; **une grande école** specialized graduate school
l'économie (*f.*) economy; **des économies** savings; **faire des économies** to save money
économique economic, economical; **les sciences économiques** economics
économiquement economically
économiser to save money; to economize
écouter to listen; to listen to
un écran screen; **le petit écran** (*familiar*) TV
écrire to write
écrit written; **la presse écrite** written press; newspapers
un écrivain writer
une éducation education; **l'Education Nationale** Ministry of Public Education
éduqué educated
éduquer to educate
un effet effect; **en effet** as a matter of fact
l'efficacité (*f.*) effectiveness; efficiency
un effigie portrait; effigy
un effort effort
égal (*pl.* **égaux**) equal
l'égalité (*f.*) equality
un égard consideration; **à l'égard de** with respect to; with regard to
une église church
l'égoïsme (*m.*) selfishness
égoïste selfish
l'Egypte (*f.*) Egypt
eh! hey!; **eh bien!** well!
un électeur (une électrice) voter
une élection election; **se présenter aux élections** to be a candidate
électoral (*pl.* **électoraux**) electoral; **une campagne électorale** political campaign
un électricien electrician
l'électricité (*f.*) electricity
électrique electric; **un billard électrique** pinball machine
l'électronique (*f.*) electronics industry
un électrophone record player
l'élégance (*f.*) elegance; sense of fashion
élégant elegant; well-dressed
un élément element
élémentaire elementary; **enseignement élémentaire** elementary education
un (une) élève student; pupil
élevé high; elevated; brought up; **bien élevé** well educated; **moins élevé** lower
élever to raise; to educate
élire to elect
une élision elision
elle she; it; her
élu elected
embarrassant embarrassing
embarrasser to embarrass
une émission show (on radio or TV); **une émission de sports** sportscast
une émotion emotion; sensitivity
un emploi job, employment; use; **la sécurité de l'emploi** job security
un employé (une employée) employee
employer to use; to employ
un employeur employer
un emprunt borrowing; loan
emprunter to borrow
en some, any; in, into; by; **en effet** in fact; as a matter of fact; **en fait** in fact
encercler to encircle
encore always; still; again; yet; **ne . . . pas encore** not yet
un encouragement encouragement
encourager to encourage, to stimulate
s'endormir to fall asleep
un endroit spot, place, location
l'énergie (*f.*) energy, dynamism; **avoir de l'énergie** to be energetic
énergique energetic
énerver to anger (someone); **s'énerver** to get angry; to get mad
un enfant (une enfant) child
enfermer to shut up; to enclose; **s'enfermer** to shut oneself up
engagé militant; engaged, engage
engager to engage; to put at stake; **s'engager** to enlist
ennemi hostile
ennuyer to bore; **s'ennuyer** to get bored; to be bored
ennuyeux (ennuyeuse) boring
énorme enormous; huge; big; **ce n'est pas énorme** it's not much
énormément enormously; **énormément de** much, many; a lot of
enrichir to enrich; to improve
l'enseignement (*m.*) teaching; education; instruction; teaching profession; **l'enseignement secondaire** secondary education
enseigner to teach
ensemble together; **un ensemble** ensemble; totality; **dans l'ensemble** on the whole
ensuite then; afterwards; after
entendre to hear; **s'entendre** to get along
un enthousiasme enthusiasm
s'enthousiasmer to become enthusiastic
enthousiaste enthusiastic
un entr'acte intermission
un entraînement training
s'entraîner to train
entre between; among
une entrée entrance; **un examen d'entrée** entrance exam
une entreprise enterprise; firm; business
entrer to enter; to come in
une enveloppe envelope
envers towards
une envie envy; desire; **avoir envie de** to want
un environnement environment; surroundings
envoyer to send
épanoui blossoming, beaming
épeler to spell
une épice spice
épier to spy upon

un épisode episode
une éponge sponge
une époque time, period, era; **à cette époque** at that time; then
épouser to marry
épouvantable awful; **il fait un temps épouvantable** the weather is awful
un époux (une épouse) spouse
épuisé exhausted
un équilibre equilibrium; balance
équilibré balanced; mentally sound
une équipe team
un équipement equipment; **l'équipement sanitaire** plumbing
équiper to equip; to fit; **équiper un appartement** to furnish an apartment
une équivalence equivalence
équivalent equivalent
une erreur mistake; error; **faire erreur** to be mistaken
un escalier stair; staircase
l'esclavage (*m.*) slavery
un esclave (une esclave) slave
un escudo *escudo*
l'espace (*m.*) space; room
espagnol Spanish; **l'espagnol (*m.*)** Spanish (language); **faire de l'espagnol** to study Spanish; **un Espagnol (une Espagnole)** Spaniard
espérer to hope
l'espoir (*m.*) hope
un esprit spirit, mind; **avoir l'esprit d'initiative** to be enterprising
un essai try; essay
un essayage fitting
essayer to try; to try on
l'essence (*f.*) gas, gasoline
essentiel (essentielle) essential; **l'essentiel (*m.*)** the main part
essentiellement essentially
estimer to estimate; to value
un estomac stomach
et and; **et alors?** so what?
une étable stable
établir to establish; **établir une distinction** to make a distinction
un étage floor; **le premier étage** second floor
un état state; **l'Etat** the Government; **les Etats-Unis (*m.*)** United States
l'été (*m.*) summer
s'étendre to extend; to expand
éternel (éternelle) eternal; everlasting
l'étiquette (*f.*) etiquette; good manners
une étoile star
étonnant astonishing; surprising
étonner to astonish
étrange strange; queer
étranger (étrangère) foreign; **l'étranger (*m.*)** foreign country; foreigner; **à l'étranger** abroad
étrangler to strangle
être to be; **être à** to belong to; **être d'accord** to agree; **un être** being; person
une étude study; **un conseiller d'études** student advisor; **les études supérieures** higher education; **faire des études** to study, to go to school
étudier to study
un étudiant (une étudiante) student; college student
euh! uh!
l'Europe (*f.*) Europe
européen (européenne) European; from Europe
eux them; **eux-mêmes** themselves
une évacuation evacuation
une évasion escape
un événement event; happening; **un événement d'ordre familial** family event
éventuel (éventuelle) eventual; possible
éventuellement eventually; possibly
évidemment obviously; evidently
évident evident; obvious
éviter to avoid
évoluer to develop; to evolve; **faire évoluer** to help develop; to advance
évoquer to evoke; to recall
exact exact; accurate; **exact!** right!
exactement exactly, precisely
exagérer to exaggerate
un examen examination; test; **la Maison des Examens** Test Center; **passer un examen** to take a test
un examinateur (une examinatrice) examiner
exaspérer to exasperate; to irritate
excellent excellent, very good
excéder to be in excess; to exceed
excentrique eccentric
excepté except for
une exception exception
exceptionnel (exceptionnelle) exceptional
excitant exciting
une excuse excuse; apology
excuser to excuse; **s'excuser** to apologize
exécutif (exécutive) executive
un exemple example; instance; **par exemple** for example; for instance
un exercice exercise
une exigence demand
exiger to demand; to require
une existence existence; life
exister to exist; to be
un exode exodus
une expansion expansion
une expédition expedition
une expérience experience; experiment
expirer to expire
expliquer to explain
explorer to explore
exploser to explode
une explosion explosion; **le moteur à explosion** internal combustion engine
exposer to display; to expose
une exposition exhibit
une expression expression; opinion; **d'expression française** French-speaking
exprimer to express
extérieur exterior; external; outside; **l'apparence extérieure** personal appearance
l'extérieur (*m.*) exterior; **à l'extérieur** outside; abroad
extraordinaire extraordinary; uncommon; very special
extravagant extravagant; out of the ordinary
extrême extreme
extrémiste extremist

la fac = la faculté university; **en fac** at the university
la face face; **en face de** across from; facing; **face à** with respect to
facile easy
facilement easily
faciliter to facilitate
une façon fashion; manner, way
un facteur mailman
la faculté university
un faible weakness
une faiblesse soft spot; weakness
la faim hunger; **avoir faim** to be hungry; **la grève de la faim** hunger strike

faire to do, to make; **être fait pour** to be made for; to have a talent for; **faire appel à** to appeal to; **faire attention (à)** to watch out (for), to be careful (about); to pay attention (to); **faire de la politique** to be active in politics; **faire des économies** to save money; **faire des études** to study; to go to school; **faire du bateau** to go boating; **faire du bruit** to be noisy; **faire du camping** to go camping; **faire du cinéma** to play in the movies; **faire du français** to study French; **faire du piano** to play the piano; **faire du volleyball** to play volleyball; **faire faire** to have someone do something; **faire la connaisance (de)** to meet; to make the acquaintance (of); **faire la cuisine** to cook; **faire la grève** to go on strike, to strike; **faire la révolution** to revolt; **faire les courses** to go shopping; **faire le total** to add up; **faire partie de** to be a part of; to be a member of; to belong to; **faire une confidence** to tell a secret; **faire une promenade** to go for a walk; **faire un stage** to work as a trainee; **faire un voyage** to go on a trip; to take a trip; **il fait beau** the weather is nice; **il fait mauvais** the weather is bad; **ne faire que . . .** to do nothing but; **se faire** to make oneself; **se faire les yeux** to put on eye makeup

un fait fact; happening; **au fait** as a matter of fact; **en fait** in fact; **le fait de** the act of; **un fait divers** minor news item

falloir to be necessary; **il faut** it is necessary; one must; you need

fameux (fameuse) famous, well-known

familial (*pl.* **familiaux)** family-related

familier (familière) familiar; common

une famille family; **en famille** among the family

un fana (= un fanatique) fan; **un fana de cinéma** movie fan; **un fana de musique** music lover

fanatique fanatic

une fantaisie fantasy; imagination

fasciner to fascinate; to bewitch

fatal fatal; unavoidable

fatigué tired

se fatiguer to get tired; to become weary

fauché broke, without money

faut: il faut it is necessary; one must

faux (fausse) false, wrong; **un faux ami** false cognate

la faveur favor

favorable favorable

favoriser to favor; to promote

féminin feminine; of woman; female

féministe feminist

la féminité femininity

une femme woman; wife; **une femme politique** politician (female)

le fer iron

une ferme farm

fermer to close, to shut; **fermer un journal** to fold up a newspaper

un fermier (une fermière) farmer

une fête holiday; feast; entertainment

le feu fire

février (*m.*) February

les fiançailles (*f.*) engagement ceremony

fiancé engaged; **un fiancé (une fiancée)** engaged person

se fiancer to get engaged

fidèle faithful; **un fidèle (une fidèle)** believer

la fidélité faithfulness

fier (fière) proud

une figure face

un fil string, thread; **au fil de** along

une fille daughter; girl

un film movie; **un film d'amour** love movie; **un film d'aventure** adventure movie; **un film d'horreur** horror movie; **un film policier** detective movie

le filmage filming

un fils son

la fin end

final final; last

finalement finally; at last; after all

la finance financial profession; **les finances** finance; money

financer to finance; to pay for

financier (financière) financial; having to do with money

un financier banker, member of the financial community

financièrement financially

fini finished; ended; over; **c'est fini** it's finished; it's over

finir to stop; to finish; to end

une firme company; business

flirter to flirt

la flûte flute

une fois time; **à la fois** at the same time; **chaque fois** each time; **une fois** once; one time; **deux fois** twice; **plusieurs fois** several times

une folie mania; craze

le folklore folklore

une fonction function; duty, office

un fonctionnaire (une fonctionnaire) civil servant; **un haut fonctionnaire** high administrator

le fonctionnement functioning, working

fonctionner to work

fondamental (*pl.* **fondamentaux)** fundamental; of prime importance

un fondateur (une fondatrice) founder

un fondement base

fonder to found; **fonder un foyer** to have a family

une fondue (cheese) fondue

le football soccer

la force force, strength

se forcer to force oneself

une forêt forest; woods

forger to forge

un forgeron blacksmith

le formalisme formalism

une formalité formality

la formation training, formation; **la formation professionnelle** professional training

une forme form; shape; **en forme** in shape

formé de consisting of

former to form; to shape; to produce

une formule formula

formuler to formulate; to draw up

une fortune fortune; wealth; **faire fortune** to make a fortune

un fossé ditch; **le fossé entre les générations** generation gap

fou (folle) crazy; mad; **devenir fou** to go crazy

un foyer family; home; **fonder un foyer** to have a family

les frais (*m.*) expenses; expenditures; cost

français French; **d'expression française** French-speaking; **un Français (une Française)** French person; **le français** French (language)

un franc franc
la France France; **la France métropolitaine** continental France
franco-américain Franco-American
francophone French-speaking
franco-prussien (franco-prussienne) Franco-Prussian
la fraternité fraternity; brotherhood
la frénésie frenzy
fréquenter to associate with
un frère brother
des frites (*f.*) French fries
frivole frivolous; light-hearted
froid cold; **avoir froid** to be cold; **il fait froid** the weather is cold
le fromage cheese
une frontière border; boundary; barrier
un fruit fruit
fugitif (fugitive) fugitive; fleeting
fumer to smoke
furieux (furieuse) furious; mad
futur future

gagner to earn; to win; **gagner sa vie** to earn a living
la gaieté merriness; cheerfulness
le garage service station
garantir to guarantee; to insure
un garçon boy; waiter
garder to keep; to maintain; **garder la forme** to keep in shape
une gare (train) station
la gastronomie art of good eating
un gâteau cake
gauche left
gauchiste leftist
un gaulliste follower of de Gaulle's political philosophy
le gaz gas
général (*pl.* **généraux**) general; **en général** generally
un général (*pl.* **généraux**) general
généralement generally
une généralisation generalization
généraliser to generalize
une génération generation
généreux (généreuse) generous
la générosité generosity
génial (*pl.* **géniaux**) bright, intelligent, brilliant; genial
un génie genius
un genou (*pl.* **genoux**) knee
un genre gender; type
des gens (*m.*) people; **les jeunes gens** young people
géographique geographical, geographic
germanique Germanic
le gigantisme gigantism
le gin gin
une glace mirror; ice cream
la gloire glory
le golf golf
un gourmet gourmet, one who appreciates food
un gouverneur governor
le gouvernement government
la grâce grace; **grâce à** thanks to
grand big, large; important; tall; major; great; **un grand magasin** department store
une grand-mère grandmother
un grand-père grandfather
des grands-parents (*m.*) grandparents
gratuit free
grave grave, serious
graver to engrave
une grève strike; **faire la grève** to go (be) on strike; **une grève de la faim** hunger strike
la grippe flu
gros (grosse) big; fat; large
un groupe group; **un groupe constitué** organized body
un groupement group; grouping
un groupuscule small group; small but active political group
une guerre war; **une guerre mondiale** world war
un guide guide; guidebook
guider to guide; to direct
une guitare guitar
un gymnase gym; gym complex

habiller to dress; **s'habiller** to get dressed
un habitant inhabitant, resident
habiter to live (in, at)
une habitude habit; **d'habitude** usually; **avoir l'habitude de** to be used to; to be accustomed to
habituel (habituelle) usual; ordinary; regular
habituellement usually
un haricot* bean
une harmonie harmony
le hasard* chance; fate; **par hasard** by chance
haut* tall; high; elevated; superior
hélas unfortunately
un héritage heritage; inheritance; background
hériter to inherit
un héros* (une héroïne) hero(ine)
hésiter to hesitate
une heure hour; time; **à l'heure** on time; **à l'heure actuelle** now; **avoir l'heure** to know what time it is
heureux (heureuse) happy, fortunate
hier yesterday
un hippie* hippie
l'histoire (*f.*) history; story
historique historic, historical
l'hiver (*m.*) winter; **aux sports d'hiver** on a ski vacation
le hockey* hockey
un homme man; **un homme politique** politician
honnête honest
l'honnêteté (*f.*) honesty
l'honneur (*m.*) honor
la honte* shame; **avoir honte de** to be ashamed of
un hôpital hospital
un horizon horizon
un horoscope horoscope
une horreur atrocity; horror; **avoir horreur de** to hate; to abhor; **un film d'horreur** horror movie
un hors-d'œuvre* hors-d'œuvre; appetizer
l'hospitalité (*f.*) hospitality
un hôte host
un hôtel hotel
une hôtesse hostess; **une hôtesse de l'air** stewardess
huit* eight
humain human; **les sciences humaines** social studies
humaniser to humanize; to make more humane
un humaniste humanist
humble humble
l'humeur (*f.*) mood, spirits, humor; **être de bonne humeur** to be in good spirits; **être de mauvaise humeur** to be in bad spirits; **la bonne humeur** good spirits
une humiliation humiliation
humilier to humiliate
l'humour (*f.*) humor

* The asterisk indicates an aspirate **h:** no liaison or elision at the beginning of the word.

hypocrite hypocritical
un hypocrite hypocrite

ici here; now; **d'ici là** between now and then
idéal ideal
un idéaliste (une idéaliste) idealist
une idée idea
identifier to identify
identique identical; same
une identité identity; character
idiomatique idiomatic
idiot stupid
une ignominie disgrace
l'ignorance (*f.*) ignorance; lack of knowledge
ignorer not to know; to be unaware of
il he, it
il y a there is; there are; **il y a . . . que** since, for; **il y a quelques années** a few years ago; **y a-t-il** is there? are there?
une île island
illogique illogical
une illusion illusion
une illustration illustration; picture
une image picture; image
imaginatif (imaginative) imaginative
l'imagination (*f.*) imagination
imaginer to imagine
imbécile stupid
une imitation imitation
imiter to imitate
immédiat immediate
immédiatement immediately; right now
immense immense; huge
un immeuble building; apartment house
immigrer to immigrate
immobile immobile; motionless
immortaliser to immortalize
imparfait imperfect
impartial (*pl.* impartiaux) impartial; objective
l'impartialité (*f.*) impartiality
l'impatience (*f.*) impatience
impatienter to make (someone) impatient; **s'impatienter** to become impatient
l'impératif (*m.*) imperative (mode)
un imperméable raincoat
impersonnel (impersonnelle) impersonal
une importance importance; **attacher de l'importance à** to stress
important important; large; big
imposer to impose
impossible impossible; unfeasible
un impôt tax
une impression impression; **avoir l'impression (que)** to think (that)
impressionner to impress; **se laisser impressionner** to be impressed
l'impressionnisme Impressionism, a French style of painting
imprudent careless
impulsif (impulsive) impulsive
inactif (inactive) inactive
inciter to urge; to incite; to induce
incompréhensible incomprehensible
inconditionnel (inconditionnelle) unconditional; without reserve
indécis irresolute; hesitant
indéfini indefinite
l'indépendance (*f.*) independence
indépendant independent, self-reliant
indien (indienne) Indian
indigène native; local
indirect indirect
indiscipliné undisciplined
indiscret (indiscrète) indiscreet
indispensable indispensable; absolutely necessary
un individu individual; person
individualiste individualistic
une individualité character; personality
individuel (individuelle) individual; private; **une chambre individuelle** private room; single room
indulgent indulgent
industrialisé industrialized
une industrie industry
industriel (industrielle) industrial
inégal (*pl.* inégaux) unequal
inépuisable inexhaustible
une inférence inference
l'infini (*m.*) infinity
un infinitif infinitive
un infirmier (une infirmière) nurse
l'inflation (*f.*) inflation
influençable susceptible to influence
une influence influence
influencer to influence
une information piece of information; news item; **les informations** news
informer to inform; **s'informer** to keep up with the news; to obtain information; to inform oneself
un ingénieur (une femme-ingénieur) engineer
ingénieux (ingénieuse) ingenious, clever
inhumain inhuman
une initiative initiative; **avoir l'esprit d'initiative** to be enterprising
une injustice injustice
inquiéter to worry someone; **s'inquiéter** to get worried
inscrire to inscribe; **s'inscrire** to register; to sign up
inscrit registered; **être inscrit à** to be registered with; to be a member of
insensible insensitive
insignifiant insignificant; trivial
insister to insist; to delve into
l'insociabilité (*f.*) lack of sociability
insociable unsociable
un inspecteur (une inspectrice) inspector; **un inspecteur de police** police inspector
une inspiration inspiration
inspirer to inspire; **s'inspirer** to get one's inspiration
instable unstable
une installation installation; setting up
installer to install; **s'installer** to get settled; to move in
un instant moment; instant
un instantané snapshot
instaurer to found; to initiate
instituer to establish; to institute
un instituteur (une institutrice) grade-school teacher
une institution institution
l'instruction (*f.*) instruction, education
un instrument instrument
insulter to insult
insurmontable insuperable
une insurrection revolt; insurrection, uprising
une intégration integration
intellectuel (intellectuelle) intellectual
une intelligence intelligence
intelligent intelligent
intense intense, tense
une intention intention; **avoir l'intention de** to intend to
une interdiction prohibition; prohibiting
interdire to forbid; to prohibit
intéressant interesting

un intérêt interest
intéresser to interest; to be of interest; **s'intéresser à** to have an interest in
l'intérieur (*m.*) inside, interior; **à l'intérieur** inside; on the domestic front
intermédiaire intermediary; middle, in between
international (*pl.* **internationaux**) international
interplanétaire interplanetary
un interprète (une interprète) interpreter
interrogatif (interrogative) interrogative
interroger to ask questions
interrompre to interrupt; to cease
une interview interview
interviewer to interview
intitulé entitled
intriguer to puzzle; to intrigue
intuitif (intuitive) intuitive
une intuition intuition
inutile useless; pointless; unnecessary
les Invalides (*m.*) monument in Paris; originally a military hospital
inventer to invent
un inventeur inventor
une invention invention
inversé backward; inverse
une inversion inversion
un investissement investment
une invitation invitation
un invité (une invitée) guest
inviter to invite
l'ironie (*f.*) irony; ironic humor
irréconciliable irreconcilable
irréfutable irrefutable
irrégulier (irrégulière) irregular
irrésistible irresistible; overwhelming
irrespectueux (irrespectueuse) disrespectful
irritant irritating; bothersome
irriter to irritate; to bother
une irruption irruption, invasion
isoler to isolate
italien (italienne) Italian
l'italique (*f.*) italics

j' = je
jaloux (jalouse) jealous
la jalousie jealousy
jamais never; ever; **ne . . . jamais** never; not ever
une jambe leg
un jambon ham
janvier (*m.*) January
japonais Japanese
un jardin garden
le Jardin du Luxembourg park in Paris
jaune yellow
le jazz jazz
je I
se jeter to rush
un jeu game; **les Jeux Olympiques** Olympic Games
jeudi (*m.*) Thursday
jeune young; **un jeune** young person; **les jeunes** young people; **la Maison des Jeunes** youth center
la jeunesse youth; young people
un job part-time job
la joie happiness; joy
joindre to join
joli pretty
jouer to play; to perform; **jouer aux cartes** to play cards
un jour day
un journal (*pl.* **journaux**) newspaper
le journalisme journalism
un journaliste (une journaliste) journalist
une journée day
joyeux (joyeuse) joyous, merry, happy
judiciaire judiciary
le judo judo
un jugement judgment, opinion
juger to judge; to evaluate
juillet (*m.*) July
juin (*m.*) June
un jumeau (une jumelle) twin
une jupe skirt
juridique legal
un jus juice; **le jus de tomate** tomato juice
jusqu'à until; up to
jusqu'à ce que until
juste just; fair; **le juste milieu** golden mean
justement precisely; just
la justice justice
justifier to justify

le karaté karate
un kilomètre kilometer

l' = le; la
là there, then; **ces jours-là** those days; **d'ici là** between now and then; **là-bas** over there
un laboratoire laboratory
laisser to let, to leave; **se laisser** to let oneself; **se laisser impressionner** to let oneself be impressed
le lait milk
une lampe lamp
lancer to throw; to launch
un langage language
une langue language; tongue; **la langue maternelle** mother tongue
lasser to tire, to weary
le latin Latin
laver to wash; **une machine à laver** washing machine; **se laver** to wash oneself; to wash up
le (la, l', les) the; him, her, it, them
le lèche-vitrines window shopping
une leçon lesson
un lecteur (une lectrice) reader
la lecture reading
une légende legend; folk tale
législatif (législative) legislative
une législation legislation; body of laws
un légume vegetable
lent slow
lentement slowly
lequel (laquelle, lesquels, lesquelles) who, whom, which; which one? which ones?; **pendant lequel** during which
une lettre letter; **les lettres** literature; humanities; **un étudiant en lettres** humanities student
leur their; them, to them
lever to raise; **se lever** to get up; to rise
une liaison liaison
libéral (*pl.* **libéraux**) liberal
la libération liberation, freedom
libérer to liberate, to free; **se libérer de** to free oneself of
la liberté liberty, freedom
la librairie bookstore
libre free; **le temps libre** free time
une licence French graduate degree
le Lido Paris night club
un lien tie, link
le lieu (*pl.* **lieux**) place; **au lieu de** instead of; **avoir lieu** to take place
une ligne line; waistline; **surveiller sa ligne** to watch one's weight
une limite limit
limiter to limit
la limonade lemon soda
linguistique linguistic

un lion lion
une liqueur liqueur, after-dinner brandy
lire to read
une liste list
un litre liter (somewhat less than a quart)
littéraire literary; **un "littéraire"** literature student; **une école littéraire** classical school; **les études littéraires** classical studies
la littérature literature
un livre book
local (*pl.* **locaux**) local
un logement lodging, living place
loger to lodge, to room, to live in
logique logical, logically inclined
la logique logic
une loi law
loin (de) far (from); **il y a loin** there is a great distance
un loisir spare time; leisure time
long (longue) long
longtemps long, for a long time
lorsque when; as
une loterie lottery
louer to rent
la Louisiane Louisiana
le Louvre museum in Paris
loyal (*pl.* **loyaux**) loyal
un loyer rent
la lucidité lucidity; reasoning
lui (to) him, her, it
une lumière light
lundi (*m.*) Monday
une lune moon
des lunettes (*f.*) glasses; **des lunettes de soleil** sunglasses
une lutte struggle, fight
lutter to fight; to struggle
luxueux (luxueuse) luxurious; luxury
le lycée French secondary school
un lycéen (une lycéenne) French high school student

m' = me
une machine machine; **une machine à laver** washing machine
Madame (*pl.* **Mesdames**) Mrs.; Madam
Mademoiselle (*pl.* **Mesdemoiselles**) Miss
un magasin store, shop; **un grand magasin** department store
un magazine magazine
la magie magic
mai (*m.*) May
un maillot de bain swimming suit
une main hand
maintenant now
maintenir to maintain; to keep, to preserve
un maire mayor
une mairie city hall; mayor's office
mais but; however; **mais non** of course not; **mais oui** of course
une maison house; **à la maison** at home; **une Maison des Jeunes** Youth Center
un maître master
une maîtresse mistress
une maîtrise French Master's degree
majeur major
la majorité majority
mal badly; bad; poorly, not well; **pas si mal** not so bad
un mal bad thing; pain; **avoir mal** to be in pain (**j'ai mal à la tête** I have a headache); **du mal** difficulty (**avoir du mal à** to have difficulty with)
malade sick
une maladie sickness; disease
la malchance bad luck
malgré in spite of; **malgré tout** after all; nevertheless
malheureusement unfortunately
malheureux (malheureuse) unhappy; unfortunate
manger to eat
maniable easy to handle
une manière manner; way; **à sa manière** in his (its, her) way; **les manières** (polite) manners
un manifestant demonstrator
une manifestation manifestation; demonstration
manifestement evidently
manifester to show; to demonstrate
une manœuvre maneuver
un manque lack; **un manque de réflexion** thoughtlessness
manquer to lack; to miss; **un rendez-vous manqué** stood-up date
un manteau coat
manuel (manuelle) manual; handmade; hand-operated
maoïste Maoist
se maquiller to put on makeup
un marathon marathon
un marché market; **au marché** at the market; **bon marché** cheap, inexpensive; **le Marché Commun** Common Market
marcher to walk; to work, to function
mardi (*m.*) Tuesday; **le Mardi Gras** Mardi Gras or Shrove Tuesday, the day before Lent begins
la margarine margarine
un mari husband
un mariage marriage; wedding ceremony
marié married
marier to marry (a couple); **se marier** to get married
la marijuana marijuana
un marin sailor
la marine navy
maritime maritime
un mark mark (German coin)
marqué characterized; marked; stressed; defined
marquer to mark; to impress; to score; to signal; **marquer un point** to score a point
marron brown; chestnut
mars (*m.*) March
le marxisme Marxism
masculin male, masculine; related to men
une masse mass; **la production de masse** mass production
un match game, match; **un match de tennis** tennis match
matériel (matérielle) material; **la vie matérielle** physical life
maternel (maternelle) maternal; **la langue maternelle** mother tongue
un mathématicien (une mathématicienne) mathematician
les maths = les mathématiques math, mathematics
une matière matter, material; subject; **en matière artistique** with respect to art
un matin morning; **le matin** in the morning
mauvais bad; **avoir mauvais caractère** to have a bad temper; **il fait mauvais** the weather is bad
me (to) me, myself
un mécanicien (une mécanicienne) mechanic
la mécanique mechanics
mécanisé mechanized, mechanical

un mécanisme mechanism; process
un médaille medal
un médecin (une femme-médecin) doctor
la médecine medecine; health care; medical studies
médical (*pl.* **médicaux**) medical; **un examen médical** medical checkup; **frais médicaux** medical expenses
un médicament drug, medecine
médiocre mediocre
la médisance gossiping, spreading scandal
meilleur better; **le meilleur** the best
un mélange mixture, mix; mixing
un melon melon; cantaloupe
un membre member; **pays-membre** participating country
même even; same; **de même** also; **même si** even if; **moi-même, (toi-même, lui-même . . .)** myself (yourself, himself . . .); **quand même** all the same; **tout de même** however
tout de même however
la mémoire memory
mémorable memorable
menacer to menace, to threaten
un ménage married couple; household
un mensonge lie
un menton chin
un menu menu
la mer sea, ocean; **à la mer** on the seashore; at the ocean
merci thank you
mercredi (*m.*) Wednesday
une mère mother
merveilleux (merveilleuse) marvelous; splendid
une mesure measure
métaphysique metaphysical
une méthode method; way
méticuleux (méticuleuse) meticulous
un métier trade; profession
un métissage cross-breeding
un métro subway
métropolitaine metropolitan; **la France métropolitaine** continental France (exclusive of foreign possessions)
un metteur en scène director; producer
mettre to put, to place; to put on, to wear; **mettre l'accent sur** to stress; to emphasize; **se mettre à** to begin; to start; **se mettre en colère** to get angry
meublé furnished
mexicain Mexican
le Mexique Mexico
un micro = un microphone microphone, mike
midi (*m.*) noon
mieux better; **aimer mieux** to prefer; **le mieux** the best; **tant mieux** so much the better
un milieu surroundings; center, middle; **au milieu de** in the middle of; **le juste milieu** the golden mean; **un milieu social** social class
militaire military
militairement militarily
militant militant; dedicated
un militant (une militante) militant
militer to militate; to be very active in a cause
mille thousand
un mille mile
un millier a thousand, about a thousand
un million million
un millionnaire millionaire
minéral (*pl.* **minéraux**) containing minerals; of mineral origin; **l'eau minérale** mineral water; spring water
mineur minor
un minimum minimum
une mini-cassette cassette recorder
un ministère ministry; government department
ministériel (ministérielle) of the government
une minorité minority
minuit (*m.*) midnight
minuscule minute, tiny, very small
une minute minute
la mise en scène direction, directing (of a movie or play); staging
une mission mission
M.L.F. (Mouvement de la Libération de la Femme) feminist movement in France
mobile mobile, in motion, moving
la mobilité change, mobility
un mode mood; **une mode** fashion; **à la mode** fashionable
un modèle model, example
modéré moderate
moderne modern; **l'art moderne** modern art
moderniser to modernize; **se moderniser** to become modern
modeste modest; small, unimportant
moi me, I
moins less; minus; **à moins que** unless; **au moins** at least; **du moins** at least; **le moins** the least; **moins . . . que** less . . . than
un mois month; **par mois** per month; monthly
la moitié half
un moment moment, time; **au moment de** during; **dans un moment** in a while; **en ce moment** now
mon (ma, mes) my
la monarchie monarchy
le monde world; **beaucoup de monde** many people; **du monde** people; **tout le monde** everyone, everybody
mondial (*pl.* **mondiaux**) worldwide; **une guerre mondiale** world war
monétaire monetary
un moniteur (une monitrice) camp counselor, sports instructor
la monnaie change
une mononucléose mononucleosis
un monopole monopoly; **un monopole d'état** state monopoly
monotone monotonous
Monsieur (*pl.* **Messieurs**) Mr.; Master
monstrueux (monstrueuse) monstrous
la montagne mountain; mountains; **les Montagnes Rocheuses** Rockies
montagneux (montagneuse) mountainous
monter to ascend, to climb; to go up, to get up, to get on
une montre watch, wristwatch
montrer to show, to point out
un monument monument
se moquer de to make fun of, to ridicule
moral (*pl.* **moraux**) moral
mort dead
Moscou Moscow
un mot word; **un mot apparenté** cognate; **un mot-clé** key word
une motivation motivation

motiver to motivate
un moteur motor; **le moteur à explosion** internal combustion engine
une moto motorcycle
mourir to die
un mousquetaire musketeer
un moustache moustache
la moutarde mustard
un mouvement movement, motion
une moyenne average; **en moyenne** on the average
un musée museum
musical (*pl.* **musicaux**) musical; **une comédie musicale** musical
un musicien (une musicienne) musician
la musique music; **la musique classique** classical music; **la musique pop** pop music
mutuel (mutuelle) mutual; reciprocal
mystérieux (mystérieuse) mysterious
mystique mystic

n' = ne
nager to swim
naïf (naïve) naive
une naissance birth; **la date de naissance** birthdate; **le lieu de naissance** birthplace
naître to be born
naïvement naively
nasal nasal
la natation swimming; **faire de la natation** to swim
une nation nation, country
les Nations-Unies United Nations
nationaliser to nationalize
une nationalité nationality; citizenship
naturel (naturelle) natural; unaffected
ne: ne . . . pas not; **ne . . . jamais** never, not ever; **ne . . . personne** no one, nobody, not anyone; **ne . . . plus** no more, not anymore, no longer; **ne . . . rien** nothing, not anything; **ne . . . pas encore** not yet; **ne . . . que** only; **n'est-ce pas** isn't it? aren't they? *etc.*
né born
nécessaire necessary
nécessairement necessarily
une nécessité necessity; need
négatif (négative) negative
une négation negation
négligemment negligently, carelessly
une négligence negligence; neglect
négligent careless, negligent
négliger to neglect; to disregard
une négociation negotiation
négocier to negotiate
un négro-africain Black African
la neige snow
neiger to snow; **il neige** it's snowing
le néo-colonialisme neo-colonialism
nerveux (nerveuse) nervous, excitable; **un centre nerveux** nerve center
neuf nine
neuf (neuve) new
neutre neuter; without personality
un neveu nephew
un nez nose
une nièce niece
un niveau level
Noël (*m.*) Christmas
noir black
un noir Black
un nom noun; name
un nombre number; **un nombre ordinal** ordinal number
nombreux (nombreuse) many; numerous
nommer to name
non no; **non plus** neither; not either
non-violent non-violent
le nord north
nord africain North African
normal (*pl.* **normaux**) normal
la nostalgie nostalgia; yearning for the past
une note note; memo; grade
une notion notion, principle; idea
notre (nos) our
Notre-Dame Paris cathedral
la nourriture food
nous we; us, to us
nouveau (nouvel, nouvelle; nouveaux, nouvelles) new; **à nouveau** again
une nouvelle short story; **les nouvelles** news
novembre (*m.*) November
un nuage cloud
nucléaire nuclear
une nuit night; **la nuit** at night; **un portier de nuit** night clerk
un numéro number; **un numéro de téléphone** phone number
obéir to obey
obéissant obedient
un objectif objective; goal; purpose
l'objectivité (*f.*) objectivity
un objet object; thing; **complément d'objet** object (of a verb); **objets trouvés** lost and found
obliger to oblige, to force; to compel; **être obligé de** to be obliged to, to have to
un observateur (une observatrice) observer
une observation observation; remark
un observatoire observatory
une obsession obsession
un obstacle obstacle; **une course aux obstacles** obstacle race; hurdles
obstiné stubborn; obstinate
obstinément stubbornly; obstinately
obtenir to obtain; to get; to receive
une occasion occasion; chance, opportunity; **avoir l'occasion de** to have the opportunity to; **une voiture d'occasion** used car
occasionellement from time to time; occasionally
une occupation job
occuper to occupy; to take up (space); **occuper une chambre** to inhabit a room; **s'occuper** to keep busy; **s'occuper de** to take care of
octobre (*m.*) October
une odeur odor; smell
un œil (*pl.* **yeux**) eye; **se faire les yeux** to put on eye makeup
une œuvre work; work of art; **un chef-d'œuvre** masterpiece
officiel (officielle) official
un officier officer
une offre offer; **une offre d'emploi** help wanted ad
offrir to offer; to give; to present
une olive olive
une omelette omelet
on one, they, people; you; we; **on dit** people say
un oncle uncle
un ongle fingernail; toenail; nail
onze eleven
une opération operation
opérer to operate
opposé opposite; contrary
opposer to oppose
une opposition opposition; conflict
optimiste optimistic; **un optimiste** optimist

une option option; choice
optique optical; **l'optique** (*f.*) optical industry
l'or (*m.*) gold
un orage storm
oral (*pl.* **oraux**) oral
orange orange
une orangeade orange soda
un orchestre orchestra; band
ordinaire ordinary
ordinal (*pl.* **ordinaux**) ordinal; **un nombre ordinal** ordinal number
un ordre order; command; **l'ordre** law and order
une oreille ear
organiser to organize
un organisme organism; organization; body
oriental (*pl.* **orientaux**) oriental; **l'art oriental** oriental art
originaire who is originally from; **être originaire de** to come from
original (*pl.* **originaux**) original; eccentric; **une personne originale** a character
l'originalité (*f.*) originality; eccentricity
une origine origin; background; **à l'origine** in the beginning; originally; **d'origine . . . of . . .** origin
ou or; **ou bien** or
où where; when
oublier to forget
l'ouest (*m.*) west
oui yes
ouvert open
une ouverture opening
un ouvrier (une ouvrière) worker
ouvrir to open

pacifiste pacifist
une page page
un pain bread
la paix peace
un palais palace; palate
un palmarès prize; hit parade
un pamphlet pamphlet
un pantalon (pair of) pants
des pantoufles (*f.*) slippers
Pâques (*f.*) Easter
un paquet package; pack; packet
par by; through; **par mois** per month; monthly; **par conséquent** consequently; **par exemple** for example
un parachute parachute
un parachutiste paratrooper
un paradoxe paradox
un paragraphe paragraph
paraître to seem; to appear
parallèlement in the same manner
paralyser to paralyze
un parc park
parce que because
pardon excuse me
pareil (pareille) same
un parent parent; relative
une parenthèse parenthesis
paresseux (paresseuse) lazy
parfait perfect
parfaitement absolutely; perfectly
parfois sometimes
un parfum perfume
se parfumer to put on perfume
parisien (parisienne) Parisian (from Paris)
un parking parking lot; parking garage
parler to speak; to talk
parmi among
la parole (spoken) word; speech, speaking; **vous avez la parole** it's your turn to speak
une part part; portion; **à part** aside from
partager to share
partant consequently
un partenaire (une partenaire) partner
un parti party; side; **prendre parti** to take sides; to support; **tirer parti de** to make the most of
participer to participate; to engage in
un particularisme peculiarity; special characteristic
particulier (particulière) particular; peculiar; special; **en particulier** especially; in particular; **un cours particulier** private lesson
particulièrement especially; particularly
une partie part; **faire partie de** to be a part of; **en partie** in part
partiellement partially
partir to leave; **à partir de** beginning in; as of; **partir de** to originate from
un partisan (une partisane) proponent; advocate; supporter; guerilla soldier
partitif (partitive) partitive
pas not; **ne . . . pas** not; **pas de** no, not any; **pas question!** nothing doing! **pas du tout** not at all
passager (passagère) momentary; short-lived
un passager (une passagère) passenger
un passant (une passante) passer-by
passé past; **le passé composé** present perfect tense
un passeport passport
passer to spend (time); to pass; to go away; **passer un examen** to take an exam; **passer à l'action** to go on the offensive; **se passer** to happen; **qu'est-ce qui se passe?** what's happening? **se passer de** to do without
un passe-temps hobby, pastime; diversion
un passionné (une passionnée) fan; **un passionné de cinéma** movie fan
passionner to excite; to interest greatly; **se passionner pour** to be enthusiastic about
patiemment patiently; with patience
la patience patience; **avoir de la patience** to be patient
patient patient
le patrimoine heritage; inheritance
un patriote patriot
un patron (une patronne) boss
patronner to support financially
pauvre poor
un pavé paving stone
payer to pay; to pay for
un pays country; **le vin du pays** local wine; **un pays d'adoption** adoptive country
un paysan (une paysanne) peasant; farmer
un pêcheur fisherman
un peigne comb
peigner to comb; **se peigner** to comb one's hair
un peintre painter
pendant during; **pendant que** while
une pensée thought
penser to think; to believe; to intend; **penser à** to think of; to think about; **penser de** to think of; to think about
un penseur thinker
la Pentecôte Pentecost, holiday fifty days after Easter

perdre to lose; **perdre son temps** to waste one's time
un père father
une performance performance
une période period; lapse of time
périphérique outlying; peripheral
permettre to permit; to allow; to let
un permis licence; permit; **le permis de conduire** driver's licence
persécuté persecuted
la persévérance perseverance
persévérant perseverant
persistant persistent
persister to persist
un personnage person; character; **un personnage historique** historic character
personnalisé personalized
la personnalité personality, character; important person; **avoir de la personnalité** to have character; to have individuality
une personne person; **ne . . . personne** no one; not anyone; nobody; not anybody; **personne!** no one; nobody
personnel (personnelle) personal; self-centered
le personnel staff; **le chef du personnel** chief of personnel
personnellement personally
persuader to persuade; to convince
un peso peso (monetary unit of several Spanish American countries)
un pessimiste pessimist
petit small; little; short; **petit à petit** little by little
un petit-enfant grand-child
peu little; few; **peu de** few; **un peu** a little; some; a little bit
un peuple people; nation; populace
la peur fear; fright; **avoir peur** to be scared; to be afraid
peut-être maybe
pharmaceutique pharmaceutical
une pharmacie pharmacy; drug store; **la pharmacie** pharmaceutical studies
un pharmacien (une pharmacienne) pharmacist
un philosophe philosopher
la philosophie philosophy
philosophique philosophical
la phonétique phonetics
une photo photograph; **prendre des photos** to take pictures
un photographe photographer
la photographie photography
une phrase sentence; phrase
un physicien physicist
physique physical
la physique physics
un piano piano; **faire du piano** to play the piano
un pianiste (une pianiste) pianist
une pièce coin; room; part; play; **une pièce de théâtre** play; **donner une pièce** to present a play
un pied foot; **aller à pied** to go on foot; to walk
un piéton pedestrian
un pilote pilot
une pilule pill
le ping-pong ping-pong
un pionnier pioneer
un pique-nique picnic
pis worse; **tant pis** too bad
une piscine swimming pool
une pizza pizza
la place position; place; room, space
placide placid, calm
une plage beach
plaire to please; **s'il vous plaît** please
plaisanter to joke
un plaisir pleasure; **par plaisir** for fun
un plan plan; plane; map (of a city); level; project; **sur le plan professionnel** from the professional viewpoint
une planète planet; **la planète** the world
un plat dish
un plateau tray
plein (de) full (of)
pleuvoir to rain; **il pleut** it's raining
la pluie rain; **sous la pluie** in the rain
le pluriel plural
plus more; **en plus** in addition; moreover; **le plus** the most; **ne . . . plus** no more; no longer; not any more; not any longer; **plus . . . que** more than; **plus tard** later
plusieurs several
plutôt rather
une poche pocket; **l'argent de poche** pocket money; allowance
un podium podium
un poème poem
la poésie poetry; poetical writing
un poète poet
une poétesse lady poet
le poids weight; importance
un point point; period; **un point commun** similarity; **un point de vue** point of view
les pois (*m.*) peas; **les petits pois** peas
un poisson fish
le poker poker
un pôle pole
la police police
policier (policière) having to do with the police; **un film policier** detective movie; **un roman policier** mystery; detective story
la politesse politeness; manners
politique political; **un homme/une femme politique** politician
la politique politics; policy; **faire de la politique** to be active in politics
politiquement politically
pollué polluted
la pollution pollution
une pomme apple; **une pomme de terre** potato
pop: la musique pop pop music
populaire popular
la population population
le porc pork
un porche porch
un port port; harbor
une porte door
la portée bearing; **à la portée de** within
porter to wear; to carry, to bear; **porter la barbe** to have a beard
un portier porter; **un portier de nuit** night clerk
poser to put; to place; to pose, to raise; to present; **poser une question** to ask a question; **poser un problème** to raise or present a problem
positif (positive) positive; affirmative
une position position; standpoint; point of view
posséder to possess; to own; to have
possessif (possessive) possessive
une possession possession; belonging
une possibilité possibility; chance
possible possible
postal (*pl.* postaux) postal; **une carte postale** postcard
un poste position, job; **la poste** post office
un poster poster

un poulet chicken
pour for; in order to, to; **pour ainsi dire** so to speak; **pour et contre** pro and con; **pour que** so that; **prendre pour** to consider as; to mistake for
un pour cent per cent
un pourboire tip
pourquoi why
pourtant however, nevertheless
pourvu que provided that
pouvoir to be able; can; may
le pouvoir power
pratique practical
la pratique practice, application; **mettre en pratique** to put into practice
pratiquement practically; for all purposes
pratiquer to practice; to participate in
précédent preceding
précéder to precede; to come before
précieux (précieuse) precious; valuable
se précipiter to rush
précis precise; exact
précisément precisely
une précision precision
une prédilection preference; liking
prédire to predict
préférable preferable
préféré favorite
préférer to prefer; to like better
une préférence preference, liking
premier (première) first
prendre to take; to take on; **prendre conscience** to become aware; **prendre contact** to get in touch; **prendre parti** to take sides; to support; **prendre des photos** to take photos; **prendre pour** to consider as; **prendre un repas** to have a meal; **prendre un sandwich** to have a sandwich
un prénom first name
préoccupé preoccupied; taken up (with)
préoccuper to preoccupy; to worry
préparer to prepare; to prepare for; **se préparer** to get ready; to prepare oneself; to fix for oneself
une préposition preposition
près de next to; near
un pré-salaire advance salary
la présence presence
présent present
une présentation presentation; introduction; personal appearance
présenter to present; to introduce; **se présenter** to present oneself; **se présenter aux élections** to run for office
la préservation preservation
préserver to preserve; to keep; to maintain
la présidence presidency
présidentiel (présidentielle) presidential
presque almost
la presse press; **la presse écrite** written press; newspapers; **la presse parlée** TV and radio news
pressé in a hurry; **être pressé** to be in a hurry
se presser to hurry
prestigieux (prestigieuse) famous; prestigious
prêt ready
prétentieux (prétentieuse) pretentious; conceited
prêter to loan; to lend
un prêtre priest
la preuve proof
prévoir to foresee; to plan
principal (*pl.* **principaux)** principal; main
un principe principle; **en principe** in principle; supposedly
le printemps spring
une priorité priority; preference; right of way
un prisonnier (une prisonnière) prisoner
privilégié privileged; wealthy
un prix price; cost; prize
une probabilité probability
un problème problem
probablement probably
un processus process
prochain next; following
proche near; close
proclamer to proclaim; to declare
la procrastination procrastination
procrastiner to procrastinate; to put off
la production production; **la production de masse** mass production
produire to produce; to create; **se produire** to happen
un prof = un professeur teacher; professor
une profession profession; job
professionnel (professionnelle) professional
profiter to profit; to benefit; to take advantage
profond deep, profound
un programmateur (une programmatrice) programmer
un programme program; schedule
un progrès progress; **faire des progrès** to improve; to make progress
progressif (progressive) gradual; progressive
un projet plan; project; **faire des projets** to make plans
une promenade walk; **faire une promenade** to go for a walk
se promener to take a walk
promettre to promise; to make a promise
un pronom pronoun; **un pronom sujet** subject pronoun
prononcé stressed; accented; pronounced
prononcer to pronounce
une proportion proportion
propos: à propos de about, concerning; with regard to
proposer to propose; to suggest
propre clean; own; proper
la propreté cleanliness
un propriétaire (une propriétaire) owner
prospère prosperous; rich
la prospérité prosperity
la protection protection
protéger to protect
la protestation protest
une province province; **la province** any part of France outside of Paris
un proverbe proverb
provisoirement temporarily
provoquer to provoke; to create
la prudence carefulness; cautiousness
prudent careful; cautious
la psychologie psychology
psychologique psychological
public (publique) public
une publication publication
la publicité publicity; advertisement
publier to publish
puis then; after; moreover
un pull = un pull-over sweater
pur pure
un pyjama pyjamas

qualifié qualified
la qualité quality; characteristic
quand when; **quand même** all the same; even so
une quantité quantity; **en grande quantité** in large quantity; in large part
quarante forty
un quart quarter; **un quart d'heure** quarter of an hour; **... et quart** quarter past; quarter after; **... moins le quart** quarter of; quarter to
un quartier area, district; **le Quartier Latin** Latin Quarter (student section of Paris)
quatorze fourteen
quatre four
quatre-vingts eighty
quatre-vingt-dix ninety
que that; than; whom; that; which; **ne ... que** only; **parce que** because
qu'est-ce que what; **qu'est-ce que c'est?** what's that?
qu'est-ce qui what
quel (quelle) which, what; **quelle heure est-il?** what time is it?
quelque some; **quelque chose** anything; something; **quelques** a few, some; **quelques-uns (quelques-unes)** some; a few
quelquefois sometimes
quelqu'un someone
une question question; **poser une question** to ask a question; **c'est une question de** it is a matter of
un questionnaire questionnaire
une queue line; queue
qui who; whom; that, which; **qui est-ce qui** who; **qui est-ce que** whom
quinze fifteen
quitter to leave
quoi what
quotidien (quotidienne) daily; **un quotidien** daily newspaper

une race race
une racine root
le racisme racism
raconter to tell; to narrate
un radiateur radiator
radical (*pl.* **radicaux)** radical; leftist
la radio radio
un radiologue x-ray specialist; radiologist
une raison reason; **avoir raison** to be right; **une raison d'être** justification
rajeunir to rejuvenate; to become younger
le ralenti slow motion
rapide fast; quick; rapid
rapidement quickly
rappeler to remind; **se rappeler** to recall; to remember
un rapport report; rapport, relationship
une raquette racket
rare rare
rarement seldom, rarely
se raser to shave
un rasoir razor
rassembler to bring together
rater to miss; to fail; to flunk (an exam)
rationnel (rationnelle) rational
ravi very happy, delighted
un réacteur reactor; jet engine
une réaction reaction
réagir to react
un réalisateur person of action
la réalisation realization; creation
réaliser to see through, to carry out; to realize
un réaliste realist
la réalité reality; **en réalité** in fact, in reality
une rébellion rebellion
un recensement census; **le bureau de recensement** census bureau
récent recent; modern
une réception reception; **la réception d'un hôtel** registration desk
recevoir to receive; to get
une recherche research; search for; **avec recherche** with care
un récit account; story; narrative
un récital recital
la réciprocité reciprocity
réciproque reciprocal
une réclame ad
réclamer to demand
une recommandation recommendation
recommander to recommend
recommencer to begin again
récompenser to reward
réconfortant comforting
reconnaître to recognize
un recteur president of a university
reçu: être reçu à un examen to pass an exam
une réduction reduction
réduire to reduce
une référence reference
réfléchi: un pronom réfléchi reflexive pronoun
réfléchir to reflect; to think (over); **réfléchir à** to reflect about; to think over
refléter to reflect
un réflexe reflex
une réflexion reflection; thought; **un manque de réflexion** thoughtlessness
une réforme reform
réformer to reform; to make reforms
un réfrigérateur refrigerator
refuser to refuse; to deny; to say no
regarder to look; to look at; to watch
un régime diet; **être au régime** to be on a diet
une région region, area
régional (*pl.* **régionaux)** regional
une règle rule
regretter to regret; to be sorry
régulier (régulière) regular; common
régulièrement regularly, periodically
une relation relation; acquaintance; **les relations publiques** public relations
relativement relatively
religieux (religieuse) religious
une religion religion
remarquable remarkable
une remarque remark
remarquer to remark; to note
rembourser to reimburse
un remède cure, medicine; remedy
remettre to put back
remonter à to go back to
remplacer to replace
remporter to win
une rémunération remuneration; salary; pay
renaître to be reborn
une Renault French make of car
une rencontre meeting
rencontrer to meet; **se rencontrer** to meet; to get together
un rendez-vous date; appointment; **avoir rendez-vous** to have a date; to have an appointment; **donner rendez-vous** to arrange to meet; **donner un rendez-vous à** to make a date with

rendre to give back; **rendre visite à** to pay a visit to; to visit; **se rendre** to go; **se rendre compte** to realize
le renom renown, reputation, fame
renoncer to give up the idea of
un renouveau rebirth
une rénovation renovation
rénover to renovate
un renseignement information
rentrer to return; to come or go back
réorienter to redirect; to reorient
la réouverture reopening
réparer to repair, to fix
un repas meal
répéter to repeat
répondre to answer
une réponse answer, response
un reportage news report; documentary report
le repos rest
se reposer to rest
reprendre to take again; to start over
un représentant representative
une représentation representation; performance; **une représentation dramatique** theatrical performance
représenter to represent; to present again; to take (an exam) over
reprocher to reproach; to criticize
reproduire to reproduce
républicain republican
une république republic
la République Centrafricaine French-speaking country in West Africa; **la République Malgache** official name of Madagascar
une répugnance repugnance, dislike
une réputation reputation; **avoir une réputation internationale** to be internationally famous
réservé reserved; timid
réserver to reserve, to set aside
une résidence residence, house, lodging; **une résidence secondaire** vacation house
la Résistance French resistance movement (during the German occupation in World War II)
résolu resolved
la résolution resolution, solution
résoudre to resolve; to solve
le respect respect; **avoir du respect** to respect
respecter to respect
respirer to breathe
une responsabilité responsibility; **des responsabilités** duties
une ressemblance similarity; likeness
ressembler (à) to resemble; to look like; **se ressembler** to resemble one another; to look alike
une ressource resource; **des ressources** income, revenues
un restaurant restaurant
un restaurateur restaurant-owner; innkeeper
restaurer to restore
le reste rest, remainder; **les restes** the remains
rester to stay; to remain
un résultat result; **de bons résultats** good grades
rétablir to reestablish
le retard delay; **en retard** late
le retour return; coming back
retourner to go back; to return
retraité retired
se retrouver to meet (again)
une réunion meeting
réunir to assemble, to bring together; to gather; to unite
réussir (à) to be successful (in); to be able (to); **réussir à un examen** to pass an exam
une réussite success; successful endeavor
un rêve dream
réveiller to wake someone up; **se réveiller** to wake up
revendicateur (revendicatrice) protesting; demanding
une revendication protest, claim
revenir to come (go) back; **revenir en arrière** to go back
un revenu revenue, income
rêver to dream
une révision review, revision
une révolte revolt, uprising
se révolter to revolt, to rise up
une révolution revolution; **faire la révolution** to revolt
une revue review; magazine
un rez-de-chaussée first floor; ground floor
riche rich, wealthy
la richesse wealth, resources
ridicule ridiculous
rien nothing; **ne . . . rien** nothing; not anything
un risque risk
risquer to risk
une robe dress
romain Roman
un roman novel; **un roman policier** detective story, mystery novel
un romancier (une romancière) novelist
romantique romantic
le rosbif roast beef
un rôti roast
la roue wheel; **un Deux Roues** two-wheeled vehicle such as a bicycle or motorbike
rouge red
roux (rousse) red-head
royal (*pl.* royaux) royal
une rue street
le rugby rugby
une ruine ruin, ruins; **en ruine** in ruins
ruisselant dripping wet
une rumeur rumor
une rupture rupture, breach, break
russe Russian
rustique rustic
un rythme rhythm; pace

s' = se; si
sage calm, quiet, docile, wise
la sagesse wisdom
un saint (une sainte) saint
saisir to grab; to seize
une saison season
une salade salad; lettuce
un salaire salary, wage
salé salted
une salle room; hall; classroom; café interior; **salle à manger** dining room; **salle d'attente** waiting room; **salle de bains** bathroom; **salle de classe** classroom; **salle d'études** study hall; **salle de séjour** living room
un salon living room
salut! hi!
samedi (*m.*) Saturday
une sandale sandal
un sandwich sandwich; **un sandwich au fromage** cheese sandwich
le sang blood
une sangria sangria (cold drink made with wine)
sanitaire sanitary; **l'équipement sanitaire** plumbing
sans without; **sans que** without
la santé health; **à votre santé** cheers; **en bonne santé** in good health

la satisfaction satisfaction
satisfaire to satisfy
satisfait satisfied; happy
un saucisson salami
sauf except, except for
un savant scientist
savoir to know; to know how to
le savoir-faire know-how
le savoir-vivre politeness; rules of etiquette
le savon soap
un saxophone saxophone
le scénario scenario, plot
la scène scene; stage; **un metteur en scène** director, producer; **la mise en scène** direction (of a movie or play)
la science science; **les sciences humaines** social studies
scientifique scientific; **un "scientifique"** science major
le Scientisme Christian Science religion
scolaire having to do with school; academic; **l'année scolaire** school year
la scolarité tuition
un scooter motor scooter
un score score
scrupuleusement with utmost care
se oneself, himself, itself, herself, themselves
sec (sèche) dry
secondaire secondary; **l'enseignement secondaire** secondary education; **les études secondaires** secondary studies; **une résidence secondaire** vacation home
une seconde second
secret (secrète) secret, secretive
un secrétaire (une secrétaire) secretary
la sécurité security; safety; **la Sécurité Sociale** Social Security
seize sixteen
un séjour stay; sojourn
selon according to; **selon vous** in your opinion
une semaine week; **en semaine** during the week
semblable similar; alike
sembler to seem
un séminaire seminary
un sénateur senator
sénatorial (*pl.* sénatoriaux) senatorial
le Sénégal Senegal, French-speaking country in West Africa
sénégalais Senegalese; from Senegal
le sens sense; meaning; direction; order; **avoir le sens pratique** to be practically inclined; **le bon sens** common sense; **le sens chronologique** chronological order; **le sens des affaires** business sense
sensé sensible
la sensibilité sensitivity; sensibility of feeling
un sentiment feeling
sentimental (*pl.* sentimentaux) sentimental; **la vie sentimentale** love life
sentir to feel; to sense; to smell; **se sentir** to feel
une séparation separation
sept seven
septembre (*m.*) September
serein serene; peaceful
sérieux (sérieuse) serious; important; **au sérieux** seriously
sérieusement seriously
serrer to hold tightly; to grasp
un serveur (une serveuse) waiter (waitress)
le service duty; service
servir to serve; to be useful; **se servir de** to use
seul only; alone; by oneself; single; **le seul** the only one; **tout seul** all alone; by oneself
seulement only; solely
sévère severe, strict; stern
le sexe sex
si so; if, whether; yes (after a negative question); **s'il vous plaît** please
un siècle century
signaler to mark; to signal
un signe sign
signer to sign
une signification meaning
signifier to mean; to signify
simple simple
sincère sincere
la sincérité sincerity
une situation situation; job
situé located
six six
le ski skiing; ski; **faire du ski** to ski; to go skiing; **le ski nautique** water skiing
un snob snob
sociable sociable
social (*pl.* sociaux) social; of society; **une assistante sociale** social worker; **un milieu social** social class
le socialisme socialism
socialo-communiste socialist-communist
la société society; business firm
la sociologie sociology
une sœur sister
un sofa sofa
la soif thirst; **avoir soif** to be thirsty
soi-même oneself
un soir evening; **ce soir** tonight; this evening
une soirée evening
soixante sixty
soixante-dix seventy
le sol earth; soil; ground
un soldat soldier
un solde sale
une sole sole
le sòleil sun; **des lunettes de soleil** sunglasses
solide solid; strong; **avoir un solide appétit** to be very hungry
solitaire solitary; lonely
solliciter to solicit; to ask for
une solution solution
sombre dark
une somme sum; **en somme** in short
un somnifère sleeping pill
un son sound
son (sa, ses) his, her, its
un sondage opinion poll
un soprano soprano
une sorte kind, sort
une sortie date; going out; exit
sortir to go out; to leave; to exit; **sortir avec** to go on a date with; to go out with
un sou penny; **sans un sou** broke
un souci preoccupation, problem
soudain suddenly
souffrir to suffer
un souhait wish
souhaiter to hope (for); to wish (for)
des souliers (*m.*) shoes
souligné underligned
une soupe soup
une source source
souriant smiling
sourire to smile
un sourire smile
sous under; below; **sous la pluie** in the rain; **sous-développé** underdeveloped

soutenir to support
un soutien support
se souvenir de to remember
un souvenir memory; souvenir
souvent often
spacieux (spacieuse) spacious; roomy
spécial (*pl.* **spéciaux**) special
spécialement specially, especially
spécialisé specialized
une spécialité speciality; major (field of study)
spécifique specific
un spectacle show; sight; **un spectacle sportif** sports event
spectaculaire spectacular
spirituel (spirituelle) spiritual; witty
spontané spontaneous
un sport sport; **aux sports d'hiver** on a ski vacation; **faire du sport** to be active in sports; **une émission de sports** sports broadcast
sportif (sportive) athletic; fond of sports; **un sportif (une sportive)** person who likes sports
stable stable
la stabilité stability
un stade stadium
un stage period of instruction; **faire un stage** to work as a trainee
une station station; **une station de radio** radio station; **une station-service** gas station
le stationnement parking
stéréotyper to stereotype
stimulant stimulating
stimuler to stimulate; to enhance
le stop hitchhiking; **faire du stop** to hitchhike
strict strict
une structure structure
structuré structured
studieux (studieuse) studious
un studio one-room apartment
stupide stupid
la stupidité stupidity
un style style; **un style de vie** way of life
le subjonctif subjunctive
une substitution substitution
une subvention subsidy; grant
subventionné subsidized
succéder to follow; to succeed; **se succéder** to follow each other; to come in succession
le succès success; **avoir du succès** to be successful
sucré sweet, sweetened, sugary
le sud south
suffire to suffice; to be enough; **ça suffit!** that's enough!
suffisant sufficient; adequate; enough
suffocant stifling
un suffrage vote
suggérer to suggest
la suite: à la suite following
suisse Swiss
suivant next; following; according to; **suivant le cas** depending on the situation
suivre to follow; **suivre un cours** to take a course
un sujet subject, topic; **à ce sujet** on this topic; **un sujet de contestation** matter of dispute
la superficie surface; area
superficiel (superficielle) superficial; shallow
superflu superfluous; unnecessary
supérieur higher; superior; **les études supérieures** higher education
la supériorité superiority
un supermarché supermarket
superstitieux (superstitieuse) superstitious
le support support
un supporter supporter; fan
supposer to suppose
la suppression suppression; doing away with
supprimer to suppress; to do away with; to eliminate
suprême supreme
sur on; about
sûr sure; **être sûr de soi** to be sure of oneself
surprenant surprising
surprendre to surprise
surpris surprised
une surprise surprise; **une surprise-partie** an informal party
surtout above all; mainly; especially
surveiller to watch; **surveiller sa ligne** to watch one's weight
un survêtement sweat suit
suspendre to suspend
un symbole symbol
symboliser to symbolize
sympa = sympathique nice; pleasant
sympathiser to become friendly
une symphonie symphony
syndicaliste union member
un syndicat labor union
un synonyme synonym
un système system

t' = te
une table table; cuisine
une tache spot
le tact tact; **avoir du tact** to be tactful
le talent talent; **avoir du talent** to be talented
tangible tangible
tant so much; **tant mieux** so much the better; **tant pis** too bad
une tante aunt
tard late; **plus tard** later; later on
une tarte pie
te you, to you
technique technical
une technologie technology
technologique technological
un télégramme telegram
un télégraphe telegraph
un téléphone telephone, phone; **un coup de téléphone** phone call; **un numéro de téléphone** phone number
téléphoner (à) to phone; to call up
un téléspectateur TV viewer
télévisé televised
une télé = une télévision
une télévision television; TV; television set; **une télévision en couleur** color TV
tellement so much; that much
le tempérament temperament
une tempête storm
un temps time; weather; tense; **de temps en temps** from time to time; **le temps libre** free time; **perdre son temps** to waste one's time; **tout le temps** all the time
la ténacité tenacity
une tendance tendency; trend; inclination; **à tendance** inclined; **avoir tendance à** to tend to
tenir to hold; **tenir à** to value; to cherish; to insist on; to want
une tension tension
le tennis tennis
un ténor tenor
tentant tempting
tenter to attempt; to try
un terme term
une terminaison ending
terminer to end; to finish

un terrain field
une terrasse terrace; **la terrasse d'un café** café terrace
la terre earth; **une pomme de terre** potato
terrible terrible, awful; (*familiar*) terrific
terrien (terrienne) from the earth; from the land
un territoire territory
un test test; quiz
une tête head; **un tête-à-tête** face-to-face talk
un texte text
textile textile; **l'industrie textile** textile industry
le thé tea
un théâtre theater
un thème theme; subject; topic
une théorie theory
théorique theoretical
un thon tuna
tiens! look! for heaven's sake!
timide timid
tirer to draw; to pull; **tirer parti de** to make the most of; to derive profit from
un toast toast
toi you
la toilette washing up; **les toilettes** toilets; **un cabinet de toilette** bathroom
un toit roof
la tolérance tolerance
tolérant tolerant
tolérer to tolerate
une tomate tomato; **le jus de tomate** tomato juice
tomber to fall
le total total; sum; **faire le total** to add up
totalement totally, completely
un tort error; fault; **avoir tort** to be wrong
toujours always; still
un tour turn; **attendre son tour** to wait one's turn; **faire le tour** to go around; **le tour du monde** around the world; **le Tour de France** French bicycle race
une tour tower; **la Tour Eiffel** Eiffel Tower
le tourisme tourism
un touriste (une touriste) tourist
touristique touristic
tourmenter to torment; to worry
un tournoi tournament; **le Tournoi des Nations** annual European rugby tournament
la Toussaint All Saints' Day (November 1)
tout (*pl.* tous) all, whole, every, any; everybody, everything; **malgré tout** nevertheless; **tout autre** any other; entirely different; **tout de même** however; all the same; **tout le monde** everyone, everybody; **tout le temps** all the time; **tous les jours** every day, daily; **tous les mois** every month, monthly; **tous les quatre ans** every fourth year, every four years; **pas du tout** not at all; not any
le trac fright; **avoir le trac** to be scared; to be nervous
un tract leaflet; campaign literature
une tradition tradition; custom; **par tradition** traditionally
traditionnellement traditionally
une tragédie tragedy
un train train
un traité treaty
traiter to treat
tranquille quiet, calm
transformer to change; to transform
un transistor transistor (radio)
une transition transition; change
un transport transportation; means of transportation
un trappeur trapper
un travail (*pl.* travaux) work; job; **des travaux pratiques** recitations; **les travaux domestiques** housework
travailler to work
travailleur (travailleuse) hard-working; **un travailleur** worker
travers: à travers across
traverser to cross
trente thirty
treize thirteen
très very
un tri sorting
un tribu tribe
tricher to cheat
tricolore three-colored
un triomphe triumph; victory
triompher to win, to succeed
triste sad
la tristesse sadness
trois three
Trois-Rivières Three Rivers, city in Quebec
troisième third
un trolley trolley; streetcar
se tromper to be mistaken
la trompette trumpet
trop (de) too; too much; too many; **beaucoup trop (de)** much too much; many too many
un trotskyiste follower of Trotsky's doctrines
troublant bothersome, worrisome
troubler to trouble; to worry; to bother
une troupe troop; **les troupes alliées** Allied Forces
trouver to find; **comment trouves-tu . . . ?** what do you think of . . . ?; **objets trouvés** lost and found; **se trouver** to be located
tu you (*familiar*)
tuer to kill
une tuile tile
la Tunisie Tunisia
une tutelle guardianship; protection
tutoyer to address someone as "tu"
un type type; (*slang*) guy
typique typical
typiquement typically
tyrannique tyrannical

l'U.D.R. Union pour la Défense de la République a moderate political party inspired by de Gaulle's philosophy
l'U.E.R. Unité d'Enseignement et de Recherche specialized section of a French university
ultime ultimate
ultranationaliste ultranationalistic
un (une) one; a, an
uni united; unified; close together
les Etats-Unis United States
uniforme uniform; homogeneous
l'uniformité (*f.*) uniformity
unilingue monolingual
une union union
l'Union Soviétique Soviet Union
unique unique; single; only
uniquement uniquely; solely; only
unir to unite, to unify
une unité unit; unity
l'univers (*m.*) universe
universitaire related to the university; **une ville universitaire** university town; **un restaurant universitaire** student cafeteria

une université university
urgent urgent; pressing
un usage use; usage
une usine factory
utile useful; helpful
utiliser to use
l'utilisation (*f.*) use

les vacances (*f.*) vacation; **en vacances** on vacation; **une colonie de vacances** summer camp
une vaccination vaccination
un vainqueur winner
valable valid; good
une valeur value
valoir to be worth; **valoir mieux** to be better
vantard boastful
une variété variety; **des variétés** variety show
un veau calf; **le veau** veal
une vedette star; **une vedette de cinéma** movie star
végétarien (végétarienne) vegetarian; **un régime végétarien** vegetarian diet
un véhicule vehicle
un vélo bike, bicycle
un vélomoteur motorbike
vendanger to pick grapes
les vendanges (*f.*) grape-picking
un vendeur (une vendeuse) salesperson
vendre to sell
vendredi (*m.*) Friday
venir to come; **venir de** to come from; to have just (done something)
un ventre stomach, belly
un verbe verb
vérifier to check, to verify
véritable true, real
la vérité truth
vers to, towards
vert green
une vertu virtue
une veste jacket
vestimentaire pertaining to clothes
un vêtement item of clothing; **des vêtements** clothes
vétérinaire veterinarian; **la médecine vétérinaire** veterinary medicine
vexant vexing, provoking
vexer to vex, to provoke
la viande meat
une victime victim; casualty; **faire des victimes** to cause casualties
une victoire victory
une vie life; **gagner sa vie** to earn a living; **le coût de la vie** cost of living
la vieillesse old age
vietnamien (vietnamienne) Vietnamese
vieux (vieil, vieille; vieux, vieilles) old; **un vieux (une vieille)** old person
une villa villa; vacation home
un village village; small town
une ville city; town; **en ville** downtown; uptown
un vin wine; **le vin du pays** local wine
vingt twenty
la violence violence
violent violent, strong
violet (violette) violet, light purple
un violon violin
un violoniste (une violoniste) violinist
la virtuosité brilliance; virtuosity
vis-à-vis (de) with respect (to)
un visa visa
un visage face
une vision vision
une visite visit; trip; **rendre visite à** to pay a visit to; to visit
visiter to tour, to visit
la vitalité vitality
la vitesse speed; **en vitesse** quickly, in a hurry, fast
une vitrine display; shop window
vivant living; alive; **un bon vivant** one who appreciates good living
vive . . . ! hurrah for . . . !
vivre to live; **le "bien vivre"** the good life; good living
le vocabulaire vocabulary
voici here is, here are
la vodka vodka
voilà there is, there are; **voilà pourquoi** here is why
voir to see
un voisin (une voisine) neighbor
une voiture car; **une voiture d'occasion** used car; second-hand car
une voix voice
le volley-ball volleyball; **faire du volley-ball** to play volleyball; **jouer au volley-ball** to play volleyball
un volontaire (une volontaire) volunteer
une volonté will, willingness; desire; longing, wish
un vote vote; **un bureau de vote** polling place
voter to vote; **faire voter une loi** to have a law passed
votre (vos) your
vouloir to want, to wish; **en vouloir à** to bear a grudge against; **vouloir bien** to accept, to consent; to agree, to be willing; **vouloir dire** to mean
vous you
un voyage voyage, trip, travel; **faire un voyage** to take a trip; **un voyage organisé** organized tour
voyager to travel
un voyageur traveler
une voyante fortune teller
une voyelle vowel
vrai true, real
vraiment really, truly
la vue vision; view; **un point de vue** viewpoint; point of view

un W.C. (= water closet) toilet
un week-end weekend
un western western movie
le whisky whiskey

y there; **il y a** there is, there are; **y a-t-il?** is there? are there? **allons-y** let's go
le yachting sailing, cruising
les yeux (*m.*) eyes (*see:* **un œil**)

zéro zero
une zone zone,region, area

INDEX

LE FRANÇAIS DANS LE MONDE
1 ALGERIE
2 BELGIQUE
3 BURUNDI
4 REPUBLIQUE DE KHMER (CAMBODGE)
5 CAMEROUN
6 CORSE
7 COTE D'IVOIRE
8 DAHOMEY
9 FRANCE
10 GABON
11 GUADELOUPE
12 GUINEE
13 GUYANE FRANÇAISE
14 HAITI
15 HAUTE VOLTA
16 LAOS
17 LOUISIANE
18 LUXEMBOURG
19 MALI
20 MAROC
21 MARTINIQUE
22 MAURITANIE
23 NIGER
24 NOUVELLE CALEDONIE
25 POLYNESIE FRANÇAISE
26 QUEBEC
27 EMPIRE CENTRAFRICAIN
28 REPUBLIQUE POPULAIRE DU CONGO
29 REPUBLIQUE MALGACHE
30 REPUBLIQUE RWANDAISE
31 REUNION
32 SENEGAL
33 SUISSE
34 TCHAD
35 REPUBLIQUE DE DJIBOUTI
36 TOGO
37 TUNISIE
38 VIETNAM
39 ZAIRE
26
17
14
11
21
13
25

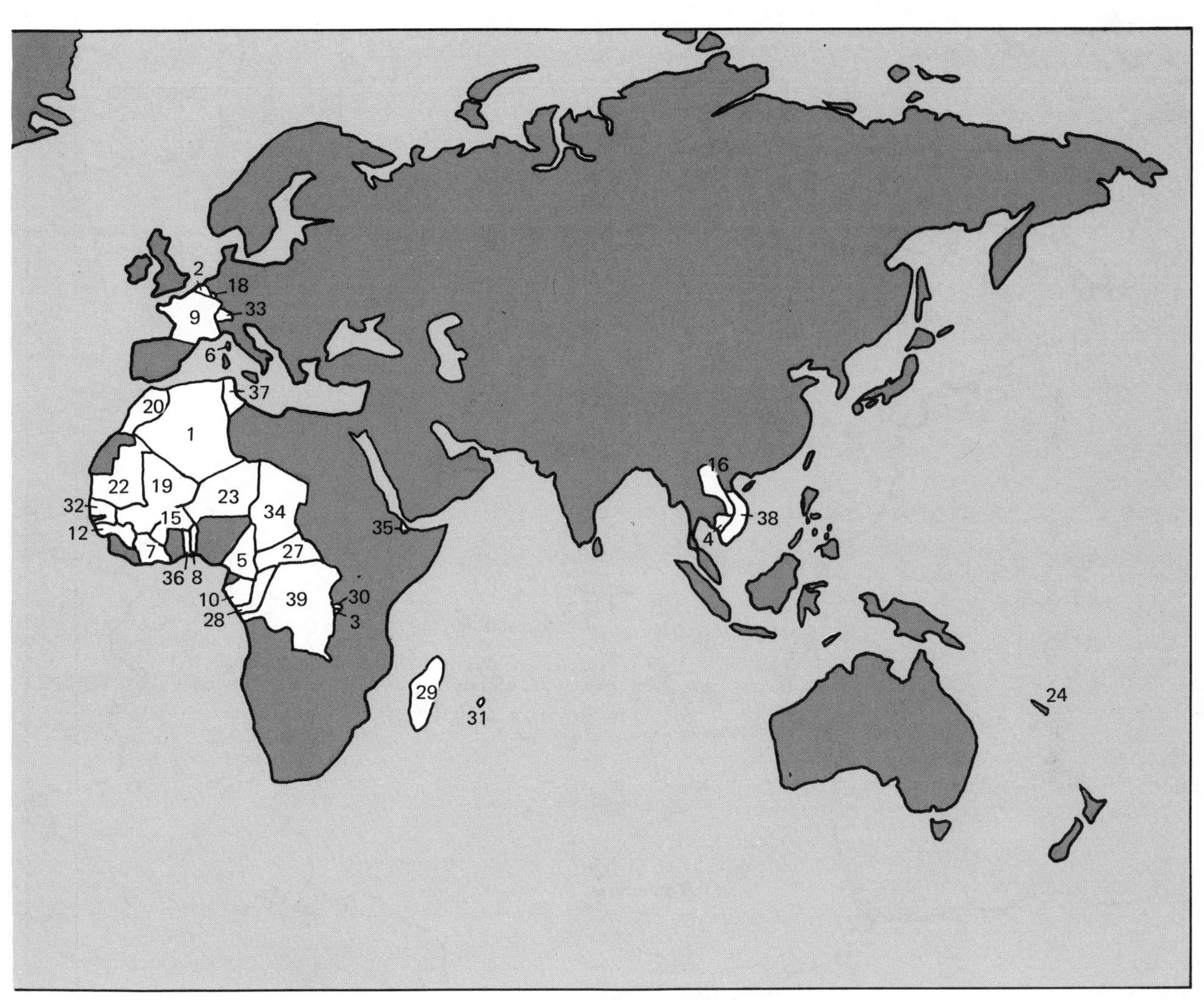

2
18
9
33
6
37
20
1
22
19
23
34
32
15
12
7
5
27
36
8
10
39
30
28
3
35
16
38
4
29
31
24

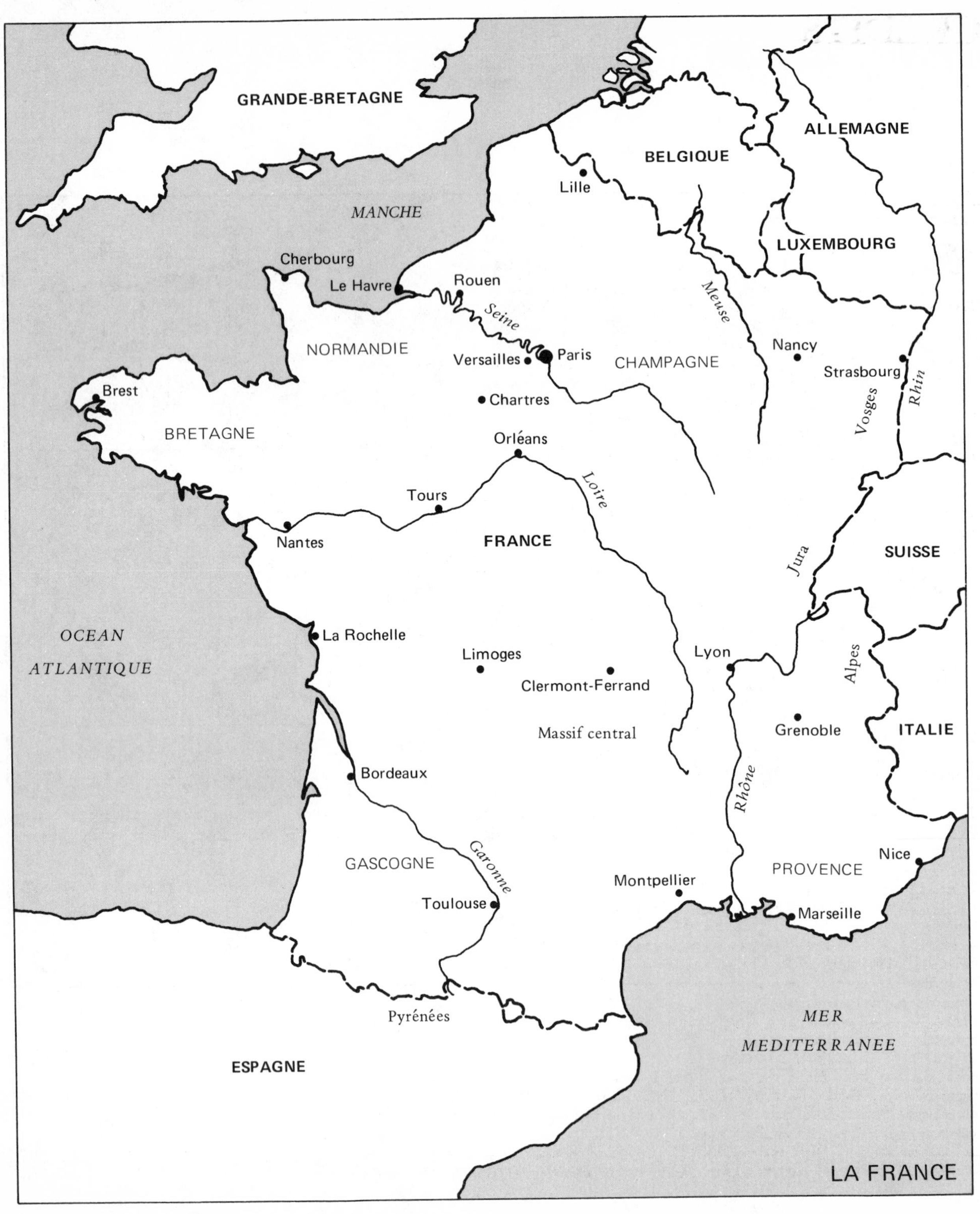
GRANDE-BRETAGNE
MANCHE
BELGIQUE
ALLEMAGNE
LUXEMBOURG
Lille
Cherbourg
Le Havre
Rouen
Seine
Meuse
NORMANDIE
Versailles
Paris
CHAMPAGNE
Nancy
Strasbourg
Rhin
Vosges
Brest
Chartres
BRETAGNE
Orléans
Loire
Tours
Nantes
FRANCE
SUISSE
Jura
OCEAN
ATLANTIQUE
La Rochelle
Limoges
Clermont-Ferrand
Lyon
Alpes
Massif central
Grenoble
ITALIE
Bordeaux
Rhône
GASCOGNE
Garonne
Montpellier
PROVENCE
Nice
Toulouse
Marseille
Pyrénées
MER
MEDITERRANEE
ESPAGNE
LA FRANCE

CREDITS

Cover art: Courtesy of Dover Publications.

xx: Cary Wolinsky/Stock Boston. xxi: Henri Cartier-Bresson/Magnum. xxiv: Eric Jaquier/ Stock Boston. xxv: Henri Cartier-Bresson/Magnum.

1: Klaus D. Francke / Peter Arnold. 2: Cary Wolinsky / Stock Boston. 3: Codofil. 9: Peter Dublin. 10: Rene Burri / Magnum. 11: Abbas / Gamma. 17: Joe Flowers / Black Star. 20: Alliance Française. 24: Larousse. 18: French Embassy Press and Information Division. 19: Franklin Wing / Stock Boston. 25: Peter Dublin. 26: (top) ANCO; (bottom) Carl Frank / Photo Researchers. 27: (top) Air Canada; (middle) Tomas D. W. Friedmann / Peter Arnold; (bottom) Owen Franken / Stock Boston. 28: Bob Krueger / Monkmeyer Press Photo Service. 29: Cary Wolinsky / Stock Boston. 30: Alain Nogues / Sygma. 31: (top) Robert Rapelye / Editorial Photocolor Archives; (bottom) Honda-France. 32: Peugeot. 38: Helena Kolda / Monkmeyer Press Photo Service. 39: Owen Franken / Stock Boston. 43: Hugh Rogers / Monkmeyer Press Photo Service. 45: Owen Franken / Stock Boston. 46: DeSazo / Ralpho / Photo Researchers. 47: Bernard Pierre Wolff / Photo Researchers. 53: Peter Dublin. 54: (right) Jean-Michel Valette; (left) Peter Dublin. 55: J. Pavlovsky / Ralpho / Photo Researchers. 57: Robert Rapelye / Editorial Photocolor Archives. 59: François Vergne. 64: From "Day For Night," courtesy of Warner Bros., Inc. copyright © 1973. 65: French Cultural Services. 66: François Vergne. 67: Théâtre de la Huchette. 72: Owen Franken / Stock Boston. 73: Alain Nogues / Sygma. 74: Olivier Villeneuve / Gamma. 81: Peter Dublin. 85: Carolyn Watson / Monkmeyer Press Photo Service. 86: Air France. 87: Owen Franken / Stock Boston. 93: Alain Keler / Editorial Photocolor Archives, 94: Gabor Demjen / Stock Boston. 95: Owen Franken / Stock Boston. 96: Breteuil Masseran. 101: Garauger / Ralpho / Photo Researchers. 102: Robert Rapelye / Editorial Photocolor Archives. 103: Owen Franken / Stock Boston. 107: Jean Gaumy / Gamma. 109: Giancarlo Botti / Sygma. 110: Marshall Hendrichs. 113: Henri Cartier-Bresson / Magnum. 114: Owen Franken / Stock Boston. 120: Phelps / Ralpho / Photo Researchers. 122: J. P. Laffont / Sygma. 125: S. A. Laiterie de la Cloche D'Or. 129: Erika Stone / Peter Arnold. 130: J. P. Laffont / Sygma. 131: Owen Franken / Stock Boston. 135: Peter Dublin. 136: Michelin. 137: Alain Dejean / Gamma. 139: Robert Doisneau / Photo Researchers. 140: Alain DeJean / Sygma. 141: Cary Wolinsky / Stock Boston. 147: Loterie Nationale. 150: Alain Keler / Editorial Photocolor Archives. 151: Owen Franken / Stock Boston. 156: Chris Black / Ralpho / Photo Researchers. 157, 158: Alain Nogues / Sygma. 164: Henri Cartier-Bresson / Magnum. 165: (bottom left) Helena Kolda / Monkmeyer Press Photo Service. 166: Air France. 167: Peter Dublin. 169: Robert Rapelye / Editorial Photocolor Archives. 170: Niépce / Ralpho / Photo Researchers. 171: Barbara Low. 176: Museum of Modern Art Film Stills Archive and United Artists. 178: Marc Riboud / Magnum. 184: Cary Wolinsky / Stock Boston. 185, 186: Marc Riboud / Magnum. 187: Marshall Hendrichs. 192: Atelier Populaire © UUU 1968. 193: Bruno Barbey / Magnum. 195: (left) Panorama d'Aujourd'hui; (right) Atelier Populaire © UUU 1968. 197: Leonard de Raemy / Sygma. 198: Wilhelm Braga / Magnum. 199: French Embassy Press and Information Division. 203: Lefroid. 204: Lisl / Photo Researchers. 205: Ellis Herwig / Stock Boston. 206: Michel Ginfray / Gamma. 207: Molyneux. 212: Hugh Rogers / Monkmeyer Press Photo Service. 214: Alain DeJean / Sygma. 215, 220: Owen Franken / Stock Boston. 222: (top) Helena Kolda / Monkmeyer Press Photo Service; (bottom) Wilhelm Braga / Magnum. 223: Helena Kolda / Monkmeyer Press Photo Service. 225: Michel Laurent / Gamma. 226: DuBois / Gamma. 227: Owen Franken / Stock Boston. 232: Frank Siteman / Stock Boston. 234: Niépce / Ralpho / Photo Researchers. 235: Dorka Raynor / Ralpho / Photo Researchers. 240: J. Gerard Smith / Monkmeyer Press Photo Service. 241: Henri Cartier-Bresson / Magnum. 242: Ecole Polytechnique. 247: Atelier Populaire © UUU 1968. 248: Alain Nogues / Sygma. 249: Gabor Demjen / Stock Boston. 253: Niépce / Ralpho / Photo Researchers. 254: Jean Gaumy / Gamma. 255: Helena Kolda / Monkmeyer Press Photo Service. 260: Michel

Artault / Gamma. 262: Olivier Villeneuve / Gamma. 263: Henri Cartier-Bresson / Magnum. 264: Mouvement de Libération des Femmes. 269: L'Express-Union. 270: Hugh Rogers / Monkmeyer Press Photo Service. 275: Alain Nogues / Sygma. 276: Mouvement de Libération des Femmes. 279: Robert Rapelye / Editorial Photocolor Archives. 280: David et Vallois. 285: Owen Franken / Stock Boston. 286: Philip Jon Bailey. 287: ANCO. 293: Peter Dublin. 294: Owen Franken / Stock Boston. 301: Weiss / Ralpho / Photo Researchers. 302: Milos Ciric. 303: Photo World. 305: French Government Tourist Office. 306: James Andanson / Sygma. 312: J. Pavlovsky / Ralpho / Photo Researchers. 313: Olivier Villeneuve / Gamma. 314: Cary Wolinsky / Stock Boston. 319: Michel Artault / Gamma. 321: Helena Kolda / Monkmeyer Press Photo Service. 322, 329: Alain Nogues / Sygma. 330: Yves LeRoux / Gamma. 333: Gilbert Uzan / Gamma. 334: William Karel / Gamma. 335: Dorka Raynor / Ralpho / Photo Researchers. 341: J. P. Laffont / Sygma. 342: Owen Franken / Stock Boston. 343: ANCO. 347: John and Bini Moss / Black Star. 349: David Burnett / Gamma. 350: Bruno Barbey / Magnum. 355: Mali / Gamma. 359: René Burri / Magnum. 360: Henri Cartier-Bresson / Magnum. 361, 365, 367: Parti Québécois. 368: Hugh Rogers / Monkmeyer Press Photo Service. 376: J. Pavlovsky / Ralpho / Photo Researchers. 377: Bernard Wolff / Photo Researchers. 380: Air France. 383: Wilhelm Braga / Magnum. 384: (top left) ANCO; (top right) Marc and Evelyn Bernheim / Woodfin Camp; (bottom) Henri Bureau / Sygma. 387: French Government Tourist Office. 388: Olivier Villeneuve / Gamma. 389: Dorka Raynor / Ralpho / Photo Researchers. 394: Alain Nogues / Sygma. 396, 397: Helena Kolda / Monkmeyer Press Photo Service. 401: Carolyn Watson / Monkmeyer Press Photo Service. 402: Helena Kolda / Monkmeyer Press Photo Service. 403: Gilbert Uzan / Gamma. 409: Helena Kolda / Monkmeyer Press Photo Service. 410: Philip Jon Bailey. 413: Doisneau / Ralpho / Photo Researchers. 414: Owen Franken / Stock Boston. 421: Helena Kolda / Monkmeyer Press Photo Service. 422: Cary Wolinsky / Stock Boston. 423: J. Berndt / Stock Boston. 427: Owen Franken / Stock Boston. 428: Alain Nogues / Sygma. 429: Niépce / Ralpho / Photo Researchers. 432: Marie-France / Ralpho / Photo Researchers. 433: (top left) Philip Morris International; (top right) Polaroid Corporation; (bottom left) Vick Chemical Company International; (bottom right) Parker Pen Company. 480, 481: ANCO.

IJ–H–8210